O polímata

FUNDAÇÃO EDITORA DA UNESP

Presidente do Conselho Curador
Mário Sérgio Vasconcelos

Diretor-Presidente
Jézio Hernani Bomfim Gutierre

Superintendente Administrativo e Financeiro
William de Souza Agostinho

Conselho Editorial Acadêmico
Danilo Rothberg
Luis Fernando Ayerbe
Marcelo Takeshi Yamashita
Maria Cristina Pereira Lima
Milton Terumitsu Sogabe
Newton La Scala Júnior
Pedro Angelo Pagni
Renata Junqueira de Souza
Sandra Aparecida Ferreira
Valéria dos Santos Guimarães

Editores-Adjuntos
Anderson Nobara
Leandro Rodrigues

Peter Burke

O polímata
Uma história cultural de Leonardo da Vinci a Susan Sontag

Tradução
Renato Prelorentzou

© 2020 by Peter Burke
Publicado originalmente pela Yale University Press
© 2020 Editora Unesp

Título original: *The Polymath – A Cultural History from Leonardo da Vinci to Susan Sontag*

Direitos de publicação reservados à:
Fundação Editora da Unesp (FEU)
Praça da Sé, 108
01001-900 – São Paulo – SP
Tel.: (0xx11) 3242-7171
Fax: (0xx11) 3242-7172
www.editoraunesp.com.br
www.livrariaunesp.com.br
atendimento.editora@unesp.br

Dados Internacionais de Catalogação na Publicação (CIP) de acordo com ISBD
Elaborado por Vagner Rodolfo da Silva – CRB-8/9410

B959p

Burke, Peter
    O polímata: uma história cultural de Leonardo da Vinci a Susan Sontag / Peter Burke; traduzido por Renato Prelorentzou. – São Paulo: Editora Unesp, 2020.

    Tradução de: *The Polymath: A Cultural History from Leonardo da Vinci to Susan Sontag*
    Inclui bibliografia, índice e apêndice.
    ISBN: 978-65-5711-005-8

    1. História cultural. 2. Leonardo da Vinci. 3. Susan Sontag. I. Prelorentzou, Renato. II. Título.

2020-2184   CDD 306.0951
                                                                                 CDU 316.7

Editora afiliada:

Nada é mais belo que tudo saber.
Platão

*Ah, mas a busca do homem deve exceder seu alcance,
ou de que serviria o paraíso?*
Robert Browning, *Andrea del Sarto*

Especialização é coisa para insetos.
Robert Heinlein

Em memória de Asa Briggs, David Daiches, Martin Wight
e do projeto de Sussex para "redesenhar o mapa do saber".

E para Maria Lucia, que consegue fazer três coisas
ao mesmo tempo.

Sumário

Lista de imagens   13
Prefácio e agradecimentos   15
Introdução: O que é um polímata?   19
  Definições   20
  Disciplinas   21
  Objetivos e métodos   23
  Tipos de polímata   26
  A mitologia dos polímatas   28

1 Oriente e Ocidente   33
  Os gregos   33
  Os romanos   36
  China   39
  Início da Idade Média europeia   43
  O mundo islâmico   46
  A Alta Idade Média   50

2 A era do "homem renascentista" – 1400-1600   55
  O ideal de universalidade   56
  O mito da universalidade   59

Ação e pensamento 60
Estudiosos acadêmicos 63
Unidade e concórdia 70
Artistas e engenheiros 72
Leonardo 75
A mulher renascentista 80

3 A era dos "monstros da erudição" – 1600-1700 85
A era dos polímatas 85
Mulheres polímatas 89
A linguagem da polimatia 93
O polímata como enciclopedista: Alsted 96
O polímata como pansofista: Comenius 97
Monstros da erudição 99
O polímata como colecionador: Peiresc 99
O polímata como filósofo escolástico: Caramuel 103
O polímata como patriota: Rudbeck 105
O polímata como pansofista: Kircher 107
O polímata como crítico: Bayle 110
O polímata como sintetizador: Leibniz 112
Polímatas menores 115
Concórdia 121
Originalidade *versus* plágio 121
Explicando a era de ouro 123
A crise do conhecimento 127
Sobrecarga de informação 128
Fragmentação 130
Polímatas sob fogo 134
Síndrome de Leonardo 135

4 A era do "homem de letras" – 1700-1850 137
O século XVIII 138
Pedantes e *polyhistors* 139
Um novo ideal 142

Homens de letras   144
Mulheres de letras   144
O Iluminismo francês   146
O Iluminismo escocês   151
O Iluminismo inglês   154
Da Espanha à Rússia   157
O Novo Mundo   163
Inglaterra   165
Alemanha   168
Construtores de sistemas   175
A sobrevivência do homem de letras   177
Críticos franceses   178
Críticos ingleses   181
A nova mulher de letras   184
Cientistas   189
Cientistas alemães   189
Cientistas britânicos   192
Rumo a uma nova crise   195

5 A era da territorialidade – 1850-2000   199
Polímatas em clima frio   199
Sobrecarga   201
Especialização   204
A divisão das instituições   206
Museus, sociedades, congressos   210
Periódicos   212
Duas culturas   213
Trabalho em equipe   215
A departamentalização das universidades   217
Explicando a especialização   218
A especialização se torna o problema   220
A sobrevivência do polímata   224
Polímatas passivos   226
Críticos   228

Polímatas agrupados   230
Novas disciplinas   234
As ciências sociais   236
Sociologia   237
Psicologia   239
Antropologia   241
Ciência da computação   243
Sistemas gerais   246
Semiótica   247
Seis polímatas seriais   251
Gigantes ou charlatães?   257

6 Um retrato de grupo   261
Curiosidade   262
Concentração   264
Memória   266
Velocidade   268
Imaginação   269
Energia   272
Inquietação   274
Trabalho   277
Contando o tempo   280
Competição   282
O elemento lúdico   283
Ouriços e raposas   285
Síndrome de Leonardo   289

7 Hábitats   293
A ética do trabalho   296
A questão Veblen   299
Educação   300
Independência   304
Ócio forçado   306
Famílias   308

Redes 309
Cortes e patronato 312
Escolas e universidades 313
Disciplinas 315
Bibliotecas e museus 317
Enciclopédias e periódicos 318
Colaboração 320

8 A era da interdisciplinaridade 323
Arranjos semiformais 327
Unificação do conhecimento na teoria e na prática 334
Pesquisa interdisciplinar nas universidades 336
Educação geral 340
O papel do governo 342
Estudos de área 343
Novas universidades 346
Periódicos e institutos 351
História interdisciplinar 355
Ambição *versus* modéstia 358

Coda: rumo a uma terceira crise 359

Apêndice: quinhentos polímatas ocidentais 369

Referências bibliográficas 403

Leituras complementares 477

Índice remissivo 481

Lista de imagens

1. Retrato de Leonardo da Vinci (1452-1519), por Francesco Melzi (1515-1517).
2. Ilustração de Leonardo da Vinci, a partir de Luca Pacioli, *De Divina Proportione* (1509).
3. Diagrama a partir do manuscrito autógrafo de Nicoulau Copérnico (1473-1543), *De Revolutionibus Orbium Coelestium* (1543).
4. Gravura do *Museum Wormianum*, de G. Wingendorp (1655).
5. Retrato de Juan Caramuel y Lobkowitz (1606-1682), por Nicolas Auroux (1675).
6. Retrato de Christina, Rainha da Suécia (1626-1689), por David Beck (c. 1650).
7. *Disputa da Rainha Christina Vasa e René Descartes*, por Nils Forsberg a partir de Pierre-Dumesnil, o Jovem (1884).
8. Retrato de Gottfried Leibniz (1646-1716), por Christoph Bernhard Francke (1695).
9. Retrato de Madame de Staël (1766-1817), por Marie Eléonore Godefroid (c.1818-1849)
10. *Leitura da tragédia de Voltaire*, L'Orphelin de la Chine, *no salão de Madame Geoffrin*, por Anicet Charles Gabriel Lemonnier (1812).

Lista de imagens

11. Frontiscípio de *Elémens de la philosophie de Newton*, de Voltaire (1738).
12. Retrato de Emanuel Swedenborg (1688-1772), por Per Krafft, o Velho (c. 1766).
13. Retrato de Thomas Young (1773-1829), por Henry Briggs (1822).
14. John Herschel (1792-1871), foto por Julia Margaret Cameron (1867).
15. Retrato de Alexander von Humboldt (1769-1859), autorretrato (1814).
16. Retrato de Mary Somerville (1780-1872), por Thomas Phillips (1834).
17. *Filósofos (Retrato de S. N. Bulgakov e P. A. Florensky)*, por Mikhail Nesterov (1917).
18. Retrato de Herbert Simon (1916-2001), por Richard Rappaport (1987). Richard Rappaport/CC BY 3.0.
19. Paul Otlet (1868-1944), em sua mesa de trabalho (1937).
20. Susan Sontag (1933-2004), foto por Jean-Regis Rouston (1972). Roger Viollet via Getty Images.
21. Fuld Hall, Instituto de Estudos Avançados, Princeton, fotógrafo desconhecido (início dos anos 1950). Shelby White and Leon Levy Archives Center, Instituto de Estudos Avançados, Princeton, Nova Jersey, EUA.
22. Universidade de Sussex, foto para o prospecto, por Henk Snoek (1964). Henk Snoek/RIBA Collections.

Prefácio e agradecimentos

Nos últimos vinte anos, tenho trabalhado vez e outra com a história do conhecimento e cheguei a publicar uma pesquisa geral, *Uma história social do conhecimento*, uma introdução ao tema, *O que é história do conhecimento?* e, mais recentemente, *Perdas e ganhos: Exilados e expatriados na história do conhecimento na Europa e nas Américas, 1500-2000*. Assim como o livro sobre os exilados, o presente estudo se desenvolveu a partir da pesquisa geral e se tornou um livro por si só. Há muito tempo me sinto atraído por esse tópico. Embora meu analfabetismo científico e matemático me deixe de fora da polimatia, há muito compartilho da famosa visão expressa pelos historiadores franceses Lucien Febvre e Fernand Braudel de que o historiador escreve melhor quando escapa dos limites da disciplina, pelo menos de tempos em tempos.

Como aluno de Oxford, frequentando cursos de história por três anos, fui a palestras em outras disciplinas – por exemplo, de Gilbert Ryle sobre filosofia, de Roy Harrod sobre economia, de J. R. R. Tolkien sobre literatura medieval, de Michael Argyle sobre psicologia e, a mais importante para o meu futuro, de Edgar Wind sobre história da arte. Já como estudante de pós-graduação, comecei a ler textos de sociologia e antropologia e participei de seminários sobre história da ciência e também de um simpósio organizado por Norman Birnbaum e Iris Murdoch sobre o conceito de alienação.

Prefácio e agradecimentos

Quando soube que a nova Universidade de Sussex seria estruturada de maneira interdisciplinar, imediatamente me candidatei para uma vaga e ali lecionei na Escola de Estudos Europeus de 1962 a 1979, colaborando com colegas da história da arte, da sociologia e da literatura inglesa e francesa. Graças a essas experiências, sobretudo em Sussex, senti que este era um livro que eu realmente tinha de escrever, sobre indivíduos e pequenos grupos interessados no quadro geral e também nos detalhes, muitas vezes dedicados à transferência ou "tradução" de ideias e práticas de uma disciplina para outra.

Foi um prazer ter a companhia, ainda que indiretamente, desse talentoso grupo de homens e mulheres, os polímatas discutidos neste livro, muitos dos quais foram velhos conhecidos e, em alguns casos, amigos pessoais, ao passo que os feitos dos outros eu os fui descobrindo somente no decorrer da pesquisa.

Gostaria de agradecer a Tarif Khalidi e Geoffrey Lloyd por seus comentários ao primeiro capítulo; a Waqas Ahmed, por me enviar um questionário sobre polímatas em 2013, bem como um rascunho inicial de seu livro; a Christoph Lundgreen, Fabian Kramer e o Grupo de Pesquisa Zwei Kulturen da Berlin Brandenburgische Akademie der Wissenschaften [Academia de Ciências Duas Culturas de Berlim-Brandemburgo] por uma frutífera discussão sobre minhas ideias; e a Ann Blair, Steven Boldy, Arndt Brendecke, Chris Clark, Ruth Finnegan, Mirus Fitzner, José Maria García González, Michael Hunter, Gabriel Josipovici, Neil Kenny, Christel Lane, David Lane, Hansong Li, Robin Milner-Gulland, William O'Reilly, Ulinka Rublack, Nigel Spivey, Marek Tamm e Marianne Thormählen pelas informações, sugestões e referências.

Alguns dos meus pensamentos sobre os polímatas foram apresentados na imprensa e em palestras.[1] Espero que esta versão mais completa seja um aprimoramento dos esboços que a precederam.

---

[1] Veja, em particular, Burke, The Polymath: A Cultural and Social History of an Intellectual Species, em Smith; Philsooph (orgs.), *Explorations in Cultural History*: *Essays for Peter McCaffery*, p.67-79.

Prefácio e agradecimentos

Apresentar as mesmas ideias em diferentes lugares ou contextos muitas vezes implica modificações. Por isso, sou extremamente grato ao público das minhas palestras sobre este assunto em Belo Horizonte, Berlim, Brighton, Cambridge, Copenhague, Engelsberg, Frankfurt e Gotha, por suas várias perguntas e comentários. Meus sinceros agradecimentos também a Robert Baldock e Heather McCallum, da Yale University Press, por terem acolhido o manuscrito, a seus dois leitores anônimos e a meu copidesque Richard Mason, por suas sugestões construtivas. Como sempre, Maria Lúcia leu todo o manuscrito e ofereceu conselhos sábios.

Introdução
O que é um polímata?

"A história", já se disse, "é cruel com os polímatas". Alguns são esquecidos, muitos são "espremidos em alguma categoria que conseguimos reconhecer".[1] Como veremos repetidas vezes nas páginas que se seguem, eles são lembrados por apenas uma ou por poucas formas de suas diversas realizações. É hora de corrigir esse equívoco. De fato, um número crescente de estudos sobre indivíduos polímatas vem sendo publicado nos últimos anos, talvez em reação à nossa cultura de especialização. Grato, fiz uso de muitas dessas monografias, entre as quais se encontram não apenas estudos sobre gigantes intelectuais, como Leonardo e Leibniz, mas também sobre algumas figuras quase esquecidas, como Dumont d'Urville e William Rees.[2] É mais difícil encontrar pesquisas gerais, embora sua quantidade esteja aumentando, especialmente na forma de pequenas contribuições a periódicos ou programas de rádio.[3]

---

[1] Murray (org.), *Sir William Jones, 1746-1794*, p.v.
[2] Dyker, *Dumont d'Urville: Explorer and Polymath*; Rees, *The Polymath: Reverend William Rees*.
[3] Carr, "The Last Days of the Polymath", *Intelligent Life*, outono 2009; Burke, The Polymath, em Smith; Philsooph (orgs.), *Explorations in Cultural History*, p.67-79;

Na tentativa de realizar tal pesquisa, este livro oferece uma aproximação à história social e cultural do conhecimento. Todas as formas de conhecimento, tanto as práticas quanto as teóricas, merecem que suas histórias sejam escritas. Os caçadores-coletores precisavam de uma ampla gama de conhecimentos para sobreviver, os camponeses foram celebrados como "multifacetados" pelo geógrafo Friedrich Ratzel, que era, ele próprio, polímata.[4] Artesãos, parteiras, mercadores, governantes, músicos, jogadores de futebol e muitos outros grupos exigem e possuem um segmento de saber no qual algumas pessoas se destacam. Nos últimos anos, o termo "polímata", outrora confinado aos estudiosos, estendeu-se a indivíduos cujas realizações vão do atletismo à política.

Definições

O "grupo de discussão sobre polímatas", por exemplo, definiu o polímata como "alguém que se interessa por muitos assuntos e aprende muitos assuntos".[5] Este livro, por outro lado, irá se concentrar no conhecimento acadêmico, antes chamado de "erudição" [*learning*]. E falar de estudiosos [*scholars*] com interesses que eram "enciclopédicos" no sentido original de percorrer todo o "curso" ou "currículo" intelectual ou, de alguma maneira, determinado segmento importante desse círculo.

Por esse motivo, excluí dois empreendedores: Elon Musk, que se formou em economia e física antes de fundar a Tesla e outras empre-

---

Monkman; Seagull, "Polymathic Adventure", BBC Radio 4, 21 ago. 2017. Para uma visão mais geral e recente, que trabalha com uma definição de "polímata" mais ampla que a minha, veja Ahmed, *The Polymath: Unlocking the Power of Human Versatility*.

[4] Citado por Smith, *Politics and the Sciences of Culture in Germany, 1840-1920*, p.138.
[5] Disponível em: <www.dubage.com/API/Th ePolymath.html>, acesso em: 15 jul. 2016.

Introdução: O que é um polímata?

sas, e Sergei Brin, que estudou matemática e ciência da computação antes de fundar o Google junto com outro cientista da computação, Larry Page. Também hesitei antes de incluir o multifacetado John Maynard Keynes, uma vez que a maioria de suas facetas não era acadêmica. Seu amigo Leonard Woolf o descreveu como "fidalgo, funcionário público, especulador, empresário, jornalista, escritor, fazendeiro, mercador de obras de arte, estadista, administrador de teatro, colecionador de livros e meia dúzia de outras coisas". Por outro lado, o próprio Keynes observou que "o mestre em economia deve contar com uma rara combinação de dons. Deve atingir um alto padrão em várias direções diferentes e combinar talentos que nem sempre se encontram juntos. Deve ser, em certa medida, matemático, historiador, estadista e filósofo". Sob esse critério, para não mencionar seu interesse pelos muitos interesses de Isaac Newton, por certo Keynes se qualifica como polímata.[6]

Alguns ficcionistas famosos serão discutidos nos capítulos a seguir, notadamente Goethe, George Eliot, Aldous Huxley e Jorge Luis Borges, mas essencialmente porque também produziram não ficção, sobretudo ensaios. De maneira similar, Vladimir Nabokov entrou na lista, não como autor de *Lolita*, mas como crítico literário, entomologista e escritor sobre xadrez, ao passo que August Strindberg aparece mais como historiador cultural e menos como dramaturgo. Por outro lado, Umberto Eco aparecerá nestas páginas como um acadêmico que também escreveu romances.

Disciplinas

Definir o polímata como um indivíduo que domina várias disciplinas levanta a questão: o que é uma disciplina? A história das dis-

---

[6] A frase de Leonard Woolf é citada por Hines, *Universal Man: The Seven Lives of John Maynard Keynes*, p.7; Keynes citado em ibid., p.137.

ciplinas acadêmicas é dupla: é tanto intelectual quanto institucional. O termo "disciplinas", no plural, vem de "disciplina", no singular, derivado da palavra latina *discere*, "aprender"; ao passo que *disciplina* traduz a antiga palavra grega *askesis*, que significa "treinamento" ou "exercícios". Na Antiguidade clássica, a ideia de disciplina passava por pelo menos quatro domínios: atletismo, religião, guerra e filosofia. Aprendia-se a disciplina ao se seguir a regra de um mestre e internalizá-la (tornando-se, assim, seu "discípulo"), praticando uma espécie de ascetismo de autocontrole, tanto da mente quanto do corpo.

No decorrer do tempo, o termo "disciplina" passou a se referir a um ramo específico do conhecimento. Na Roma antiga, o estudo de trovões e relâmpagos era conhecido como *disciplina etrusca*, porque os especialistas nessa prática eram etruscos. No século V, Marciano Capela escreveu sobre as sete "disciplinas", também conhecidas como as sete artes liberais: gramática, lógica, retórica, aritmética, geometria, música e astronomia. A ideia de "disciplinas", no plural, implicava organização, institucionalização e, de fato, o início de um longo processo de especialização.[7] Para evitar a projeção de atitudes mais recentes no passado, incluí a magia como disciplina ao escrever sobre os séculos XVI e XVII e tentei não usar os termos "biologia", "antropologia" e assim por diante ao discutir períodos anteriores ao momento em que essas palavras entraram em circulação.

Para deixar a vida do historiador mais difícil, os critérios para chamar um estudioso de "polímata" mudaram bastante nos últimos seiscentos anos. Como as disciplinas tradicionais se fragmentaram, a noção de "muitas" disciplinas se diluiu e a régua abaixou. Um artigo recente descreve como "polímatas" indivíduos vivos que fizeram contribuições originais para duas disciplinas, como direito e economia. Por mais estranho que pareça dizer que duas são "muitas",

---

[7] Para uma análise comparativa dos estágios iniciais da "disciplinarização", veja Lloyd, *Disciplines in the Making*.

Introdução: O que é um polímata?

manter duas bolas intelectuais no ar ao mesmo tempo se tornou um feito e tanto.[8]

Objetivos e métodos

Em grande medida, este estudo se baseia em uma prosopografia, uma biografia coletiva de um grupo de quinhentos indivíduos que atuaram no Ocidente entre o século XV e o XXI, todos listados no Apêndice. De maneira bastante apropriada, uma das "paixões" de Pierre Bayle, importante polímata do século XVII, era aquilo que ele chamava de "prosopografia dos sábios".[9] Apesar de seu interesse pela biografia coletiva, este livro não se vale muito das estatísticas. Embora se observe o número de homens e mulheres, clérigos e leigos dentro desse grupo, muitas outras perguntas não podem ser respondidas de maneira precisa.

Até mesmo decidir quais polímatas eram católicos ou protestantes apresenta suas dificuldades. Entre os convertidos do catolicismo ao protestantismo estão Sebastian Münster e Filipe Melâncton. Entre os convertidos do protestantismo ao catolicismo se encontram Lucas Holstenius, Cristina da Suécia, Peter Lambeck e Nicolaus Steno. Enquanto isso, Justus Lipsius oscilou entre as duas religiões. Benito Arias Montano era oficialmente católico, mas, ao que parece, fazia parte de uma seita secreta, a Familia Caritatis [Família do Amor]. Jean Bodin talvez tenha se convertido ao judaísmo. Giordano

---

[8] Carr, "The Last Days of the Polymath", *Intelligent Life*, outono 2009, sobre o jurista Richard Posner. Um exemplo semelhante é o de Amartya Sen nos campos da economia e da filosofia.

[9] "La prosopographie des savants [...] a toujours été une de mes passions" [A prosopografia dos sábios sempre foi uma de minhas paixões]. Pierre Bayle a seu irmão, Jacob, 1675, citado por Bost, *Pierre Bayle*, p.387. Essa prosopografia foi fornecida por Jocher em seu *Allgemeines Gelehrten-Lexicon*.

23

Bruno parece ter inventado sua própria religião. Isaac Newton era anglicano, mas não acreditava na Trindade.

Além de generalizações, este livro oferece estudos de caso. Concentra-se nos gigantes, nos "monstros da erudição", uma expressão que remonta ao holandês Herman Boerhaave, o qual atuou na virada do século XVIII e fez contribuições para a medicina, a fisiologia, a química e a botânica. Também oferece breves esboços sobre polímatas de segunda ordem, discutindo itinerários e peculiaridades individuais.

Este livro pretende ser mais que uma galeria de retratos individuais, por mais fascinantes que tenham sido os retratados. Os retratos precisam de enquadramento, às vezes por comparação, mais frequentemente por contextualização. Um dos principais objetivos deste estudo é descrever algumas tendências sociais e intelectuais e, assim, responder a perguntas gerais sobre formas de organização social e climas de opinião favoráveis ou desfavoráveis aos empreendimentos polimáticos. Será necessário distinguir entre lugares e épocas em que a curiosidade foi incentivada ou desencorajada, muitas vezes por motivos religiosos, como no famoso caso de Santo Agostinho, que pôs "a investigação da natureza" entre as "coisas que não é bom conhecer e que os homens só querem conhecer por mero conhecimento". Mas Agostinho também sentiu o prazer do conhecimento (*rerum cognitione laetitia*).[10]

O fio condutor da história que se segue é composto pelas narrativas opostas mas entrelaçadas da síntese e da especialização. Em geral, quando não sempre, é um erro reduzir qualquer tipo de história a uma simples história linear. Muitas tendências importantes se fizeram acompanhar por um movimento na direção oposta. A ascensão da especialização organizada por um bom tempo coexistiu com o movimento contrário da interdisciplinaridade organizada. À medida que a divisão do trabalho intelectual se intensificou, até mesmo os polímatas se tornaram um tipo de especialista. Muitas

---

[10] Santo Agostinho, *De vera religione*, seç.49.

Introdução: O que é um polímata?

vezes, eles são conhecidos como "generalistas", porque o conhecimento geral, ou pelo menos o conhecimento de muitas disciplinas, é sua especialidade. Sua contribuição distintiva à história do conhecimento é enxergar as conexões entre os campos que foram separados e observar o que os especialistas de determinada disciplina, os *insiders*, não conseguiram ver. Nesse sentido, seu papel se assemelha ao dos estudiosos que deixam seu país de origem, seja como exilados ou expatriados, para viver em um lugar com uma cultura de conhecimento diferente.[11]

Uma grande preocupação deste estudo é a sobrevivência dos polímatas em uma cultura de crescente especialização. Talvez se pudesse esperar que a espécie fosse extinta no século XVIII, no XIX ou, no máximo, no século XX, mas ela demonstrou uma resiliência surpreendente. Explicar essa resiliência implica estudar o hábitat da espécie, seu nicho cultural, muitas vezes, mas nem sempre, a universidade. As universidades têm sido ora favoráveis, ora desfavoráveis aos polímatas. Alguns preferiram seguir carreira fora da universidade porque isso lhes proporcionava mais liberdade. Outros passaram de uma faculdade ou departamento a outro, como se estivessem se rebelando contra as restrições de determinada disciplina. Algumas universidades foram flexíveis o suficiente para acomodar essas mudanças, como veremos.

Em um nível mais pessoal, algumas das perguntas sobre os polímatas são: o que moveu esses indivíduos? Será que foi uma curiosidade simples, ainda que onívora, aquilo que Agostinho chamou de conhecimento "por mero conhecimento"? Ou será que foi algo subjacente ao que as memórias do cientista político Harold Lasswell chamam de "paixão pela onisciência"?[12] O que provoca as mudanças de uma disciplina a outra? Uma baixa tolerância ao tédio ou um alto

---

[11] Burke, *Exiles and Expatriates in the History of Knowledge, 1500-2000*.
[12] Rosten, Harold Lasswell: A Memoir, em Rogow (org.), *Politics, Personality and Social Science in the 20th Century*, p.1-13.

25

grau de mente aberta? Como os polímatas encontraram tempo e energia para seus estudos multifacetados? Como ganharam a vida?

Tipos de polímata

As distinções entre os tipos de polímata serão recorrentes nestas páginas. Talvez seja útil descrever alguns deles como passivos (em oposição a ativos); circunscritos (em oposição a gerais); ou seriais (em oposição a simultâneos). Por polímatas "passivos" me refiro a indivíduos que parecem saber tudo, mas não produzem nada (ou, pelo menos, nada de novo). Na fronteira entre passivo e ativo estão os sistematizadores ou sintetizadores, como Francis Bacon ou Auguste Comte. A expressão polímata "circunscrito" constitui um óbvio oximoro, mas era necessário um termo para designar acadêmicos que dominam algumas disciplinas relacionadas, seja em ciências humanas, naturais ou sociais. Nas páginas que se seguem, esse tipo será descrito como "agrupado".

Estudiosos que fazem malabarismos com vários assuntos mais ou menos simultaneamente podem ser contrastados com aquilo que se poderia chamar de polímatas "seriais" – à maneira dos polígamos em série – que pulam de um campo a outro no decorrer de suas vidas intelectuais. Um deles, Joseph Needham, iniciou um ensaio autobiográfico com a pergunta: "Como aconteceu de um bioquímico se transformar em historiador e sinólogo?".[13] Seguir a trilha e tentar compreender trajetórias desse tipo foi um dos grandes prazeres de escrever este livro.

Outra tipologia possível distingue apenas duas variedades de polímatas, o tipo centrífugo, que acumula conhecimentos sem se preocupar com as conexões, e o estudioso centrípeto, que tem uma

---

[13] Henry Holorenshaw (pseudônimo de Needham), The Making of an Honorary Taoist, em Teich; Young (orgs.), *Changing Perspectives in the History of Science*, p.1-20.

Introdução: O que é um polímata?

visão da unidade do conhecimento e tenta encaixar suas diferentes partes em um grande sistema. O primeiro grupo se compraz ou sofre de curiosidade onívora. O segundo grupo é fascinado – alguns diriam obcecado – por aquilo que um deles, Johann Heinrich Alsted, chamou de "a beleza da ordem".[14] Essa distinção entre centrífugos e centrípetos ecoa o contraste oferecido por Isaiah Berlin, em uma famosa conferência sobre Tolstói, entre o que ele (seguindo o antigo poeta grego Arquíloco) chamou de "raposas", que sabem "muitas coisas", e "ouriços", que sabem "uma coisa importante".[15] O contraste não pode ser muito nítido, como o próprio Berlin reconheceu quando definiu Tolstói como uma raposa que acreditava que deveria ser ouriço. Pode-se localizar a maioria dos polímatas – quando não todos – em um *continuum* entre os dois extremos, e vários deles se sentiram (e se sentem) puxados em ambas as direções, uma tensão criativa entre as forças centrípetas e centrífugas.

Veja-se o caso do alemão Johann Joachim Becher, médico do século XVII que se tornou matemático, alquimista e conselheiro do imperador Leopoldo I em um tema que hoje chamamos de "política econômica". Na linguagem de seu tempo, Becher era um *projector*, um indivíduo que traçava planos ambiciosos e muitas vezes irrealistas, os quais, no seu caso, abrangiam transformar areia ou chumbo em ouro. "Ele publicou trabalhos sobre química, política, comércio, linguagem universal, método didático, medicina, filosofia moral e religião." Os interesses de Becher parecem centrífugos, mas o que os unia, como já se sugeriu, era a ideia de circulação, tanto na natureza quanto na sociedade.[16]

---

[14] Alsted, Prefácio, *Encyclopaedia*.
[15] Berlin, *The Hedgehog and the Fox: An Essay on Tolstoy's View of History*. Cf. Gould, *The Hedgehog, the Fox and the Magister's Pox*, apelo a "uma união frutífera desses opostos aparentemente polares" (p.5).
[16] Smith, *The Business of Alchemy: Science and Culture in the Holy Roman Empire*, p.14; Teich, Interdisciplinarity in J. J. Becher's Thought, em Fruhsorge; Strasser (orgs.), *Johann Joachim Becher*, p.23-40.

27

Introdução: O que é um polímata?

A mitologia dos polímatas

O conhecimento dos indivíduos polímatas muitas vezes é exagerado, tanto que talvez possamos falar de uma "mitologia" da espécie. Às vezes, eles são descritos como seres que sabem tudo, e não como pessoas que dominam o conhecimento acadêmico de sua cultura particular. Esse tipo de descrição remonta a um longo caminho. O poeta medieval John Gower definiu Ulisses como "um conhecedor de tudo". Athanasius Kircher, jesuíta do século XVII, foi descrito como "o último homem que sabia tudo".[17] Entre os candidatos posteriores ao título estão Thomas Young, de Cambridge, o professor americano Joseph Leidy e, mais recentemente, o físico italiano Enrico Fermi, que mais de uma vez foi descrito dessa maneira em seu tempo, ainda que, como um biógrafo recente aponta, "seu conhecimento da ciência para além da física fosse superficial e seu conhecimento de história, arte, música e outras coisas, limitado, para dizer o mínimo".[18] O uso irrefletido do adjetivo "último" sublinha a necessidade de um estudo atento ao longo prazo, como este que se segue.

Um tanto mais modestamente, um livro de ensaios sobre Umberto Eco recebeu – o que parece apropriado para um admirador de Alfred Hitchcock – o subtítulo "o homem que sabia demais", expressão que também se aplicou ao cientista da computação e criptoanalista Alan Turing e ao filósofo natural Robert Hooke.[19] De

---

[17] Findlen (org.), *The Last Man Who Knew Everything*.

[18] Robinson, *Thomas Young: The Last Man Who Knew Everything*; Warren, *Joseph Leidy: The Last Man Who Knew Everything*; Schwartz, *The Last Man Who Knew Everything: The Life and Times of Enrico Fermi*, p.365. Nada menos que dezoito pessoas estão listadas na Hmolpedia como "última pessoa a saber tudo", disponível em: <http://www.eoht.info/page/Last+person+to+know+everything>.

[19] Montalto (org.), *Umberto Eco: l'uomo che sapeva troppo*. Cf. Inwood, *The Man Who Knew Too Much: The Strange and Inventive Life of Robert Hooke*; e Leavitt, *The Man Who Knew Too Much: Alan Turing and the Invention of the Computer*.

Introdução: O que é um polímata?

maneira semelhante, muitos polímatas foram definidos como "o último renascentista" – o filósofo Benedetto Croce e o cientista comportamental Herbert Simon, por exemplo. O bioquímico e sinólogo Joseph Needham foi chamado de "renascentista do século XX" e o crítico George Steiner, "homem da Renascença tardia, tardia, tardia". Hooke foi descrito como "Leonardo de Londres", Pavel Florensky como "desconhecido Da Vinci da Rússia" e Harold Lasswell como "uma espécie de Leonardo da Vinci das ciências comportamentais", "mais próximo do homem renascentista que qualquer cientista político que jamais existiu".[20] O termo "mulher renascentista" também foi vastamente empregado, da musicologia à "sexologia".[21]

A linguagem usada nos parágrafos anteriores reforça o mito do gênio solitário que consegue fazer tudo sozinho, como na famosa história da infância de Blaise Pascal em que ele descobre a geometria sem o auxílio de livros ou tutores. Alguns polímatas foram de fato relativamente solitários, Leonardo mais que a maioria – ainda que o jovem Leonardo tenha sido um artista de renome na corte de Milão. Também Giambattista Vico, muitas vezes descrito como solitário, levou uma vida sociável em Nápoles, pelo menos na juventude. Grupos pequenos costumam estimular a criatividade de seus membros e alguns polímatas ficaram famosos por ideias que provavelmente se originaram de discussões coletivas, como as comentadas no ca-

---

[20] Croce foi assim descrito por Antonio Gramsci e Simon, por Ha-Joon Chang, *23 Things They Don't Tell You about Capitalism*, p.173; Goldsmith, *Joseph Needham: Twentieth-Century Renaissance Man*; Steiner descrito por Antonia Byatt; Florensky, por Avril Pyman, *Pavel Florensky, a Quiet Genius: The Tragic and Extraordinary Life of Russia's Unknown Da Vinci*; Lasswell, por Steven A. Peterson, Lasswell, Harold Dwight, em Utter; Lockhart (orgs.), *American Political Scientists: A Dictionary*, p.228-30, e Smith, The Mystifying Intellectual History of Harold D. Lasswell, em Rogow (org.), *Politics, Personality and Social Science in the 20th Century*, p.41.
[21] Pearce, "Janet Beat: A Renaissance Woman", *Contemporary Music Review*, v.11, p.27, 1994; Davis, "Sandra Risa Leiblum, Ph.D: Sexology's Renaissance Woman", *American Journal of Sexuality Education*, v.5, p.97-101, 2010.

29

pítulo 8.[22] Ainda assim, se eu não acreditasse que certos polímatas fizeram a diferença no mundo do saber, não teria escrito este livro.

Muitas realizações serão discutidas ou pelo menos mencionadas aqui, mas este estudo não oferece simples histórias de sucesso. A polimatia tem um preço. Em alguns casos, os dos chamados "charlatães" comentados mais adiante, esse preço inclui a superficialidade. A ideia de que os polímatas são fraudes remonta a um longo caminho, pelo menos até a Grécia antiga, quando Pitágoras foi denunciado como impostor. Um bispo do século XVII, Gilbert Burnet, homem de interesses vastos o suficiente para vivenciar o problema na própria pele, escreveu que "muitas vezes, aqueles que lidam com muitas coisas são breves e superficiais em todas elas".[23] Em outros casos, encontramos o que se poderia chamar de "síndrome de Leonardo", em outras palavras, uma dispersão de energia que se apresenta em projetos luminosos e fascinantes que são abandonados ou simplesmente deixados pela metade.

O livro se concentra na Europa e nas Américas do Norte e do Sul, do século XV ao XXI. Começa com o *uomo universale* do Renascimento, mas põe o foco nas consequências de longo prazo do que se poderia chamar de duas crises de conhecimento: a primeira em meados do século XVII e a segunda em meados do século XIX, ambas em resposta à proliferação de livros (ainda é muito cedo para prever as consequências de longo prazo de uma terceira crise, provocada pela revolução digital). Todas as três crises produziram o que se poderia chamar de "explosões" de conhecimento, tanto no sentido de uma rápida expansão quanto no sentido de uma rápida

---

[22] Cf. Merton, "The Matthew Effect in Science", *Science*, v.159, n.3810, p.56-63, 1968, que discute a atribuição posterior a grandes cientistas de descobertas feitas por cientistas menores, ilustrando a ideia expressa no evangelho de São Mateus de que "a quem tem mais será dado".
[23] Burnet a Leibniz, 27 fev. 1699, citado por Antognazza, *Leibniz: An Intellectual Biography*, p.559.

Introdução: O que é um polímata?

fragmentação. As respostas à fragmentação serão discutidas no devido momento.

Para lembrar aos leitores que o Ocidente moderno não é a única região onde floresceram os polímatas, o capítulo seguinte oferece breves esboços sobre alguns estudiosos abrangentes, desde os gregos antigos até o final da Idade Média, juntamente com observações ainda mais breves sobre a China e o mundo islâmico. A escrita desse capítulo exigiu que o autor saísse de sua própria zona de conforto intelectual, mas, para escrever sobre polímatas, é preciso estar preparado para nadar onde não dá pé.

1
Oriente e Ocidente

Em uma época pré-disciplinar, ou em um período como a Idade Média, no qual existiam apenas algumas disciplinas acadêmicas, talvez pareça haver pouca necessidade para um conceito como o de "polímata". A curiosidade abrangente era algo normal e pode até ser descrita como a configuração-padrão – assim como a prática de escrever livros sobre uma vasta gama de tópicos. Como à época havia menos a saber do que passaria a haver a partir do Renascimento, era possível – com grande esforço – dominar pelo menos as formas de conhecimento mais importantes (deixando de lado os conhecimentos exigidos por muitas práticas cotidianas). Ainda assim, na Antiguidade clássica (tanto a grega quanto a romana), na China tradicional, no mundo islâmico e na Idade Média ocidental, vários indivíduos foram admirados por sua excepcional amplitude de conhecimento – e alguns deles já eram criticados por sua falta de profundidade.

Os gregos

Assim como muitos outros debates, a discussão sobre o valor do conhecimento foi registrada pela primeira vez na Grécia antiga. Referindo-se a uma variedade de indivíduos multifacetados, o filósofo Heráclito (c.535-c.475 a.c.) afirmou que "muito saber (*polymathiē*) não ensina compreensão (*noos*)" [Fragmento 40].[1] Do outro lado do debate, o filósofo Empédocles (c.495-435 a.c.) disse que "o saber (*mathē*) aumenta a sabedoria" (Fragmento 17). E certamente é significativo que alguns gregos venerassem a deusa Polimateia.

De várias formas, esse debate se repetiria ao longo dos séculos, sempre o mesmo na essência, mas sempre diferente nas ênfases e circunstâncias. O conflito essencial se dá entre a amplitude e a profundidade, entre a "raposa" de Isaiah Berlin, que "sabe muitas coisas", e o seu "ouriço", que "sabe uma coisa importante". No entanto, em diferentes tempos e lugares, esse contraste se enreda com conflitos entre amadores e especialistas, teoria e prática, conhecimento puro e aplicado, detalhe e visão geral, rigor e impressionismo.[2]

Passando da generalização aos indivíduos com um apetite incomum por diferentes tipos de conhecimento, pode-se começar por Pitágoras e os sofistas, embora só os conheçamos por meio dos testemunhos de discípulos ou críticos, além dos poucos fragmentos que restaram de seus escritos.

Os interesses de Pitágoras de Samos (c.570-c.495 a.C.), guru ou professor espiritual que fundou algo como uma seita, foram da reencarnação ao atletismo e ao vegetarianismo (embora seus seguidores fossem proibidos de comer favas). Ele é lembrado como matemático e, especialmente, como autor de um famoso teorema, ainda que essas alegações tenham sido contestadas. As reações a Pitágoras – assim como as respostas a tantos polímatas posterio-

---

[1] No entanto, esse fragmento só sobreviveu porque foi registrado por um filósofo posterior, Diógenes Laércio, que tinha outros propósitos. De qualquer forma, talvez seja melhor traduzir *noos* não como "compreensão", mas como a faculdade dos sentidos. Meus agradecimentos a Geoffrey Lloyd por esta indicação.
[2] Berlin, *The Hedgehog and the Fox*.

res – foram mistas. Uma vez mais, Empédocles e Heráclito tomaram lados opostos. Empédocles elogiou Pitágoras como "um homem de imenso conhecimento", ao passo que Heráclito o criticou como "o príncipe dos impostores" (ou "faladores": *kopidōn*).

Mais abrangentes que Pitágoras foram os chamados "sofistas", que talvez possam ser definidos como enciclopédias ambulantes. Eram professores itinerantes de uma ampla variedade de disciplinas, um currículo completo (o significado original do termo grego *encyklios paideia*, do qual deriva a nossa "enciclopédia"). Alguns deles afirmavam ser capazes de responder a qualquer pergunta e permitiam que os ouvintes os consultassem à maneira como hoje consultamos enciclopédias impressas ou *on-line*.

Um dos sofistas mais famosos foi Hípias de Élis (c.460-399 a.C.), sobre quem se diz que ensinou astronomia, matemática, gramática, retórica, música, história, filosofia e arte da memória (uma arte de óbvia serventia para os oradores). Hoje ele é lembrado graças a um diálogo de Platão, *Hípias Menor*, no qual aparece como um sujeito arrogante, cujas pretensões são demolidas por Sócrates. No diálogo, Hípias se vangloria de que é capaz de "versar sobre qualquer coisa que alguém escolha dos assuntos que preparei para a exposição e responder a quaisquer perguntas que alguém faça".[3]

Do lado positivo, Aristóteles (384-322 a.C.) tornou-se famoso por seus escritos sobre uma grande variedade de tópicos. No seu caso, a amplitude não parece ter suscitado a acusação de superficialidade. Aristóteles é mais lembrado como um filósofo interessado em lógica, ética e metafísica, mas também escreveu sobre matemática, retórica, poesia, teoria política, física, cosmologia, anatomia, fisiologia, história natural e zoologia.[4]

---

[3] Guthrie, *The Sophists*, p.280-5; O'Grady, Hippias, em O'Grady (org.), *The Sophists*, p.56-70.

[4] Existe uma vasta literatura a respeito de Aristóteles, com destaque para Manquat, *Aristote naturaliste*, e Lloyd, *Aristotle: The Growth and Structure of his Thought*. Veja

Dois estudiosos versáteis foram comparados a atletas, Posidônio de Rodes (c.135-c.51 a.C.) e Eratóstenes de Cirene (245-194 a.C.). Posidônio, cuja alcunha era "atleta", escreveu sobre filosofia, astronomia, matemática, geografia e história. Por que recebeu esse apelido, eis aí uma pergunta intrigante. Os atletas eram respeitados na Grécia antiga, e já se observou o paralelo entre a disciplina necessária ao atleta e ao estudioso. Nos Jogos Olímpicos, havia um lugar para aquele que mais tarde seria chamado de "polivalente", em particular nos cinco eventos realizados no mesmo dia, o "pentatlo". Por outro lado, não é um bom sinal que a comparação do polímata com o atleta remonte à descrição de Hípias pelo Sócrates de Platão.

O caso de Eratóstenes de Cirene apresenta uma ambiguidade semelhante. Eratóstenes, bibliotecário responsável pela biblioteca de Alexandria, a mais famosa do mundo greco-romano, recebeu a alcunha de Pentathlos por sua combinação de interesses em cinco assuntos. Na verdade, ele estudou o que, pelo nosso juízo, somariam pelo menos sete: gramática, literatura, filosofia, geometria, geografia, matemática e astronomia. Eratóstenes também era conhecido como Beta, um apelido remanescente da descrição por um historiador britânico de um de seus colegas como "capitão de segunda classe". Em outras palavras, é provável que o nome Pentathlos seja tanto uma crítica quanto uma homenagem.[5]

Os romanos

Em Roma, diferentemente da Grécia, encontramos não apenas elogios a magníficos intelectuais polivalentes, mas também

---

também Owens; Balme; Wilson; Minio-Paluello, "Aristotle", *DSB*, v.1, p.250-81, 1970 (quatro especialistas avaliando suas contribuições para as ciências naturais).
[5] Jacob, Un Athlète du savoir, em Jacob; Polignac (orgs.), *Alexandrie*, p.113-27; Geus, *Eratosthenes von Kyrene*, p.32-4.

recomendações a estudantes de determinadas disciplinas para que adquirissem um conhecimento mais vasto, talvez como antídoto à rastejante especialização. Cícero (106-43 a.c.), um dos oradores mais eloquentes do mundo romano, iniciou seu tratado sobre a oratória (*De oratore*) ressaltando a necessidade de um conhecimento amplo (*scientia... rerum plurimarum*) para se ter êxito nessa arte. O tratado se desenrola na forma de um diálogo entre Marco Crasso e Marco Antônio, no qual Crasso afirma que "qualquer que seja o tópico", o orador falará melhor sobre qualquer ramo do conhecimento que alguém que neste se confine.[6] Outro famoso tratado sobre a retórica, o *Institutio Oratoria* de Marco Fábio Quintiliano (35-100), também argumenta que o aspirante a orador precisa conhecer todos os assuntos. O autor cita os nomes de oito polímatas: cinco gregos (entre eles Hípias) e três romanos (Cícero inclusive). Ironicamente, o contexto é a crescente especialização dos retóricos, bem como dos gramáticos e juristas.[7]

Um argumento semelhante ao de Cícero e Quintiliano sobre o orador foi apresentado por Marcos Vitrúvio Polião (50 a.C.-15 d.C.) a respeito do arquiteto. Vitrúvio afirmou que sua profissão era um ramo "multidisciplinar" do conhecimento (*scientia pluribus disciplinis et variis eruditionibus ornata*). Segundo ele, o arquiteto ideal teria conhecimento de literatura, desenho, geometria, história, filosofia, música, medicina, direito e "astrologia" (que abrangia o que hoje chamamos de "astronomia").[8]

Entre os polímatas exemplares se encontra um grego expatriado, Alexandre de Mileto (Lúcio Cornélio Alexandre, 100-36 a.C.), que foi levado a Roma como tutor escravizado e apelidado de Polyhistor – em outras palavras, um indivíduo que investiga muitas coisas.

---

[6] Esse argumento repete muito o do *Górgias* de Platão. Mais uma vez, agradeço a Geoffrey Lloyd por esta indicação.
[7] Quintiliano, *Institutio Oratoria*, 12.xi, p.21-4.
[8] Vitrúvio, *De Architectura*, 1.i.1, 1.i.3.

Três polímatas romanos são mencionados com frequência em textos clássicos: Catão, Varrão e Plínio, o Velho. Marco Pórcio Catão, também conhecido como Catão, o Velho (234-149 a.c.), foi citado por Quintiliano por seu conhecimento sobre guerra, filosofia, oratória, história, direito e agricultura. O Crasso de Cícero também o menciona porque "não havia nada que pudesse ser conhecido e aprendido naquele período [cem anos antes] que ele não tenha investigado, assimilado e, ainda mais, colocado em seus escritos".[9] Em sua longa vida, durante a qual também ocupou cargos políticos e militares, Marco Terêncio Varrão (116-27 a.c.) escreveu mais de setenta obras sobre antiguidades, idiomas, agricultura, história, direito, filosofia, literatura e navegação, sem mencionar suas sátiras. Cícero o descreveu como "um homem destacado por seu intelecto e seu saber universal" (*vir ingenio praestans omnique doctrina*). E Quintiliano declarou que ele escrevera sobre "muitos, quase todos os tipos de conhecimento" (*Quam multa paene omnia tradidit Varro!*).[10] O tratado de Varrão sobre as "disciplinas", no plural (*Disciplinae*), foi descrito como "a primeira enciclopédia de que se tem registro".[11] O texto se perdeu, mas se sabe que tratava das sete artes liberais, além de arquitetura e medicina.

Plínio, o Velho (23-79), praticou direito, comandou uma frota e aconselhou imperadores, mas, como observou seu sobrinho, "achava que todo tempo não dedicado ao estudo era desperdiçado". Escravos liam para ele, e ele também ditava para escravos. Plínio escreveu sobre gramática, retórica, história militar e política e a arte de lutar a cavalo. Escreveu também a enciclopédica *História Natural* que o tornou famoso e que abrange muito mais que o campo que mais tarde passou a se entender por "história natural". No prefácio, o

---

[9] Cícero, *De Oratore*, 3.xxxiii, p.135.
[10] Quintiliano, op. cit., 12.xi, p.24. Cf. Butterfield (org.), *Varro Varius*: The Polymath of the Roman World.
[11] Murphy, *Pliny the Elder's Natural History: The Empire in the Encyclopaedia*, p.13.

autor se vangloria de ter consultado cerca de dois mil volumes e de que nenhum grego jamais escrevera sozinho sobre todas as partes de seu tema. Embora tenha baseado algumas declarações em sua própria observação, Plínio era essencialmente um compilador. Por outro lado, o prefácio de sua *História Natural* denunciava plagiários. Talvez ele tenha imaginado que seu próprio trabalho seria plagiado nos séculos seguintes.

China

Seria estranho se a curiosidade onívora e o conhecimento de amplo espectro não fossem encontrados fora da tradição ocidental. De fato, "estudar vastamente" é uma expressão famosa do texto clássico *Zhongyong* (Doutrina do Meio). Os chineses tinham uma palavra – ou algumas palavras – para designar polimatia: *boxue* (vastos estudos) ou *bowu* (vasto saber); já o termo para se referir a um indivíduo que havia dominado esses estudos era *boshi* (vasto estudioso). Esses conceitos surgiram entre os séculos V e II a.C.[12]

Assim como os gregos, os estudiosos chineses também se engajaram em discussões sobre a amplitude dos estudos, as quais tiveram importantes consequências para o famoso sistema de seleção de funcionários públicos por meio de exames competitivos.[13] Durante a dinastia Song (960-1279), os exames exigiam conhecimento sobre clássicos, poesia, história e política. Em um famoso documento sobre uma tentativa fracassada de reforma, "O memorial das dez mil palavras", o estadista Wang Anshi (1021-1086) reclamou da generalidade da educação dos futuros administradores. A capacidade de

---

[12] Goodman, Chinese Polymaths 100-300 AD, *Asia Major*, v.18, p.101-74, esp. p.110, 2005.

[13] Chaffee, *The Thorny Gates of Learning in Sung China: A Social History of Examinations*; Elman, *A Cultural History of Civil Examinations in Late Imperial China*.

governar, afirmou, era "mais bem desenvolvida pela especialização e foi arruinada pela variedade de assuntos a serem estudados".[14] Nos séculos posteriores, o pêndulo oscilou entre os estudos especializados e os generalistas. Em *Ch'uan-hsi hi* [Instruções para a vida prática], por exemplo, Wang Yangming (1472-1529) qualificou os vastos estudos como superficiais, preferindo o conhecimento e o cultivo do eu a qualquer tipo de conhecimento do mundo exterior.[15] Por outro lado, realizaram-se exames em "vastos saberes e extensas discussões" em 1679 e 1736.[16]

As comparações são dificultadas por diferenças na terminologia – "não existe um termo que corresponda à *philosophia* grega" no pensamento chinês clássico, por exemplo – e também na classificação. Os "mapas chineses sobre as mais relevantes disciplinas intelectuais, teóricas ou práticas e aplicadas são muito distintos tanto dos gregos quanto dos nossos".[17] As diferenças entre os pacotes de estudos chinês e grego também criam obstáculos à comparação. A teoria da música, a arte da adivinhação e as críticas à pintura e à caligrafia, por exemplo, eram todas muito importantes para os estudiosos chineses.

A vida e a obra de três estudiosos podem oferecer alguma ideia do alcance e dos interesses dos polímatas chineses. No período dos Estados Combatentes, Hui Shi (370-310 a.C.) tinha amplos interesses. Seus trabalhos se perderam, mas ele é vividamente evocado em uma famosa coleção de anedotas, o texto taoísta *Zhuangzi*. De acordo com este texto, Hui Shi era "um homem de muitos expedientes" e "seus escritos ocupariam cinco carruagens". Por outro lado, o texto

---

[14] Citado por Meskill (org.), *Wang An-shih: Practical Reformer?*, p.8.
[15] Yangming, *Instructions for Practical Living*, p.13, 62. Cf. Elman, *On their Own*, p.4-7.
[16] Wilhelm, The Po-Hsueh Hung-ju Examination of 1679, *Journal of the American Oriental Society*, v.71, p.60-6, 1951.
[17] Lloyd, *Disciplines in the Making*, p.10, 45.

afirma que Hui "abusou e dissipou seus talentos sem de fato realizar nada" – uma crítica recorrente aos polímatas.[18] Entre as figuras de destaque da dinastia Song se encontravam dois funcionários-estudiosos, Su Song (1020-1101) e Shen Gua (1031-1095). Su Song é mais famoso pela construção de uma torre para o uso dos astrônomos da corte e por descrever em um tratado ilustrado seu relógio mecânico, acionado por uma roda d'água. Su Song também fez mapas e até mesmo mapas estelares. Junto com assistentes, produziu um tratado sobre o que hoje conhecemos como farmacologia, discutindo as aplicações médicas de plantas, minerais e animais.[19]

Quanto a Shen Gua, ele foi descrito como "talvez o personagem mais interessante de toda a ciência chinesa".[20] Ele escreveu sobre rituais, *tianwen* (arte que combinava astronomia com astrologia), música, matemática, medicina, administração, arte da guerra, pintura, chá, medicina e poesia, além de fazer mapas (inclusive um diagrama de primeiros socorros). Quando foi enviado em missão à Mongólia, fez anotações sobre os costumes dos povos que ali encontrou. Um analista da época comentou o vasto conhecimento de Shen, e no século XX ele foi descrito como um Leibniz chinês (embora não pareça que tenha tentado integrar seus diferentes tipos de conhecimento, ao contrário de Leibniz).[21] Seu trabalho mais famoso, produzido

---

[18] Zhuangxi, *Complete Works of Chuang Tzu*, p.374, 377. Cf. Graham, *Disputers of the Tao*, p.76-81, 174-83.
[19] Needham; Ling, *Science and Civilization in China*, v.4, parte 1, p.446-65.
[20] Ibid., v.1, p.135. Uma vez mais, agradeço a Geoffrey Lloyd por me explicar a importância de Shen.
[21] Brenier et al., Shen Gua (1031-1095) et les sciences, *Revue d'histoire des sciences*, v.42, n.4, p.333-51, 1989. Sobre seu "vasto" conhecimento, p.335. Sivin, Shen Gua, em *Science in Ancient China: Researches and Reflections*, p.1-53, nota sua "curiosidade ilimitada" e as comparações com Leibniz e Lomonosov. No caso deste último, comparações feitas "em uma época muito feliz das relações entre China e União Soviética" (p.11).

depois que ele fora forçado a se aposentar do serviço público, foi uma coleção do que poderíamos chamar de "ensaios", intitulada *Mengxi Bitan* [Pinceladas sobre o livro dos sonhos] e organizada de acordo com as categorias de muitas enciclopédias chinesas, entre elas "Usos antigos", "Críticas filológicas", "Ocorrências estranhas" e "Caligrafia e pintura".[22] O gênero diversificado das "pinceladas" (*bitan*) era ideal para um polímata.

As comparações e contrastes entre polímatas da Grécia antiga e da China podem se esclarecer segundo a linha de um relato clássico sobre o estudo da natureza nessas duas culturas.[23] As contribuições dos polímatas gregos ao conhecimento estão ligadas às suas carreiras como professores, algo que Pitágoras, Sócrates, Platão e os sofistas tinham em comum. As contribuições dos polímatas chineses da dinastia Han em diante derivaram de seu trabalho como funcionários do governo em uma cultura na qual se esperava que candidatos bem-sucedidos nos exames estatais fossem generalistas, não especialistas. É graças a essa expectativa compartilhada que os funcionários britânicos (obrigados a passar em exames que foram originalmente inspirados no sistema chinês) às vezes são descritos como "mandarins".

Entre os polímatas já mencionados, Su Song foi presidente do Ministério da Administração e, tempos depois, ministro das Finanças, e Shen Gua foi chefe do Departamento de Astronomia. Ele também atuou na supervisão da drenagem de rios, como autoridade financeira e como comandante de exército. Os variados interesses de Shen se moldaram "por sua experiência como funcionário público".[24] A oportunidade de escrever seus ensaios surgiu quando

---

[22] Fu, A Contextual and Taxonomic Study of the "Divine Marvels" and "Strange Occurrences" in the *Mengxi bitan*, *Chinese Science*, v.11, p.3-35, 1993-1994.
[23] Lloyd, *The Ambitions of Curiosity: Understanding the World in Ancient Greece and China*.
[24] Sivin, op. cit., p.53.

ele caiu em desgraça, depois que a facção à qual estava associado perdeu o poder (na Europa, devemos a circunstâncias parecidas obras importantes como *O príncipe*, de Maquiavel, e *The History of the Rebellion* [A história da rebelião], de lorde Clarendon).

Início da Idade Média europeia

Voltando à tradição ocidental, vemos que a Antiguidade tardia e o início da Idade Média testemunharam tanto uma crítica ao conhecimento secular quanto uma perda desse tipo de conhecimento. Os principais escritores cristãos se opuseram frontalmente ao saber. Um deles foi Tertuliano (c.155-c.240), que afirmou que, desde Cristo, "não precisamos de curiosidade" (*Nobis curiositate opus non est*). Outro, como vimos, foi Santo Agostinho, que criticou a curiosidade "vã", "escusada em nome da compreensão e do conhecimento" (*vana et curiosa cupiditas nomine cognitionis et scientiae palliata*).[25]

Embora a Idade Média já não seja vista como a "Idade das Trevas", como um tempo de ignorância, é difícil negar que houve um prejuízo ao conhecimento – mais precisamente, a certos conhecimentos – entre os anos 500 e 1000. O declínio das cidades se fez acompanhar pelo declínio da erudição. As bibliotecas encolheram. Plínio tivera acesso a dois mil livros, mas, no século IX, as bibliotecas dos mosteiros de Reichenau e de São Galo, os principais centros intelectuais da época, somavam apenas quatrocentos livros cada. Se os polímatas posteriores enfrentariam o problema do "muito para saber", os do início da Idade Média sofriam com o problema do "pouco". Na Europa ocidental, perdeu-se o conhecimento dos gregos e, com este, o conhecimento de grande parte da tradição

---

[25] Tertuliano, *De praescriptione haereticorum*, Lv.7, cap.14; Santo Agostinho, *Confessiones*, Lv.12, cap.14.

clássica, condenada como pagã. Muitos textos, entre eles a pesquisa de Varrão sobre o conhecimento antigo, deixaram de ser copiados e, assim, acabaram desaparecendo. Muitos conhecimentos médicos e matemáticos foram perdidos. A correspondência de dois estudiosos do século XI, Raginbold de Colônia e Radolf de Liège, mostra-os discutindo qual poderia ser o significado da expressão "ângulos interiores" de um triângulo. Como observou um importante medievalista, este é "um claro sinal da vasta ignorância científica com que se deparava a época".[26]

Nessa situação, uma tarefa fundamental dos estudiosos era a operação de resgate, a tentativa de preservar e reunir o que restava da tradição clássica, em vez de lhe acrescentar algo (os chamados invasores "bárbaros" do Império Romano trouxeram seus próprios conhecimentos, mas estes geralmente se transmitiam de maneira oral e, portanto, não sobreviveram aos séculos). À medida que os estudiosos desse período juntaram os fragmentos dos antigos saberes gregos e romanos, eles também os classificaram, tanto no currículo das escolas anexas às catedrais quanto nas enciclopédias. As "sete artes liberais" foram divididas no *trivium* (gramática, lógica e retórica, os três campos que lidam com as palavras) e o *quadrivium* (aritmética, geometria, astronomia e teoria da música, os quatro campos que lidam com os números).

Pode-se dizer que, nessas circunstâncias, tornar-se polímata teria sido mais fácil que antes, uma vez que havia menos a estudar. Por outro lado, ficara mais difícil encontrar os livros necessários. Estudiosos de amplo espectro, capazes de reunir diversos fragmentos de conhecimento, fizeram-se ainda mais necessários. Entre os de maior destaque estavam Boécio, Isidoro de Sevilha e Gerbert d'Aurillac.[27]

Boécio (c.480-524) era senador romano, cônsul e *magister officiorum*, em outras palavras, chefe dos oficiais que serviam Teodorico,

---

[26] Southern, *The Making of the Middle Ages*, p.210.
[27] Outras figuras importantes são Cassiodoro, Beda e Alcuíno de York.

rei dos ostrogodos, o qual se estabelecera na Itália, perto de Ravena. Mais famoso por seu livro *A consolação da filosofia*, Boécio também escreveu sobre lógica, retórica, aritmética, música e teologia, bem como traduziu ou comentou textos de Pitágoras, Aristóteles, Platão, Arquimedes, Euclides, Ptolomeu e Cícero. Em seu tempo, Boécio foi definido como alguém "gordo de tanto conhecimento" (*multa eruditione saginatum*).[28] Ciente da ameaça ao conhecimento e da necessidade de preservá-lo, ele resgatou uma parte considerável do saber grego, disponibilizando-o para leitores de latim.[29]

Isidoro de Sevilha (c.560-636) chamou sua enciclopédia de *Etimologias*, porque iniciava a discussão de cada tópico (o primeiro dos quais é "disciplina") com a origem da palavra, partindo das sete artes liberais e passando para a medicina, o direito, a teologia, as línguas, os animais, o cosmos, as edificações, os navios, a comida e as roupas (merece atenção seu interesse em conhecimentos técnicos). Conhecido como o "Varrão cristão", Isidoro cita o romano 28 vezes, mas de maneira indireta, um lembrete de que obras de muitos escritores antigos haviam se perdido no início da Idade Média. Pensa-se que ele contava com uma equipe de assistentes.[30]

Gerbert d'Aurillac (c.946-1003) era um monge francês que estudou na Espanha e lecionou na escola da catedral de Reims antes de se tornar abade do famoso mosteiro de Bobbio, no norte da Itália, e, por fim, papa, sob o nome Silvestre II. Seus interesses iam da literatura latina, especialmente os poemas de Virgílio e as peças de Terêncio, à música, matemática, astronomia e ao que hoje chamaríamos de "tecnologia" – ele utilizava um astrolábio e um ábaco e, segundo se diz, chegou a construir um órgão.

---

[28] Cassiodoro, *Variarum Libri XII*, Lv.I, p.44.
[29] Chadwick, *Boethius*; Minio-Paluello, Boethius, *DSB*, v.2, p.228-36, 1970.
[30] Sevilha, *Etymologies*. Sobre Isidoro, veja Henderson, *The Medieval World of Isidore of Seville*.

A exemplo de Plínio, Gerbert enchia de estudos suas horas de vigília. "No trabalho e no ócio", ele escreveu sobre si mesmo, "ensino o que sei e aprendo o que não sei."[31] Seu conhecimento se tornou lendário. O cronista Guilherme de Malmesbury, monge inglês do século XII, escreveu que Gerbert assimilara o *quadrivium* com tanta facilidade que dava a impressão de que essas disciplinas estavam "abaixo do nível de sua inteligência", chegando a superar o estudioso alexandrino Ptolomeu no conhecimento da astrologia. Guilherme também chamou Gerbert de necromante, como se ninguém pudesse saber tanto sem auxílio sobrenatural, e contou que ele teria construído uma cabeça de estátua que era capaz de responder a todas as suas perguntas – uma Alexa do século X.[32] Essa história revela menos sobre Gerbert e mais sobre as expectativas dos séculos X e XI, embora provavelmente deva ser interpretada como uma expressão de admiração, não tanto pelo domínio de diferentes disciplinas quanto pelo conhecimento de coisas que ninguém mais sabia, pelo menos não na Europa ocidental.

O mundo islâmico

Outro motivo para as suspeitas de Guilherme de Malmesbury sobre Gerbert era o fato de que ele aprendera com os muçulmanos (*a Saracenis*). Quando estava estudando na Catalunha, Gerbert de fato aprendera com muçulmanos. À época, estudiosos de origem árabe, turca e persa haviam recuperado muito mais conhecimento grego que o disponível na Europa ocidental. Os textos gregos foram traduzidos para o árabe e o pálavi, direta ou indiretamente (via estudiosos cristãos de língua siríaca). Entre os séculos X e

---

[31] Riche, *Gerbert d'Aurillac, le pape de l'an mil*.
[32] Malmesbury, *Gesta Regum Anglorum*, Lv.II, seç.167-9, 172.

XII, alguns dos estudiosos mais instruídos do mundo islâmico escreveram comentários sobre os muitos trabalhos de Aristóteles ou atribuídos a ele – e podem ter se inspirado a imitar sua amplitude de conhecimento.

Os árabes tinham uma expressão com um significado semelhante ao de "polímata": *tafannun fi al-'ulum*, estudioso cujo conhecimento tinha "muitos ramos" (*mutafannin*). No entanto, ainda que o pacote de disciplinas que os estudiosos precisavam dominar fosse semelhante ao ocidental, não era idêntico a este. Seu *Falsafa* traduz bem o termo "filosofia" – a bem da verdade, trata-se da mesma palavra, que passou do grego para o árabe –, enquanto *Fikh* pode ser entendido como "lei". *Adab* seria algo semelhante ao que os gregos chamavam *paideia*, cujo objetivo era produzir o *Adib*, "o cavalheiro estudioso". A bagagem intelectual de um estudioso desse tipo "geralmente consistia em uma variedade formidável das artes e ciências de sua época: a teia das ciências religiosas, poesia, filologia, história e crítica literária, juntamente com uma sólida familiaridade com as ciências, da aritmética à medicina e à zoologia.[33]

De maneira semelhante ao que escreveram Quintiliano sobre o orador e Vitrúvio sobre o arquiteto, o grande estudioso Ibn Khaldun, cujas realizações serão discutidas mais adiante, escreveu que "um bom secretário terá de se preocupar com os principais ramos da sabedoria".[34] Nesse ponto, os ramos mais diferentes dos ocidentais eram a interpretação do Alcorão (*Tafsir*), o estudo dos atos e palavras de Maomé (*Hadith*) e o que hoje chamaríamos de "farmacologia" (*Saydalah*). A classificação do conhecimento apresentava divisões como "conhecimento racional" (*al-'ulum al-'aqliyya*) e "o conhecimento dos antigos" (*al-'ulum al-awa'il*).

---

[33] Khalidi, *Images of Muhammad*, p.104-5. Meus agradecimentos ao professor Khalidi pelo auxílio com esta seção.
[34] Citado por Irwin, *Ibn Khaldun: An Intellectual Biography*, p.24.

Outra maneira de elogiar os estudiosos islâmicos era chamá-los de "completos" (*kāmil*). Já se sugeriu que "o caráter multifacetado era uma qualidade procurada por todos os homens do saber".[35] A educação oferecida nas *madrasas*, escolas ligadas às mesquitas, incentivou esse caráter, uma vez que os alunos podiam facilmente passar de um professor (*shaykh*) a outro. Um estudo sobre a Damasco medieval argumenta que "o ideal era a exposição a muitos campos e muitos *shaykhs*, e não a instrução especializada sobre determinado tema".[36]

É difícil – quando não impossível – avaliar as contribuições ao conhecimento feitas por polímatas como estes. Em geral se acreditava, tanto no mundo islâmico quanto no Ocidente medieval, que a função do estudioso era transmitir conhecimento tradicional, em vez de transmitir algo novo. Embora pesquisas empíricas tenham sido realizadas e descobertas tenham sido feitas, muito do trabalho dos estudiosos tomou a forma de comentários a livros de estudiosos anteriores. De qualquer maneira, nas culturas manuscritas, geralmente há menos ênfase nos autores individuais que nas culturas impressas. As obras de discípulos podiam circular sob o nome de seus mestres e os copistas de modo geral se sentiam livres para cortar ou mesmo inserir passagens no texto que estavam transcrevendo (alguns tratados amaldiçoaram os escribas que modificaram textos dessa maneira).

Entre os estudiosos multifacetados do mundo islâmico, figuras de destaque que viveram entre os séculos IX e XIV (de acordo com a cronologia ocidental), encontram-se os seguintes: Al-Kindi, Ibn Sina (conhecido como Avicena), Ibn Rushd (Averróis) e Ibn Khaldun.[37]

---

[35] Van Gelder, Compleat Men, Women and Books, em Binkley (org.), *Pre-Modern Encyclopaedic Texts*, p.241-59, esp. p.247; Makdisi, *The Rise of Humanism in Classical Islam and the Christian West*, p.110.

[36] Chamberlain, *Knowledge and Social Practice in Medieval Damascus*, p.86.

[37] Outros estudiosos importantes foram Jabir ibn Hayyan (c.721-c.815), conhecido no Ocidente como Geber; Ibn Bajja (c.1085-1138: Avempace); Al-Farabi (872-950: Alfarrábio); Al-Biruni (973-c.1050); e Ibn Hazm (994-1064).

Al-Kindi (801-73) veio de Basra e estudou em Bagdá. Escreveu sobre filosofia, matemática, música, astronomia, medicina, óptica e cifras, bem como sobre a fabricação de vidro, joias, armaduras e perfumes, campos de conhecimento prático que o tornam comparável ao estudioso chinês Su Song, discutido anteriormente. Al-Kindi foi descrito por um escritor do século XIV como "um homem versátil" que dominava "a filosofia em todos os seus ramos".[38] Um estudo recente também se refere à "espantosa gama de interesses de Al--Kindi".[39] Não por acaso, alguns de seus escritos foram estudados por Leonardo da Vinci.

Ibn Sina (c.980-1037) veio de Bucara. Quando ainda era adolescente, recebeu de Mansur II a permissão para usar a grande biblioteca do emir na cidade. Apelidado de "príncipe dos médicos", Ibn Sina ficou conhecido por seus trabalhos em medicina e por seus comentários críticos sobre Aristóteles. Aos 21 anos, compilou uma enciclopédia, o *Compendium* (*Kitab al-Majmu*), e depois seguiu escrevendo mais duas obras enciclopédicas. A primeira delas, *Al-Qanun* [O cânone], dedicava-se à medicina. A segunda, *Al-Shifa* [A cura]), era uma tentativa de curar a ignorância explicando lógica, física, metafísica, matemática, música e astronomia. Ibn Sina escreveu ainda sobre geografia e poesia. Estudou alquimia e a criticou. Também atuou como jurista e vizir de um emir onde hoje é o Irã.[40]

Ibn Rushd (Averróis, 1126-98) veio de Córdoba e atuou como médico e juiz. Graças a seus comentários sobre quase todas as obras de Aristóteles, um empreendimento notável, Ibn Rushd ficou conhecido como "o Comentador". Ele também produziu seus próprios

---

[38] Citado por Atiyeh, *Al-Kindi: Philosopher of the Arabs*, p.9.
[39] Adamson, *Al-Kindī*, p.7. Cf. Zimmerman, Al-Kindi, em Young; Latham; Serjeant (orgs.), *Religion, Learning and Science in the Abbasid Period*, p.364-9.
[40] Anawati; Iskandar, Ibn Sina, *DSB*, v.15, supl.1, p.495-501, 1970; Goodman, *Avicenna*; Wisnovsky, Avicenna and the Avicennian Tradition, em Adamson; Taylor (orgs.), *The Cambridge Companion to Arabic Philosophy*, p.92-136.

estudos sobre retórica, poética, astronomia, medicina, filosofia, matemática e música.[41]

Depois de Ibn Rushd, abriu-se um certo hiato na lista de polímatas islâmicos até o aparecimento de Ibn Khaldun (1332-1406). Ele nasceu em Túnis, morou em Fez e Granada e morreu no Cairo. Escrevia nos intervalos entre suas três carreiras: a política, como diplomata e conselheiro de governantes, a jurídica, como juiz, e a acadêmica, como professor. Ibn Khaldun passou quatro anos recluso em um castelo no que hoje é a Argélia, para escrever sua obra-prima, o *Muqaddimah* [Os prolegômenos], que oferece reflexões gerais a modo de introdução a uma história do mundo muçulmano, o *Kitab al-'ibar* [História universal]. O *Muqaddimah* foi aclamado como uma contribuição à sociologia e à ciência política, embora essas disciplinas não existissem na época do autor. Pensando nas categorias intelectuais de seus dias, talvez possamos dizer que o *Muqaddimah* só foi possível graças ao conhecimento de Ibn Khaldun em geografia, filosofia, teologia e medicina, além de seu entendimento aguçado da história e de seu talento para a generalização. O Ocidente perdeu muito pelo fato de não ter conhecido Ibn Khaldun até recentemente, ao contrário de alguns de seus antecessores. Um manuscrito de sua principal obra foi trazido a Leiden no século XVII, mas as primeiras traduções para as línguas europeias foram publicadas apenas no século XIX, e sua fama no Ocidente remonta ao século XX.[42]

A Alta Idade Média

Reputa-se que Bernardo de Chartres, estudioso do século XII, teria dito que ele e seus colegas eram "como anões sobre os ombros

---

[41] Urvoy, *Ibn Rushd (Averroes)*.
[42] Gates, The Spread of Ibn Khaldun's Ideas on Climate and Culture, *Journal of the History of Ideas*, v.28, p.415-22, 1967; al-Azmeh, *Ibn Khaldun in Modern Scholarship: A Study in Orientalism*; Irwin, *Ibn Khaldun*.

de gigantes", em outras palavras, os gregos e romanos antigos. Talvez seja mais exato dizer que os estudiosos medievais ocidentais estavam sobre os ombros de estudiosos muçulmanos, que, por sua vez, estavam sobre os ombros dos antigos. No início da Idade Média, o desafio dos estudiosos fora salvar e preservar o que restava da tradição clássica. Na Idade Média tardia, o desafio era recuperar e dominar não apenas o antigo conhecimento grego que se perdera, mas também o novo conhecimento produzido no mundo islâmico.

Uma grande inovação desse período, a partir do século XI, foi a fundação de universidades, notadamente em Bolonha e Paris, institucionalizando um pacote de disciplinas. Os graduandos estudavam as sete artes liberais, o *trivium* e o *quadrivium*. As disciplinas de pós-graduação eram teologia, direito e medicina, as quais proporcionavam formação profissional para clérigos, advogados e médicos. Apesar desses primeiros sinais de especialização, alguns estudiosos medievais deram continuidade à tradição polimática. Entre eles se destacam os seguintes: Hugo de São Vítor, Vicente de Beauvais, Alberto, o Grande, Robert Grosseteste, Roger Bacon e Raimundo Lúlio.[43]

Tanto Hugo quanto Vicente ficaram famosos por suas enciclopédias. O monge Hugo de São Vítor (c.1096-1141) veio da Saxônia, mas trabalhou em Paris. Escreveu sobre teologia, música, geometria e gramática, embora seja mais conhecido por seu *Didascalicon*, uma enciclopédia dividida em três tipos de conhecimento: teórico (como a filosofia), prático (como a política) e "mecânico" (arquitetura e navegação, por exemplo).[44] O frade dominicano Vicente de Beauvais (c.1190-1264) compilou, com a ajuda de assistentes, uma enciclopédia conhecida como *Speculum Maius* [O Grande Espelho],

---

[43] Tomás de Aquino foi omitido porque esse grande estudioso se concentrou em teologia e filosofia.
[44] Os estudos sobre Hugo dão ênfase à sua teologia, à sua história ou à sua "psicologia", claros sinais da fragmentação do conhecimento em nosso tempo.

inspirada nos escritos de estudiosos muçulmanos como Ibn Sina, bem como de gregos e romanos antigos. A exemplo do *Didascalicon*, a enciclopédia de Vicente se dividia em três partes, em seu caso, o conhecimento da natureza, a doutrina e a história. As artes liberais e mecânicas, o direito e a medicina ficavam dentro da seção "doutrina".[45]

Dois dos polímatas que atuaram nesse período foram os ingleses Robert Grosseteste (c.1175-1253) e Roger Bacon (c.1214-c.1292). Roberto, que se tornou bispo de Lincoln, sem dúvida foi apelidado de "cabeça grande" (*Grosseteste*) por conta de seu saber multifacetado. Ensinou filosofia e teologia em Oxford e escreveu o primeiro comentário em latim sobre Aristóteles, mas é mais conhecido por seus escritos sobre a natureza – as estrelas, a luz, a cor, a origem dos sons, o calor do sol e as marés. Ele também foi o "primeiro pensador de que se tem registro a identificar a refração como a causa subjacente do arco-íris".[46] Aprendeu grego no final da vida e foi um dos poucos estudiosos ocidentais medievais a conhecer esse idioma.[47]

O frade franciscano Roger Bacon talvez tenha sido aluno de Grosseteste. Estudou e ensinou filosofia e teologia em Oxford, mas também é mais conhecido por sua investigação da natureza, interessando-se desde a astronomia até a óptica e a alquimia. Assim como Leonardo tempos depois, tentou construir uma máquina voadora.[48] Graças a relatos em primeira mão escritos por três de seus colegas franciscanos, todos missionários, Roger teve acesso a um conhecimento atualizado sobre os mongóis, cujas velozes conquistas eram

---

[45] Lusignan; Paulmier-Foucart (orgs.), *Lector et compilator: Vincent de Beauvais*.
[46] McLeish, "In Conversation with a Medieval Natural Philosopher", *Emmanuel College Magazine*, Cambridge, v.100, p.147-62, esp. p.147, 2018.
[47] Crombie, *Robert Grosseteste and the Origins of Experimental Science*; Southern, *Robert Grosseteste*; id., Grosseteste, Robert, ODNB, v.24, p.79-86, 2004.
[48] Crombie; North, Bacon, Roger, *DSB*, v.1, p.377-85, 1970; Mollant, Bacon, Roger, *ODNB*, v.3, p.176-81, 2004.

aterradoras para os europeus da época.[49] Também escreveu sobre matemática e linguagem. Um sinal da reputação polimática de Bacon em seu próprio tempo é a história (também ligada a Gerbert d'Aurillac, como vimos) de que ele tinha em seu gabinete uma cabeça de bronze que respondia a todas as suas perguntas. A mitologia dos polímatas remonta a um longo caminho.

Os polímatas medievais mais ambiciosos certamente foram Alberto, o Grande, e Raimundo Lúlio. Deve-se distinguir Alberto (Albertus Magnus, c.1200-1280) de Alberto da Saxônia (c.1316-1390), que contribuiu para a lógica, a matemática e a física. Alberto, o Grande, era um dominicano alemão conhecido em sua época como Doctor Universalis ou Doctor Expertus, títulos que atestam a amplitude de seu conhecimento. Um de seus alunos o descreveu como "um homem tão divino em todos os ramos do conhecimento (*vir in omni Scientia adeo divinus*) que se pode devidamente chamá-lo de milagre e maravilha de nossa era".[50] Alberto estudou teologia, filosofia, alquimia, astrologia e música. Comentou todas as obras conhecidas de Aristóteles e conhecia a obra de alguns dos principais estudiosos muçulmanos. Também fez suas próprias observações e classificações de plantas e minerais. Dizia-se que possuía uma estátua, ou, como diríamos hoje, um robô, capaz de se mover e dizer *Salve*, quando não de responder a perguntas, como as cabeças de bronze de seus colegas Gerbert e Roger.

Quanto ao frade catalão Raimundo Lúlio (1232-1316), ele demonstrou sua versatilidade ao escrever cerca de 260 obras, entre elas duas narrativas romanescas, um livro sobre a arte do amor e

---

[49] Giovanni da Pian del Carpine, Bento da Polônia e Guilherme de Rubruck. Veja Roest, *Reading the Book of History: Intellectual Contexts and Educational Functions of Franciscan Historiography*, 1226-c.1350, p.114, 120.

[50] Ulrich de Strasbourg, citado por Resnick (org.), *A Companion to Albert the Great*, p.1. Cf. Weisheipl (org.), *Albertus Magnus and the Sciences*; Meyer; Zimmermann (orgs.), *Albertus Magnus, Doctor Universalis 1280/1980*, que traz capítulos sobre suas contribuições à medicina, zoologia e botânica.

Arbor Scientiae [A árvore do conhecimento]; ao aprender árabe para trabalhar como missionário no norte da África; e, acima de tudo, ao conceber seu *Ars Magna* [Grande arte], descrito por Umberto Eco como "um sistema para uma linguagem perfeita com a qual converter os infiéis". O *Ars Magna* faz uso da lógica, da retórica e da matemática para ensinar os leitores a descobrir, relembrar e apresentar argumentos, utilizando rodas para criar combinações de diferentes ideias (uma técnica conhecida como *ars combinatoria*, ao que parece emprestada ou adaptada do *zairja* dos astrólogos árabes). Trezentos anos depois, a arte de Lúlio atrairia o interesse do maior polímata do século XVII, Gottfried Wilhelm Leibniz. Será desnecessário dizer que, na era da ciência da computação, o debate de Lúlio sobre a arte da combinação vem recebendo crescente atenção.[51]

---

[51] Rossi, *Clavis Universalis: arti mnemoniche e logica combinatorial da Lullo a Leibniz*, esp. p.61-74; Urvoy, *Penser l'Islam: Les présupposes Islamiques de l'"art" de Lull*; Eco, *The Search for the Perfect Language*, p.53-72, esp. p.53; Crossley, *Raymond Llull's Contributions to Computer Science*; Bonner, *The Art and Logic of Ramon Llull: A User's Guide*.

2
A era do "homem renascentista" – 1400-1600

Na Europa dos séculos XV e XVI, a quantidade de informação circundante aumentou rapidamente. No movimento hoje conhecido como Renascimento, os estudiosos trabalharam para recuperar conhecimentos dos antigos gregos e romanos que haviam se perdido durante a Idade Média. A exploração e a conquista de partes da Europa, Ásia e Américas trouxeram novos saberes, e a invenção da prensa permitiu que conhecimentos novos e antigos circulassem por mais gente, mais rápido. No entanto, nesse período ainda era possível, pelo menos para alguns estudiosos, dominar os tipos de conhecimento ensinados e estudados nas universidades, os quais agora abrangiam não apenas o *trivium* e o *quadrivium* medievais mencionados anteriormente, mas também as "humanidades" (*studia humanitatis*), um pacote de cinco disciplinas – gramática, retórica, poesia, história e ética – que tinham por objetivo tornar os alunos mais plenamente humanos.

Quando pensamos no Renascimento, porém, costumamos nos lembrar não apenas dos estudiosos, mas também dos artistas e, acima de tudo, do chamado "homem renascentista", um personagem que há muito aparece regularmente nos títulos de livros acadêmicos.[1] Como vimos, vários polímatas do século XX, entre eles Benedetto Croce, Herbert Simon e Joseph Needham, foram descritos como exemplos tardios dessa espécie. O hábito de associar indivíduos versáteis ao Renascimento deve muito ao grande historiador cultural suíço Jacob Burckhardt.

Em seu famoso ensaio sobre *A cultura do Renascimento na Itália*, publicado pela primeira vez em 1860, mas com inúmeras reimpressões até hoje, Burckhardt apresentou alguns indivíduos do período – principalmente Francesco Petrarca, Leon Battista Alberti, Giovanni Pico della Mirandola e Leonardo da Vinci – como exemplos do que qualificou como homem "polivalente" ou, pelo menos, "com muitas valências" (*der allseitige Mensch, der vielseitige Mensch*).[2] Entre esses "gigantes", como ele os chamava, Burckhardt se demorou sobretudo ao falar de Alberti e Leonardo.

Outros escritores do século XIX descreveram as principais figuras do Renascimento de maneira semelhante. Antes de Burckhardt, o historiador francês Edgar Quinet havia caracterizado Leonardo como "um cidadão de todos os mundos [...]. Anatomista, químico, músico, geólogo, improvisador, poeta, engenheiro, físico".[3] Depois de Burckhardt e talvez o seguindo, George Eliot louvou Alberti em seu romance *Romola* por sua "robusta mente universal, a um só tempo prática e teórica: artista, homem da ciência, inventor, poeta".[4]

O ideal de universalidade

O ideal da polivalência ou do "homem universal" (*uomo universale*) foi promovido no próprio Renascimento. Um dos grandes mes-

---

[1] Heller, *Renaissance Man*; Koenigsberger, *Renaissance Man and Creative Thinking*.
[2] Burckhardt, *The Civilisation of the Renaissance in Italy*, cap.2, seç.2.
[3] Quinet, *Révolutions d'Italie*, citado e traduzido por Bullen, *The Myth of the Renaissance in Nineteenth-Century Writing*, p.175.
[4] Eliot, *Romola*, citado por Bullen, op. cit., p.218.

tres da Itália do século XV, Vittorino da Feltre, "costumava elogiar o saber universal que os gregos chamam de *encyclopaedia*, dizendo que, para beneficiar seus companheiros, o homem perfeito devia ser capaz de discutir filosofia natural, ética, astronomia, geometria, harmonia, aritmética e agrimensura". Seu ideal era o conhecimento de "muitas e várias disciplinas".[5] O interlocutor de um diálogo sobre "vida cívica" (*la vita civile*), escrito pelo florentino Matteo Palmieri, pergunta "como um homem pode aprender muitas coisas e se tornar universal (*farsi universale*) em muitas artes excelentes".[6] Uma famosa encarnação do ideal de universalidade era a figura de Fausto. O herói do *Faustbuch*, o original alemão de 1587, tinha um "desejo insaciável de conhecimento".[7]

Essas formulações do ideal de universalidade se concentram no conhecimento acadêmico, o tema central deste estudo. Outras versões são mais ambiciosas e exigem habilidade tanto no mundo da ação (a *vita activa*) quanto no mundo do pensamento (a *vita contemplativa*), um contraste que muitas vezes se define vividamente como um embate entre as "armas" e as "letras".[8] Algumas versões também exigem habilidade nas belas artes. Por exemplo, no diálogo de Baldassare Castiglione sobre o cortesão, publicado pela primeira vez em 1528, um interlocutor argumenta que o cortesão perfeito devia não apenas ser habilidoso na pugna e "mais que mediocremente erudito" (*più che mediocremente erudito*) nas humanidades, mas também dominar as artes da dança, da pintura e da música.[9]

O ideal de universalidade também foi expresso pelo imperador Maximiliano em seu romance de cavalaria *Der Weisskunig* [O rei

---

[5] Woodward, *Vittorino da Feltre and other Humanist Educators*, p.1-92, inspirado na vida de Vittorino escrita por Bartolomeo Platina.
[6] Palmieri, *Vita civile*, p.43.
[7] Butler, *The Fortunes of Faust*, cap.1.
[8] Supple, *Arms versus Letters: The Military and Literary Ideals in the* Essais *of Montaigne*.
[9] Castiglione, *Il Cortegiano*, Lv.1, seç.44-9.

branco], escrito alguns anos antes do livro de Castiglione. O herói do romance é apresentado como habilidoso em caligrafia, artes liberais, magia, medicina, astrologia, música, pintura, construção, caça, combate e até carpintaria, além de conhecer onze idiomas.[10] Na França, François Rabelais pintou uma imagem vívida da educação multifacetada em suas biografias imaginárias dos gigantes Gargântua e Pantagruel. Gargântua estudou não apenas as artes liberais, mas também medicina e a arte da guerra e, quando chovia, saía para ver os artesãos trabalhando. Ele aconselhou seu filho Pantagruel a estudar da mesma maneira: artes liberais, direito, medicina e história natural, em suma *un abysme de science* [um abismo de ciência].[11]

Na Inglaterra, a ideia de conhecimento universal remonta ao início do século XVI, quando o tipógrafo William Caxton se referiu a "um homem universal em quase todas as ciências".[12] O ideal da polivalência foi formulado no *Book Named the Governor* (1531) ["O livro do governador", traduzido do inglês moderno], de Sir Thomas Elyot, um tratado sobre a educação dos homens das classes abastadas. Elyot discute o que chama de "círculo de doutrina", o qual os alunos deveriam seguir, e também sugere que um cavalheiro precisa saber como compor, pintar e até esculpir, além de estudar os tópicos acadêmicos.[13] No entanto, deve-se distinguir essa visão do amador nobre, já perceptível na referência de Castiglione à necessidade de ser "mais que mediocremente erudito", do ideal do indivíduo que se move, como Alberti, pelo desejo de se destacar em tudo o que tenta fazer.

---

[10] Maximilian, *Weisskunig*, parte 2. Por outro lado, Muller, *Gedachtnus: Literatur und Hofgesellschaft um Maximilian I*, p.242, rejeita a interpretação desse texto nos termos do homem renascentista.
[11] Rabelais, *Pantagruel*, cap.8; *Gargantua*, cap.23-4. A expressão *un abysme de science* depois foi empregada para descrever o saber do polímata francês Guillaume Postel.
[12] Caxton, *Chronicle*, citado em *Oxford English Dictionary* sob "universal".
[13] Elyot, *The Book Named the Governor*, cap.8.

O mito da universalidade

Apesar dos espetaculares exemplos de versatilidade já discutidos, pode-se argumentar que Burckhardt e alguns de seus contemporâneos exageraram a excepcionalidade das espécies intelectuais que descreveram como o homem "universal" ou "renascentista" (o caso da "mulher renascentista" será abordado mais adiante neste capítulo). Vários dos testemunhos da época supracitados são menos precisos do que podem parecer à primeira vista. Castiglione, por exemplo, consente que alguns dos interlocutores de seu diálogo questionem a polivalência e reprovem as pessoas que "estão sempre tentando fazer coisas que desconhecem e negligenciando as que de fato conhecem", uma passagem geralmente usada para se referir a Leonardo.[14]

De maneira similar, o programa educacional literalmente "pantagruélico" descrito por Rabelais muitas vezes foi tido como a expressão de um ideal renascentista, mas também pode ser lido como uma paródia desse ideal. Quanto a Fausto, no livro original, sua insaciável sede de conhecimento foi condenada como exemplo de seu orgulho espiritual. Não se apresenta o doutor Fausto como um herói, mas sim como uma advertência. No século XVI ainda se levava a sério a condenação da curiosidade por teólogos como Santo Agostinho.

O próprio Burckhardt era um indivíduo versátil, que desenhava, escrevia poesia e tocava piano, além de ensinar e escrever sobre história e história da arte (as quais já haviam se tornado disciplinas distintas no mundo de língua alemã da época). Como historiador, Burckhardt se recusou a se especializar em um período específico e escreveu sobre a história cultural da Grécia, sobre a era de Constantino e (em conferências publicadas postumamente) sobre o que

---

[14] Castiglione, op. cit., Lv.2, seç.39.

pensava ser a grande crise mundial de seu próprio tempo. Não é de se admirar que ele tenha se interessado por figuras multifacetadas, como Alberti e Leonardo, e que tenha tentado vê-las como típicas de seu tempo, uma era de ouro que precedera a era de ferro da especialização intelectual e cultural. Dessa maneira, Burckhardt contribuiu para o que já se descreveu como a "mitologia" do polímata.[15]

Existem muitas definições de mito. A que se segue aqui tem duas características principais. Trata-se de uma história sobre o passado que é empregada para justificar ou criticar uma situação no presente. Trata-se, também, de uma história na qual os protagonistas são figuras notáveis. A história pode ser falsa, mas não necessariamente o é. Dentro da casca de exageros muitas vezes se esconde um miolo de verdade. Vejamos se e até que ponto alguns indivíduos desse período cumpriram o ideal de universalidade.

Ação e pensamento

Burckhardt ressaltou a combinação de habilidades de Leon Battista Alberti. A biografia anônima de Alberti, geralmente considerada uma autobiografia, definiu-o como um indivíduo "versátil", que dominava todas as belas artes, além de exercícios físicos como a equitação, o salto e o arremesso de lança.[16] Não há como verificar suas reivindicações de proezas físicas, mas alguns de seus contemporâneos ficaram impressionados com o alcance intelectual de Alberti. O humanista Cristoforo Landino perguntou (retoricamente): "Que

---

[15] Kaegi, *Jacob Burckhardt: eine Biographie*; Trevor-Roper, Jacob Burckhardt, *Proceedings of the British Academy*, v.70, p.359-78, 1984. Cf. Bullen, op. cit.
[16] Fubini; Gallorini, L'autobiografia di Leon Battista Alberti, *Rinascimento*, v.12, p.21-78, esp. p.68, 1972; tradução inglesa em Ross; McLaughlin (orgs.), *The Portable Renaissance Reader*, p.480. Cf. Grafton, *Leon Battista Alberti: Master Builder of the Italian Renaissance*, p.17-29.

ramo da matemática não lhe era conhecido? Geometria, aritmética, astronomia, música – e na perspectiva ele fez maravilhas". De toda maneira, ainda podemos ver algumas das realizações de Alberti: os edifícios que ele projetou, seus tratados sobre pintura e arquitetura, seu diálogo sobre a família, seu compêndio sobre jogos matemáticos e seu autorretrato em um medalhão de bronze.[17]

Graças a uma biografia escrita por um de seus pupilos, sabemos que o estudioso holandês do século XV Rudolf Agricola, mais conhecido por seus estudos de lógica, era outro homem de "conhecimento multifacetado" (*multiplex scientia*), o qual emulou Alberti praticando pintura, escultura, música e ginástica – e também construiu um órgão.[18]

No século XVI, vários indivíduos, mesmo sem possuir a amplitude de Alberti e Agricola, combinaram vida ativa e contemplativa, armas e letras. Por exemplo, os nobres espanhóis Garcilaso de la Vega e Alonso de Ercilla viveram uma vida dupla como soldados e poetas. Garcilaso combateu na Europa e no norte da África e ficou famoso por sua lírica. Já Ercilla serviu no que é hoje o Chile e transformou em épico o conflito entre indígenas e espanhóis. Na Inglaterra elisabetana, Philip Sidney, soldado que morreu em batalha na Holanda, continua famoso por sua poesia e seu romance pastoral *Arcadia*.

Walter Raleigh, outro elizabetano que combinava armas e letras, esteve mais próximo ao ideal do *uomo universale*. No cadafalso, pouco antes de ser executado sob acusação de conspirar contra o rei Jaime I, descreveu-se como "soldado, capitão, corsário e cortesão". Poderia ter acrescentado que era poeta, estudioso e autor de uma história do mundo. Também foi explorador na Virgínia e no que é hoje a Vene-

---

[17] Landino, *Apologia di Dante*, citado por Gadol, *Leon Battista Alberti: Universal Man of the Early Renaissance*, p.3.
[18] Straube, Die Agricola-Biographie des Johannes von Plieningen, em Kuhlmann, *Rudolf Agricola 1444-1485*, p.11-48.

zuela. Seu livro *Discovery of Guiana* [Descoberta da Guiana] (1596) revela seu interesse por terras estrangeiras e seus habitantes. Os contemporâneos definiram Raleigh como "um leitor infatigável" e "um grande químico" (em outras palavras, alquimista).[19]

Quanto a James Crichton, este jovem nobre escocês foi caracterizado por um contemporâneo como "admirável em todos os estudos" (*omnibus in studiis admirabilis*). O "admirável Crichton", como ainda é conhecido, chegou à Itália em 1579, quando tinha 19 anos, e se tornou uma espécie de cavaleiro errante intelectual, desafiando professores universitários para debater com ele. Crichton causou boa impressão em pelo menos alguns italianos antes de sua morte prematura, assassinado pelo filho de seu patrão, o duque de Mântua. Um deles o descreveu da seguinte maneira: "ele conhece dez idiomas [...] filosofia, teologia, matemática e astrologia [...] Tem perfeito conhecimento da Cabala [...] improvisa versos em todas as métricas [...] faz comentários informados sobre política", sem mencionar suas proezas como soldado, atleta, dançarino e "maravilhoso cortesão".[20]

Outros indivíduos desse período combinaram erudição com uma carreira na vida pública, entre eles dois advogados ingleses que chegaram ao cargo mais alto da profissão, o de lorde chanceler: Thomas More e Francis Bacon. Além de autor de *Utopia*, More foi humanista e teólogo. Bacon, por sua vez, publicou ensaios, uma biografia do rei Henrique VII e o *Advancement of Learning* [Avanço do conhecimento], uma reflexão sobre os métodos pelos quais se poderia incrementar o saber. Bacon realizou experimentos em fi-

---

[19] Greenblatt, *Sir Walter Ralegh: The Renaissance Man and his Roles*; Nicholls; Williams, Raleigh, Walter, *ODNB*, v.45, p.842-59, 2004; Nicholls; Williams, *Sir Walter Raleigh in Life and Legend*.
[20] Manutio, *Relatione de Iacomo di Crettone*; Burns, Crichton, James, *ODNB*, v.14, p.183-6, esp. p.184, 2004.

losofia natural e, segundo se diz, morreu de pneumonia após uma tentativa de congelar galinhas para preservá-las.[21]

Estudiosos acadêmicos

Apenas uns poucos dos "homens renascentistas" referidos até agora podem ser considerados polímatas no sentido estrito, mas não havia escassez de estudiosos multifacetados na Europa desse período, descritos na época como "multíscios" (*multiscius*), adjetivo empregado pelo humanista espanhol Juan Luis Vives, ou como indivíduos *multiplex scientia*, expressão utilizada pelo biógrafo do humanista holandês Rudolf Agricola. Como vimos, para ser humanista e ensinar humanidades era preciso dominar cinco disciplinas. Erasmo de Roterdã, o humanista mais famoso de todos, também dominou a filologia e a teologia. Mas não quis explorar mais além e lembrou a seus leitores que Sócrates criticara o interesse em "disciplinas desnecessárias", como astrologia e geometria, acreditando que o estudo adequado da humanidade é o homem. Nas palavras de um historiador, Erasmo apenas "aspirava a ser um tipo de polímata".[22]

Outros humanistas foram mais aventureiros, seguindo o exemplo de Aristóteles, não o de Sócrates. Filipe Melâncton, por exemplo, hoje lembrado como teólogo e braço direito de Lutero em Wittenberg, estudou e ensinou não apenas retórica e grego, mas também matemática, astronomia, astrologia, anatomia e botânica.[23]

---

[21] Rossi, *Francis Bacon, from Magic to Science*; Martin, *Francis Bacon, the State, and the Reform of Natural Philosophy*.

[22] Godin, Erasme: *Pia/Impia curiositas*, em Ceard (org.), *La Curiosité a la Renaissance*, p.25-36; Cummings, Encyclopaedic Erasmus, *Renaissance Studies*, v.28, p.183-204, esp. p.183, 2014.

[23] Bellucci, Melanchthon et la défense de l'astrologie, *Bibliothèque d'Humanisme et Renaissance*, v.50, p.587-622, 1988; Kusukawa, *The Transformation of Natural Philosophy: The Case of Philip Melanchthon*.

Giovanni Pico della Mirandola, em particular, buscava a universalidade. Pico é conhecido por sua *Oração sobre a dignidade do homem*, uma espécie de manifesto do humanismo renascentista, mas seus interesses eram muito mais vastos. Quando tinha apenas 23 anos, em 1486, ele propôs defender novecentas teses – "dialéticas, morais, físicas, matemáticas, metafísicas, teológicas, mágicas e cabalísticas" –, embora a defesa proposta, em Roma, nunca tenha ocorrido. Pico argumentou que a matemática era "o método para investigar tudo o que há de conhecível" (*via ad omnis scibilis investigationem*). Aprendeu hebraico, aramaico e árabe e ficou particularmente fascinado pelo estudo da secreta tradição judaica da Cabala, a qual ele "lançou [...] para o mundo cristão". Mais que pela tradição mística da Cabala, interessou-se pelo uso de letras e palavras hebraicas para fins mágicos, uma técnica que comparava à arte da combinação de Raimundo Lúlio.[24]

Um personagem do *Diálogo Ciceroniano*, de Erasmo de Roterdã, descreveu Pico como "homem polivalente" (*ingenium ad omnia factum*), enquanto a biografia de Pico escrita por seu sobrinho se referiu a ele como um exemplo dos "homens que são especialistas em todo tipo de disciplina" (*viri omni disciplinarum genere consumatissimi*). Como veremos, os polímatas posteriores e seus admiradores muitas vezes disseram que Pico fora exemplar.[25]

Pico não deve ser visto como um indivíduo que rompeu com a tradição. Suas novecentas teses começam com dezesseis conclusões "de acordo com Alberto", ou seja, Alberto, o Grande, o "Doutor Universal". As teses também se referiam a Ibn Rushd, Ibn Sina e Al-Farabi. O torneio intelectual que Pico propusera em Roma seguia um precedente medieval, o do *quodlibet*, como praticado na univer-

---

[24] Wirszubski, *Pico della Mirandola's Encounter with Jewish Mysticism*, p.121, 259.
[25] Garin, *Giovanni Pico della Mirandola: vita e dottrina*; Yates, Pico della Mirandola and Cabalist Magic, em *Giordano Bruno and the Hermetic Tradition*, p.84-116; Craven, *Giovanni Pico della Mirandola, Symbol of his Age*; Farmer, *Syncretism in the West: Pico's 900 Theses*.

sidade de Praga e em outros lugares, no qual um professor universitário preparava perguntas para disputas em todas as disciplinas.[26]

Há bons motivos para considerarmos um número substancial de indivíduos (50 dos meus 500, todos nascidos antes de 1565) como polímatas renascentistas. Os próximos cinco exemplos são de um alemão, dois franceses, um inglês e um suíço: Heinrich Cornelius Agrippa, Jean Bodin, Joseph Scaliger, John Dee e Conrad Gessner.

Acredita-se que Agrippa tenha sido o modelo para Doutor Faustus, esse símbolo da onisciência. Em sua peça sobre o tema, Christopher Marlowe faz Faustus se gabar de que se tornará "tão astuto quanto Agrippa" (nessa época, a "astúcia" se referia ao conhecimento em geral). Antes de seguir carreira acadêmica, Agrippa serviu como soldado, juntando armas e letras, e também trabalhou como diplomata e médico. Seus interesses abrangiam teologia, filosofia, direito, medicina, alquimia, magia e a tradição judaica da Cabala, a qual também fascinava Pico. Descrevendo-se como "um glutão para livros" (*helluo librorum*), Agrippa fez um uso considerável da obra de Plínio, o Velho, e escreveu um comentário sobre trabalhos de Lúlio. Entre seus livros estão *De incertitudine et vanitate scientiarum et artium atque excellentia verbi: Dei declamativo invectiva* [Sobre a incerteza e vaidade das artes e das ciências] (1527), uma pesquisa geral sobre o conhecimento do ponto de vista cético, e *De occulta philosophia* [Filosofia oculta] (1531-1533), um tratado sobre a magia (natural, celestial e religiosa) no qual ele argumentava que a magia poderia ajudar a resolver problemas levantados pelos céticos. Rumores diziam que o cachorro preto de Agrippa era, na verdade, um demônio. Como nos casos de Gerbert, Roger Bacon e Alberto, o Grande, Agrippa era visto com uma mistura de admiração e suspeita.[27]

---

[26] Craven, op. cit., enfatiza a herança medieval de Pico e nega que as teses de Pico tratem de todos os assuntos.

[27] Yates, Cornelius Agrippa's Survey of Renaissance Magic, em *Giordano Bruno*, p.130-43; Nauert Jr., *Agrippa and the Crisis of Renaissance Thought*; Schmitz, Agrippa,

Jean Bodin foi descrito pelo historiador Hugh Trevor-Roper como "o mestre intelectual indiscutível do final do século XVI".[28] Muito de sua fama advém de seu estudo sobre o estado, *Six livres de la République* [Seis livros da República] (1576), que argumentava em favor da monarquia absoluta (a palavra *république* no título significa "comunidade", não "república" no sentido moderno). O livro combina teoria política com o que mais tarde se conheceria por "ciência política", oferecendo uma análise comparativa pioneira dos sistemas políticos. Em seu *Methodus ad facilem historiarum cognitionem* [Método para a fácil compreensão da história] (1566), um guia para estudantes na forma de ensaio bibliográfico, Bodin vinculara o estudo da história ao do direito, recomendando a comparação das leis "de todas ou das mais famosas comunidades" para selecionar as melhores. Ele descreveu o jurista ideal como "uma enciclopédia viva" e pôs ênfase na necessidade de os historiadores estudarem geografia (incluindo clima) e filosofia, referindo-se àqueles que o fizeram como *Geographistorici* e *Philosophistorici*.[29]

Apenas especialistas conhecem os outros livros de Bodin. Um deles, o *Demonomania* (1580), descreve as atividades das bruxas e seu pacto com o diabo, que, segundo o autor, tentava convencer os juízes a ser brandos nos julgamentos de bruxaria. Bodin critica Agrippa por estudar o ocultismo. Outro livro, *Universae naturae theatrum* [Teatro da natureza] (1596), é uma espécie de enciclopédia na forma de diálogo, combinando história natural, filosofia natural e teologia natural e mobilizando exemplos específicos da astronomia

---

Heinrich Cornelius, *DSB*, v.1, p.79-81, 1970; Lehrich, *The Language of Demons and Angels: Cornelius Agrippa's Occult Philosophy*.

[28] Trevor-Roper, *The European Witch-Craze of the 16th and 17th centuries*, p.47.

[29] Reynolds (org. e trad.), *Method for the Easy Comprehension of History*, p.2, 79, 81. Sobre os estudos de Bodin em direito, história e política, Franklin, *Jean Bodin and the Sixteenth-Century Revolution in the Methodology of Law and History*; Kelley, The Development and Context of Bodin's Method, em Franklin (org.), *Jean Bodin*, p.123-50.

à zoologia para demonstrar que tudo na natureza tem um propósito útil ao plano de Deus. Bodin também contribuiu para o que hoje se conhece como economia. Há fortes motivos para o considerarmos "o formulador pioneiro da teoria quantitativa da moeda", apresentada em resposta aos argumentos de um oficial da realeza preocupado com o recente aumento nos preços.[30]

Bodin provavelmente foi o autor do anônimo *Colloquium Heptaplomeres* [Diálogo dos Sete], que apresenta os participantes discutindo as várias virtudes do catolicismo, do calvinismo, do luteranismo, do judaísmo, do islamismo e da religião natural. De qualquer maneira, ele foi ativo nas tentativas de acabar com as guerras entre católicos e protestantes na França.[31]

Outro francês, Joseph Scaliger, pode ser considerado um bom adversário de Bodin pelo título de "mestre intelectual" de seu tempo. Conhecido em sua época como o "Hércules" da República das Letras, descrito por Immanuel Kant como uma "maravilha" da memória e, mais recentemente, como um "titã do saber", Scaliger era essencialmente um filólogo, um exemplo inigualável do estudioso de estudiosos, suscitando a emulação do polímata John Selden, como ainda veremos.[32] Suas edições de textos clássicos, do polímata romano Varrão aos poetas Cátulo, Tibulo e Propércio, foram marcadas não apenas por brilhantes emendas, mas também por inovações no método, notadamente a reconstrução da história da tradição textual.

Scaliger combinou a abordagem dos filólogos clássicos com a de advogados como Jacques Cujas, com quem ele estudara, aprendendo

---

[30] O'Brien, Bodin's Analysis of Inflation, em Franklin (org.), op. cit., p.209-92.
[31] Kuntz, Harmony and the *Heptaplomeres* of Jean Bodin, *Journal of the History of Philosophy*, v.12, p.31-41, 1974; Malcolm, Jean Bodin and the Authorship of the *Colloquium Heptaplomeres*, *Journal of the Warburg and Courtauld Institutes*, v.69, p.95-150, 2006.
[32] Sobre Scaliger como um dos *Wundermannern des Gedachtnisses*, em Kant, *Gesammelte Schriften*, v.7, p.184; como "titã", Grafton, *Joseph Scaliger: A Study in the History of Classical Scholarship*, v.2, p.22.

a juntar fragmentos de evidências. Sua edição de um poema astronômico do antigo romano Marco Manílio exigiu que ele estudasse a história da disciplina. Scaliger também se tornou orientalista e aprendeu hebraico, aramaico e árabe. Aplicou todos esses conhecimentos em sua obra-prima *De emendation temporum* [Sobre a correção das cronologias] (1583), complementada pelo *Thesaurus temporum* [Tesouro das cronologias] (1606). Nesses livros, Scaliger apresentou uma crítica sistemática das fontes em diferentes línguas antigas e se baseou em informações astronômicas, assim como Isaac Newton um século depois, a fim de resolver contradições entre as cronologias grega, romana, babilônica e outras.[33]

Pensa-se, às vezes, que o estudioso inglês John Dee serviu de modelo para o protagonista da peça de Christopher Marlowe, *Doutor Faustus* (como Agrippa no caso do original alemão). Os historiadores o negligenciaram até recentemente – de novo como Agrippa – porque seus estudos abrangiam disciplinas como astrologia, angelologia, magia e alquimia, as quais já não são levadas a sério pelos principais estudiosos, apesar de seu apelo contínuo aos entusiastas do ocultismo. Os interesses de Dee também se estenderam à matemática, astronomia, filosofia, direito, física, navegação e geografia (que ele estudara na Holanda com o famoso cartógrafo Gerardo Mercator). Dee teve um interesse particular por alguns de seus antecessores polímatas, entre eles Alberto, o Grande, Roger Bacon, Raimundo Lúlio e Pico della Mirandola. Sua biblioteca foi uma das maiores da época, com cerca de quatro mil manuscritos e volumes impressos, contendo tratados de arquitetura, música, antiguidades, heráldica e genealogia, além das disciplinas já mencionadas. Em suma, "ao procurar o conhecimento universal, ele foi um homem renascentista completo", virtualmente "onidisciplinar".[34]

---

[33] Bernays, *Joseph Justus Scaliger*; Grafton, *Joseph Scaliger*, v.2.
[34] French, *John Dee: The World of an Elizabethan Magus*, p.209; Clulee, *John Dee's Natural Philosophy*; Roberts; Watson, *John Dee's Library Catalogue*; Sherman, *John Dee: The Po-*

Em sua vida relativamente curta – morreu aos 49 anos –, Conrad Gessner amealhou reputação de humanista, médico, naturalista e enciclopedista. Várias vezes ele foi definido como *polyhistor*, como "o Plínio da nossa Alemanha" (e, mais tarde, como um "monstro da erudição", expressão à qual o capítulo seguinte retornará).[35]

Gessner era professor de grego em Lausanne. Publicou várias edições de textos gregos antigos, mas é mais lembrado por sua enorme bibliografia e dicionário biográfico, a *Bibliotheca universalis* (1545). Em 1.300 páginas, Gessner apresentou informações sobre dez mil trabalhos de três mil autores que escreveram em latim ou grego, produzindo um trabalho de referência inestimável que se destinava, pelo menos em parte, a ajudar na descoberta e preservação de textos clássicos.[36] Mais tarde, produziu um estudo comparativo de cerca de 130 idiomas (*Mithridates*, 1555).

Como se não bastasse, Gessner também atuou como médico em Zurique e, a exemplo de outros humanistas de sua geração, como colaborador no estudo da natureza e da cultura. Produziu livros sobre animais (*Historiae animalium* [História dos animais], cinco volumes, 1551-1558), banhos públicos (*De Germaniae et Helvetiae Thermis*, 1553) e fósseis (*De fossilium genere*, 1565). Também deixou manuscritos sobre botânica que poderiam ter se tornado um outro livro se o autor tivesse vivido um pouco mais. A tradição do humanismo renascentista fica evidente no interesse de Gessner pelas opiniões de escritores antigos como Aristóteles e Plínio, mas também se baseou em suas próprias observações de plantas e ani-

---

litics of Reading and Writing in the English Renaissance; Roberts, Dee, John, *ODNB*, v.15, p.667-75, 2004; Clucas (org.), *John Dee: Interdisciplinary Studies in English Renaissance Thought*.

[35] Zedelmaier, *Bibliotheca universalis und Bibliotheca selecta: das Problem der Ordnung des gelehrten Wissens in der fruhen Neuzeit*, p.101, 297n.

[36] Blair, Humanism and Printing in the Work of Conrad Gessner, *Renaissance Quarterly*, v.70, p.1-43, esp. p.9, 2017.

mais. Um gênero de flor e um de mariposa foram batizados em sua homenagem.

Para entender como Gessner conseguiu publicar tanto sobre tantos tópicos em sua breve vida, os estudiosos vêm se concentrando em seus métodos de trabalho. Muitas de suas informações vinham de correspondentes, cujas cartas ele costumava recortar e reorganizar em tópicos. Outras informações vieram dos visitantes e de sua vasta leitura. Já a tarefa de organizar essa massa de material cabia, pelo menos em parte, a assistentes e amanuenses. Mesmo assim, os feitos de Gessner são impressionantes.[37]

Unidade e concórdia

O que levou esses indivíduos a estudar uma variedade tão ampla de assuntos? No caso de Gessner, pode ter sido uma simples curiosidade de raposa, embora a paixão pela ordem e a necessidade de remediar o que certa vez ele descreveu como a "desordem dos livros" sem dúvida tenham contribuído. No caso de outros polímatas, os "ouriços", o principal objetivo era a unificação do conhecimento, um tema que ecoará nos próximos capítulos deste livro. Pico, por exemplo, é um modelo claro de polímata impulsionado pelo desejo de conciliar ideias conflitantes (as de Platão com as de Aristóteles, por exemplo) e culturas conflitantes (cristã, judaica e muçulmana). Não é de se admirar que em seus dias fosse conhecido como "o Príncipe da Concórdia", um título ainda mais apropriado porque sua família era proprietária na cidade italiana de Concórdia.

---

[37] Ibid., p.14; cf. Serrai, *Conrad Gesner*; Danzi, Resenha: *Conrad Gessner (1516-1565). Universalgelehrter und Naturforscher der Renaissance, Bibliotheque d'Humanisme et Renaissance*, t.78, p.696-700, 2016; Leu; Ruoss (orgs.), *Facetten eines Universums: Conrad Gessner, 1516-2016.*

Também o cardeal Nicolau de Cusa, que atuou como filósofo, teólogo, advogado, matemático e astrônomo, além de diplomata e cardeal, foi motivado pela ideia de reconciliar conflitos. Seu tratado *De Concordantia Catholica* se dedicava a curar cisões dentro da Igreja.[38] Pico conhecia Nicolau e sempre quis visitar sua biblioteca na Alemanha.[39] Outro polímata, o francês Guillaume Postel, também era movido pelo desejo de conciliação. Seu livro sobre o tema, *De Orbis Terrae Concordia* [Sobre a harmonia do mundo], pôs ênfase nos elementos comuns das religiões do mundo.[40]

Bodin também estava preocupado com a harmonia, uma reação compreensível às guerras religiosas da França de sua época. Ele via a natureza como um sistema harmonioso. Seu livro sobre política discutiu a justiça harmônica e, por sua vez, foi discutido pelo astrônomo Johannes Kepler em seu tratado *Harmonices Mundi* [Harmonia do mundo] (1619). Já se sugeriu que "o objetivo da síntese universal inspira toda a obra de Bodin sobre o direito"; que ele tinha uma "obsessão pelo sistema"; que o tema central de seus *Heptaplomeres* é a harmonia; e que seu *Teatro da natureza* exemplifica a tentativa de conferir "ordem e coerência a quantidades cada vez maiores de conhecimento", uma tentativa que se tornou cada vez mais difícil a partir do século XVII, como veremos.[41]

A visão do todo muitas vezes escora a compilação de enciclopédias, uma tarefa que nesse período ainda era realizada por estudiosos individuais, apesar de a dificuldade vir crescendo conforme

---

[38] Bellitto; Izbicki; Christianson (orgs.), *Introducing Nicholas of Cusa: A Guide to a Renaissance Man*.
[39] Garin, op. cit., p.120n.
[40] Bouwsma, *The Career and Thought of Guillaume Postel*; Kuntz, *Guillaume Postel: Prophet of the Restitution of all Things*.
[41] Franklin, *Jean Bodin and the Sixteenth-Century Revolution*, p.59; Kelley, op. cit., p.145; Kuntz, Harmony and the *Heptaplomeres* of Jean Bodin, *Journal of the History of Philosophy*, v.12, p.31-41, 1974; Blair, *The Theater of Nature: Jean Bodin and Renaissance Science*, p.7.

se multiplicavam os livros impressos. O humanista espanhol Juan Luis Vives escreveu sobre todo o saber em seu livro *De las disciplinas* (1531). Conrad Gessner produziu enciclopédias sobre livros e animais. Girolamo Cardano, médico italiano hoje lembrado por suas contribuições à matemática, também foi autor de duas obras enciclopédicas, *De subtilitate rerum* [Da sutileza] (1550) e *De rerum varietate* [Da variedade das coisas] (1558). O estudioso croata Paul Skalić publicou sua *Encyclopaedia* em 1559, e o suíço Theodore Zwinger, professor da Universidade de Basileia, escreveu seu *Theatrum vitae humanae* [Teatro da vida humana] em 1565. O *Theatrum* trazia inúmeros exemplos do comportamento humano organizados em categorias morais. Na terceira edição, o livro contava 4.500 páginas e mais de seis milhões de palavras.[42]

Artistas e engenheiros

Às vezes se explicou a criatividade dos participantes do movimento hoje conhecido como Renascimento em termos do que poderíamos chamar de "descompartimentalização", em outras palavras, a quebra ou, pelo menos, o enfraquecimento das barreiras à comunicação entre os diferentes grupos, construindo uma ponte sobre "o vão que separava estudioso, pensador e praticante".[43]

Alguns humanistas, como Alberti, por exemplo, tinham amizade com pintores e escultores (no caso de Alberti, com Masaccio e Donatello). Alberti defendia uma educação geral para pintores e (seguindo Vitrúvio, da Roma antiga) também para arquitetos. Outro

---

[42] A contagem de palavras é de Blair, Revisiting Renaissance Encyclopaedism, em Konig; Woolf (orgs.), *Encyclopaedism from Antiquity to the Renaissance*, p.379-97, esp. p.385.

[43] Panofsky, Artist, Scientist, Genius, em Ferguson (org.), *The Renaissance: Six Essays*, p.121-82.

humanista, Georgius Agricola, era médico e trabalhava na cidade mineira de Joachimsthal (agora Jachymov, na República Tcheca). Em sua obra mais famosa, *De re metallica* [Da metalurgia] (1556), Agricola se baseou no conhecimento prático dos mineiros, bem como em suas próprias leituras e observações.[44]

Nessa época, os acadêmicos não detinham o monopólio da polivalência. Ser artista ou engenheiro, nesse período, era ser um tipo de polímata. Por exemplo, Filippo Brunelleschi, amigo de Alberti, continua famoso por duas realizações bastante diferentes. Uma foi projetar e supervisionar a construção da cúpula da catedral de Florença, resolvendo problemas de engenharia estrutural que outros julgavam insolúveis. A outra foi redescobrir as regras da perspectiva linear. Essas regras se ilustraram naquilo que, ao que parece, era uma obra-prima do ilusionismo: uma pintura perdida do Batistério de Florença, concebida para ser vista por um postigo que mostrava um espelho. Já se sugeriu que Brunelleschi empregava na pintura as técnicas de mensuração que aprendera medindo as ruínas de edifícios antigos em Roma. Se de fato for verdade, sua façanha é um exemplo impressionante da maneira como os polímatas contribuem para o conhecimento, transferindo ideias e práticas de uma disciplina a outra.

Na verdade, Brunelleschi se preparara para ser ourives, uma formação que o levou a esculpir e a participar de um famoso concurso pelo melhor desenho das portas do Batistério de Florença (ele ficou em segundo, perdendo para um rival mais especializado, o escultor Lorenzo Ghiberti). Brunelleschi também foi um excelente inventor de máquinas, grandes e pequenas, e o primeiro indivíduo a registrar uma patente de invenção. Entre suas criações estavam desde um protótipo de despertador até uma máquina que içou as vigas pesadas e essenciais para a estrutura de sua famosa cúpula.

---

[44] Wilsdorf, Agricola, Georgius, *DSB*, v.1, p.77-9, 1970.

Uma primeira biografia de Filippo afirma que ele não era apenas matemático, mas também "versado na Bíblia" e estudioso das obras de Dante. Além disso, escreveu versos, fazendo uso do soneto como meio para insultar seus rivais e críticos.[45]

Mariano "Taccola", amigo de Brunelleschi, também conhecido como Arquimedes de Siena, trabalhou como notário, escultor e superintendente de estradas, além de engenheiro militar, sob as ordens do imperador Sigismundo. É lembrado por seus dois tratados sobre máquinas de diferentes tipos, os quais trazem discussões e ilustrações de algumas das invenções de Brunelleschi, bem como de algumas armas de guerra bastante engenhosas.[46]

Outro sienense, Francesco di Giorgio Martini, pupilo de Taccola, preparou-se para ser pintor, mas revelou vários outros dons ao longo da carreira. Foi encarregado do abastecimento de água de Siena antes de se tornar arquiteto e engenheiro militar a serviço do duque de Urbino e de dois reis de Nápoles. Seguindo a tradição de Brunelleschi e Taccola, Martini escreveu sobre arquitetura, fortificações e máquinas, entre elas uma bomba, uma serra e uma carruagem que provavelmente seria usada em cortejos festivos.[47]

Em suas famosas biografias, reunidas em *Vidas dos artistas*, Giorgio Vasari caracterizou vários artistas, entre eles Giulio Romano e Primaticcio, como *universale*. Já o duque de Urbino foi mais longe e definiu o arquiteto Bartolomeo Genga com um adjetivo inventado, *omniversale*. Nesses casos, os termos provavelmente se referem à versatilidade nas artes.[48] No caso de Leonardo, essa versatilidade foi muito além.

---

[45] Battisti, *Filippo Brunelleschi*; Gille, Brunelleschi, Filippo, *DSB*, v.2, p.534-5, 1970.
[46] Gille, *The Renaissance Engineers*, p.81-7; Rose, Taccola, *DSB*, v.13, p.233-4, 1970.
[47] Gille, *The Renaissance Engineers*, p.101-15; Reti, "Martini, Francesco di Giorgio", *DSB*, v.9, p.146-7, 1970.
[48] Citado por Warnke, *The Court Artist*, p.177.

Leonardo

Mais famoso exemplo do "homem renascentista", Leonardo da Vinci também é um dos menos típicos.[49] Ele não era humanista e, assim como os engenheiros mencionados na seção anterior, carecia de educação humanista. Talvez não tenha sequer frequentado a escola e, mais tarde, só conseguiu ler latim com alguma dificuldade. Leonardo foi preparado para ser artista no ateliê do famoso mestre florentino Andrea del Verrocchio, onde aprendeu não apenas a pintar e esculpir, mas também a projetar armas de guerra, baseando-se na tradição da engenharia toscana de Brunelleschi a Francesco di Giorgio (que mais tarde se tornou seu amigo). Leonardo é o exemplo mais notável da extraordinária tradição de inovação da Florença dos séculos XV e XVI, quando os mestres transmitiam conhecimentos a aprendizes nas oficinas. É possível identificar cadeias de artistas, cada um dos quais aprendendo com o anterior, mas desenvolvendo seu próprio estilo. Verrocchio, por exemplo, ensinou não apenas Leonardo, mas também Ghirlandaio, que ensinou Michelangelo.

Leonardo partiu de Florença para Milão e chamou a atenção do duque Ludovico Sforza prometendo fazer pontes, canhões, catapultas, minas e – no décimo lugar de sua lista de afazeres – obras de escultura e arquitetura. Ele recebeu o cargo de engenheiro do duque (*ingeniarius ducalis*), responsável não apenas pelos canais e fortificações, mas também pela produção de "efeitos especiais" para os desfiles da corte. Leonardo também ficou conhecido na corte de Milão como músico habilidoso, pois tocava lira e cantava, dons muito apreciados no mundo dos cortesãos de Castiglione. Além disso, inventou novos instrumentos musicais e realizou pesquisas sobre o

---

[49] Entre os estudos gerais sobre Leonardo estão Zubov, *Leonardo da Vinci*; Kemp, *Leonardo da Vinci: The Marvellous Works of Nature and Man*; Isaacson, *Leonardo da Vinci*.

som.[50] Depois, Leonardo trabalhou como engenheiro militar para a República de Veneza e para Cesare Borgia, o filho do papa, quando Cesare estava tentando conquistar a Romanha. Projetou muitas máquinas, entre elas um leão mecânico, uma besta gigante, uma pistola de trava, máquinas voadoras e uma espécie de submarino.[51]

Além da tradição de pintores e escultores, Leonardo pertencia a uma tradição toscana de artistas-engenheiros que, como vimos, contava com Brunelleschi, Taccola e Francesco di Giorgio. De fato, no caso de algumas das máquinas desenhadas em seus cadernos, é difícil dizer se eram simplesmente invenções suas ou se ele estava recorrendo a um repertório de conhecimentos e ideias em comum. Ainda assim, Leonardo superou seus antecessores de várias maneiras.

Segundo o escultor Benvenuto Cellini, o rei Francisco I de França "disse que não acreditava que jamais houvesse nascido um homem que soubesse tanto quanto Leonardo".[52] Não é preciso confiar no testemunho do rei. As quase sete mil páginas dos cadernos de Leonardo, algumas das quais foram batizadas de "manuscrito Atlântico", graças a seu volume, dão provas da amplitude dos interesses de seu autor, os quais fazem sombra até mesmo aos de Alberti.

Na maioria dos campos, Leonardo era autodidata. Em um de seus cadernos, ele se descreveu como "um homem sem instrução" (*omo sanza lettere*), embora tenha chegado a declarar, com orgulho, que seu conhecimento se baseava na experiência, e não nos textos.[53] Na verdade, ele aos poucos acumulou uma biblioteca, a qual listava 116 volumes em 1504. Estudou, por exemplo, os antigos escritos

---

[50] Winternitz, *Leonardo da Vinci as a Musician*.
[51] Giacomelli, Leonardo da Vinci aerodinamico; e Tursini, La navigazione subacquea in Leonardo, em *Atti del Convegno di Studi Vinciani*, p.353-73 e p.344-52; Taddei; Zanon, *Le macchine di Leonardo*.
[52] Citado por Kemp, *Leonardo*, p.45.
[53] Leonardo, "Codice Atlantico", p.119, uma passagem discutida por Kemp, *Marvellous Works*, p.102-3.

de Ptolomeu sobre cosmografia e de Vitrúvio sobre arquitetura, bem como textos medievais sobre óptica e anatomia e as obras de polímatas como Plínio, Roger Bacon, Al-Kindi e Ibn Sina.[54]

É provável que Leonardo tenha aprendido ainda mais em conversas com especialistas. Fazia para si mesmo anotações como as seguintes: "Peça ao mestre do ábaco que lhe mostre como fazer a quadratura do triângulo [...]. Pergunte ao Maestro Antonio como se postam as bombardas nos bastiões de dia ou de noite. Pergunte a Benedetto Portinari como correr no gelo de Flandres". Quando morava em Milão, Leonardo fez amizade com Marcantonio della Torre, professor de medicina da Universidade de Pavia, e realizaram dissecações juntos.

Leonardo aprendeu sobretudo a partir de um tipo de investigação e observação "com a mão na massa". Ele se voltou para o estudo da anatomia e até mesmo para a prática da dissecção a fim de representar corpos de humanos e de cavalos com mais precisão, mas seguiu investigando por pura curiosidade. Já se disse que a anatomia foi o campo "em que ele fez as descobertas mais abrangentes". Leonardo parece ter sido o primeiro a estudar o desenvolvimento da arteriosclerose e também desvendou a função da válvula aórtica no coração.[55] De maneira similar, começou a estudar óptica para aprimorar sua arte, mas depois descobriu, por exemplo, que "a pupila do olho se dilata e se contrai conforme a luminosidade ou a escuridão dos objetos à vista".[56]

Leonardo também era entusiasta da geometria e alegou ter encontrado a solução para fazer a quadratura do círculo, escrevendo: "Não me leia quem não for matemático". Também estudou campos que hoje conhecemos por mecânica, hidráulica, química, botânica,

---

[54] Santillana, Leonard et ceux qu'il n'a pas lus, em Febvre et al., *Leonard de Vinci et l'expérience scientifique au seizième siècle*, p.43-59.

[55] Clayton; Philo, *Leonardo Anatomist*, p.7.

[56] Fiorani; Nova (orgs.), *Leonardo da Vinci and Optics*.

zoologia, geologia e cartografia. Ironicamente, agora são necessários muitos especialistas para avaliar as realizações de Leonardo em todas essas disciplinas.

Ele era fascinado pelo movimento da água, o qual observava, por exemplo, jogando nela grãos e corantes.[57] Leonardo também fez experimentos químicos com tinta e preparação de superfícies para pintura.[58] Seus cadernos de anotações revelam uma cuidadosa observação de plantas, assim como sua famosa pintura *A virgem das rochas* (a versão do Louvre), na qual ele representou apenas as flores que seriam encontradas em uma gruta úmida em determinada estação do ano. A geologia e a botânica alpinas estão representadas com precisão na *Virgem* do Louvre: "as superfícies das fraturas sofreram intempéries de acordo com a respectiva rigidez de cada tipo de rocha".[59] Leonardo também colecionou fósseis, os quais via como evidência da história da Terra. Calculou a idade das árvores examinando seus anéis.[60] E observou cuidadosamente não apenas cavalos e pássaros, mas também morcegos, lagartos e crocodilos.[61] Os mapas que ele fez revelam seu interesse pela geografia.[62] Como o artista Giorgio Vasari comentou em sua biografia de Leonardo, "mesmo as coisas mais difíceis a que voltou seu pensamento, ele as resolveu com facilidade".

Vasari, é claro, estava exagerando os feitos de seu herói. É desnecessário dizer que a vasta gama de interesses de Leonardo tinha um lado negativo: os fracassos. A besta gigante não funcionou na

---

[57] Zubov, op. cit., p.188-9, 109; Taddei; Zanon (orgs.), *Leonardo, l'acqua e il Rinascimento*.
[58] Taylor, Leonard de Vinci et la chimie de son temps, em Febvre et al., op. cit., p.151-62.
[59] Pizzorusso, "Leonardo's Geology", *Leonardo*, v.29, p.197-200, 1996.
[60] Torrini, Leonardo e la botanica, em Torrini (org.), *Leonardo da Vinci uomo universale*, p.99-107.
[61] Bodenheimer, Leonard de Vinci, biologiste, em Febvre et al., op. cit., p.171-88.
[62] Almagia, Leonardo da Vinci geografo e cartografo, em *Atti del Convegno di Studi Vinciani*, p.451-66.

prática, a quadratura do círculo não teve sucesso e as más condições da famosa *Última Ceia*, já visíveis poucos anos depois de pintada, são o resultado de experimentos químicos que não deram certo. Como observaram os contemporâneos de Leonardo, fosse com desalento ou satisfação, ele não conseguiu cumprir muitos dos prazos de seus patrões e, de fato, não chegou a concluir vários de seus projetos, notadamente a grande estátua equestre de Francesco Sforza (o pai do duque Ludovico), a que o artista se referia tão somente como "o cavalo". Ele planejou escrever tratados sobre pintura, água, anatomia, óptica, voo e mecânica – nenhum dos quais foi concluído, alguns nem sequer iniciados. Um dos maiores artistas de sua época, quando não de todos os tempos, Leonardo aos quarenta e tantos anos foi descrito como alguém que "não tinha a menor paciência com o pincel" (*impacientissimo del penello*).[63] Como veremos, vários outros polímatas tampouco conseguiram completar seus projetos devido à dispersão de sua energia e interesses. É por esse motivo que cunhei a expressão "síndrome de Leonardo".

À primeira vista, Leonardo é um exemplo espetacular da raposa, do indivíduo interessado em quase tudo e com uma abordagem centrífuga do conhecimento. No entanto, como apontaram vários estudiosos, em seu caso seria enganoso falar de uma "dispersão" de interesses. Aquilo que parece ser pura curiosidade geralmente acaba revelando uma ligação com seus principais interesses. Ele notou analogias entre a luz e o som, entre os rios, os galhos das árvores e as artérias, entre o voar e o nadar, entre os animais e as máquinas, chegando, por exemplo, a escrever que "um pássaro é um instrumento que trabalha de acordo com a lei matemática". Algumas de suas descobertas partiram dessas analogias. Explicou a função das válvulas do coração comparando o movimento da água ao movimento do sangue no corpo humano. Em suma, Leonardo

---

[63] Fra Pietro da Novellara, citado por Clark, *Leonardo da Vinci*, p.63.

trabalhou sob o pressuposto de que "todas as diversidades aparentes da natureza são sintomas de uma unidade interior".[64] Dessa maneira, "fios invisíveis atam os fragmentos" que estão dispersos no oceano de seus cadernos.[65]

A mulher renascentista

Nos dias de hoje, as referências ao "homem renascentista" evocam naturalmente a pergunta: e a mulher renascentista? Uma pergunta leva à outra: e as senhoras instruídas de períodos anteriores? A Antiguidade tardia oferece um exemplo de mulher polímata, Hipátia de Alexandria, que escreveu sobre filosofia, matemática e astronomia.[66]

A freira e, mais tarde, abadessa alemã Hildegarda de Bingen foi uma visionária, poeta e dramaturga, além de estudiosa e professora (*magistra*) de outras freiras no século XII. A partir de suas experiências na enfermaria do convento, escreveu *Physica*, um guia para ervas medicinais, e *Causae et curae*, um manual de doenças, com suas causas e curas. Ela também estudou e escreveu sobre filosofia, teologia, música, astronomia e astrologia.[67]

Na fronteira entre o final da Idade Média e o Renascimento, Cristina de Pisano, que veio de Veneza e viveu na França, escreveu mais de quarenta livros, entre biografias e obras sobre moral (*Livre des trois vertus* [Livro das três virtudes], 1405), guerra (*Livre des*

---

[64] Kemp, *Leonardo*, p.4.
[65] Zubov, op. cit., p.65.
[66] Kramer, Hypatia, *DSB*, v.6, p.615-6, 1970; Booth, *Hypatia: Mathematician, Philosopher, Myth*.
[67] Flanagan, *Hildegard of Bingen, 1098-1179, a Visionary Life*; Burnett; Dronke (orgs.), *Hildegard of Bingen: The Context of her Thought and Art*, especialmente os ensaios de Burnett, Jacquart e Moulinier; Schipperges, *The World of Hildegard of Bingen: Her Life, Times, and Visions*.

faits d'armes [Livro dos feitos em armas], 1410), fortuna (*Livre de la mutacion de fortune* [Livro da mutação da fortuna], 1403) e filosofia política, bem como sua obra mais conhecida, *Cité des dames* [Cidade das senhoras] (1405), em que defende a capacidade das mulheres apresentando um cortejo de mulheres famosas do passado.[68]

Na Europa renascentista, as mulheres se encontravam em dupla desvantagem, pois o acesso ao saber era difícil e a carreira militar estava fora de questão. Para estudar, as mulheres tinham de superar uma série de obstáculos, principalmente a exclusão da universidade – se não em princípio, na prática, graças à visão disseminada de que o conhecimento não era coisa para mulheres. Elas deviam se limitar aos trabalhos domésticos, ser mães ou freiras. O famoso diálogo de Castiglione chegou a discutir a senhora da corte (*gentildonna da corte*), bem como sua contraparte masculina, mas restringiu o conhecimento das senhoras a literatura, música, pintura, dança e a entreter os homens com graça.[69]

De maneira semelhante, Burckhardt e outros escritores do século XIX e início do século XX presumiram que os indivíduos multifacetados do Renascimento eram todos homens, uma suposição que depois foi questionada por historiadoras feministas. Essas pesquisadoras observaram que umas poucas mulheres, em geral nobres de nascimento e educadas por professores particulares, superaram os obstáculos do caminho, estudaram humanidades e escreveram cartas, discursos, poemas e, ocasionalmente, tratados em latim ou línguas vernáculas. Não se sabe muito sobre nenhuma delas, mas se sabe um pouco sobre algumas.

Segundo uma historiadora, na Itália entre 1350 e 1530, três mulheres "galgaram fama considerável" por seu conhecimento, e

---

[68] Brabant (org.), *Politics, Gender, and Genre: The Political Thought of Christine de Pizan*; Forhan, *The Political Theory of Christine de Pizan*.
[69] Castiglione, op. cit., Lv.3, seç.9.

outras nove tiveram "alguma visibilidade".[70] As três mais famosas por seu saber foram Isotta Nogarola, Laura Cereta e Cassandra Fedele. Isotta, que veio de Verona, correspondeu-se com Guarino de Verona, maior humanista da cidade. Ela também escreveu orações e um diálogo sobre Adão e Eva.[71] Laura Cereta, de Brescia, estudou latim, filosofia, matemática e astronomia em um convento. Escreveu a humanistas do sexo masculino sobre a educação das mulheres e reuniu 82 de suas cartas em um volume manuscrito.[72] Cassandra Fedele, de Veneza, estudou clássicos e filosofia, escreveu poemas, fez discursos nas cidades de Pádua e Veneza em louvor à erudição, trocou correspondências com os principais humanistas e escreveu um tratado, agora perdido, sobre a ordem do conhecimento, *De scientiarum ordine* [Da ordem das ciências].[73]

Essas estudiosas não eram muito abrangentes. Um estudo sobre Cereta, por exemplo, observa que ela "não expressou nenhum interesse por filosofia especulativa, dialética, teologia, direito ou medicina".[74] A respeito desta e de outras humanistas, observou-se que "boa parte de seus escritos é medíocre; mas muito do que foi escrito por humanistas homens também é medíocre".[75] Humanistas medíocres não estão entre os polímatas estudados neste livro;

---

[70] King, Book-Lined Cells: Women and Humanism in the Early Italian Renaissance, em Labalme (org.), *Beyond their Sex: Learned Women of the European Past*, p.66-90, esp. p.81n. Cf. Kristeller, Learned Women of Early Modern Italy, em Labalme (org.), op. cit., p.91-116; Jardine, The Myth of the Learned Lady, *Historical Journal*, v.28, p.799-819, 1985.

[71] Jardine, Isotta Nogarola, *History of Education*, v.12, p.231-44, 1983; King, Isotta Nogarola, em Niccoli (org.), *Rinascimento al femminile*, p.3-34.

[72] Rabil Jr., *Laura Cereta: Quattrocento Humanist*; Palma, Cereta, Laura, *DBI*, v.23, p.729-30, 1960-.

[73] Cavazzana, Cassandra Fedele erudita veneziana del Rinascimento, *Ateneo veneto*, v.XXIX, p.74-91, 249-75, 361-97, 1906; Pignatti, Fedele, Cassandra, *DBI*, v.45, p.566-8, 1960-.

[74] Rabil Jr., op. cit., p.25.

[75] King, Book-Lined Cells, p.69.

portanto, se queremos evitar um padrão duplo, apenas Cassandra Fedele se qualifica para entrar na lista.

Fora da Itália, entre as senhoras instruídas se encontrava Caritas Pirckheimer, irmã mais velha do humanista Willibald Pirckheimer, que foi educada em casa antes de se integrar ao convento de Santa Clara em Nuremberg, sua cidade natal, primeiro como estudante, depois como freira e, finalmente, como abadessa. Os principais humanistas, entre eles Erasmo, elogiaram Caritas por seu saber.[76] Beatriz Galindo, contemporânea espanhola de Caritas que ganhou a alcunha de La Latina, conseguiu estudar na Universidade de Salamanca, foi chamada à corte de Isabel de Castela e ensinou latim para a rainha e suas filhas. Ela também escreveu um comentário sobre Aristóteles.[77]

Na Inglaterra, entre os exemplos famosos de senhoras instruídas estava Margaret Roper, filha de Thomas More, que lhe escreveu recomendando "escritos humanistas e os chamados estudos liberais", seguidos por medicina e literatura sagrada. Margaret traduziu Erasmo e estudou grego e latim. De maneira similar, as cinco filhas do humanista protestante Anthony Cooke estudaram latim, grego, hebraico, italiano e francês. Duas de suas filhas, Anne e Elizabeth, também fizeram traduções: Anne, do latim, e Elizabeth, do francês.[78] Na época, para as mulheres, a tradução era considerada uma ocupação mais apropriada que a escrita de obras originais.

Talvez se possa dizer que a francesa Marie de Gournay foi a mulher renascentista mais notável – embora ela tenha vivido até 1645. Na França, em 1584, Gournay, uma jovem nobre que aprendera latim por conta própria, descobriu os ensaios de Montaigne. A descoberta a deixou tão empolgada que sua mãe quis lhe dar um

---

[76] Deichstetter (org.), *Caritas Pirckheimer, Ordensfrau und Humanistin*.
[77] Arteaga, *Beatriz Galindo, La Latina, maestra de reinas*.
[78] Warnicke, Women and Humanism in the English Renaissance, em Rabil Jr. (org.), *Renaissance Humanism*, v.2, p.39-54.

remédio para acalmá-la. Mais tarde, Gournay conheceu Montaigne pessoalmente, tornou-se uma espécie de filha para o autor e editou volumes posteriores de seus ensaios. Ela escreveu poemas e um romance, fez traduções de clássicos, praticou alquimia e publicou um livro de textos variados, *L'Ombre* [A sombra] (1626) e um polêmico tratado sobre a igualdade entre homens e mulheres.[79]

Mesmo assim, deve-se admitir que essas mulheres, as quais foram verdadeiramente instruídas, não se qualificam como polivalentes pelos padrões da época. Para surgirem rivais de Hildegarda de Bingen, seria necessário esperar até o século XVII, como veremos.

---

[79] Ilsley, *A Daughter of the Renaissance: Marie Le Jars de Gournay*; Sartori, Marie de Gournay, *Allegorica*, v.9, p.135-42, 1987; Fogel, *Marie de Gournay: itinéraires d'une femme savante*.

3
A era dos "monstros da erudição" – 1600-1700

Se o Renascimento foi a era do "homem universal", que unia os mundos do pensamento e da ação, a era seguinte foi a de um ideal mais acadêmico: o do estudioso universal, ou daquilo que o polímata holandês Hermann Boerhaave descreveu como o "monstro da erudição".[1]

A era dos polímatas

Olhando em retrospectiva, o século XVII parece ter sido a idade de ouro do estudioso multifacetado, mesmo que estudiosos desse tipo não pareçam ter se destacado, como alguns de seus antecessores do Renascimento, em esgrima, canto, dança, equitação ou atletismo. Noventa e dois polímatas da lista do Apêndice nasceram no século entre 1570 e 1669, mais que o dobro dos 39 nascidos entre 1470 e 1569.

---

[1] Boerhaave, *Methodus studii medici*, p.73. Em *Middlemarch*, George Eliot preferiu a expressão "herói da erudição", mas a autobiografia de Richard Feynman fala em "mentes monstruosas", como as de John von Neumann.

A curiosidade intelectual, que muitas vezes fora condenada por teólogos, de Agostinho a Calvino, foi reabilitada por alguns filósofos influentes, em especial por Francis Bacon. Antes visto como um exemplo do "homem da Renascença", Bacon fez suas mais importantes contribuições ao saber no século XVII. Ele dizia ter "todo o conhecimento" como sua província, classificando-o e discutindo problemas de epistemologia. Seu lema era *Plus Ultra* – no sentido de ir "além" do que já era conhecido, em vez de se deter nas Colunas de Hércules intelectuais –, representado no frontispício de seu *Grande Instauração* (1620) por um navio navegando entre as colunas e a divisa "muitos passarão e isso avolumará o conhecimento" (*multi pertransibunt et augebitur scientia*).[2]

É fácil esquecer o alcance intelectual de vários estudiosos do século XVII, porque hoje eles são lembrados sobretudo por apenas algumas de suas muitas realizações. O estudioso holandês Hugo Grotius, por exemplo, continua famoso como jurista, mas também atuou como historiador da Holanda e como teólogo leigo. O alemão Samuel Pufendorf é lembrado como teórico político, mas também foi advogado, historiador, filósofo, economista político e, a exemplo de Grotius, teólogo leigo.

No que diz respeito às ciências naturais, o nobre dinamarquês Tycho Brahe e seu ex-assistente Johannes Kepler hoje são classificados como astrônomos, apesar de Tycho também ter se dedicado à alquimia e à medicina e de Kepler ter feito importantes contribuições à matemática e à óptica, sem mencionar aquilo que hoje se conhece por "história e filosofia da ciência" e até "ficção científica" – seu *Sonho* (o *Somnium*) conta a história de uma visita à Lua.[3]

---

[2] Blumenberg, *Die Legitimität der Neuzeit*, p.191-200. Neil Kenny adverte contra entender Bacon como alguém "audaz" em busca da curiosidade em *Uses of Curiosity*, p.167.

[3] Jardine, *The Birth of History and Philosophy of Science: Kepler's "A Defence of Tycho against Ursus"*.

Quanto a Galileu, seus interesses não estavam nem um pouco confinados à matemática, física e astronomia, às quais ele deve sua atual reputação. Galileu também estudou medicina e escreveu sobre os relativos méritos e defeitos da pintura, da escultura e da poesia de Ariosto e Tasso.[4]

Entre os franceses, René Descartes, hoje lembrado como filósofo, fez importantes contribuições à matemática e escreveu sobre óptica e astronomia. Seu "Tratado sobre as paixões" falava do que mais tarde seria conhecido como psicologia.[5] O estudioso francês Pierre Gassendi, também classificado como filósofo, foi astrônomo e matemático e contribuiu com o estudo da Antiguidade clássica e da teoria da música. De fato, Gassendi foi descrito por um contemporâneo inglês como "o estudioso generalista mais talentoso que tivemos nos últimos tempos".[6] Blaise Pascal tem alguma sorte por ser lembrado não apenas como filósofo, mas também como teólogo, matemático e aquilo que poderíamos chamar de físico, graças a um famoso experimento sobre a pressão do ar.

Apesar do panegírico de John Evelyn às realizações de Sir Christopher "por todo o ciclo erudito das ciências mais úteis e abstrusas", Wren geralmente é lembrado como arquiteto.[7] Ele também foi professor de astronomia, primeiro no Gresham College, em Londres, e depois em Oxford, onde aprimorou telescópios, observou cometas e ofereceu uma nova explicação sobre os anéis de Saturno. Ele dissecou cães e peixes. Projetou várias máquinas engenhosas, entre elas uma que permitia ao escritor produzir duas cópias de um texto ao mesmo tempo. E contribuiu para o estudo da matemática,

---

[4] Panofsky, *Galileo as a Critic of the Arts*.
[5] Gaukroger, *Descartes: An Intellectual Biography*.
[6] Casaubon, *Generall Learning: A Seventeenth-Century Treatise on the Formation of the General Scholar*, p.149.
[7] Wren, *Parentalia, or memoirs of the family of the Wrens*, p.343. Disponível em: <https://books.google.co.uk/books?id=Tm1MAAAAcAAJ>. Acesso em: 17 jul. 2020.

do magnetismo, da mecânica e da meteorologia. Se não fosse pelo Grande Incêndio de Londres, o maior arquiteto inglês poderia ter passado seus dias estudando, e não projetando a nova catedral de São Paulo e (junto com outro polímata, Robert Hooke) as muitas "igrejas Wren". Ele também assinou o projeto arquitetônico do Palácio de Kensington, da biblioteca do Trinity College, em Cambridge, e das capelas de Emmanuel e Pembroke, na mesma universidade.[8]

Quanto a Isaac Newton, até recentemente os pesquisadores esqueciam – ou, mais exatamente, preferiram ignorar – os estudos sobre teologia, alquimia e cronologia que tomaram muito de seu tempo, juntamente com suas contribuições mais famosas à matemática e à filosofia natural.[9] Em sua *Chronology of Ancient Kingdoms Amended* [Cronologia ajustada dos reinos antigos] (1728), Newton se valeu do conhecimento astronômico – a exemplo do que fizera Joseph Scaliger, polímata do século XVI – como uma forma para reconciliar os diferentes sistemas cronológicos, afirmando que "os argumentos mais seguros para determinar os tempos passados são aqueles tomados da astronomia".[10] Newton tentou interpretar as profecias registradas na Bíblia e se correspondeu com alguns dos principais teólogos de seu tempo, mantendo em segredo suas divergências em relação à ortodoxia cristã. Ele decerto se qualifica como polímata, mesmo que – diferentemente de Leibniz, seu rival, discutido mais adiante – não tenha sido um monstro da erudição.

---

[8] Tinniswood, *His Invention so Fertile: A Life of Christopher Wren*; Jardine, *On a Grander Scale: The Outstanding Career of Sir Christopher Wren*; Downes, Wren, Christopher, *ODNB*, v.60, p.406-19, 2004.

[9] Dobbs, *The Foundations of Newton's Alchemy*; Figala, Newton's Alchemy, em Cohen; Smith (orgs.), *Cambridge Companion to Newton*, p.370-86. Manuel, *Isaac Newton, Historian*; id., *The Religion of Isaac Newton*; Iliffe, *Priest of Nature: The Religious Worlds of Isaac Newton*.

[10] Naze, Astronomie et chronologie chez Newton, *Archives Internationales d'Histoire des Sciences*, v.62, p.717-65, 2012; Buchwald; Feingold, *Newton and the Origin of Civilization*, p.244.

Mulheres polímatas

Tanto homens quanto mulheres participaram dessa era de ouro de estudiosos de grande amplitude. Pelo menos oito notáveis polímatas mulheres atuaram na época: Marie de Gournay (discutida no capítulo anterior como exemplo de "mulher renascentista"); Bathsua Makin; Anna Maria van Schurman; Isabel, a princesa Palatina; Margaret Cavendish; Cristina, rainha da Suécia; Elena Corner; e sóror Juana Inés de la Cruz.

A inglesa Bathsua Makin (nome de nascimento: Reynolds) pertencia ao círculo de Samuel Hartlib, amigo de Comenius. Descrita por uma contemporânea como a "mulher mais erudita da Inglaterra", seus interesses abrangiam idiomas, poesia, estenografia, medicina e educação. Quando jovem, Makin publicou um volume de versos em grego, latim, hebraico, espanhol, alemão, francês e italiano. Próximo ao fim da vida, publicou *An Essay to Revive the Ancient Education of Gentlewomen* [Um ensaio para reviver a antiga educação das damas] (1673), defendendo o direito das mulheres a receber uma boa educação geral.[11]

Bathsua Makin se correspondia – em hebraico – com Anna Maria van Schurman, "a Minerva Holandesa". Schurman teve permissão para estudar na Universidade de Utrecht e foi a primeira mulher a estudar em uma universidade holandesa, mas ouvia as palestras por trás de uma tela, para que os estudantes do sexo masculino não a fitassem. Ela aprendeu não apenas grego e latim, mas também hebraico, árabe, aramaico e siríaco, escreveu cartas sobre filosofia, teologia e educação e produziu, embora não tenha publicado, uma

---

[11] Brink, Bathsua Makin: Educator and Linguist, em Brink (org.), *Female Scholars*, p.86-100; Teague, *Bathsua Makin, Woman of Learning*; Pal, Bathsua Makin, em *Republic of Women*, p.177-205.

gramática de "etíope".[12] Assim como Gournay, Schurman pode ser definida como uma "mulher renascentista", dadas as suas realizações na pintura, gravura e bordado, bem como nas humanidades.

Isabel, a princesa Palatina, era filha do infeliz Frederico V do Palatinado, o "rei do inverno" da Boêmia, que foi derrotado e exilado pelo imperador Fernando II. Ela morou na Holanda e, depois, na Vestfália, onde se tornou a abadessa de um convento protestante. Isabel sabia latim, francês, alemão, holandês e italiano, além de inglês. Também estudou matemática, astronomia, história, filosofia e a Bíblia e se correspondeu com vários estudiosos da época, trocando ideias com Anna Maria van Schurman e discutindo com Descartes.[13]

Margaret Cavendish (nome de nascimento: Lucas), que se tornou duquesa de Newcastle, interessou-se tanto por filosofia política quanto por filosofia natural. Estudou anatomia, embora aquilo que ela própria chamava de "modéstia de meu sexo" a impedisse de realizar dissecações.[14] Publicou seu livro mais conhecido, *Observations on Experimental Philosophy* [Observações sobre filosofia experimental] em 1666, dizendo fornecer – com a modéstia de seu sexo ou a falsa modéstia de sua nobreza – "uma migalha de conhecimento aqui e outra acolá". Ela também escreveu uma biografia de seu marido, várias peças e a novela utópica *The Blazing World* [O mundo em chamas] (1666), livro que, assim como o *Sonho*, de Kepler, foi descrito como um exemplo inicial de ficção científica. Excêntrica no vestuário e nas maneiras, ela foi apelidada de "Mad Madge". John

---

[12] Birch, *Anna van Schurman*; De Baar et al. (orgs.), *Choosing the Better Part: Anna Maria van Schurman*; Irwin, Anna Maria van Schurman and her Intellectual Circle, em Van Schurman, *Whether a Christian Woman should be Educated*, p.1-21; Van Beek, *The First Female University Student: A. M. van Schurman*.

[13] Pal, op. cit., p.22-51.

[14] O'Neill, *Margaret Cavendish, Duchess of Newcastle, Observations upon Experimental Philosophy*; Walters, *Margaret Cavendish: Gender, Science and Politics*; Holmes, Margaret Cavendish, em *This Long Pursuit*, p.111-32.

Evelyn a chamou de "grande fingidora do saber", mas alguns outros estudiosos a levaram a sério.[15]

Cristina da Suécia chegou ao trono ainda criança, depois que seu pai, Gustavo Adolfo, foi morto em batalha no ano de 1632. Ela passou grande parte do tempo estudando, tanto antes quanto depois de sua abdicação, em 1654.[16] Gostava de ser conhecida como a Minerva sueca, chamava a si mesma de "versátil" e, em suas memórias, afirmou que, "aos catorze anos, conhecia todas as línguas, todas as ciências e todas as realizações que seus preceptores consideravam adequadas, ou eram capazes de lhe ensinar". Segundo um contemporâneo, *elle sait tout* [ela sabe tudo]. A rainha leu bastante os clássicos, entre eles o historiador romano Tácito. No campo da filosofia, interessou-se particularmente pelo neoplatonismo e pelo estoicismo e compilou uma coleção de máximas intitulada *Les Sentiments héroïques* [Os sentimentos heroicos]. Criada como luterana, tornou-se cética e, por fim, converteu-se ao catolicismo, demonstrando interesse sobretudo pelas ideias do místico espanhol Miguel de Molinos. Falava alemão, holandês, dinamarquês, francês e italiano e aprendeu hebraico para ler o Antigo Testamento no original.

Outros polímatas colecionaram livros e objetos, mas Cristina colecionou estudiosos. Entre os eruditos que circularam em sua corte, pelo menos por curtos períodos, estiveram os polímatas Gabriel Naudé, René Descartes, Samuel Bochart, Pierre-Daniel Huet, Hiob Ludolf, Claude Saumaise, Isaac Vossius, Herman Conring e Marcus Meibom. Ela gostava de fazer perguntas difíceis (Huet escreveu a seu amigo Gassendi que a rainha era ainda mais inteligente que Anna Maria van Schurman). E tinha intenção de estudar matemática e filosofia com Descartes, mas, quando este chegou à corte, ela es-

---

[15] Evelyn é citada por Holmes, op. cit., p.126.
[16] Stolpe, *Queen Christina*; Lindberg, Christina and the Scholars, em *Christina, Queen of Sweden*, p.44-53; Akerman, *Queen Christina of Sweden and her Circle*.

tava ocupada demais aprendendo grego.[17] Os interesses de Cristina abarcavam astronomia, astrologia e alquimia. Ela se interessava particularmente por cometas e subsidiou pesquisas sobre o tema. Depois de sua abdicação, dedicou-se à alquimia em um laboratório dentro de seu palácio de Roma. Parece apropriado que, entre os quadros que possuía, houvesse um retrato de Pico della Mirandola.

Elena Corner era filha de um patrício veneziano. Criança prodígio, foi educada em casa por tutores escolhidos por seu pai, que percebeu que seu conhecimento poderia ser empregado para recuperar o *status* de uma família que já fora uma das mais ilustres de Veneza, mas havia entrado em declínio. Ela estudou literatura clássica, línguas modernas, matemática, ciências naturais e teologia. Quando o bispo lhe recusou a permissão para fazer doutorado em teologia, fez um outro em medicina, na Universidade de Pádua, em 1678. Tornou-se membro de várias academias eruditas e atendeu a frequentes pedidos para demonstrar seu conhecimento em público.[18]

Ainda mais famosa por seu saber foi a mexicana Juana Ramírez, conhecida como Juana Inés de la Cruz ou, depois de entrar para um convento, "sóror Juana". Seus contemporâneos a definiram como "a Fênix Mexicana" e a "Fênix da Erudição de todas as ciências". Ela escreveu que, quando criança, tinha um forte "desejo de saber" e estudou na biblioteca de seu avô. A exemplo de Schurman, queria estudar na universidade (a qual esperava frequentar vestida de homem), mas sua mãe não permitiu. A sóror Juana sabia latim (ao que parece, dominou o idioma depois de somente vinte lições) e também grego e náuatle. Além de escrever poemas que hoje são famosos, estudou teologia, filosofia (inclusive filosofia natural), direito, literatura e teoria da música. Ela se recusou a se casar e entrou para o convento porque queria ser livre para estudar.

---

[17] Akerman, op. cit., p.49.
[18] Derosas, Corner, Elena Lucrezia, *DBI*, v.29, p.174-9, 1960-.

No convento, a sóror Juana acumulou uma biblioteca impressionante, cujos volumes aparecem em segundo plano nos dois retratos que se fizeram dela à época. Seus escritos – sobre música, filosofia e a posição das mulheres – costumam citar dois polímatas anteriores, Plínio e Kircher. Ela também fez referências a escritores antigos, como Cícero e Tácito, a Pais da Igreja, como Jerônimo e Agostinho, a filósofos medievais, a escritores renascentistas de mitologia clássica e a estudiosos do direito, como Francisco Suárez. O bispo de Puebla reprochou sua devoção ao saber. Ela foi proibida de publicar suas ideias e obrigada a doar seus livros.[19]

A linguagem da polimatia

A história da linguagem ampara a ideia de que o século XVII foi uma época em que os polímatas se tornaram mais importantes e também mais visíveis. A partir do final do século XVI, um conjunto de ideias interligadas sobre pessoas conhecedoras e conhecimentos gerais se tornou corrente em várias línguas europeias.

No caso de pessoas conhecedoras, os termos mais comuns eram *polyhistor* e polímata. Plínio, escritor da Antiguidade romana, foi qualificado como *polyhistor* pelo enciclopedista suíço Theodor Zwinger (possivelmente implicando que seu trabalho fosse tão desorganizado quanto enciclopédico).[20] Outro enciclopedista suíço, Conrad Gessner, também foi chamado de *polyhistor*, como vimos no capítulo anterior.[21] Por vezes, livros de amplo espectro receberam a mesma

---

[19] Pfandl, *Die Zehnte Muse von Mexico*; Paz, *Sor Juana: Her Life and her World*; Flynn, Sor Juana Ines de la Cruz, em Brink, op. cit., p.119-36.

[20] Zedelmaier, "Polyhistor" und "Polyhistorie", em *Werkstatten des Wissens zwischen Renaissance und Aufklarung*, p.112.

[21] Por Neander, *Orbis terra*, citado por Zedelmaier, *Bibliotheca Universalis und Bibliotheca Selecta*, p.297n. Cf. Grafton, The World of the Polyhistors, *Central European History*, v.18, p.31-47, 1985, reimpr. em seu *Bring out your Dead*, p.166-80.

qualificação, como no caso de um guia para o mundo do saber de Daniel Morhof, *Polyhistor* (1688). O conceito foi discutido em uma palestra inaugural na Universidade de Leiden no ano de 1632 e também em dissertações acadêmicas posteriores – por exemplo, nas cidades de Heidelberg, em 1660, Leipzig, em 1715, Altdorf, em 1718, e Jena, em 1721.

O estudioso elizabetano Gabriel Harvey cunhou o termo *omniscians* [algo como oniscientianos], mas ele nunca se tornou moeda comum. Em inglês, o termo *polymath* [polímata] entrou em uso um pouco mais tarde. Dom Robert Burton, de Oxford, falou em "Polumathes and Polihistors" em sua *Anatomia da melancolia* (1621).[22] Todos esses termos geralmente eram neutros ou encomiásticos, pelo menos até o século XVIII. Em contrapartida, o *poligrafo* italiano, assim como o *polygraphe* francês, era pejorativo, pois designava escritores profissionais que escreviam muito sobre muitos assuntos porque eram pagos por empreitada.[23] Outra palavra nova que entrou em uso nesse período foi o termo italiano *virtuoso*. Este se espalhou por outras línguas, entre as quais o inglês, para se referir a estudiosos amadores com interesses vastos, os quais muitas vezes eram expressos não pela escrita, mas pela coleção de uma variedade de objetos – por exemplo, moedas, armas de diferentes partes do mundo, conchas, peixes e animais empalhados.[24]

Ainda mais rico foi o vocabulário empregado para descrever o vasto conhecimento desses indivíduos. Em latim, encontramos todo um conjunto de termos, entre os quais *scientia universalis*, *pansophia* e

---

[22] Para a língua inglesa, aqui e adiante, consultei o *Oxford English Dictionary* (1.ed., 1888; ed. rev. on-line, 2000); para o francês, Emile Littre, *Dictionnaire de la langue française* (1.ed., 1863; ed. rev. 7v., Paris, 1956-1958).

[23] Bareggi, *Il mestiere di scrivere*.

[24] Impey; MacGregor (orgs.), *The Origins of Museums: The Cabinet of Curiosities in 16th and 17th Century Europe*; Pomian, *Collectors and Curiosities*; Elsner; Cardinal (orgs.), *The Cultures of Collecting*; MacGregor, *Curiosity and Enlightenment: Collectors and Collections from the Sixteenth to the Nineteenth Century*.

polymathia. Geralmente neutro, o termo *polymathia* ocasionalmente era utilizado em sentido pejorativo, para significar um "afastar-se da disciplina" – crítica incipiente ao que hoje chamamos de "interdisciplinaridade".[25] Os italianos elogiavam artistas e escritores individuais por serem *versatile*. Os franceses falavam ou escreviam sobre *polymathie* ou *science universelle*. Em inglês, os adjetivos favoritos para descrever os estudiosos eram *curious* [curiosos] e *ingenious* [engenhosos]. Quanto aos substantivos, às vezes os ingleses empregavam o termo *omniscience* [onisciência], mas preferiam *general learning* [conhecimento geral], título de um tratado do acadêmico do estudioso de segunda geração Méric Casaubon.[26]

Uma discussão geral sobre *polymathia* pode ser encontrada em um tratado publicado por um estudioso bem lido e bem viajado de Hamburgo, Johannes Wower (1603). "Por perfeita polimatia", explica Wower, "entendo o conhecimento de coisas diversas, tomadas de toda espécie de estudo [*ex omni genere studiorum*] e de ampla variedade." O polímata é definido como alguém que "vaga livremente e com desenfreada velocidade por todos os campos das disciplinas [*per omnes disciplinarum campos*]".[27]

Entre as discussões posteriores sobre o tema estão os tratados de dois estudiosos holandeses, Gerard Vossius e Marcus Boxhorn. Vossius escreveu um livro sobre as artes e as ciências em que qualificou a filosofia, a matemática e a lógica como *polymatheia*, porque eram enciclopédicas, e seu ex-aluno Boxhorn, professor de retórica na Universidade de Leiden, proferiu sua palestra inaugural sobre a polimatia. Os interesses do próprio Boxhorn se estendiam para muito além da retórica e abrangeram uma edição de Tácito, livros

---

[25] Kenny, op. cit., p.52, 64, 69-70; Chatelain, Philologie, Pansophie, Polymathie, Encyclopedie, em Waquet, *Mapping the World of Learning: The Polyhistor of Daniel George Morhof*, p.15-30.
[26] Casaubon, op. cit.
[27] Wower, *De polymathia*, p.19. Cf. Deitz, Johannes Wower of Hamburg, Philologist and Polymath, *Journal of the Warburg and Courtauld Institutes*, v.58, p.132-51, 1995.

sobre política e guerra, uma oração sobre sonhos, uma história do mundo e um estudo comparativo sobre a história das línguas.[28]

Quanto à *pansophia*, o termo significa, literalmente, "sabedoria universal". Aos olhos de alguns de seus adeptos, esse sonho magnânimo se associava à descoberta da realidade por trás das aparências, bem como às tentativas de reunir as igrejas cristãs, reformar o saber, harmonizar as filosofias e criar uma linguagem universal, assim reconciliando desentendimentos. A *pansophia* também se ligava a uma visão ainda mais ampla, que abrangia o fim do conflito (nos tempos da Guerra dos Trinta Anos), a futura "reforma universal" de tudo o que havia de errado com o mundo e até a esperança de um retorno à era que precedera à queda de Adão.[29] Os elos entre a *pansophia* e a polimatia são particularmente claros no caso de dois estudiosos da Europa central: Alsted, um alemão, e Comenius, seu aluno tcheco.

O polímata como enciclopedista: Alsted

Johann Heinrich Alsted foi professor de filosofia e teologia na Universidade de Herborn, em Hesse. Estudioso prolífico, é mais conhecido pela enciclopédia que publicou em 1630. Com o auxílio das oposições binárias popularizadas por um estudioso protestante anterior, Petrus Ramus, os sete volumes dessa enciclopédia descrevem e classificam não apenas todas as disciplinas acadêmicas da época, mas também outros conhecimentos, inclusive artes mecânicas, magia, alquimia e arte da memória. Em público, Alsted era um

---

[28] Boxhorn, *De polymathia*; Fellman, The First Historical Linguist, *Linguistics*, v.41, p.31-4, 1974.

[29] Rossi, *Clavis Universalis*, p.ix-xv, 178-200; Yates, *The Rosicrucian Enlightenment*, uma reconstrução especulativa; Manuel; Manuel, Pansophia: A Dream of Science, em *Utopian Thought in the Western World*, p.205-21; Chatelain, op. cit.; Hotson, Outsiders, Dissenters, and Competing Visions of Reform, em Rublack (org.), *Oxford Handbook of the Protestant Reformations*, p.301-28.

bom calvinista que sabia muito bem que João Calvino condenara a curiosidade. Mas, na vida privada, como revelam suas cartas, era fascinado por muitas formas pouco ortodoxas de conhecimento, entre elas a arte da combinação apresentada pelo frade catalão medieval Raimundo Lúlio.[30]

Essa arte era a base do empreendimento enciclopédico de Alsted, um dos últimos desse tipo a ser realizado por um único indivíduo (uma enciclopédia de volume único foi publicada em húngaro, no ano de 1655, por János Apáczai Csere, que, a exemplo de Alsted, fez uso das dicotomias de Ramus para organizar seu material).[31] O trabalho de Alsted impulsionou um deslocamento no significado do termo "enciclopédia" de seu sentido original de *curriculum* (uma trajetória intelectual em torno da qual os alunos deveriam correr) para o de um livro que reunia conhecimentos diferentes. Uma enciclopédia era, pelo menos em teoria, tanto um produto do conhecimento universal quanto um meio para alcançá-lo. Alsted escreveu um prefácio à sua obra no qual argumentou que, embora apenas Deus fosse onisciente, estampara "a imagem de sua perfeição" naqueles que abraçavam "toda a orbe das disciplinas" (*universum disciplinarum orbem*).[32]

O polímata como pansofista: Comenius

Alsted pode ter sido uma raposa, mas Jan Amos Komenský, mais conhecido como Comenius, certamente era um ouriço. Comenius

---

[30] Hotson, *Johann Henrich Alsted, 1588-1638: Between Renaissance, Reformation and Universal Reform*; id., The Ramist Roots of Comenian Pansophia, em *Ramus, Pedagogy and the Liberal Arts: Ramism in Britain and the Wider World*, p.227-52; id., Outsiders, Dissenters, and Competing Visions of Reform, em Rublack (org.), *Oxford Handbook of the Protestant Reformations*, p.306-9.
[31] Bán, *Apáczai Csere János*, p.563-85.
[32] Alsted, *Encyclopaedia septem tomis distincta*; Hotson, *Johann Henrich Alsted, 1588-1638*, p.144-81, 163-72; id., The Ramist Roots of Comenian Pansophia, p.233n.

veio da Morávia (hoje parte da República Tcheca), estudou com Alsted em Herborn e se fez bispo na igreja dos Irmãos Morávios. Depois de 1621, quando sua igreja foi banida da Boêmia, Comenius se tornou nômade, refugiado na Polônia, Suécia, Inglaterra, Transilvânia e Holanda. Durante esse tempo, dedicou-se à reforma da educação e à crítica das linguagens naturais, argumentando que "o significado das palavras deveria ser fixo, com um nome para cada coisa".[33] Suas reformas foram concebidas como passos em direção à *pansophia*, que seria alcançada, juntamente com a harmonia universal, nos últimos dias do mundo, os quais ele, assim como muitas pessoas na época, acreditava estarem próximos.[34]

Comenius não foi o primeiro estudioso a usar esse termo. Ele criticou um polímata mais antigo, Peter Lauremberg, por publicar um livro chamado *Pansophia* (1633), qualificando-o como "indigno de um título tão sublime".[35] Sua própria *Pansophiae Prodromus* [Introdução à pansofia] (1639), descreveu-a como *sapientia universalis*, um termo traduzido por seu seguidor Samuel Hartlib como "conhecimento ou sabedoria geral" (em outros lugares, Hartlib usou a expressão "saber comum", ao passo que outro livro de Comenius foi traduzido para o inglês sob o título *A Patterne of Universall Knowledge* [Um padrão do conhecimento universal] (1651).[36] Em um terceiro e pequeno tratado sobre o assunto, Comenius citou Aristóteles: "o homem sábio deve SABER TUDO quanto seja possível" (*sapientem debere OMNIA SCIRE, quantum possibile est*).[37] No pensamento de Comenius, a *pansophia* se associava às ideias de *panaugia* ou *panergesia* (um

---

[33] Comenius, *Via Lucis*. Cf. Eco, *The Search for the Perfect Language*, p.214-6, esp. p.215.
[34] Comenius, *Pansophiae Praeludium* (1637), reimpr. em *Works*, Praga, v.15, n.2, p.13-53, esp. p.32, 41, 1989. Sobre sua carreira, Blekastad, *Comenius: Versuch eines Umrisses von Leben*, Werk und Schicksal des Jan Amos Komensky.
[35] Young, *Comenius in England*, p.32-3.
[36] Comenius, *Prodromus*, p.12; id., *A Reformation of Schools*; id., *Pansophiae Diatyposis*.
[37] Comenius, *Conatum Pansophicorum Dilucidatio* (1638), reimpr. em *Works*, Praga, v.15, n.2, p.59-79, esp. p.63, 1989.

"amanhecer" ou "despertar" universal), *pampaedia* (uma educação universal), *panglottia* (uma linguagem universal) e *panorthosia* (uma reforma universal, ou uma reforma do mundo).[38]

Monstros da erudição

A razão mais importante para chamar o século XVII de era de ouro dos polímatas foi a presença de uma série de indivíduos que Hermann Boerhaave – ele próprio nada relapso no campo do saber – definiu como "monstros da erudição": indivíduos que abarcavam diversas disciplinas e produziam muitos volumes, feitos que se tornam ainda mais impressionantes quando se lembra que seu saber resultara da leitura à luz de velas e que seus livros foram escritos à mão, com uma pena. Alsted certamente se qualifica ao título, e outros seis monstros serão discutidos a seguir: Nicolas-Claude Fabri de Peiresc, Juan Caramuel, Olof Rudbeck, o Velho, Athanasius Kircher, Pierre Bayle e Gottfried Wilhelm Leibniz.

O polímata como colecionador: Peiresc

O magistrado francês Nicolas-Claude Fabri de Peiresc, *conseiller* do *Parlement* da Provença, é um dos exemplos mais famosos de uma espécie de erudito moderno, muitas vezes descrito na época como um *virtuoso*, um indivíduo com tempo e dinheiro suficientes para se dedicar ao objetivo de adquirir diferentes tipos de saber como uma espécie de *hobby*.

O colecionismo foi uma das principais atividades do *virtuoso*, juntamente com a exibição de itens em "gabinetes de curiosidades"

---

[38] Comenius, *De rerum humanarum emendatio consultatio catholica*, reimpr. em *Works*, Praga, v.19, n.1, p.58-9, 2014; cf. Blekastad, op. cit., p.688-700.

ou *Wunderkammer*, termo alemão pelo qual eram chamados à época. Os gabinetes continham tanto objetos naturais quanto obras de mãos humanas, escolhidos por serem de alguma maneira raros, exóticos ou extraordinários. Seus donos muitas vezes eram indivíduos de vasto interesse, como Ole Worm e Hans Sloane, dois médicos mais conhecidos pelas coleções que reuniram em seu tempo livre.

Worm, médico de Cristiano IV da Dinamarca, interessava-se particularmente por antiguidades escandinavas, como túmulos megalíticos, urnas e barcos funerários. Sua coleção, exibida no Museum Wormianum, foi imortalizada em uma gravura que mostrava artefatos humanos, como lanças e chifres de beber, ao lado de peixes empalhados e crânios de animais.[39] Sloane, que foi médico da rainha Ana e de seus dois sucessores, conseguiu acumular uma coleção imensa e variada, graças à renda proveniente de plantações jamaicanas e aos honorários pelo tratamento de pacientes aristocráticos. Ele foi definido como alguém que "colecionava o mundo".[40]

No entanto, Worm e Sloane foram superados por Peiresc, como colecionadores e também como polímatas. Documentada em suas cartas, a coleção de Peiresc revela seu entusiasmo pelo que hoje chamamos de "cultura material": manuscritos em diferentes alfabetos, moedas, estatuetas, vasos, amuletos, selos medievais, joias antigas e até múmias egípcias. Ele se interessava tanto pela natureza quanto pela cultura e possuía uma pele de crocodilo, uma variedade de animais vivos e um jardim botânico, o qual era uma espécie de coleção ao ar livre de plantas exóticas, como o papiro.

Peiresc foi descrito pelo pintor Rubens, seu amigo pessoal, como alguém que "possui em todos os campos tanto conhecimento quanto qualquer profissional da própria área" (*possede in tutte le professioni*

---

[39] Schepelern, *Museum Wormianum*; id., Worm, Ole, *Dansk Biografisk Leksikon*, v.16, p.45-51, 1984; Daniel, Worm, Ole, *DSB*, v.14, p.505, 1970.
[40] Delbourgo, *Collecting the World: The Life and Curiosity of Hans Sloane*.

quanto ciascuno nella sua propria).⁴¹ Ele estudou direito, visitou a Itália, a Holanda e a Inglaterra e passou alguns anos em Paris, na posição de secretário do presidente do *Parlement*, antes de se estabelecer e passar os últimos catorze anos da vida na Provença, muitas vezes com problemas de saúde e "fechado em seus estudos", como seu secretário o descreveu, mas viajando pela imaginação graças à sua biblioteca, sua coleção e suas cartas.⁴²

Peiresc hoje é lembrado por sua paixão pelas antiguidades (o acadêmico clássico Arnaldo Momigliano o chamou de "arquétipo de todos os antiquários").⁴³ Ele se interessava pelo mundo antigo, pela Idade Média europeia (Carlos Magno e os trovadores, por exemplo), pela China, Benin e os índios do Canadá e, especialmente, pelo mundo mediterrâneo, passado ou presente, e seus muitos povos: etruscos, fenícios, egípcios, judeus e árabes. O conhecimento de Peiresc sobre o norte da África, passado e presente, era extraordinário para um europeu de seu tempo.⁴⁴ Ele era fascinado por maneiras e costumes diferentes – como atirar flechas a cavalo, beber do crânio dos inimigos e assim por diante.

Peiresc parece ter sido uma raposa intelectual, mas a religião era a chave para alguns de seus diversos interesses. Ele estudou a Igreja nascente ou "primitiva" e sua relação com o judaísmo e o paganismo, o que o encaminhou a pesquisas sobre cultos da Antiguidade tardia, como o gnosticismo e o mitraísmo. Seu interesse

---

[41] Rubens a Pierre Dupuy, 1628, citado e traduzido por Miller, *Peiresc's Mediterranean World*, p.1, 449. Foi Miller quem recolocou Peiresc, há muito negligenciado, no mapa intelectual.

[42] Muitas das cartas de Peiresc foram publicadas: veja <emloportal.bodleian.ox.ac.uk/collections/?catalogue=nicolas...peiresc>. Sobre ele, Miller, *Peiresc's Europe: Learning and Virtue in the Seventeenth Century*; id., *Peiresc's History of Provence: Antiquarianism and the Discovery of a Medieval Mediterranean*; id., *Peiresc's Orient*. Sobre seus estudos egípcios, Aufrere, *La Momie et la tempete*.

[43] Momigliano, *The Classical Foundations of Modern Historiography*, p.54.

[44] Miller, *Peiresc's Mediterranean World*, p.334-7; id.., Peiresc in Africa, em Fumaroli (org.), *Les Premiers Siècles de la république européenne des lettres*, p.493-525.

pelos cristãos orientais abarcava a curiosidade sobre seus cânticos e instrumentos musicais.[45] Ele era fascinado pela história da Bíblia e, por isso, estudou hebraico, copta, samaritano (um dialeto do aramaico) e "etíope" (ge'ez). Sua curiosidade onívora o levou a examinar outros aspectos dessas culturas por si próprios. Seus estudos sobre diferentes idiomas suscitaram um questionamento sobre a relação entre eles. Peiresc sabia que a disseminação e a mistura dos idiomas poderiam ser usadas como evidências das migrações dos povos.

Peiresc se interessou não apenas pelas "ciências humanas" (provavelmente, foi o primeiro a chamá-las de *scienze humane*), mas também pelas ciências naturais. Era fascinado pelas marés e pelas correntes do Mediterrâneo. E foi especialmente ativo na astronomia, campo em que observou eclipses, analisou os satélites de Júpiter, descobriu a nebulosa de Órion e, com seu amigo Pierre Gassendi, fez um mapa da Lua. Mobilizou um círculo de amigos para observar Júpiter ao mesmo tempo em diferentes lugares, a fim de corrigir os mapas do Mediterrâneo.[46] E estudou anatomia, chegando a ler William Harvey sobre a circulação do sangue logo após a publicação do livro, em 1628, e a dissecar, ele próprio, olhos de animais, pássaros e peixes. Seus interesses também abrangiam fósseis e vulcões.

Peiresc não publicou os resultados de suas pesquisas, fosse por falta de tempo ou por uma relutância aristocrática a escrever livros que seriam postos à venda. Em vez disso, atuou como uma espécie de intermediário intelectual, solicitando e oferecendo informações por meio de suas muitas cartas. Algumas dessas cartas se endereçaram a colegas estudiosos em centros de conhecimento como Roma, Paris e Leiden. Outras foram enviadas a indivíduos para além das fronteiras da Europa, onde se podiam obter novos conhecimentos – novos para os europeus. A rede de Peiresc contava com muitos

---

[45] Miller, *Peiresc's Mediterranean World*, p.108-11.
[46] Sobre seu interesse pelas ciências naturais, Brown, Peiresc, *DSB*, v.X, p.488-92, 1970. Sobre astronomia, Miller, *Peiresc's Mediterranean World*, p.241-6.

agentes e informantes, entre eles mercadores no Cairo e frades em Sídon e Istambul. Peiresc enviava listas de desejos detalhadas aos agentes que compravam itens para suas coleções e, aos informantes, mandava questionários bastante elaborados.[47]

O polímata como filósofo escolástico: Caramuel

O espanhol Juan Caramuel y Lobkowitz era um monge cisterciense que vivia uma vida nômade: passou dez anos na Holanda espanhola e outros dez em Praga antes de se tornar bispo na Itália, primeiro na Campânia e, depois, em Vigevano, na Lombardia. Um biógrafo do século XVIII o caracterizou como "onisciente" e, em seus dias, Caramuel era conhecido como "a fênix da Europa".[48] A comparação com a fênix pretendia implicar singularidade, como explicou o poeta John Donne em sua *Anatomy of the World* [Anatomia do mundo]: "Every man alone thinks he hath got/ To be a phoenix, and that there can be/ None of that kind, of which he is, but he" [Todo homem pensa que somente ele pode ser a uma fênix e que não pode haver nenhuma outra senão ele]. Ainda assim, a expressão foi aplicada a inúmeros estudiosos, de Erasmo a Benito Feijoo, que será discutido no próximo capítulo.[49]

Diz-se que Caramuel, criança prodígio em matemática, falava 24 idiomas (entre eles hebraico, árabe e até mesmo um pouco de chinês, o qual aprendeu com um falante nativo que conhecera em Viena no ano de 1654). Depois, muito conhecido por seus sermões, ele também foi diplomata e arquiteto amador. Em Praga, fez amizade

---

[47] Miller, *Peiresc's Mediterranean World*, p.18, 65, 266-8, 347.
[48] Tadisi, *Memorie della vita di Monsignore Giovanni Caramuel di Lobkowitz*, p.v; Serrai, *Phoenix Europae: Juan Caramuel y Lobkowicz in prospettiva bibliografica*.
[49] A expressão também foi aplicada ao filólogo Joseph Scaliger, à freira mexicana sóror Juana e ao jesuíta Athanasius Kircher.

com outros dois polímatas, o italiano Valeriano Magni e o tcheco Jan Marcus Marci. Caramuel criticou Descartes, correspondeu-se com Kircher e foi amigo de Gassendi.

Caramuel escreveu mais de sessenta livros, entre eles uma biografia de São Bento, uma história do canto gregoriano, um tratado de arquitetura e uma enciclopédia de música que não chegou a ser publicada, além de estudos sobre gramática, poesia, oratória, matemática, astronomia, física, política, direito canônico, lógica, teologia e filosofia (dando continuidade, mas também modernizando a tradição escolástica). Um de seus livros, *Apparatus Philosophicus* (1665), apresentava uma breve descrição de "todas as ciências e artes". Caramuel foi contratado por Filipe IV da Espanha para dar provas de seu direito ao trono português, a partir de argumentos jurídicos, históricos e genealógicos, e pelo imperador Fernando III para justificar as negociações com os protestantes que puseram fim à Guerra dos Trinta Anos. Nos últimos anos como bispo em Vigevano, Caramuel encontrou tempo para escrever não apenas obras religiosas e políticas, mas também um artigo sobre o manejo dos rios, com uma referência especial aos aterros do Pó.[50]

Em *Theologia rationalis* (1654), Caramuel procurou, a exemplo de Tomás de Aquino, conciliar a teologia com a razão. Tentou aplicar as regras matemáticas à filosofia moral, mas também defendeu a doutrina do "probabilismo" – em outras palavras, a ideia de que, sendo a certeza inatingível, podemos nos guiar por uma opinião provável (ele também foi um dos primeiros matemáticos a estudar probabilidade).[51] Assim como Alsted, Caramuel se interessou pelas ideias de Raimundo Lúlio e recomendou sua arte da memória

---

[50] Garavelli (org.), *Caramuel: vescovo eclettico*, p.38-9, 105-7.
[51] Pastine, *Juan Caramuel: probabilismo ed enciclopedia*; De Ferrari; Oechslin, Caramuel Lobkowicz, Juan, *DBI*, v.19, p.621-6, 1960-; Pissavino (org.), *Le meraviglie del probabile*: Juan Caramuel; Fleming, *Defending Probabilism: The Moral Theology of Juan Caramuel*; Dvořak; Schmutz (orgs.), *Juan Caramuel Lobkowitz, the Last Scholastic Polymath*; Garavelli, op. cit.

a aspirantes a pregador, embora também tenha notado que Lúlio muitas vezes prometia o que não conseguia realizar. Como outros polímatas, de Lúlio a Neurath, cujo trabalho será examinado mais adiante, Caramuel se movia por uma visão da unidade do conhecimento. Entrelaçar muitos de seus empreendimentos, da lógica à música e à arquitetura, era "o sonho da matemática como uma linguagem unificadora para o universo". Esse sonho da *mathesis universalis* foi compartilhado por outros polímatas do século XVII, como Descartes e Leibniz.[52]

O polímata como patriota: Rudbeck

O sueco Olof Rudbeck, reitor da Universidade de Uppsala, foi uma figura notável. Homem corpulento, de voz forte e enorme autoconfiança, Rudbeck tinha projetos de escala igualmente grande. Ele contribuiu com estudos sobre anatomia, idiomas, música, plantas e antiguidades (inclusive aquilo que hoje chamamos de "arqueologia"). Começou pela anatomia. Sua dissecação de cerca de quatrocentos animais, como gatos e cães, levou-o à descoberta do sistema linfático – e também a uma disputa com outro polímata, o estudioso dinamarquês Thomas Bartholin. Mandado para estudar medicina em Leiden, Rudbeck descobriu a botânica. Como professor de medicina teórica na Universidade de Uppsala, lecionou anatomia, botânica e química, mas também ensinou música, matemática, física e astronomia. Rudbeck projetou um teatro anatômico para a Universidade de Uppsala e um aqueduto para a cidade. Ele escreveu música e foi um cartógrafo atuante. Liderou uma equipe que tentou descrever e ilustrar todas as plantas conhecidas, assim associando a Universidade de Uppsala aos avanços da botânica quase um século antes

---

[52] Vasoli, Introduzione, em Pissavino, op. cit., p.13-7; Navarro, The Narrative of the Architectural Orders, em Dvořak; Schmutz, op. cit., p.257-72, esp. p.257.

de Lineu. Na verdade, Lineu foi aluno do filho de Rudbeck, Olof Rudbeck, o Jovem, cujos interesses abrangiam medicina, ornitologia e linguística, além de botânica.[53]

Mas, para o bem ou para o mal, Rudbeck pai hoje é mais conhecido como o autor de *Atlantica*, um imenso tratado inacabado sobre as antiguidades do norte.[54] Graças a esse projeto, no qual embarcou no final da carreira, ele muitas vezes é visto como alguém excêntrico, mas seu interesse pelo passado remoto da civilização do norte pode se enquadrar em uma tradição sueca – conhecida como "gótica" porque abarcava a crença de que os suecos eram descendentes dos godos e a ideia de que a civilização começara na Suécia.[55] Por exemplo, o polímata Johannes Bureus, que fora tutor do jovem rei Gustavo Adolfo, procurou a sabedoria perdida dos godos.[56] Olaus Verelius, professor de antiguidades suecas e colega de Rudbeck na universidade, identificou um local na antiga Uppsala como um templo dos "Hiperbóreos", povo que, segundo Heródoto e outros gregos antigos, vivia "além do Vento Norte" (o Bora).

Rudbeck levou essas reivindicações muito mais longe, identificando os suecos não apenas com os godos, mas também com os citas e os troianos. Ele argumentou que a civilização (bem como a escrita, os calendários e a astronomia) surgira no norte e que a Atlântida de Platão se localizava na Suécia. Pode-se descrevê-lo como alguém obsessivo e etnocêntrico em suas grandiosas reivindicações para o norte, a Suécia e até para Uppsala – ele localizou a capital da Atlântida no vilarejo da antiga Uppsala, não muito longe de sua universidade.

---

[53] Rudbeck, *Rudbecksstudier*; Lindroth, *Svensk Lardomshistoria*, v.4: *Stormaktstiden*, p.414-32, traduzido em *Les Chemins du savoir en Suède*, p.57-70; id., Rudbeck, Olaus, *DSB*, v.XI, p.586-8, 1970.

[54] Lindroth, *Svensk Lardomshistoria*, v.4: *Stormaktstiden*, p.284-96, traduzido em *Les Chemins*, p.71-82; Eriksson, *The Atlantic Vision: Olaus Rudbeck and Baroque Science*, p.45, 50, 54-5, 100-2.

[55] Johannesson, *The Renaissance of the Goths in Sixteenth-Century Sweden*.

[56] Hakansson, Alchemy of the Ancient Goths: Johannes Bureus's Search for the Lost Wisdom of Scandinavia, *Early Science and Medicine*, v.17, p.500-22, 2012.

Para sustentar suas afirmações, Rudbeck tentou sincronizar diferentes cronologias, antigas e modernas. Comparou os mitos e costumes dos povos antigos com aqueles dos escandinavos modernos e argumentou, por exemplo, que o culto ao Sol começara no norte da Europa. Inventivo em seus métodos, Rudbeck também se baseou nas evidências da natureza, segundo ele, "o mais sábio e mais certeiro dos livros". Seu método de datação, por exemplo, fundamentava-se em um estudo cuidadoso do húmus, uma abordagem que os arqueólogos desenvolveriam séculos depois. "Ele abriu uma vala nos montes da velha Uppsala e delineou as seções verticais, observando as características de cada camada" e medindo cada estrato para calcular sua idade.[57]

Rudbeck até praticou uma espécie de arqueologia experimental que lembra a de um estudioso escandinavo posterior, o norueguês Thor Heyerdahl, que levou a jangada *Kon-Tiki* do Peru até as Ilhas Tuamotu, em 1947, com o objetivo de fundamentar sua hipótese de que a Polinésia fora colonizada por imigrantes da América do Sul. De maneira semelhante, para demonstrar que *Argo*, o famoso navio de Jasão, poderia ter sido levado do Mar Negro para o Báltico, Rudbeck supervisionou uma tentativa de transportar um navio por terra.

Rudbeck combinou amplo saber com muitas ideias originais, mas muitas vezes encontrou o que queria encontrar, principalmente quando se tratava da Suécia. Algumas críticas ao seu trabalho serão discutidas mais adiante.

O polímata como pansofista: Kircher

Ainda mais monstruosamente vasto que o de Rudbeck foi o saber do jesuíta alemão Athanasius Kircher, descrito pelo escritor

---

[57] Klindt-Jensen, *A History of Scandinavian Archaeology*, p.30.

alemão Philipp von Zesen como "de longe a fênix dos sábios deste século". Kircher escreveu 32 livros e, conforme já vimos, foi caracterizado como "o último homem que sabia tudo" ou, de maneira um pouco mais modesta, como "homem renascentista" e "o último dos polímatas".[58] Seus trabalhos abarcam estudos sobre a China e o Egito, sobre a geografia da Toscana e do Lácio e sobre magnetismo, matemática, mineração e música. Em seus estudos sobre acústica e óptica, Kircher traçou analogias entre a propagação da luz e do som. Também escreveu sobre a própria *Scientia universalis* em um livro intitulado, em homenagem a Raimundo Lúlio, "A grande arte do conhecimento" (*Ars Magna Sciendi*).

Kircher conhecia doze idiomas, estudava química médica, observava eclipses e tentou decifrar códigos e hieróglifos egípcios, apresentando sua interpretação, graças a um subsídio do imperador, em suntuosos volumes de fólio sob o título *Oedipus Aegyptiacus* (1652-1654).[59] Também foi inventor e construiu um relógio de girassol, um órgão movido a água, um moto-contínuo, uma lanterna mágica e uma caixa (a *arca musarithmica*) para auxiliar na composição musical. Escreveu um conto sobre uma visita à Lua, *Itinerarium exstaticum quo mundi opificium cœleste* [algo como "Extática jornada celestial", em tradução livre], decerto uma tentativa de superar uma história semelhante, porém mais curta, de Johannes Kepler.

Ainda é difícil não se impressionar com a maneira como Kircher conseguiu reunir grandes quantidades de informações em seus enormes fólios e recorrer a fontes em muitas línguas, "escrevendo em latim, italiano, espanhol, alemão, holandês, grego, hebraico, armênio, árabe e copta, e lendo em muitos outros" idiomas.[60] Ele

---

[58] Findlen (org.), *Athanasius Kircher: The Last Man Who Knew Everything*; Godwin, *Athanasius Kircher: A Renaissance Man and the Quest for Lost Knowledge*, p.5.
[59] Stolzenberg, *Egyptian Oedipus: Athanasius Kircher and the Secrets of Antiquity*.
[60] Malcolm, Private and Public Knowledge: Kircher, Esotericism and the Republic of Letters, em Findlen, op. cit., p.297.

fez importantes contribuições ao conhecimento e algumas de suas obras de síntese também foram muito valiosas, principalmente o livro sobre a China.

Esses feitos, porém, tinham suas desvantagens. Kircher era propenso a erros e muitas vezes foi criticado por estudiosos de áreas específicas – por Marcus Meibom, sobre a história da música, por Marin Mersenne, sobre o magnetismo, e por Hiob Ludolf, sobre a linguagem. Ludolf, figura importante do que hoje chamaríamos de linguística comparativa, alertou um colega: "Por favor, mantenha distância de Kircher. Ele não tem um domínio acadêmico das línguas como afirma".[61]

Às vezes, Kircher prometia mais do que conseguia realizar, como nos notórios casos de suas pretensões de fazer a quadratura do círculo e interpretar hieróglifos egípcios, os quais (a exemplo dos humanistas da Renascença) ele via não como uma forma de escrita, mas como emblemas que tinham significados ocultos.[62] Mais grave que seus fracassos foi sua crença insistente no próprio sucesso, uma arrogância que não chega a ser incomum entre os polímatas e que provavelmente acarretou (juntamente com o preconceito contra os jesuítas) a acusações de fraude. Pode-se dizer que, comparado aos principais acadêmicos que lhe eram contemporâneos, Kircher tinha um excesso de curiosidade, entusiasmo, energia e engenho (uma qualidade muito valorizada em seu tempo), mas que sua capacidade crítica era relativamente fraca, como alguns de seus contemporâneos sabiam.[63] Sua carreira ilustra os riscos que já estavam envolvidos na tentativa de polimatia naquele tempo.

---

[61] Waterman (org. e trad.), *Leibniz and Ludolf on Things Linguistic*, p.51, 53.
[62] Sobre essa tradição, Iversen, *The Myth of Egypt and its Hieroglyphs in European Tradition*.
[63] Peiresc descreveu Kircher como "um pouco crédulo demais", e um inglês que visitou Roma nessa época (Robert Southwell, mais tarde presidente da Royal Society) relatou que Kircher era "considerado muito crédulo", em Findlen, op. cit., p.141, 384.

O interesse de Kircher por Pico della Mirandola e especialmente por Raimundo Lúlio o insere em uma tradição de polímatas. Assim como sua crença na unidade do conhecimento, discutida no capítulo anterior. Essa crença levou Kircher a traçar analogias entre diferentes fenômenos (luz e som, por exemplo). E também o encorajou a tentar produzir uma síntese entre conhecimentos – pagãos e cristãos, orientais e ocidentais. Se Comenius não fosse protestante, Kircher sem dúvida o admiraria. De qualquer forma, ele praticou uma espécie de *pansophia*, mesmo que não estivesse associada a planos para a reforma do mundo.[64]

O polímata como crítico: Bayle

Menos abrangente que o de Kircher, mas ainda extremamente vasto, foi o saber de Pierre Bayle, pastor protestante francês que se refugiou na República dos Países Baixos na década de 1680. Bayle certa vez confessou que tinha "fome de saber tudo" (*affamé de savoir tout*).[65] Ele lecionou em academias protestantes, primeiro na França (em Sedan) e depois em Roterdã, mas desistiu da carreira acadêmica quando foi convidado para ser editor de um periódico acadêmico, *Nouvelles de la République des Lettres*, que saía uma vez por mês e durou três anos (1684-1687). Escrevia sozinho a maioria das "notícias" (principalmente resenhas de livros). Bayle estava longe de ser o único exilado protestante a produzir um periódico cultural, e alguns de seus colegas também podem ser descritos como polímatas – Henri Basnage, por exemplo, escreveu sobre história, teologia, linguagem e até mecânica. No entanto, os interesses de Bayle eram ainda mais

---

[64] Leinkauf, *Mundus Combinatus: Studien zur Struktur der barocken Universalwissenschaft am Beispiel Athanasius Kirchers SJ (1602-1680)*, p.75.
[65] Bayle, *Œuvres diverses*, v.1, p.75.

amplos que os de Basnage. Eles se revelam em seu famoso *Dictionnaire historique et critique* (1697).

Esse "dicionário" era uma enciclopédia histórica, concebida para substituir um livro de referência anterior, *Le Grand Dictionnaire historique*, publicado pelo padre católico Louis Moréri em 1674 e, na visão de Bayle, insuficientemente crítico. O dicionário de Bayle era muito maior que o de Moréri e ficou famoso por suas notas de rodapé ou "comentários", que ocupavam mais espaço que o corpo do texto e abriam oportunidades para o autor expressar suas próprias ideias e colocar em dúvida o que outros haviam apresentado como informação confiável. O dicionário, assim como o periódico editado por Bayle, interessava-se não apenas por história, filosofia, teologia e literatura, mas também pelo estudo da natureza. Bayle parece ter sido bem informado acerca dos desenvolvimentos recentes do que hoje chamamos de ciências naturais. O *Nouvelles* discutia medicina, anatomia, física, química e história natural, enquanto o *Dictionnaire* trazia os famosos "comentários" sobre a racionalidade dos animais ("Rorarius") e sobre as ideias de Galileu e Newton ("Leucipo").[66]

A vasta correspondência de Bayle (agora disponível *on-line*, assim como as cartas de Peiresc e Kircher) apresenta mais pistas sobre seus interesses e também sobre seus informantes.[67] Por exemplo, para notícias sobre o ramo inglês da República das Letras, Bayle contava com exilados franceses na Inglaterra, entre eles seu amigo Daniel de Larroque, o cirurgião Paul Buissière e o bibliotecário Henri Justel (que lhe traduzia as publicações da Royal Society). Para notícias alemãs, obtinha informações de outro amigo, o pastor e estudioso Jacques Lenfant. Para a filosofia natural, Bayle recorria

---

[66] Labrousse, *Pierre Bayle*; id., *Bayle*; Van Lieshout, *The Making of Pierre Bayle's Dictionnaire Historique et Critique*; Van Bunge, Pierre Bayle et l'animal-machine, em Bots (org.), *Critique, savoir et érudition au siècle des lumières*, p.375-88, esp. p.386.

[67] Disponível em: <bayle-correspondance.univ-st-etienne.fr/>. Cf. Lewis, At the Centre of the Networked Early Modern World: Pierre Bayle, 6 out. 2016, disponível em: <www.culturesofknowledge.org/?p=7326>.

a duas autoridades do campo, Christiaan Huygens, na física, e Antonie Leeuwenhoek, pioneiro no uso do microscópio e no que hoje se conhece por microbiologia. Não causa surpresa a descoberta de que Bayle, hábil em criar redes, admirava Peiresc e lhe dedicou um artigo em seu *Dictionnaire,* descrevendo-o como "Procurador-Geral" da República das Letras, uma alusão ao conhecimento de Peiresc sobre o direito e, talvez, à sua capacidade de procurar informações.[68]

O polímata como sintetizador: Leibniz

O exemplo mais famoso de polímata do século XVII é, obviamente, Gottfried Wilhelm Leibniz. Hoje em dia, ele é lembrado – a exemplo de Aristóteles – como filósofo.[69] Mais uma vez, esse rótulo é pouco mais que um sintoma de nossa própria propensão a espremer estudiosos dentro de um único campo. Nos seus dias, Leibniz atuou não apenas como filósofo, mas também como matemático e teólogo. Foi linguista, interessou-se pelas famílias dos idiomas e demonstrou ter uma consciência precoce das analogias entre as gramáticas do finlandês e do húngaro.[70] Também foi historiador, jurista, escritor de política e especialista em China – certa vez, chegou a se descrever como um "gabinete de um homem só" para informações sobre o tema.[71]

---

[68] Fumaroli, Nicolas Claude Fabri de Peiresc, prince de la République des Lettres, p.56-90.
[69] Jolley (org.), *The Cambridge Companion to Leibniz*, resultado do trabalho de doze professores de filosofia. Para uma outra ênfase, veja Antognazza, *Leibniz: An Intellectual Biography*.
[70] Schulenberg, *Leibniz als Sprachforscher*, p.68-114; Droixhe, Leibniz et le finno-ougrien, em De Mauro; Formigari (orgs.), *Leibniz, Humboldt and the Origins of Comparativism*, p.3-29; Hawkins, "Selig wer auch Zeichen gibt": Leibniz as historical linguist, *The European Legacy*, v.23, p.510-21, 2018.
[71] Daville, *Leibniz historien*; Friedrich, Philosophical Reflections of Leibniz on Law, Politics and the State, *Natural Law Forum*, v.11, p.79-91, 1966; Riley (org.), *The Political Writings of Leibniz*; Perkins, *Leibniz and China*.

Leibniz estava ciente da importância das pesquisas de Peiresc e ansiou pela publicação de suas muitas cartas.[72] No entanto, ele próprio relutava em publicar, tanto que, como certa vez escreveu a um amigo, qualquer pessoa que conhecesse apenas seu trabalho publicado certamente não o conhecia. Seus escritos revelam um interesse por "botânica, psicologia, medicina e história natural", além de "astronomia, física, química e geologia".[73]

Como se não bastasse, Leibniz também se envolveu em muitas atividades práticas – diplomacia, reforma das leis, fundação de academias eruditas (Academia de Berlim, em 1700, Academia de Ciências de São Petersburgo, em 1725) e administração de bibliotecas.[74] Seu interesse pela tecnologia o levou a inventar uma máquina de calcular e uma máquina de criptografia e a aprimorar lentes, bombas e relógios. Suas visitas às minas tinham como objetivo não apenas o estudo da geologia, mas também a melhoria da eficiência da produção. Ele teve ideias para a reforma da cunhagem de moedas, para a fabricação de tinturas e para a organização de arquivos.

Como um de seus patrões disse em um momento de quase exasperação, Leibniz era um homem de "curiosidade insaciável", uma expressão que foi repetida mais de uma vez pelos pesquisadores de sua obra.[75] Um contemporâneo o descreveu como alguém "profundamente versado em todas as ciências" e outro, como "um gênio muito abrangente e universal".[76] A posteridade concordou. O polímata francês Bernard de Fontenelle o comparou a alguém conduzindo uma carruagem de oito cavalos, pois "Leibniz podia

---

[72] Miller, *Peiresc's Mediterranean World*, p.394.
[73] Antognazza, op. cit., p.2, 206.
[74] Bowden, *Leibniz as Librarian*; Schulte-Albert, Gottfried Wilhelm Leibniz and Library Classification, *Journal of Library History*, v.6, p.133-52, 1971; Palumbo, *Leibniz e la res bibliothecaria*; Antognazza, op. cit., p.195-280.
[75] Antognazza, *Leibniz: A Very Short Introduction*, p.6.
[76] Antognazza, *Leibniz: An Intellectual Biography*, p.559.

manejar todas as ciências simultaneamente".[77] Em um dicionário de estudiosos publicado em 1733, Leibniz apareceu como "um famoso polímata". Emil Du Bois-Reymond, conhecido cientista alemão do século XIX, caracterizou-o como um estudioso com "conhecimento de tudo e do todo" (*All- und Ganzwisser*).[78]

Combinando a curiosidade aguda com um desejo de ordem, Leibniz era uma escolha óbvia para o cargo de bibliotecário. De fato, ele catalogou uma biblioteca particular, a do barão von Boineburg, antes de se tornar bibliotecário do duque de Brunswick, em Hannover, e depois, durante um quarto de século, em Wolfenbuttel. Recebeu nomeações semelhantes no Vaticano e em Paris e se candidatou ao cargo de bibliotecário imperial em Viena. Platão afirmara que, para que um Estado ideal viesse à existência, os filósofos teriam de se tornar reis ou os reis teriam de se tornar filósofos. De maneira semelhante, talvez se possa sugerir que, para que uma biblioteca ideal se estabelecesse, os filósofos teriam de se tornar bibliotecários ou os bibliotecários teriam de se tornar filósofos. O elo entre a classificação de livros e a classificação do conhecimento fica bem claro no trabalho prático e teórico de Leibniz.[79]

O que moveu Leibniz foi algo maior que a curiosidade, por mais insaciável que ela fosse. Na tradição de Lúlio, Alsted e Comenius (a quem chegou a dedicar um poema), ele sonhou em reformar todas as ciências. Ciente de que a tarefa era grande demais para realizá-la sozinho, Leibniz tanto pregou quanto praticou a colaboração, desde a consulta a colegas acadêmicos e a fundação de periódicos e academias eruditas até a tentativa de organizar um "Thesaurus" cole-

---

[77] Ibid., p.1.
[78] Christian Gottlieb Jocher, 1733, citado por Wellmon, *Organizing Enlightenment: Information Overload and the Invention of the Modern Research University*, p.49; Emil Du Bois-Reymond, *Reden*, citado por Daston, The Academies and the Unity of Knowledge: The Disciplining of the Disciplines, *Differences*, v.10, p.67-86, esp. p.76, 1998.
[79] Schulte-Albert, op. cit.; Palumbo, op. cit.

tivo ou enciclopédia. O sonho de reforma esteve na base de alguns de seus projetos, como uma linguagem universal que eliminaria mal-entendidos entre estudiosos que falavam línguas diferentes; o cálculo lógico, que reduziria argumentos complexos a cálculos simples; e a *scientia generalis*, definida como "a ciência que contém os princípios de todas as outras ciências".[80]

Polímatas menores

Na arte do Renascimento italiano, as notáveis realizações de Leonardo, Rafael e Michelangelo se ligavam às de um número incomum de artistas relativamente menores. De maneira semelhante, a era dos sete "monstros" também foi a de muitos polímatas menos conhecidos (alguns dos quais estão listados no Apêndice), que proporcionam mais uma razão para chamar esse século de idade de ouro.

Muitos desses indivíduos eram professores, entre eles Samuel Pufendorf, que lecionou direito na Universidade de Lund e escreveu sobre história, filosofia e o que ele chamou de "disciplina" do direito natural; Isaac Barrow, colega de Newton em Cambridge, que foi descrito como "um dos últimos estudiosos universais da Renascença"; e Daniel Morhof, professor da Universidade de Kiel, cujo *Polyhistor* (1688) por muito tempo foi usado como introdução ao saber.[81] No entanto, quatro dos polímatas menores mais notáveis desse período – "menores" em relação aos sete monstros – segui-

---

[80] Antognazza, *Leibniz: An Intellectual Biography*, p.236, 244.
[81] Hont, Samuel Pufendorf and the Theoretical Foundations of the Four-Stage Theory (1986), reimp. em *Jealousy of Trade*, p.159-84; Doring, Biographisches zu Samuel von Pufendorf, em Geyer; Goerlich (orgs.), *Samuel Pufendorf und seine Wirkungen bis auf die heutige Zeit*, p.23-38; Feingold (org.), *Before Newton: The Life and Times of Isaac Barrow*; id., Barrow, Isaac, *ODNB*, v.4, p.98-102, esp. p.102, 2004; Waquet (org.), *Mapping the World of Learning*.

ram carreiras fora do mundo acadêmico. Foram, respectivamente, bispo, advogado, soldado e administrador: Pierre-Daniel Huet, John Selden, Luigi Marsigli e Nicolaes Witsen.

A diversidade de interesses e realizações de Pierre-Daniel Huet, que se tornou bispo de Avranches, na Normandia, mas renunciou à posição para ter mais tempo para estudar, oferece um exemplo notável de uma raposa intelectual. Como escreveu sobre si mesmo na velhice, ele "voou" de disciplina em disciplina e leu "imoderadamente". Um polímata posterior, Charles de Sainte-Beuve, chamou-o de "homem da mais vasta leitura que jamais existiu".[82] Não é de se surpreender que Huet tenha acumulado uma biblioteca de mais de oito mil volumes. O alcance de suas contribuições ao conhecimento não é muito diferente daquele dos sete "monstros" já descritos, mesmo que hoje ele seja menos conhecido e, às vezes, considerado um estudioso de segundo escalão.[83]

Embora só tenha se tornado padre aos 46 anos, o interesse de Huet em teologia começou muito antes. Ele estudou com o polímata e estudioso bíblico Samuel Bochart, que levou seu pupilo consigo quando a rainha Cristina o convidou a visitar Estocolmo. Depois de descobrir na biblioteca da rainha um comentário manuscrito do estudioso grego Orígenes ao Evangelho de São Mateus, Huet o editou e traduziu para o latim. Aprendeu hebraico e siríaco para ajudar em seus estudos bíblicos.

Esses estudos levaram Huet, bem como seu professor Bochart, a examinar os mitos sob um ponto de vista comparativo. Bochart argumentou que a história de Noé seria um protótipo para mitos posteriores, e Huet apresentou um argumento semelhante no caso da história de Moisés, valendo-se de relatos de missionários sobre

---

[82] Huet, *Commentarius*; Sainte-Beuve, *Causeries de Lundi*.
[83] Ligota, Der apologetischen Rahmen der Mythendeutung im Frankreich des 17. Jahrhunderts (P. D. Huet), em Killy (org.), *Mythographie der fruhen Neuzeit*, p.149-62, esp. p.151.

mitos do Canadá, Peru e Japão. Os estudos bíblicos também impulsionaram Huet à geografia, com um estudo sobre o paraíso terrestre e outro sobre as viagens do rei Salomão. Também escreveu sobre filosofia, notadamente uma crítica a Descartes (1689) e *Traité philosophique de la faiblesse de l'esprit humain* [Tratado filosófico da fraqueza do entendimento humano] (publicado postumamente, em 1723).[84] Publicou um ensaio intitulado *Traité sur l'origine des romans* [Tratado sobre a origem dos romances] (1670), a primeira história sobre esse gênero literário, e também escreveu uma narrativa romanesca, *Diane de Castro*.[85] Huet depois atuou como historiador, chegando a produzir uma história de sua cidade natal, *Les origines de la ville de Caen* [As origens da cidade de Caen] (1702), e um estudo pioneiro do que hoje chamaríamos de história econômica, *Histoire du commerce et de la navigation des anciens* [História do comércio e navegação dos antigos] (1716).

Como outros *virtuosi* de sua época, Huet também se interessou por matemática e ciências naturais. Seu entusiasmo pela geometria se evidencia em sua *Demonstratio Evangelica* (1679), que apresenta uma prova da verdade do cristianismo na forma de deduções de axiomas. Ele foi cofundador da Académie de Physique de Caen (1662), dedicada ao estudo da natureza em geral e, em particular, da anatomia. O próprio Huet realizou muitas dissecações, principalmente de peixes. Seus outros interesses abrangiam astronomia, história natural e química. Entre suas contribuições originais à ciência estão uma discussão sobre ondas sonoras e descrições precisas do caracol, da sanguessuga e da salamandra. Huet também inventou

---

[84] Dupront, *Pierre-Daniel Huet et l'exégèse comparatiste au XVII siècle*; Niderst, Comparatisme et syncrétisme religieux de Huet, em Guellouz (org.), *Pierre-Daniel Huet*, p.75-82; Rapetti, *Pierre-Daniel Huet: erudizione, filosofia, apologetica*; Shelford, *Transforming the Republic of Letters: Pierre-Daniel Huet and European Intellectual Life, 1650-1720*.

[85] Gegou (org.), Introdução, *Traité de Pierre-Daniel Huet sur l'origine des romans*.

um instrumento para mensurar a umidade da atmosfera e outro para medir a velocidade do vento.[86]

Depois de Bacon, o advogado do século XVII com o mais notável leque de saber certamente foi o inglês John Selden, apesar da concorrência do holandês Hugo Grotius. Selden e Grotius se posicionaram em lados opostos de uma controvérsia sobre a liberdade dos mares, mas se respeitavam como estudiosos.

Um contemporâneo, Lorde Clarendon, observou o "estupendo saber de Selden em todos os campos e todas as línguas".[87] Seus interesses abrangiam história medieval inglesa e estudos orientais. Sua pesquisa em história do direito (direito consuetudinário, direito civil, direito canônico, direito marítimo e direito natural) o levou a várias direções, entre elas a Idade Média inglesa e o passado remoto de Israel (grande parte do final de sua carreira se dedicou ao estudo do Talmude e a textos sobre a lei judaica). Sua vívida curiosidade o impulsionou ainda mais longe, ao estudo das religiões antigas e à publicação de um livro, *On the Syrian Gods* [Sobre os deuses sírios] (1617). Nessa obra, emulou o famoso estudo da cronologia de Joseph Scaliger, estudioso do século XVI que Selden definiu como o "poderoso príncipe" da comunidade do conhecimento.

Selden acumulou uma biblioteca de cerca de oito mil livros e manuscritos. Seu saber se combinou ao poder analítico, demonstrado em suas comparações entre diferentes sistemas jurídicos e entre diferentes deuses (Baal e Júpiter, por exemplo, ou Astarte e Vênus). Sua inteligência penetrante também se revela, juntamente com sua graça, em seu *Tabletalk* [Bate-papo], publicado postumamente.

Apesar da amplitude de seus interesses, Selden insistia em voltar às fontes. Como escreveu com orgulho em seu tratado *Titles of Honour* [Títulos de honra] (1614), "não lhes despejo nada citado

---

[86] Tolmer, *Pierre-Daniel Huet: humaniste, physicien*, p.189-90, 215-8; Pontville, Pierre-Daniel Huet, homme des sciences, em Guellouz, *Pierre-Daniel Huet*, p.29-42.
[87] Citado por Berkowitz, *John Selden's Formative Years*, p.296.

em segunda mão, mas apenas o apego às fontes". Por causa de seus estudos orientais, Selden aprendeu hebraico, aramaico e árabe. Para seus estudos sobre a Inglaterra medieval, aprendeu anglo-saxão e examinou registros oficiais na Torre de Londres. Também se valeu de evidências em inscrições e moedas. Sua abordagem crítica aos textos se aguçara por um afiado senso de anacronismo e uma preocupação com a cronologia. Sendo ele próprio versificador, fez amizade com os poetas John Donne, Michael Drayton e Ben Jonson. Foi Jonson quem melhor resumiu sua combinação de vastos interesses com conhecimentos especializados, comparando Selden a um compasso: *"keeping one foot still/ Upon your centre, do your circle fill/ Of general knowledge"* [em tradução livre: tendo um dos pés fixos ao centro, seu círculo se completa com o conhecimento geral].[88]

Como vimos, os escritores renascentistas muitas vezes combinavam armas e letras. No século XVII, por outro lado, Luigi Marsili (ou Marsigli) oferece um raro exemplo de polímata militar. Soldado profissional a serviço do Império, ele uniu essa atividade a uma ampla gama de estudos, tornando-se um dos principais *virtuosi* de seu tempo. Era um indivíduo que tinha uma forte dose de curiosidade. Capturado pelos turcos no cerco a Viena em 1683 e posto para trabalhar em uma casa de café, Marsili aproveitou ao máximo o conhecimento que adquiriu em cativeiro e publicou um tratado sobre a bebida, *Bevanda Asiatica* (1685).

Depois da aposentadoria (em desgraça, após a rendição da fortaleza de Breisach, em 1703), Marsili teve mais tempo para ler, escrever e acumular uma extensa coleção, que mais tarde apresentou à Universidade de Bolonha. Entre suas publicações estão um relato sobre as forças armadas do Império Otomano e estudos sobre o fósforo, o mar, os corais e os cogumelos. Sua obra-prima, *Danubius*

---

[88] Hazeltine, Selden as Legal Historian, *Festschrift H. Brunner*, p.579-630; Christianson, Selden, John, *ODNB*, v.49, p.694-705, 2004; Toomer, *John Selden: A Life in Scholarship*; Brook, *Mr. Selden's Map of China*.

(1726), apresenta observações sobre o rio – como afirma o frontispício – dos pontos de vista geográfico, astronômico, hidrográfico, histórico e físico.[89]

Nicolaes Witsen foi outro homem de ação, várias vezes burgomestre de Amsterdã e um dos administradores da Companhia Holandesa das Índias Orientais. No entanto, o "multifacetado" Witsen viveu uma "segunda vida" como estudioso.[90] Ele encontrou tempo para colecionar curiosidades, estudar história natural e publicar livros sobre construção naval antiga e moderna, bem como sobre o que chamou de "Tartária do Norte e Leste" (basicamente a Sibéria), território do qual fez um mapa.[91] O interesse de Witsen pela geografia se estendeu a África do Sul, Austrália e Nova Zelândia. Foi amigo dos polímatas Isaac Vossius e Nicolaus Steno, correspondeu-se com Leibniz e, graças à sua extensa rede, conseguiu ajudar seu amigo Hiob Ludolf, outro polímata, a adquirir textos em idiomas de várias partes do mundo, até em língua nama, falada pelos chamados "hotentotes" da África Austral.

Da extensa coleção de curiosidades de Witsen constavam conchas (algumas da Austrália), plantas, animais empalhados, moedas e estátuas antigas, ornamentos citas da Sibéria, um *kris* de Java, um espelho da China antiga, muitas pinturas de paisagens chinesas e estátuas de deuses hindus de Querala. Sua rede prestou um grande serviço nesse aspecto: as estátuas de Querala, por exemplo, chegaram a Witsen pelas mãos do governador holandês do Ceilão.[92]

---

[89] Stoye, *Marsigli's Europe*; Gullino; Preti, Marsili, Luigi Fernando, *DBI*, v.70, p.771-81, 1960-.

[90] Wladimiroff, *De kaart van een verzwegen vriendschap: Nicolaes Witsen en Andrej Winius en de Nederlandse cartografie van Rusland*, p.148-9.

[91] Naarden, Witsen's Studies of Inner Eurasia, em Huigen; Jong; Kotfin (orgs.), *The Dutch Trading Companies as Knowledge Networks*, p.211-39.

[92] Peters, *De wijze koopman: Het wereldwijde onderzoek van Nicolaes Witsen (1641-1717), burgemeester en VOC-bewindhebber van Amsterdam*.

Concórdia

O capítulo anterior mencionou o desejo de harmonia intelectual e, especialmente, de harmonia religiosa como um motivo que impulsionava os polímatas do Renascimento, de Pico a Bodin. Esse impulso, assim como os conflitos a que respondia, continuou poderoso no século XVII.

Como vimos, Comenius almejava a harmonia universal e trabalhou por ela. Caramuel tentou conciliar fé e razão. Kircher queria que sua obra revelasse a harmonia oculta sob o aparente conflito entre as tradições, que ele descreveu como *discors concordia*. Huet escreveu um livro sobre a concordância entre fé e razão. Samuel Pufendorf estava interessado em reconciliar as visões religiosas de católicos e protestantes na Alemanha de seus dias.

Leibniz, que nasceu pouco antes do final da Guerra dos Trinta Anos, também se preocupava com os conflitos e as maneiras de encerrá-los. O objetivo de seu cálculo lógico, a exemplo das línguas universais criadas por estudiosos como o polímata inglês John Wilkins, era tornar desnecessário que os filósofos discordassem. Assim como Pico, ele tentou apaziguar contendas da filosofia, no seu caso entre o cartesianismo e a escolástica. Também tentou, por meio da teologia natural (um tipo de mínimo denominador comum de fé), harmonizar conflitos entre as religiões (protestantismo e catolicismo) e também entre as culturas (China e Ocidente). Nesse sentido, pode ser considerado o último dos pansofistas.

Originalidade *versus* plágio

O florescimento dos polímatas no século XVII parece ainda mais notável quando lembramos que a barra sobre a qual eles tinham de saltar estava bem alta naquele momento. Na Renascença, assim como na Idade Média, os estudiosos podiam angariar uma reputação de conhecimento abrangente mesmo que não conseguissem fazer descobertas nem apresentar ideias originais. No século XVII, porém, esperava-se cada vez mais que os estudiosos fizessem novas contribuições ao conhecimento.

Como provas para essa afirmação se apresentam as disputas sobre precedência e as acusações de plágio que proliferaram a partir do final do século XVI. As disputas não começaram nessa época: já no século XV, Filippo Brunelleschi fora o primeiro indivíduo a proteger sua propriedade intelectual, registrando em 1421 a patente de um novo *design* de navio, "para que os frutos de seu gênio não fossem colhidos por outrem". Em conversa com seu amigo Taccola (Mariano di Jacopo), Brunelleschi lhe disse: "Não compartilhe suas invenções com muitas pessoas", porque os rivais as roubam e atribuem o crédito a si mesmos.[93] O que havia de novo no século XVII era a frequência das acusações de plágio.

John Dee, por exemplo, foi acusado por Tycho Brahe e Johannes Kepler de roubar suas informações e ideias e, por sua vez, acusou outros de roubo. Tanto Olof Rudbeck quanto Thomas Bartholin afirmaram ter sido os primeiros a descobrir o sistema linfático. Os seguidores de Newton acusaram Leibniz de roubar as ideias de seu mestre sobre o cálculo, ao passo que Newton foi acusado pelo polímata Robert Hooke de roubar suas ideias a respeito da refração da luz e da lei do inverso do quadrado da atração gravitacional.[94]

Para salvaguardar sua precedência, alguns filósofos naturais anunciavam suas descobertas em códigos, por meio de anagramas, o dispositivo intelectual favorito da época. Por exemplo, quando Galileu, olhando através de seu novo telescópio, descobriu que o planeta Saturno era formado por três corpos diferentes, comunicou essa descoberta por meio da misteriosa mensagem *SMAISMRMIL-*

---

[93] Prager; Scaglia, *Brunelleschi: Studies of his Technology and Inventions*, p.111, 129, 144.
[94] Westfall, *Never at Rest: A Biography of Isaac Newton*, p.714-5, 727; Sonar, *Die Geschichte des Prioritatsstreits zwischen Leibniz und Newton*.

MEPOETALEUMIBUNENUGTTAUIRAS.[95] Quando Christiaan Huygens observou que Saturno estava cercado por um anel, ele anunciou a descoberta com o anagrama latino: AAAAAA CCCCC D EEEEE G H IIIIII LLLL MM NNNNNNNN OOOO PP Q RR S TTTTT UUUUU.[96] Robert Hooke produziu o anagrama *CEIIINOSSSSTTUV* para revelar sua lei de que a tensão em um sólido é proporcional à força aplicada sobre ele.[97]

Como os estudantes costumavam saber, no latim clássico o termo *plagiarius* se referia originalmente a alguém que sequestrara um escravo, mas o poeta Marcial começou a empregá-lo para designar o roubo literário, do qual ele, a exemplo de Horácio e Virgílio, alegava ser vítima. No Renascimento, termos como "roubo" eram correntes nos círculos letrados. O que parecia relativamente novo no século XVII era a extensão da ideia ao campo do saber. Entre 1673 e 1693, pelo menos quatro tratados se dedicaram a esse tema.[98] Mais uma vez, a história da linguagem fornece evidências preciosas sobre a história da consciência. Em francês, *plagiaires* [plagiadores] é uma palavra do século XVII. Em inglês, o termo *plagiary* [plagiário] foi registrado pela primeira vez em 1601; *plagiarism* [plágio], em 1621; *plagiarist* [plagiador], em 1674; e *plagiarize* [plagiar], em 1716.

Explicando a era de ouro

O que fez do século XVII uma era de ouro dos polímatas? Respostas a grandes questões como esta são necessariamente especulativas, mas talvez valha a pena levantar alguns pontos. Estes sugerem

---

[95] *"Altissimum planetam tergeminum observavi."*
[96] *"anulo cingitur, tenui, plano, nusquam cohaerente, ad eclipticam inclinato."*
[97] *"uttensio, sic vis."*.
[98] Thomasius, *De plagio literario*; Van Almeloveen, Plagiorum syllabus, em seu *Opuscula*; Fabri, *Decas decadum, sive plagiariorum centuria*; Salier, *Cacocephalus, sive de plagiis*.

que as realizações que acabamos de descrever não resultaram do nascimento milagroso de gigantes (ou monstros), mas foram incentivadas por mudanças sociais e culturais. Em primeiro lugar, os europeus do século XVII desfrutaram de um extenso momento de liberdade, por um lado, ante a tradicional suspeita que recaía sobre a curiosidade e, por outro, ante o surgimento da divisão do trabalho intelectual, que produziu outro clima, o qual era – e continua sendo – desfavorável à multifacetação.

Em segundo lugar, a descoberta do Novo Mundo pelos europeus e seus contatos crescentes com a Ásia e a África – por comércio, missões ou conquista – foram um poderoso estímulo à curiosidade, evidenciada pela formação de muitos "gabinetes de curiosidades" que começaram a exibir objetos exóticos dessas regiões. Alguns europeus se familiarizaram com muitas novas plantas, árvores, animais, pássaros, peixes, insetos, povos, línguas e costumes. Novos conhecimentos chegavam a um ritmo que atiçava a curiosidade dos estudiosos, mas sem sobrecarregá-los. Por exemplo, as quinhentas espécies de plantas descritas por Dioscórides, médico da Grécia antiga, em 1623 haviam se expandido para as seis mil descritas por Caspar Bauhin.

Outro tipo de mundo se revelou no decorrer da chamada "Revolução Científica" do século XVII, a partir do uso de novos instrumentos, como o telescópio e o microscópio, que expuseram objetos muito distantes, como os planetas, e um mundo de coisas vivas muito próximas mas muito pequenas, como o piolho ilustrado no *Micrographia* (1665), de Robert Hooke. O holandês Antonie van Leeuwenhoek, contemporâneo de Hooke, foi o primeiro a observar e descrever bactérias com a ajuda de um microscópio ainda mais potente.

Outros campos do conhecimento foram explorados por novos métodos, principalmente experimentos sistemáticos. Amadores puderam fazer contribuições originais para o estudo da natureza e da cultura em uma época em que as novas descobertas ainda eram descritas por um idioma próximo ao da vida cotidiana e que muitos experimentos eram simples o bastante para serem realizados em casa. Instrumentos relativamente acessíveis deixaram ao alcance dos indivíduos inúmeras descobertas que seriam feitas nesse período. O acúmulo de informações, por sua vez, era um estímulo para que os estudiosos as transformassem em conhecimento, verificando-as e classificando-as.

Um terceiro ponto relevante diz respeito à reorganização do que os contemporâneos chamavam de Comunidade do Saber ou República das Letras (*Respublica litterarum*), uma comunidade imaginada que se realizava pela correspondência entre acadêmicos que viviam em diferentes países e, em alguns casos, professavam diferentes religiões. O século XVII foi um tempo de aumento da densidade das redes postais na Europa.[99] Essa revolução nas comunicações amparou a expansão das redes pessoais de estudiosos. Quatro dos sete monstros (Peiresc, Bayle, Leibniz e Kircher) mantinham vastas redes de correspondentes, fornecendo informações que seriam difíceis de encontrar em Aix-en-Provence, Roterdã, Wolfenbuttel ou até Roma.

A correspondência de Peiresc, por exemplo, conta dez mil cartas, as quais tiveram como remetentes alguns colegas polímatas como Selden, Gassendi, Grotius e Kircher.[100] As próprias cartas de Bayle, editadas recentemente, preenchem catorze volumes impressos.[101] Leibniz também mantinha contato regular com outros estudiosos por cartas, das quais mais de quinze mil sobreviveram. Ainda mais ampla era a rede de Kircher, que se correspondia com seus colegas polímatas Peiresc, Gassendi e Caramuel, além de aproveitar os recursos dos missionários jesuítas. Ele conseguiu montar uma equipe de jesuítas para observar a variação magnética em diferentes regiões

---

[99] Behringer, Communications Revolutions, *German History*, v.24, p.333-74, 2006.
[100] Larroque (org.), *Lettres de Peiresc*.
[101] Labrousse et al. (orgs.), *Correspondance de Pierre Bayle*. Cf. <emlo-portal.bodleian.ox.ac.uk/collections/?catalogue=pierre-bayle>.

do globo.[102] Assim como Roger Bacon obtivera suas informações sobre os mongóis de três missionários franciscanos, Kircher, graças à rede jesuíta, teve acesso ao conhecimento sobre a China em primeira mão.

Alguns polímatas são mais conhecidos como intermediários intelectuais. Por exemplo, Samuel Hartlib, polonês que estudou na Alemanha e morou na Inglaterra, foi discípulo de Bacon e Comenius e dedicou a vida a difundir suas ideias e outros tipos de informação. A vasta correspondência fez de Hartlib o que um colega seu, John Dury, chamou de "o centro do eixo do conhecimento". Hartlib era conhecido na época como um *intelligencer*, alguém que coletava informações para divulgá-las por meio de boletins informativos. De maneira semelhante, Henry Oldenburg, alemão que morava na Inglaterra e se juntara ao círculo de Hartlib, devia seu amplo conhecimento a suas atividades como secretário da Royal Society.[103] Outro articulador de redes foi o bibliotecário florentino Antonio Magliabechi, polímata passivo que não fez nenhuma contribuição original a nenhuma disciplina, mas foi muito consultado por estudiosos sobre uma variedade de assuntos – como testemunham as vinte mil cartas que sobreviveram.[104]

A expansão do sistema postal também propiciou o surgimento de jornais e revistas no século XVII, entre eles, na segunda metade do século, periódicos eruditos como *Philosophical Transactions* da Royal Society de Londres (1665), editado por Oldenburg, *Journal des Savants* (1665) em Paris, *Giornale de' Letterati* (1668) em Roma, *Acta Eruditorum* (1682) em Leipzig e *Nouvelles de la République des*

---

[102] A correspondência de Kircher está disponível on-line em <http://web.stanford.edu/group/kircher/cgi-bin/site/?page_id=303>. Sobre a variação magnética, Gorman, The Angel and the Compass: Athanasius Kircher's Magnetic Geography, em Findlen, op. cit., p.229-51, esp. p.245.
[103] Hall, *Henry Oldenburg*.
[104] Albanese, Magliabechi, Antonio, *DBI*, v.67, p.422-7, 1960-.

Lettres em Amsterdã (1684). Essa nova forma de comunicação trazia artigos eruditos, obituários de estudiosos, relatos de experimentos e – um novo gênero literário – resenhas de livros, possibilitando assim que os leitores se atualizassem com os acontecimentos do mundo do saber.

Em suma, o século XVII foi um período de relativo equilíbrio entre demandas conflitantes: amplitude de conhecimento e contribuições originais. A crescente pressão para fazer descobertas, juntamente com a sempre crescente proliferação dos livros, cada vez mais dificultaria que alguém se tornasse polímata depois do ano de 1700. Alguns observadores já percebiam o delicado equilíbrio como uma crise de conhecimento.

A crise do conhecimento

As vidas laboriosas dos estudiosos descritos neste capítulo sugerem que o século XVII foi o apogeu do generalista.[105] No entanto, a história intelectual daquele século teve também um lado sombrio. O XVII foi igualmente uma época de dúvida. Os anos por volta de 1650 revelam o que se chamou de "crise de consciência" ou "crise da mente europeia", fazendo parte daquilo que os historiadores batizaram de "crise geral do século XVII".[106]

O termo "crise" tem sido empregado para designar muitas mudanças, depreciando seu valor intelectual. Nas páginas a seguir, tentarei, portanto, usar a palavra em um sentido relativamente preciso, próximo de suas origens, na medicina da Grécia antiga, quando "crise" era o momento em que o paciente pairava entre a

---

[105] Feingold, The Humanities, em Tyacke (org.), *History of the University of Oxford*, v.4, p.211-357, esp. p.218.
[106] Hazard, *The Crisis of the European Mind, 1680-1715*; Trevor-Roper, The General Crisis of the Seventeenth Century, *Past & Present*, v.16, p.31-64, 1959.

recuperação e a morte. Vamos pensar na crise como um tempo de turbulência que ocasiona uma mudança de estrutura. Em outras palavras, trata-se de um "ponto crítico" ou "limite crítico", muitas vezes alcançado após um longo período de transformação gradual.[107]

A crise intelectual do século XVII teve vários aspectos. Um deles foi a transição de uma imagem orgânica do mundo – o mundo como algo vivo, como um "animal" – para a visão do universo como uma máquina imensa.[108] Um segundo aspecto da crise foi a ascensão do ceticismo, ou, como costumava ser chamado nessa época, "pirronismo", em referência ao antigo filósofo cético Pirro de Élis. Surgiram dúvidas sobre o conhecimento da natureza e do passado.[109] Alguns pensadores argumentaram a favor do relativismo cultural, notadamente o polímata Pierre Bayle, que escreveu: "A história é servida como a carne [...]. Cada nação e cada religião toma os mesmos fatos brutos e os prepara com temperos de seu próprio gosto, e cada leitor os considera verdadeiros ou falsos de acordo com o que concorda ou discorda de seus preconceitos".[110]

Sobrecarga de informação

Um terceiro aspecto da crise, o mais relevante para o tema dos polímatas, foi o aumento da quantidade de conhecimento disponível, um benefício coletivo, mas também um motivo de ansiedade individual, porque havia "muito a saber".[111] Depois da invenção da prensa (de tipos móveis, na Europa), em meados do século XV, a produção de livros aumentou – no início, de forma relativamente

---

[107] Gladwell, *The Tipping Point: How Little Things Can Make a Big Difference*.
[108] Dijksterhuis, *The Mechanization of the World Picture*.
[109] Popkin, *The History of Scepticism from Erasmus to Spinoza*.
[110] Labrousse, *Bayle*, p.12, 22, 51.
[111] Blair, *Too Much to Know: Managing Scholarly Information before the Modern Age*.

lenta, mas, depois, em ritmo vertiginoso. Segundo um cálculo recente, cerca de 345 mil títulos foram impressos no começo do século XVII.[112]

A ansiedade diante dessa explosão de conhecimento – "explosão" no sentido de expansão combinada com fragmentação – passou a se expressar com cada vez mais frequência. Multiplicaram-se as reclamações de que havia muitos livros, assim como as metáforas de que havia uma "inundação" de livros na qual os leitores temiam se afogar, ou uma "floresta" na qual se sentiam perdidos.[113]

O polímata inglês Robert Burton colocou a questão de maneira mais vívida quando escreveu, em uma passagem muito citada, sobre o "vasto *Caos* e confusão dos Livros": "Somos oprimidos por eles, nossos olhos doem com a leitura, nossos dedos se ferem com o passar das páginas". Outra queixa bem conhecida veio do bibliotecário francês Adrien Baillet, que temia o retorno da barbárie como resultado da "multidão de livros que cresce todos os dias de maneira prodigiosa", tornando cada vez mais difícil identificar o que realmente valia a pena ler.[114] Até mesmo Leibniz, muito lido, escreveu sobre o "horrível monte de livros que está sempre aumentando" (*horrible masse de livres qui va toujours augmentant*).[115] A impressão de obras, antes vista como a solução para o problema da escassez de informações, havia se tornado um problema em si mesmo.

Para lidar com a sobrecarga, os estudiosos ficaram mais atentos à organização do conhecimento e passaram a escrever as informações de que precisavam ou imaginavam precisar em fichas de papel

---

[112] Pettegree, The Renaissance Library and the Challenge of Print, em Crawford (org.), *The Meaning of the Library: A Cultural History*, p.72-90, esp. p.75, 84.
[113] Burke, Gutenberg Bewaltigen: Die Informationsexplosion im fruhneuzeitlichen Europa, *Jahrbuch fur Europaische Geschichte*, v.2, p.237-48, 2001. Cf. edição especial do *Journal of the History of Ideas*, v.64, n.1, 2003; Blair, op. cit..
[114] Burton, *Anatomy of Melancholy*, Lv.1, seç.10; Baillet, *Jugements des Savants*, traduzido e citado por Blair, op. cit., p.59.
[115] Baillet, Prefácio, op. cit.; Leibniz, *Philosophische Schriften*, v.7, p.160.

guardadas em caixas ou coladas aos volumes. O polímata Vincent Placcius publicou um livro intitulado *De arte excerpendi* [A arte de tomar notas], (1689), no qual recomendava armazenar as fichas em ganchos organizados por tópicos e pendurados em barras de metal dentro de um "armário".[116]

A proliferação de livros não era a única razão pela qual os estudiosos achavam que agora havia muito a conhecer. Outro motivo foi a própria descoberta de novos mundos de conhecimento, até então considerada um estímulo à amplitude do saber. O *glamour* desses novos campos pode ter inspirado os estudiosos a expandir seus interesses, mas a desvantagem desse "avanço do conhecimento", como Francis Bacon o descreveu de forma memorável, foi um aumento daquilo que hoje se conhece por "ansiedade da informação". As descobertas aconteciam rápido demais para as pessoas digerirem. As seis mil plantas descritas por Caspar Bauhin em 1623 haviam se multiplicado para as dezoito mil descritas por John Ray em 1682.[117] Talvez o século XVII seja lembrado como uma era de ouro dos polímatas precisamente porque ficou mais difícil para as gerações posteriores viver de acordo com o ideal do conhecimento universal.

O desafio era incorporar as novas informações aos sistemas intelectuais, antigos e novos, sem que esses sistemas se esfacelassem.[118] Alguns estudiosos de meados do século XVII já percebiam o problema da fragmentação como algo sério.

Fragmentação

A disseminação de novas palavras – como "polímata" – no século XVII não era necessariamente um bom sinal. Na verdade, é mais

---

[116] Blair, *Too Much to Know*, p.93-6.
[117] Gledhill, *The Names of Plants*, p.7.
[118] Wurman, *Information Anxiety*.

provável que o uso mais frequente de termos como este seja uma indicação da crescente consciência de um problema. Em sua peça *Philosophaster*, Robert Burton distinguiu o verdadeiro estudioso, *Polumathes*, do indivíduo arrogante, *Polupragmaticus*, que afirma, a exemplo dos antigos sofistas gregos, ser "onisciente".

Entre as discussões mais conhecidas acerca do problema estão dois tratados referidos anteriormente, *Polymathia* (1603), de Johannes Wower, e *Polyhistor* (1688), de Daniel Morhof.[119] Wower e Morhof apresentaram a *polymathia* como um interesse pelas conexões entre as diferentes disciplinas, *scientiarum cognatio et conciliatio*.[120] Para alguns polímatas do século XVII, essas conexões pareciam estar em risco. Olhando para a enciclopédia de Alsted, podemos vê-la como uma tentativa não exatamente de expressar, mas de restaurar a unidade do conhecimento em uma época em que essa unidade estava ameaçada. Comenius, aluno de Alsted, preocupou-se com o que chamou de "dilaceração das disciplinas" (*scientiarum laceratio*).[121] Em linguagem vívida, ele se queixou de que "os metafísicos cantam consigo mesmos, os filósofos naturais entoam seus próprios louvores, os astrônomos dançam sozinhos, os pensadores éticos fazem suas próprias leis, os políticos estabelecem seus próprios fundamentos, os matemáticos se regozijam com seus próprios triunfos e os teólogos governam para seu próprio benefício".[122]

"Tudo está em pedaços, toda a coerência se acabou." A consciência e o temor da fragmentação intelectual foram expressos de forma memorável por John Donne em seu poema *An Anatomy of the*

---

[119] Wower, op. cit.; Morhof, *Polyhistor*. Cf. Deitz, op. cit.; Waquet, op. cit.
[120] Morhof, op. cit., p.2.
[121] Comenius, *Pansophia Praeludium*, p.22.
[122] Citado e traduzido por Murphy, *Comenius: A Critical Introduction to his Life and Work*, p.20.

World.[123] Os estudiosos manifestaram uma preocupação semelhante. O polímata John Selden observou que diferentes campos do saber haviam se rompido, ainda que, conforme demonstrou seu próprio itinerário intelectual, "cada um tenha tanta relação com algum outro que não apenas se valha com frequência do auxílio do próximo, mas, por este meio, também do que lhe deve".[124] O clérigo puritano Richard Baxter reclamou: "nós despedaçamos as artes e as ciências em fragmentos, de acordo com a estreiteza de nossas capacidades, e já não somos tão pansóficos como *uno intuitu* para ver o todo".[125] Existe, é claro, um risco ao tirar essa observação de contexto. Baxter estava se referindo à condição humana e contrastando "nós" com Deus e, talvez, com os anjos. Mesmo assim, a data de seu comentário – meados do século XVII – certamente é significativa, assim como sua referência à *pansophia*, um movimento que deve ser interpretado – entre outras coisas – como uma resposta à fragmentação.

A necessidade de ver o todo foi sublinhada por outros estudiosos, como o clérigo inglês Thomas Fuller e o polímata Isaac Barrow. Fuller declarou: o saber "tem um corpo tão homogêneo que suas partes se relacionam mutuamente e comunicam força e brilho umas às outras".[126] Em seu tratado *Of Industry*, Barrow escreveu que "dificilmente pode ser bom estudioso aquele que não é generalista". O conhecimento geral se fazia necessário por aquilo que Barrow chamou de "conexão das coisas e dependência das noções", o fato de que "uma parte do saber confere luz à outra".[127]

---

[123] Donne, *An Anatomy of the World* (escrito em 1611). O poema argumenta de maneira mais convencional sobre a "decadência do mundo", mas esse argumento em particular é novo.

[124] Selden, Dedicatória, *Titles of Honour*.

[125] Baxter, *Holy Commonwealth*, p.493; ele parece estar citando Comenius, "uno intuitu OMNIA... exhibens" (*De rerum humanarum emendatio consultatio catholica*, p.28).

[126] Fuller, *The Holy State*, Lv.2, cap.7.

[127] Barrow, *Sermons and Expository Treatises*, p.492.

Comenius oferecera a *pansophia* como solução para esse problema. Mas, para Morhof, ela era o problema, ou pelo menos parte dele. Sua solução era rejeitar não apenas a *pansophia* mas também a polimatia, que ele considerava vaga e ambiciosa demais, dadas as "limitações da mente humana" (*mentis humanae angustia*). Ele criticou particularmente os estudiosos que tentavam "habitar" todas as disciplinas ao mesmo tempo e alertou seus leitores contra as ambições desmedidas. "Aquele que quer viver por toda parte não viverá em lugar nenhum e não dominará nada, ou, na melhor das hipóteses, visitará muitos lugares apenas superficialmente" (*qui nusquam habitabunt, nusquam dominerunt, si ubique habitare volent, aut levi percursatione plurime attingent*). O ideal de Morhof era mais contido: *historia literaria*; em outras palavras, a história do conhecimento ou, mais exatamente, o conhecimento abordado ao longo de sua história.[128]

Outro clérigo anglicano, Méric Casaubon – filho do famoso estudioso Isaac Casaubon e ele próprio polímata que escreveu sobre teologia e filosofia natural, editou textos clássicos e estudou antiguidades e medicina –, foi o autor de um ensaio, escrito em 1668, sobre o que chamou de "saber geral", no qual ele confessou uma "triste apreensão [...] ante a decadência do conhecimento e o grande perigo da aproximação da barbárie". Casaubon datou essa decadência do início do século XVII, ou seja, a época de seu pai, sob o argumento de que ficara muito mais difícil tornar-se um bom estudioso: "para um homem se fazer considerável [...] exigiam-se tanto trabalho, tanta indústria, que se assustava qualquer um que Deus não houvesse dotado de extraordinária coragem e, além do mais, força de corpo".[129] É possível que o filho estivesse projetando para todo o século seu senso de inferioridade em relação ao pai. Ainda assim, o jovem Casaubon não estava sozinho em suas preocupações.

---

[128] Morhof, op. cit., p.4.
[129] Casaubon, op. cit., p.88, 146.

Polímatas sob fogo

Neste ponto, talvez seja esclarecedor retornarmos aos polímatas discutidos anteriormente neste capítulo, desta vez olhando não para suas realizações, mas para suas fraquezas. As críticas à polimatia remontam à Grécia antiga, como vimos, mas elas se amontoam no final do século XVII e no início do século XVIII como sinais de crise.

Gilbert Burnet escreveu a Leibniz: "muitas vezes, aqueles que lidam com muitas coisas são triviais e superficiais em todas" (ele isentou o próprio Leibniz dessa generalização). Burnet foi acusado da mesma falha. Ele "não se demorava em determinada ciência mais que o bastante para ter alguma visão sobre ela", preferindo "a aparência de saber muitas coisas a de fato saber alguma perfeitamente".[130] Newton criticou Hooke por "não fazer nada além de fingir compreender tudo", em vez de fornecer provas de suas hipóteses.[131]

Os *virtuosi*, assim como os "antiquários" mais especializados, às vezes eram criticados por perder o verdadeiro conhecimento devido à sua paixão pelos detalhes. Hans Sloane, por exemplo, médico bem-sucedido de Londres que possuía uma coleção enorme e variada (com 32 mil medalhas e 50 mil volumes), foi chamado de "mestre dos cacos colhidos aqui e ali, coletados deste livro e daquele, tudo formando uma confusão em sua cabeça".[132] Em outras palavras, Sloane colecionava cacos e pedaços de conhecimento da mesma maneira que acumulava objetos materiais.

---

[130] Burnet é citado por Antognazza, *Leibniz: An Intellectual Biography*, p.559; Cockburn, *A Specimen of Some Free and Impartial Remarks Occasion'd by Dr. Burnet's History of his own Times*, p.27-8, citado por Foxcroft (org.), *Supplement to Burnet's History of his own Time*, p.456n.

[131] Citado por Jardine, *The Curious Life of Robert Hooke*, p.6.

[132] Houghton, The English Virtuoso in the Seventeenth Century, *Journal of the History of Ideas*, v.3, p.51-73, 1942; Pomian, Medailles/coquilles=erudition/philosophie, *Transactions of the IV*th *International Congress on the Enlightenment*, 4, p.1677-705, 1976; Delbourgo, op. cit., p.164. A frase "mestre dos cacos" foi usada por um crítico contemporâneo de Sloane, o advogado William King.

Síndrome de Leonardo

Vários polímatas foram diagnosticados com aquilo que se pode chamar de "Síndrome de Leonardo". Como vimos, Leonardo foi e é conhecido por iniciar muitos projetos, mas concluir poucos. Em princípio, era um ouriço, com um olhar sobre as conexões entre os diferentes tipos de conhecimento; mas, na prática, foi uma raposa que dispersou suas energias. Pode-se dizer algo semelhante a respeito de Peiresc. Gassendi observou que a variedade dos interesses de seu amigo e seu desejo de aprender cada vez mais o impediam não apenas de terminar projetos específicos, mas também de começar a escrever. Leibniz criticou outro polímata, Johann Joachim Becher, dizendo que ele "se interessava por coisas demais" (*polypragmon*).[133] Kircher também tentou fazer muito e certa vez se queixou de que estava tão atarefado que não sabia "que rumo tomar" (*ut quo me vertam nesciam*).[134]

Até Leibniz parece ter sentido a dificuldade de lidar com seus diferentes conhecimentos. A desvantagem de seu entusiasmo por projetos diversos era sua tendência a gerar "bolas de neve de proporções incontroláveis".[135] Sua história dos guelfos, por exemplo, não se limitou à Idade Média, como se pretendera de início, mas se expandiu para o passado, até aquilo que depois se conheceria por tempos "pré-históricos". Exausto, Leibniz chegou a escrever a Placcius, outro polímata, respondendo a uma pergunta sobre seus projetos: "persegui muitos, mas não aperfeiçoei nem completei nenhum". Em outra carta para Placcius, quase vinte anos depois, declarou: "muitas vezes não sei o que fazer a seguir". Para outro destinatário, ele reclamou da "divisão de meus interesses entre coisas demais".[136]

---

[133] Smith, *The Business of Alchemy*, p.14.
[134] Fletcher (org.), *Athanasius Kircher und seine Beziehungen zum gelehrten Europa seiner Zeit*, p.111.
[135] Antognazza, *Leibniz: An Intellectual Biography*, p.232 (cf. 325).
[136] Ibid., p.171, 321.

Figuras menores enfrentaram o mesmo problema. O *virtuoso* John Evelyn, por exemplo, planejou mas não terminou uma história do comércio e uma enciclopédia de jardinagem. Robert Hooke foi chamado de "Leonardo de Londres" no sentido positivo da expressão, mas também se pode argumentar que sofreu da síndrome. Até mesmo um biógrafo simpático descreve Hooke como alguém que "habitualmente se dedicava a coisas demais" e "cuja versatilidade o condenava a errar o alvo por um triz".[137]

Christopher Wren, amigo de Hooke, certamente obteve conquistas sólidas – como a catedral de São Paulo – mas também deixou projetos inacabados, entre eles um tratado sobre arquitetura. Um estudo sobre sua contribuição para a matemática o chama de "diletante" cuja "diversidade de interesses o impediu de alcançar as alturas que sua capacidade lhe permitia".[138] O polímata mexicano Carlos de Sigüenza y Góngora, apesar ou por causa de suas ambições intelectuais, "não conseguiu publicar nada além de folhetos ocasionais". O biógrafo de Luigi Marsili ressalta "a surpreendente amplitude de seus interesses", mas também observa que, por vezes, ele "perdia de súbito o entusiasmo por um trabalho e se voltava a alguma outra coisa diferente".[139]

Apesar de suas notáveis realizações, os gigantes do mundo do saber do século XVII podem ser vistos como uma espécie de papel tornassol humano, pois revelam problemas que se tornariam cada vez mais agudos com o passar dos anos. Em resposta a esses problemas, um ideal mais limitado de conhecimento geral se fez dominante no século XVIII e na primeira metade do século XIX: o ideal do "homem de letras".

---

[137] Jardine, *The Curious Life of Robert Hooke*, p.3, 22.
[138] Tinniswood, op. cit., p.246; Whiteside, Wren the Mathematician, *Notes and Records of the Royal Society of London*, v.15, p.107-11, esp. p.107, 1960.
[139] Brading, *The First America*, p.393; Stoye, op. cit., p.viii, 25.

4
A era do "homem de letras" – 1700-1850

Na velhice, um dos principais estudiosos mencionados no capítulo anterior, Pierre-Daniel Huet, refletiu sobre o que acreditava ser o declínio do saber: "Nos dias de hoje, mal conheço alguém que possa ser definido como um verdadeiro estudioso". Na verdade, continuou ele, "algumas pessoas se orgulham de sua ignorância, ridicularizam a erudição e descrevem o conhecimento como pedantismo".[1] De maneira similar, um estudioso de uma geração posterior, Giambattista Vico, que será discutido mais adiante, reclamou em uma carta escrita em 1726 sobre a "exaustão" do saber europeu em todos os departamentos do conhecimento (*per tutte le spezie delle scienze gl'ingegni d'Europa sono gia esausti*). Para dar sustentação à sua queixa, ele observou que, nos seus dias, em Nápoles, sua cidade natal, o preço das obras eruditas em latim caíra pela metade.[2]

Os estudiosos têm o hábito de reclamar do declínio do saber, mas, nesse caso, há outras evidências de uma mudança significativa no clima intelectual no início do século XVIII. As coisas estavam ficando menos favoráveis para os polímatas.

---

[1] Huet, *Huetiana*, p.1-2.
[2] Vico, Carta ao jesuíta francês Edouard de Vitry, em *Opere*, v.1, p.452, 454.

O século XVIII

Um desses sinais foi o declínio na reputação de dois dos "monstros" discutidos no capítulo anterior – Olof Rudbeck e Athanasius Kircher –, cujos edifícios intelectuais acabaram apresentando sérias rachaduras, como os "pés de barro" da estátua descrita no Livro de Daniel. Leibniz, por exemplo, declarou que, embora admirasse a inteligência e o saber de Rudbeck, não podia "aprovar muitas de suas opiniões". Argumentou que as conjecturas etimológicas de Rudbeck muitas vezes estavam infundadas e, zombando, disse temer que o estudioso francês Paul-Yves Pezron, que escrevia sobre as origens dos celtas, "pudesse Rudbeckizar um pouco as coisas" (*nonnihil Rudbeckizet*).[3] As ideias de Rudbeck em *Atlantica* também foram criticadas por colegas suecos de seus dias, e sua reputação declinou bastante após sua morte. Suas ideias sobre a Suécia ser a Atlântida se tornaram objeto de escárnio.[4]

Quanto a Kircher, seus apoiadores, entre eles dois monstros, Peiresc e Leibniz, com o passar do tempo começaram a suspeitar cada vez mais de seu saber. Peiresc, que de início se entusiasmara com a contribuição de Kircher ao estudo do Egito antigo, veio a suspeitar de fraude e a dizer que algumas das interpretações de seu preferido se baseavam apenas na intuição, como se houvessem "chegado até ele através do espírito".[5] Leibniz, que expressara admiração pelo livro de Kircher sobre a China em 1670, confessou ter reservas quanto ao *Ars Magna Sciendi* em 1680 e, em 1716, comentando os estudos egípcios de Kircher, concluiu que "ele não entende nada".[6] Segundo outro polímata, Isaac Vossius, "até mesmo seus amigos"

---

[3] Daville, *Leibniz historien*, p.407, 522-3.
[4] Entre os críticos contemporâneos estão Johan Hadorph, Claudius Örnhielm e Johann Scheffer.
[5] Miller, Copts and Scholars, em Findlen, *Athanasius Kircher*, p.135, 141.
[6] Findlen, op. cit., p.5-6.

queriam que Kircher "não tivesse escrito seu *Oedipus*", por causa da pretensão de saber ler hieróglifos egípcios.[7]

O declínio da reputação de Kircher foi, pelo menos em parte, resultado de uma grande mudança na visão de mundo das pessoas instruídas no início do século XVIII: a transição de uma visão do universo como algo animado, da qual ele compartilhava, para a visão que estava chegando para substituí-la, a do universo como uma imensa máquina. Ocorreu também uma transição da ideia de "correspondências" objetivas (entre microcosmo e macrocosmo, por exemplo) para a de analogias subjetivas. Como afirmou a historiadora intelectual americana Marjorie Nicolson: "Nossos ancestrais acreditavam que aquilo que chamamos de 'analogia' era a *verdade*, inscrita por Deus na natureza das coisas".[8] Kircher partilhava dessa crença e ficou para trás quando surgiram as novas tendências.

Pedantes e *polyhistors*

No século XVIII, o termo *polyhistor* passou do elogio à crítica, pelo menos no mundo de língua alemã. Para Kant, os *polyhistors* não eram mais que "super-homens da memória" (*Wundermannen des Gedachtnisses*). Sua façanha era simplesmente fornecer "matéria-prima" para os filósofos trabalharem.[9] As críticas ao *polyhistor* chegaram às enciclopédias. No *Universal-Lexikon* (1731-1754), de Johann Heinrich Zedler, o artigo sobre *Polyhistorie* declarou que "os maiores polímatas não prestavam um bom serviço ao mundo,

---

[7] Citado por Jorink; Van Miert (orgs.), *Isaac Vossius*, p.211.
[8] Dijksterhuis, *De Mechanisering van het wereldbeeld*; Nicolson, *The Breaking of the Circle: Studies in the Effect of the "New Science" upon Seventeenth-Century Poetry*, p.108.
[9] Wiedemann, Polyhistors Gluck und Ende: Von D. G. Morhof zum jungen Lessing, em *Festschrift Gottfried Weber*, p.215-35; Zedelmaier, "Polyhistor" und "Polyhistorie", p.109, 115.

simplesmente porque eram polímatas e, portanto, ocupavam-se de insignificâncias". A famosa *Encyclopédie* (1751-1772) emitiu um veredicto semelhante: "a polimatia em geral não passa de uma massa confusa de conhecimento inútil", oferecido "para se montar um espetáculo".[10] O *polyhistor* estava começando a se associar à mera aquisição de informações triviais, em contraste com o que ficou conhecido como *Politisch-galante Wissenschaft*, o tipo de conhecimento que era relevante para um homem do mundo, um cavalheiro.[11]

Em 1678, o jurista Ulrich Huber proferiu um discurso contra o pedantismo, impresso dez anos depois pelo filósofo Christian Thomasius, que era um crítico feroz do que chamava *Scholastische Pedanterey* [pedantismo escolástico]. Duas peças da primeira metade do século XVIII – ambas escritas por polímatas, aliás – evocam vividamente a imagem de um pedante: *Erasmus Montanus* (1723), de Ludvig Holberg, e *Der Junge Gelehrte* [O jovem erudito] (1748), de Gotthold Efraim Lessing.

Lessing, que viria a ser um dramaturgo famoso, declarou que não era estudioso (*Ich bin nicht gelehrt*) e que "ser professor não é meu negócio" (*das Professoriren meine Sache nicht ist*). Na verdade, ele era um homem instruído que tentava usar seu saber com leveza. Quando criança, quis que seu retrato fosse pintado junto "a uma enorme pilha de livros" (*einem grosse, grosse Haufen Bucher*). Lessing amava o conhecimento, planejou contribuir com o gênero da história do saber, então em voga, tornou-se diretor da famosa biblioteca de Wolfenbuttel (a exemplo de Leibniz) e escreveu um estudo ousa-

---

[10] Citado e traduzido por Westerhoff, A World of Signs: Baroque Pansemioticism, the Polyhistor and the Early Modern *Wunderkammer*, *Journal of the History of Ideas*, v.62, p.633-50, esp. p.641, 2001.

[11] Grimm, *Literatur und Gelehrtentum in Deutschland*, p.346. Cf. Kuhlmann, *Gelehrtenrepublik und Furstenstaat*, p.286-454, embora ele lamente a falta de uma história do pedantismo (p.287, nota 2).

do sobre os evangelistas, tomando-os como "meros historiadores humanos".[12]

A crescente suspeita ante os multifacetados também se revela no surgimento do termo "charlatão" e seus sinônimos. Na Grécia antiga, o *Fedro*, de Platão, já havia condenado os sofistas que apenas "parecem ser sábios". No século XVII, tornou-se comum comparar estudiosos que prometiam o que não podiam entregar aos notórios mercadores que vendiam remédios falsos em locais públicos, como a Piazza San Marco. Kircher foi definido por Descartes como "charlatão", pelo estudioso e arcebispo James Ussher como "trapaceiro" e por Christopher Wren como "malabarista" (provavelmente no sentido de impostor).[13]

No século XVIII, o termo pejorativo de Descartes foi popularizado por um professor de Leipzig, Johann Burckhardt Mencke. O livro de Mencke, *De charlataneria eruditorum* [Do charlatanismo dos eruditos] (1715), é uma descrição hilária das técnicas de autopromoção utilizadas pelos estudiosos de seu tempo (embora muitas delas, senão todas, possam ser observadas ainda hoje).[14] A ideia do pseudo-estudioso ou charlatão foi "central para o funcionamento

---

[12] Raabe, Lessing und die Gelehrsamkeit, em Harris; Schade (orgs.), *Lessing in heutiger Sicht*, p.65-88; Barner, Lessing zwischen Burgerlichkeit und Gelehrtheit, em Vierhaus (org.), *Burger und Burgerlichkeit*, p.165-204.

[13] A observação de Ussher foi registrada por Evelyn, *Diary*, org. De Beer, v.3, p.156. Wren é citado por Shapin; Schaffer, *Leviathan and the Air-Pump: Hobbes, Boyle and the Experimental Life*, p.31. A exemplo de Descartes, o cavalheiro inglês Robert Payne comparou Kircher a colegas jesuítas: "basta desses trapaceiros" (citado por Malcolm, Private and Public Knowledge: Kircher, Esotericism and the Republic of Letters, em Findlen, op. cit., p.300).

[14] "Le Jésuite a quantité de farfanteries: il est plus charlatan que savant » [O jesuíta traz muitos embustes: é mais charlatão que sábio], Rene Descartes a Constantijn Huygens, 14 jan. 1643, em Mersenne, *Correspondence*, v.12, p.1160. Mencke, *De Charlataneria Eruditorum* (1715), trad. ingl. *The Charlatanry of the Learned*, p.85-6, também fala de Kircher, mas não como impostor e sim como entusiasta de antiguidades que era facilmente enganado.

social da República das Letras do século XVIII".[15] Até mesmo o conde de Buffon, que dominava o extenso campo da história natural, foi chamado de charlatão por um colega polímata, o marquês de Condorcet.[16]

Cada vez mais se considerava que os aspirantes a polímata sofriam de arrogância. Samuel Johnson, ele próprio um indivíduo de vastos interesses, disse a seus leitores que "o círculo do conhecimento é amplo demais mesmo para o intelecto mais ativo e diligente" e que "até mesmo aqueles a quem a Providência alocou maior força de entendimento só podem esperar melhoria em uma única ciência. Em todas as outras partes do saber, devem se contentar em seguir opiniões, as quais não têm capacidade de examinar".[17] De maneira semelhante, o biógrafo de James Tytler, editor do suplemento da *Encyclopaedia Britannica*, observou em 1805 que "nenhum homem, por mais espantosos que sejam os seus talentos e intensa a sua aplicação, pode razoavelmente ter a esperança de se tornar uma enciclopédia ambulante".[18]

Um novo ideal

O ideal da polivalência não foi abandonado nesse momento, mas acabou sendo limitado, baixando a barra sobre a qual os candidatos ao título tinham de saltar. Uma vez que "o conhecimento universal já não estava ao alcance do homem" (*la science universelle n'est plus a la portée de l'homme*), como afirmou a *Encyclopédie*, substituiu-o um novo

---

[15] Fussel, "The Charlatanry of the Learned": On the Moral Economy of the Republic of Letters in Eighteenth-Century Germany, *Cultural and Social History*, v.3, p.287-300, 2006.
[16] Roger, *Buffon: A Life in Natural History*, p.434.
[17] Johnson, *The Rambler*, p.180, 121.
[18] Citado por Yeo, *Encyclopaedic Visions: Scientific Dictionaries and Enlightenment Culture*, p.xi.

ideal, dominante no século XVIII e no início do XIX. Esse novo ideal foi encampado pelas *gens de lettres*, pessoas cultivadas (geralmente, mas nem sempre, homens) que evitavam o pedantismo e demonstravam seu conhecimento em conversas cintilantes nos *salons* ou em ensaios escritos em língua vernácula e dirigidos a leitores em geral.

A importância dos salões na cultura do século XVIII e do início do século XIX – sobretudo em Paris, mas também em Milão, Berlim, Londres e em outros lugares – foi notada há muito tempo. Essa forma de sociabilidade institucionalizada para ambos os sexos ajudou a moldar o estilo da fala, bem como o estilo da escrita dos participantes. Alguns periódicos culturais reproduziam esse tom de conversa. Um dos primeiros exemplos é o *Nouvelles de la République des Lettres*, de Bayle, destinado a um público de classe alta que o autor descreveu como *gens du monde*. O *Nouvelles* inspirou Lessing, admirador de Bayle e de seu toque gracioso, em um periódico com nome semelhante, *Critischen Nachrichten aus dem Reiche der Gelehrsamkeit* [Notícias críticas da República das Letras], 1751.

Os periódicos culturais proliferaram no século XVIII, entre os quais *Spectator* (fundado em 1711), *Gentleman's Magazine* (1731) e *Allgemeine Deutsche Bibliothek* [Biblioteca Geral Alemã] (1765), que tentavam ser acessíveis ao que mais tarde seria chamado de "leitor médio". Joseph Addison declarou na primeira edição do *Spectator* que teria "a ambição de que a meu respeito seja dito que tirei a Filosofia dos Armários e Bibliotecas, das Escolas e Faculdades, para trazê-la a Clubes e Assembleias, Cafés e Mesas de chá". De maneira semelhante, o prefácio a outro desses periódicos culturais observou que "o público exige ser instruído de maneira agradável e acha entediantes as análises secas".[19] Voltaire foi, obviamente, um dos mestres dessa tal "maneira agradável". Esses periódicos ajudaram a criar o público que, por sua vez, tornou possível a carreira dos "homens de letras".

---

[19] Prefácio ao volume 6 de *Bibliothèque Françoise*, citado por Sgard (org.), *Dictionnaire des Journaux, 1600-1789*, v.1, p.162. Tradução minha.

Homens de letras

A expressão "homem de letras" era ambígua nessa época, pois "letras" muitas vezes significava "saber" ou "conhecimento", como nos lembra a expressão *Respublica Literaria*, a República das Letras. No entanto, nesse período, seu significado aos poucos foi se deslocando para *belles-lettres*, ou seja, "literatura" no sentido moderno, pois cada vez mais se esperava que os estudiosos apresentassem seu trabalho de forma clara e elegante ao público letrado em geral.

A expressão *uomo di lettere* fora empregada em italiano já no ano de 1645, no título de um livro do jesuíta Daniele Bartoli. Dois polímatas italianos do século XVII, Francesco Redi e Lorenzo Magalotti, haviam merecido a designação. A fama de Redi deriva de sua pesquisa sobre parasitas e de seu poema em louvor aos vinhos da Toscana, *Bacco in Toscana*. Magalotti escreveu poemas e histórias e também publicou relatos de experimentos e cartas sobre assuntos "científicos e eruditos".[20]

Apesar desses exemplos mais antigos, foi no período do início do século XVIII ao final do século XIX que se deu a verdadeira era do homem de letras, ou seja, do indivíduo que, além de escrever poemas, peças ou romances, fazia contribuições para as humanidades e mostrava interesse pelas ciências naturais.[21]

Mulheres de letras

Como sugere a expressão *gens de letres*, que não tem marcador de gênero, o novo saber conferia às mulheres um papel mais im-

---

[20] Biagi, *Lingua e cultura di Francesco Redi, medico*; Bucchi; Mangani, Redi, Francesco, *DBI*, v.86, p.708-12, 1960-; Guntert, *Um poeta scienziato del Seicento*; Matt, Magalotti, Lorenzo, *DBI*, v.67, p.300-5, 1960-.

[21] Shapin, The Man of Science, em Daston; Park (orgs.), *The Cambridge History of Science*, v.3: *Early Modern Science*, p.179-91; Schiebinger, Women of Natural Knowledge, em Daston; Park, op. cit., p.192-205.

portante que antes. Ou, mais precisamente, dois papéis: um como entusiastas e o outro como estudiosas. A Paris de meados do século XVIII testemunhou a grande era dos salões, organizados por senhoras cultas como Madame Dupin, Madame Geoffrin, a Marquesa du Def e sua sobrinha e ex-assistente, Mademoiselle de Lespinasse, conhecida como a "Musa da *Encyclopédie*". Os polímatas Montesquieu, Voltaire, Buffon, Diderot e D'Alembert podiam ser vistos e ouvidos nessas ocasiões. A amplitude de interesses era essencial para o sucesso de uma anfitriã, ao mesmo passo que os salões ampliavam o saber dos homens e mulheres que os frequentavam.[22]

Salões desse tipo foram organizados em outros países e por várias gerações continuaram a desempenhar um papel importante na vida intelectual. Na Londres da década de 1760, por exemplo, aplicou-se o termo *bluestockings* [meias azuis] às pessoas que frequentavam os salões, primeiro a ambos os sexos e depois apenas às mulheres intelectuais. O salão mais famoso foi o de Elizabeth Montagu, a "Rainha dos Meias Azuis", entre cujos convidados regulares se encontrava o polímata Samuel Johnson, além de Joshua Reynolds, David Garrick, Edmund Burke e Horace Walpole.[23] Na Berlim da década de 1780, os irmãos Humboldt, ainda não polímatas, apresentavam-se no salão de Henriette Herz e Rahel Levin.

Algumas mulheres da época demonstraram uma ampla gama de conhecimentos. Lady Mary Wortley Montagu, que, já em idade avançada, estabeleceu um salão em Veneza, na década de 1750, conhecia o latim e várias línguas modernas, escreveu poemas, romances e críticas literárias, introduziu a vacinação contra a varíola na Europa ocidental, discutiu a educação e a posição de mulheres e

---

[22] Goodman, Enlightenment Salons: The Convergence of Female and Philosophic Ambitions, *Eighteenth-Century Studies*, v.22, p.329-50, 1989. Cf. Lilti, *Le Monde des salons: sociabilité et mondanité à Paris au XVIIIᵉ siècle*.

[23] Myers, *The Bluestocking Circle*.

planejou transformar em livro as cartas em que descrevera o Império Otomano, onde vivera de 1716 a 1718.[24]

Nesse período, as mulheres também passaram a atuar cada vez mais como estudiosas. Entre os exemplos mais famosos, discutidos mais adiante neste capítulo, estão: Émilie du Châtelet, na França; Maria Gaetana Agnesi, na Itália; a cosmopolita Germaine de Staël (suíça de nascimento); a alemã Dorothea Schlözer; a escocesa Mary Somerville e as inglesas Harriet Martineau e Mary Ann Evans, mais conhecida como George Eliot, que foi uma ensaísta versátil antes de encontrar uma segunda vocação como romancista.

O Iluminismo francês

O lugar mais óbvio para procurar *gens de lettres* do Iluminismo é a França, uma vez que os franceses eram criadores de tendências não apenas nos mundos da arte e da moda, mas também no mundo intelectual da Europa. Os principais polímatas franceses desse período foram Montesquieu, Voltaire, Châtelet, D'Alembert, Diderot e Condorcet.

Um biógrafo de Montesquieu falou sobre o problema de escrever a respeito de "um homem de muitos interesses", na medida em que a tarefa exige de quem escreve "uma multiplicidade de competências científicas, filosóficas, jurídicas, históricas e literárias".[25] Sua mais famosa contribuição à literatura, as *Cartas persas* (1721), revela seu interesse pelo Oriente e sua capacidade de imaginar como a França poderia parecer a um visitante de outra cultura. Além de sua obra-prima de análise social e histórica comparada, *O espírito das leis* (1748), Montesquieu escreveu sobre economia política e história antiga.

---

[24] Grundy, Montagu, Lady Mary Wortley, *ODNB*, v.38, p.754-9, 2004.
[25] Shackleton, *Montesquieu, an Intellectual and Critical Biography*, p.vii.

Embora "não gostasse e não soubesse nada de matemática e física", o interesse de Montesquieu pelas ciências naturais se evidencia em seu caderno de anatomia, em seu projeto de uma história geológica da Terra e no artigo em que descreveu seus experimentos com plantas e animais, lido na Academia de Bordeaux, em 1721. A gama completa de seus interesses se revela em sua biblioteca de quase quatro mil volumes, que ainda pode ser visitada na biblioteca municipal de Bordeaux, da qual constam muitos livros de viagens com que, somados às suas próprias visitas à Itália, Inglaterra e Europa central, aprendeu a apreciar a variedade dos costumes humanos. Montesquieu teve um interesse particular pela China e não apenas leu sobre o assunto, mas também questionou um chinês convertido ao cristianismo, Arcadius Huang, e um missionário jesuíta, Jean-François Foucquet.[26]

Um biógrafo de Voltaire comentou "a universalidade de seus interesses" e o definiu como "polímata onisciente".[27] Sob critérios puramente acadêmicos, Voltaire pode não ser considerado polímata, mas é impossível negar a um homem tão multifacetado um lugar neste estudo. Voltaire se considerava um homem de letras e também um *philosophe*, mais ou menos o que hoje queremos dizer com a expressão "intelectual público", atuante nos debates e conflitos de seu tempo, entre eles o caso de Jean Calas, protestante torturado e executado sob a acusação de assassinar o próprio filho por acreditar que este iria se converter ao catolicismo. Muitos dos poemas, peças e histórias de Voltaire, notadamente sua sátira *Cândido* (1759), foram veículos para suas ideias subversivas. Suas *Cartas inglesas* (1734) eram mais que um simples diário de viagem ou um guia para a cultura inglesa, uma vez que seu louvor à Inglaterra implicava uma crítica à França. Voltaire foi particularmente produtivo

---

[26] Shklar, *Montesquieu*, p.10; Dodds, *Les Récits de voyages: sources de L'Esprit des lois de Montesquieu*.
[27] Besterman, *Voltaire*.

como historiador, com livros sobre Carlos XII da Suécia, Pedro, o Grande, da Rússia e Luís XIV da França, bem como seu famoso *Ensaio sobre os costumes* (1756), uma obra pioneira do que hoje se conhece por história social e cultural.[28] Voltaire também escreveu sobre filosofia, criticando Descartes e Leibniz. Foi um popularizador da ciência, especialmente da ciência newtoniana, atividade que lhe rendeu um prêmio da Royal Society. Também publicou um ensaio sobre geologia e realizou experimentos em física e biologia, chegando, por exemplo, a cortar cabeças de caracóis para ver se elas se regeneravam.[29]

Voltaire escreveu o *Ensaio* para sua amante, a marquesa Émilie du Châtelet, ela própria uma mulher de letras. Du Châtelet ficou particularmente conhecida como matemática e filósofa natural, chegando a submeter uma dissertação sobre o fogo a uma competição organizada pela Académie des Sciences e a discutir tópicos como energia cinética e dinâmica com importantes filósofos naturais como Pierre Maupertuis. Seu livro *Institutions de Physique* apresentou aos leitores uma síntese das ideias de Newton e Leibniz. Du Châtelet escreveu um discurso sobre felicidade e um tratado sobre exegese bíblica. Traduziu o *Principia*, de Newton, e trechos selecionados da *Fábula das abelhas*, de Bernard Mandeville. Contribuiu para o *Journal des savants* e foi eleita membro da Academia de Bolonha.[30]

Jean d'Alembert e Denis Diderot, editores da *Encyclopédie*, foram, eles próprios, bastante enciclopédicos em seus interesses. D'Alembert é mais famoso como matemático, mas também fez importantes contribuições à física (principalmente ao estudo do movimento de sólidos e fluidos) e à teoria da música. Escreveu uma história da

---

[28] Brumfitt, *Voltaire Historian*.
[29] Besterman, op. cit., p.124, 525.
[30] Ehman, *Madame du Châtelet*; Zinsser; Hayes (orgs.), *Émilie du Châtelet: Rewriting Enlightenment Philosophy and Science*; Zinsser, *Émilie du Châtelet: Daring Genius of the Enlightenment*.

repressão aos jesuítas e publicou cinco volumes de ensaios sobre literatura e filosofia. Os artigos de D'Alembert para a *Encyclopédie* abarcaram desde a religião até a matemática. Ele também escreveu o célebre "Discurso preliminar" à obra, abrindo um panorama sobre todas as artes e ciências.[31]

Quanto a Diderot, seus interesses abrangiam filosofia, psicologia, história natural, química e música, todas discutidas em sua *Carta sobre os cegos* (1749) e em outros trabalhos que foram publicados apenas postumamente, como *O sobrinho de Rameau*. Fez uma importante contribuição ao trabalho coletivo anônimo *Histoire des deux Indes* [História das duas Índias, 1770], atribuída a outro *philosophe*, Guillaume-Thomas Raynal. A exemplo de Voltaire, Diderot chegou a expressar suas ideias por meio da ficção, notadamente em *Jacques le fataliste*, que discute o problema do determinismo.

Além do trabalho como editor, Diderot escreveu para a *Encyclopédie* várias centenas de artigos sobre filosofia, literatura, acústica, biologia, arte, música e ofícios. Filho de artesão, Diderot tinha muito respeito pelo conhecimento técnico. Graças a ele, o *know-how* ocupa um lugar importante na *Encyclopédie*, não apenas no texto, mas nas muitas ilustrações de processos técnicos.[32] Entre os outros 137 colaboradores da *Encyclopédie*, pelo menos um, Louis de Jaucourt, era ainda mais polimático que os editores. Jaucourt, que estudara teologia em Genebra, ciências naturais em Cambridge e medicina em Leiden, contribuiu com cerca de dezoito mil artigos sobre assuntos que iam da história à botânica, química, fisiologia e patologia.

Os *philosophes* mencionados há pouco pertencem a um grupo maior, alguns dos quais se encontravam regularmente para conversar nos *salons*. Dois membros desse grupo tinham interesses particularmente amplos, Buffon e Condorcet. O conde de Buffon é mais

---

[31] Hankins, *Jean d'Alembert: Scientist and Philosopher*; Briggs, Alembert, Jean Le Rond d, *DSB*, v.1, p.110-17, 1970.
[32] Pomeau, *Diderot*; Gillespie, Diderot, Denis, *DSB*, v.4, p.84-90, 1970.

conhecido por sua contribuição às ciências, mas se orgulhava de seu estilo literário e escrevia para o público letrado em geral. Sua *História Natural*, publicada em 36 volumes entre 1749 e 1788, abrangeu os campos da geologia, botânica, zoologia, paleontologia e etnologia (apresentada como a história natural do homem). O livro ressaltava a ação do clima – Buffon era um admirador de Montesquieu – e aquilo que o autor chamou de "épocas da natureza", estimando a idade do mundo em cem mil anos. Buffon também foi matemático (trabalhou na teoria das probabilidades) e fisiologista, além de ter conduzido experimentos com árvores em sua floresta particular, em resposta à preocupação do governo com melhorias na madeira usada na construção naval.[33]

O marquês de Condorcet foi descrito como um homem "notável, mesmo na era enciclopédica, pela variedade de seus interesses e atividades".[34] Ele estudou matemática com Jean d'Alembert, publicou um ensaio sobre cálculo e começou a frequentar o *salon* da Mademoiselle Lespinasse, que notou seu interesse em "filosofia, *belles lettres*, ciência, artes, governo e jurisprudência". Condorcet era amigo do estadista e economista político Anne Robert Jacques Turgot, que o colocou no comando da casa da moeda francesa. Aplicou a matemática da probabilidade à análise do voto, uma iniciativa que encarava como elemento para uma ciência do comportamento humano que ele descrevia como "matemática social".

Como secretário da Academia de Ciências, Condorcet escrevia os obituários de seus membros, uma tarefa que exigia um amplo conhecimento dos tópicos que eles haviam estudado. O interesse de Condorcet pela história, o qual abarcava, como no caso de Voltaire, a história da civilização, fica evidente em sua obra mais famosa,

---

[33] Roger, op. cit.
[34] Baker, *Condorcet: From Natural Philosophy to Social Mathematics*, p.ix. Cf. Granger, Condorcet, Marie-Jean-Antoine-Nicolas Caritat, Marquis de, *DSB*, v.3, p.383-8, 1970.

Esboço de um quadro histórico do progresso do espírito humano, publicada postumamente em 1795. Esse ensaio dividia a história da humanidade em nove épocas, definidas não pela política ou pela guerra, mas por critérios tecnológicos, como a era da agricultura, a era da escrita e a era da impressão. As figuras de destaque discutidas até aqui faziam parte de um grupo maior de escritores e pensadores ativos nesse período, entre os quais se encontravam René de Réaumur, mais conhecido por seu termômetro; Antoine Lavoisier, famoso por sua contribuição à química; e Turgot, lembrado por sua carreira política e seus escritos sobre economia política. Todos os três tinham interesses muito mais vastos. De fato, um amigo da família descreveu o jovem Lavoisier como alguém cujo "gosto natural pelas ciências o leva a querer conhecer todas elas antes de se concentrar em uma e não em outra".[35]

O Iluminismo escocês

Assim como na França, pode-se encontrar na Escócia do século XVIII um conjunto de homens de letras de vasto interesse. Se os franceses desfrutavam de uma companhia mista nos *salons*, a sociabilidade de seus equivalentes escoceses se centrava em clubes masculinos como a Select Society de Edimburgo, fundada em 1754. Entre seus quinze membros originais estavam David Hume, Adam Smith, Adam Ferguson, William Robertson, Lorde Kames e Lorde Monboddo. Todos os seis foram indivíduos de vastos interesses e realizações, os quais compõem um exemplo que dá sustentação à

---

[35] Gough, Réaumur, René-Antoine Ferchault de, *DSB*, v.11, p.327-35, 1970; Torlais, *Un Esprit encyclopédique en dehors de l'Encyclopédie: Réaumur*; Guerlac, Lavoisier, Antoine-Laurent, *DSB*, v.8, p.66-91, 1970; Donovan, *Antoine Lavoisier*; Rappoport, Turgot, Anne-Robert-Jacques, *DSB*, v.13, p.494-7, 1970; Brewer, Turgot: Founder of Classical Economics, *Economica*, v.54, p.417-28, 1987.

ideia da importância de pequenos grupos para a história do saber, bem como para outros tipos de inovação.[36]

David Hume passou algum tempo em Paris, onde frequentou os *salons* das Madames Lespinasse, Geoffrin e Def, e fez amizade com Turgot. Geralmente é lembrado como um dos principais filósofos britânicos, embora o catálogo da Biblioteca Britânica o definisse como "David Hume, historiador", um lembrete de que suas realizações não se limitavam à filosofia e de que sua *História da Inglaterra* (1754-1761) o deixou famoso e rico (ele ganhou £ 4.000 libras da editora). A amplitude dos interesses de um homem que mencionou em sua autobiografia a paixão pelo "conhecimento geral" fica ainda mais visível em seus *Ensaios morais políticos e literários* (1741-1742), dedicados a uma variedade de tópicos, alguns "leves" – como a impudência, o amor, a avareza e assim por diante – e outros "sérios" – por exemplo, o gosto, a superstição, a demografia, a coalizão de partidos, a comunidade perfeita, o estudo da história e a ascensão das artes e das ciências. Seus cadernos de anotações também testemunham o interesse de Hume pela filosofia natural. Não é difícil perceber por que um de seus biógrafos dá ênfase a seu papel "não como especialista", mas como "homem de letras" que escrevia em um estilo informal e acessível ao público letrado em geral, tanto homens quanto mulheres.[37]

Na mesma medida em que Hume é lembrado como filósofo, seu amigo Adam Smith é lembrado como economista, graças à sua obra-prima *A riqueza das nações* (1776). No entanto, esse famoso livro é bem mais que um tratado sobre "economia" no sentido especializado que o termo carrega nos dias de hoje. A obra demonstrou a relação da economia com a filosofia moral, o direito e a política.

---

[36] Loewenberg, The Creation of a Scientific Community, em *Fantasy and Reality in History*, p.46-89; Mulsow; Stamm (orgs.), *Konstellationsforschung*.

[37] Mossner, *The Life of David Hume*, p.3. Cf. Harris, *Hume: An Intellectual Biography*, p.14-24.

Nas palavras que William Robertson, amigo de Smith, escreveu ao autor: "você transformou em um sistema regular e consistente uma das partes mais importantes da ciência política".[38] O livro também traz bastante história, principalmente no capítulo "Da ascensão e progresso de cidades e vilas após a queda do Império Romano".

De qualquer forma, Smith não iniciou a carreira acadêmica como economista político. Primeiro, ele foi professor de lógica e, depois, professor de filosofia moral na Universidade de Glasgow, quando publicou uma *Teoria dos sentimentos morais* (1759). Também lecionou retórica, teologia e jurisprudência. Mesmo depois de voltar sua atenção para a economia política, não abandonou seus outros interesses. Escreveu, por exemplo, um artigo sobre a origem da linguagem, um tópico que atraía bastante interesse no final do século XVIII. Enquanto escrevia *A riqueza das nações*, Smith confessou em uma carta particular que estava "estudando botânica" e "outras ciências às quais nunca havia prestado muita atenção".[39] Os resultados desses estudos podem ser vistos em seus *Essays on Philosophical Subjects* [Ensaios sobre temas filosóficos] publicados postumamente em 1795, dedicados à história da astronomia, à física antiga, à lógica e à metafísica e às afinidades entre música, dança e poesia e entre os versos em inglês e em italiano.

Os outros membros da Select Society também não eram exatamente restritos em seus interesses. Robertson foi ministro da Igreja da Escócia e diretor da Universidade de Edimburgo, além de famoso historiador dos mundos antigo e moderno. Rivais no conhecimento das leis, lordes Kames e Monboddo não se confinaram ao estudo que lançara suas carreiras. Kames produziu ensaios sobre educação, história, agricultura, religião e moralidade, ao passo que Monboddo

---

[38] Citado por Philippson, *Adam Smith: An Enlightened Life*, p.214.
[39] Ross, *The Life of Adam Smith*, p.241.

publicou tratados em vários volumes sobre línguas e metafísica.[40] Adam Ferguson, professor de filosofia natural e, depois, de filosofia moral da Universidade de Edimburgo, publicou *History of the Roman Republic* [História da República Romana], mas é mais famoso por seu *Ensaio sobre a história da sociedade civil*. Os sociólogos ainda o tratam como um importante ancestral.[41]

Outra constelação de escoceses versáteis girou em torno da *Edinburgh Review*, fundada em 1802. Além do editor, o polímata Francis Jeffrey, que de fato morava em Edimburgo, essa constelação contava com os expatriados Thomas Carlyle, que se interessava por filosofia, literatura, história e matemática; Thomas Macaulay, poeta e político que escreveu livros de história e ensaios sobre uma variedade de temas; e Henry Brougham, advogado que escreveu sobre física, fósseis, biografia e teologia natural e defendeu o ensino generalista.

O Iluminismo inglês

Na Inglaterra do século XVIII, Samuel Johnson oferece um exemplo de homem de letras que também era polímata, e Joseph Priestley, o de polímata que também era homem de letras.

Johnson, filho de um livreiro de Litchfield e desde tenra idade muito bem familiarizado com uma grande variedade de livros, foi poeta (em inglês e latim), autor de uma peça de teatro, *Irene*, e de um romance, *Rasselas*. Também foi crítico literário e editor de obras de Shakespeare. No entanto, seus interesses eram muito mais amplos. Ele é conhecido como "Dr. Johnson" porque obteve dois doutorados em direito, um no Trinity College de Dublin e outro em Oxford. Escreveu uma série de biografias de acadêmicos para a *Gentleman's*

---

[40] Durie; Handley, Home, Henry, Lord Kames, *ODNB*, v.27, p.879-81, 2004; Hammett, Burnett, James, Lord Monboddo, *ODNB*, v.8, p.941-3, 2004.
[41] Oz-Salzberger, Ferguson, Adam, *ODNB*, v.19, p.341-7, 2004.

Magazine e planejou escrever uma história do "Renascimento do saber na Europa".[42] Johnson confessou a seu biógrafo, James Boswell, que ele era um grande vasculhador de "hábito irregular" e que havia "posto os olhos em muitos livros que não eram comumente conhecidos nas universidades". Levou a sério o conselho de seu primo: "aprenda a *praecognita* de todas as coisas – talvez não seja preciso revirar folha por folha, mas apenas se agarrar ao tronco com força, assim você sacudirá todos os galhos".[43] Ele afirmou: "todo conhecimento tem algum valor em si. Não há nada tão diminuto ou insignificante que eu prefira não saber a saber".[44]

Um contemporâneo expressou sua admiração pela "extensão da matéria para a qual Johnson encontrara espaço em seu armazém intelectual".[45] Esse estoque de conhecimento foi útil, para dizer o mínimo, quando Johnson embarcou em seu maior projeto, o *Dictionary of the English Language* (1755). Embora tenha descrito esse projeto como um "trabalho braçal", que não exigia "a luz do saber", o esforço se baseou não apenas em uma vasta leitura, mas também no conhecimento dos vários idiomas dos quais viera o inglês. O empreendimento também demandava a compreensão dos termos técnicos empregados pelos diversos ofícios (Igreja, medicina, direito, Exército e Marinha) e (embora o prefácio note a omissão de "muitos termos apropriados para ocupações particulares") por artes práticas como a fabricação de cerveja, a cunhagem e a bronzagem.[46]

Joseph Priestley era estudioso de um estilo muito distinto, "um autodidata hostil à noção de aprofundamento da especialização".[47] Fez contribuições originais à física e à química. Descobriu o oxigênio

---

[42] DeMaria Jr., *The Life of Samuel Johnson*, p.45, 97.
[43] Citado por Hardy, *Samuel Johnson: A Critical Study*, p.28.
[44] Boswell, *Life of Samuel Johnson*, v.2, p.365. O nome do primo era Cornelius Ford.
[45] Cumberland, *Memoirs*, p.77.
[46] DeMaria Jr., *Johnson's Dictionary and the Language of Learning*.
[47] Ferrone, The Man of Science, em Vovelle (org.), *Enlightenment Portraits*, p.190-225, esp. p.211.

e seis outros gases e publicou *History and Present State of Electricity* [História e atual estado da eletricidade] (1767) e *Experiments and Observations on Different Kinds of Air* [Experimentos e observações sobre diferentes tipos de ar] (1774-1786). Nas humanidades, foi um popularizador talentoso e abrangente. Como dissidente da Igreja da Inglaterra, foi excluído de Oxford e Cambridge, mas ensinou línguas modernas e retórica na Warrington Academy. Seu biógrafo enumera suas publicações sobre "estudo da língua, gramática inglesa, filosofia da educação, retórica, política, história, religião e crítica bíblica, bem como a ciência pela qual ele é mais conhecido".[48] Por exemplo, suas *Lectures on History* [Conferências sobre a História] (1788) tornaram-se um livro amplamente adotado, graças, em particular, ao uso de memoráveis gráficos biográficos e cronológicos.[49]

A exemplo de seus colegas franceses e escoceses, esses dois polímatas ingleses participaram de grupos de discussão. Junto com seu amigo, o pintor Joshua Reynolds, Johnson fundou The Club (1764), também conhecido como The Literary Club, que se reunia uma vez por semana na taverna londrina Turk's Head para jantar e conversar sobre assuntos diversos. Quanto a Priestley, ele foi, assim como outro polímata, Erasmus Darwin, um dos principais membros da Lunar Society de Birmingham, assim chamada porque os membros se encontravam uma vez por mês, quando a lua estava cheia, para que pudessem ir e vir das reuniões sem maiores perigos. Os membros discutiam, por exemplo, as novas descobertas nas ciências naturais, a natureza da eletricidade e também a aplicação da ciência à medicina, às manufaturas e a outras atividades práticas.[50]

As realizações desses polímatas ingleses, por mais notáveis que pareçam, foram ofuscadas pelas de um galês, Sir William Jones, co-

---

[48] Schofield, *The Enlightenment of Joseph Priestley: A Study of his Life and Work from 1733 to 1773*, p.ix.
[49] Schofield, op. cit.; id., Priestley, Joseph, *ODNB*, v.45, p.351-9, 2004.
[50] Uglow, *The Lunar Men*.

nhecido como "Oriental Jones". Ele confinou seus interesses mais ou menos às ciências humanas, mas abrangeu tanto a Ásia quanto a Europa. Jones conhecia não apenas o direito comum dominante na Grã-Bretanha, mas também o direito romano, o direito grego antigo e, depois de sua nomeação para a Suprema Corte em Bengala, o direito hindu e muçulmano. Jones também era poliglota e, segundo se dizia, falava trinta idiomas. Além de escrever poesia, discutiu e traduziu literatura árabe, persa e sânscrita, até mesmo uma peça em sânscrito, *Shakuntala*, que ficou famosa na Europa na era do romantismo. Jones desempenhou um papel importante na identificação da família do que hoje se chamam línguas indo-europeias, pois notou analogias entre o grego, o persa e o românico e entre o alemão e o céltico. Também estudou cronologia indiana e escreveu uma história do xadrez. Não é de se admirar que tenha sido descrito, com só um pouco de exagero, como "um dos maiores polímatas da história".[51]

Da Espanha à Rússia

O ideal do homem de letras polivalente também era personificado por indivíduos de outros países naqueles tempos: Espanha, Itália, Suécia e Rússia, por exemplo. Na Espanha, três indivíduos bastante diferentes vêm à mente: Lorenzo Hervás y Panduro, Gaspar Melchor de Jovellanos e Benito Jerónimo Feijoo.

Hervás, descrito por um de seus biógrafos como "a grande figura esquecida do Iluminismo espanhol", era jesuíta. Estudou filosofia, teologia, matemática e astronomia na Universidade de Madri. Depois da expulsão dos jesuítas da Espanha e de seu império, em 1767, ele se mudou para a Itália, onde publicou sua enciclopédica

---

[51] Richard Gombrich em Murray (org.), *Sir William Jones: 1746-1794*, p.3. Cf. Franklin, *Oriental Jones: Sir William Jones, Poet, Lawyer and Linguist*, 1746-1794.

Idea del Universo em 21 volumes, entre 1778 e 1787. Hervás era e é mais conhecido como linguista. Sua enciclopédia trazia um catálogo das línguas de todos os povos conhecidos, tarefa para a qual teve a assistência de colegas missionários que haviam aprendido línguas ameríndias. Hervás também publicou um estudo comparativo sobre a origem, formação, funcionamento e harmonia das línguas. Seu interesse pela linguagem o levou a escrever sobre métodos de ensino de surdos e mudos. A exemplo de Kircher, polímata jesuíta que o precedera, Hervás fez uma contribuição inicial à ficção científica com sua *Viaggio estatico al mondo planetario* [Viagem extática ao mundo dos planetas]. Entre seus manuscritos não publicados se encontram estudos de paleografia, cronologias e a história das primeiras colônias no Novo Mundo.[52]

Nas horas de trabalho, Jovellanos, figura importante do Iluminismo espanhol, trabalhou como advogado, juiz e ministro da Justiça; nas horas de lazer, foi poeta, dramaturgo e estudioso. Constitui um bom exemplo de razão prática, pois se interessou em aplicar algo mais que o conhecimento puro, em empregá-lo na reforma das leis, na educação, no comércio, na indústria e na Constituição. Grande parte de seu pensamento se veiculou em "relatórios" (*informes*), nos quais argumentou contra o uso da tortura, defendeu a liberdade da indústria, defendeu o ensino técnico e discutiu agricultura e mineração. Identificou conexões entre disciplinas e propôs uma abordagem histórica para o estudo do direito e uma abordagem geográfica para o estudo da história. Jovellanos também escreveu sobre linguagem, teologia, arquitetura, geologia, botânica e medicina. Foi pioneiro na reavaliação dos estilos gótico e mouro na Espanha, e sua contribuição à economia política tempos depois receberia elogios de Joseph Schumpeter.[53]

---

[52] Espinosa, *Lorenzo Hervás y Panduro, el gran olvidado de la ilustración española*; Abajo, *Lorenzo Hervás y Panduro (1735-1809)*.

[53] Varela, *Jovellanos*; Vv.Aa., *Jovellanos: el hombre que soñó España*.

Feijoo foi monge beneditino e professor de teologia na Universidade de Oviedo por quase trinta anos. Sob certos aspectos, ele parece um estudioso antiquado e, de fato, os contemporâneos o elogiaram de uma maneira que seria apropriada ao século anterior, como "a fênix dos intelectos de sua época" e "um monstro da sabedoria" (*monstruo de sabeduría*).[54] O forte de Feijoo era a popularização de alto nível, combinada com a crítica. Seu *Teatro critico universal* (nove volumes, 1726 a 1740) trazia, segundo o frontispício, ensaios sobre "todo tipo de assunto" (*todo género de materia*). No prólogo, o autor explicou que planejara organizar os ensaios por disciplina (*facultad*), mas desistira "ou porque pertenciam a disciplina nenhuma ou porque participavam igualmente de todas".

Pode-se descrever Feijoo como um homem de letras em trajes de monge que escreveu para o público em geral, criticando os "especialistas" e adotando um estilo coloquial à maneira de Montaigne (a quem admirava), avivado por epigramas e metáforas fulgurantes. Foi anglófilo, empirista e admirador de Francis Bacon, chegando a elogiar esse "grande e sublime gênio" por remover os obstáculos ao estudo da ciência natural (*la ciencia de las cosas naturales*). Feijoo não fez nem alegou ter feito qualquer contribuição original ao conhecimento. Seu objetivo era, no verdadeiro espírito iluminista, combater a ignorância, o preconceito e o que ele chamava de "erros comuns". Com esse fim, escreveu sobre teologia, filosofia, filologia, história, medicina, história natural, alquimia, astrologia, matemática, geografia, direito, economia política, agricultura, literatura e hidrologia, abarcando desde os fósseis e terremotos até as ideias do polímata medieval Raimundo Lúlio.[55]

---

[54] Citado da aprovação eclesiástica do sétimo volume de *Teatro crítico* de Feijóo, por Marañón, *Las ideas biológicas del padre Feijóo*, p.15.
[55] McClelland, *Benito Jerónimo Feijoo*; Urzainqui; Valdes (orgs.), *Con la razón y la experiencia: Feijoo 250 años después*.

Na Itália, entre os estudiosos de amplo espetro se encontravam Maria Gaetana Agnesi, principalmente nas ciências, e Giambattista Vico, principalmente nas humanidades. Agnesi fora uma criança prodígio. Educada em casa na cidade de Milão (onde seu pai era professor), ela defendeu 191 teses sobre lógica, mecânica, química, botânica, mineralogia e outros assuntos em um evento público na cidade e as publicou em 1738. Um estudioso francês que a visitou definiu Agnesi como "uma poliglota ambulante" (ela falava latim, grego, hebraico, francês, espanhol e alemão) e comparou suas 191 teses às que Pico quisera defender em 1486. Agnesi escreveu, mas não publicou, um comentário crítico a respeito de um tratado sobre seções cônicas escrito por um matemático francês. E publicou um estudo de cálculo que, modestamente, indicava ser "para o uso dos jovens italianos", como se fosse uma mera divulgação de conhecimento, mas o estudo também trazia ideias novas. Agnesi foi nomeada professora de matemática em Bolonha, mas não chegou a assumir o cargo, pois voltou ao estudo da teologia e ao trabalho de caridade.[56]

Como vimos no início deste capítulo, Vico era um estudioso à moda antiga. Sua grande ambição, de acordo com sua autobiografia, era unir toda a sabedoria humana e divina (*tutto il sapere umano e divino*). Na prática, Vico, a exemplo de Jones, limitou-se mais ou menos às humanidades. Foi educado para ser filósofo escolástico e, depois, advogado. Queria se tornar professor de jurisprudência, mas teve de se contentar com a cadeira de retórica da Universidade de Nápoles e o cargo de historiador do rei Carlos III. Ele se sentia mais próximo do latim que do francês ou do inglês e costumava citar estudiosos do século XVII (entre eles os polímatas Bacon, Grotius, Selden, Pufendorf e Huet), em vez dos mais recentes. Seus escritos podem parecer antiquados e até mesmo provincianos, pelo menos

---

[56] Kramer, Agnesi, Maria Gaetana, *DSB*, v.1, p.75-7, 1970; Gliozzi; Orlandelli, Agnesi, Maria Gaetana, *DBI*, v.1, p.441-3, 1960-.

em algumas partes, mas também revelam uma imaginação vívida e algumas ideias extremamente originais. Talvez se possa sugerir que para Vico, que teve fama póstuma por sua crítica a Descartes, era mais fácil se tornar um pós-cartesiano que para alguns de seus contemporâneos, porque ele fora educado ao modo pré-cartesiano.

A obra mais importante de Vico, a *Ciência nova* (1725, edição ampliada em 1744), valia-se das disciplinas filosofia, filologia, literatura e direito, bem como das descrições de sociedades exóticas feitas por viajantes europeus em outros continentes. A exemplo de Montesquieu, Vico enxergava as leis como parte daquilo que hoje chamamos de "cultura". É pena que os dois estudiosos não tenham conhecido a obra um do outro. (Quando Montesquieu visitou a Itália, alguém lhe recomendou a leitura de *Ciência nova*, mas, ao que parece, ele não seguiu esse conselho.)

Vico se considerava o Galileu ou o Newton da história e definiu seu livro como uma tentativa de fornecer os princípios de uma nova ciência. Argumentou que existia uma sequência recorrente de transformações nos costumes e nas mentalidades a qual descreveu como as três eras dos deuses, dos heróis e dos homens, distinguidas por diferentes tipos de lei, linguagem e mentalidade. Suas observações mais profundas e originais diziam respeito à primeira era e seu "modo de pensamento poético", concreto e metafórico, como o pensamento das crianças. Em uma seção do livro intitulada "A descoberta do verdadeiro Homero", Vico apresentou a *Ilíada* e a *Odisseia* como histórias dos costumes dos gregos antigos, evidência preciosa do que mais adiante seria descrito como pensamento "primitivo". Defendeu seus pontos de vista com uma nova interpretação dos mitos ou "fábulas" (*favole*), como os chamava, tratando-os como evidência da história "dos mais antigos costumes, ordens e leis".[57]

---

[57] Burke, *Vico*; Mali, *The Rehabilitation of Myth: Vico's New Science*; Lilla, *G. B. Vico: The Making of an Anti-Modern*; Stone, *Vico's Cultural History*.

A Suécia foi o lar de dois estudiosos notáveis, hoje lembrados apenas por uma pequena parte de suas muitas realizações. Carlos Lineu, que agora classificamos como botânico, fez "de tudo um pouco", "trabalhou com medicina e história natural" e classificou não apenas plantas, mas também animais, minerais e doenças, além de ter escrito sobre economia política e produzido uma descrição da Lapônia que combinava geografia com o que hoje chamaríamos de etnografia.[58] Emanuel Swedenborg, agora lembrado pela carreira de visionário e místico que encampou a partir de 1743, depois da crise de meia-idade, teve uma primeira carreira como polímata, foi engenheiro hidráulico e fez pesquisas nas áreas da metalurgia, química, astronomia, anatomia, fisiologia e fisiognomia, chegando a projetar máquinas e escrever um relatório sobre comércio e indústria para seu patrono, o rei Carlos XII.[59]

Na Rússia, Mikhail Lomonosov combinou a carreira de professor de química na Academia de Ciências com estudos sobre matemática e oceanografia, ao mesmo tempo que seus manuscritos revelam interesse por mineralogia e muitos aspectos da física. Ele também foi homem de letras, poeta em vernáculo e autor de uma gramática do russo e de uma história da Rússia. Antes de Lomonosov, os expatriados alemães haviam dominado o campo do saber na Rússia, convidados pelos tsares, de Pedro a Catarina, para ajudar os russos a alcançar o nível de conhecimento da Europa ocidental. Por exemplo, o polímata Peter Simon Pallas foi convidado por Catarina e nomeado professor de história natural na Academia de São Petersburgo. Passou 43 anos na Rússia, contribuindo para o conhecimento da geografia, geologia, botânica e zoologia russas e coletando informações sobre os idiomas do mundo para a imperatriz. Outro polímata, August von Schlözer, que passou apenas seis anos

---

[58] Koerner, *Linnaeus: Nature and Nation*.
[59] Benz, *Emanuel Swedenborg: Visionary Savant in the Age of Reason*.

na Rússia, produziu um relatório para a Academia de São Petersburgo, dois anos após sua chegada, sobre o modo como a história russa deveria ser escrita. Graças a Lomonosov, a Academia de São Petersburgo, antes quase inteiramente composta por estrangeiros, foi se tornando cada vez mais russa e, então, ali se desenvolveu uma tradição de saber nativa.[60]

Outro polímata eslavo, nascido no mesmo ano que Lomonosov, 1711, foi Rudjer Bošković, jesuíta de Dubrovnik. A exemplo de Lomonosov, Bošković não foi apenas um filósofo natural que fez contribuições originais a vários campos, mas também poeta (no seu caso, em latim). Foi arqueólogo – chegando a fazer escavações de mosaicos em Frascati –, diplomata, cartógrafo – fez um novo mapa dos Estados papais, a pedido do papa Bento XIV – e inventor de instrumentos científicos. No entanto, a fama de Bošković se deve sobretudo a seus estudos de astronomia e óptica, além de sua obra-prima, *Theoria philosophiae naturalis* [Teoria da filosofia natural] (1758), um tipo de teoria de tudo na qual ele introduziu a ideia de átomos que não seriam maiores que pontos e a empregou para, segundo sua alegação, reduzir a filosofia natural a uma única lei.[61]

O Novo Mundo

Na América espanhola, Pedro de Peralta continuou a tradição de sóror Juana e Carlos de Sigüenza y Góngora. Esse polímata foi professor de matemática na Universidade de Lima e, mais tarde, reitor.

---

[60] Kedrov, Lomonosov, Mikhail Vasilievich, *DSB*, v.8, p.467-72, 1970; Pavlova; Fyodorov, *Mikhail Lomonosov: Life and Work*; Schulze, The Russification of the St. Petersburg Academy of Sciences, *British Journal for the History of Science*, v.18, p.305-35, 1985.

[61] Hill, Roger Boscovich, em Whyte (org.), *Roger Joseph Boscovich*, p.17-201; Bursill--Hall (org.), *R. J. Boscovich*.

Entre suas publicações se encontram um épico sobre a conquista do Peru e estudos de música, metalurgia, astronomia, fortificação e história da Espanha.[62]

Na América do Norte, dois polímatas importantes se dedicaram à política: Benjamin Franklin e Thomas Jefferson. Ambos se inspiraram em Joseph Priestley. Além da carreira política como membro do Congresso e diplomata na Inglaterra, França e Suécia, Franklin, que se formara como tipógrafo, foi o inventor do para-raios, das lentes bifocais e de um fogão projetado para produzir mais calor e menos fumaça que as lareiras comuns. Também fez contribuições ao estudo da eletricidade, meteorologia e oceanografia.[63]

Quanto a Jefferson, ele não foi apenas um dos pais fundadores dos Estados Unidos e seu terceiro presidente, de 1801 a 1809, mas também advogado atuante e fazendeiro que introduziu inovações na agricultura. Isto para não mencionar suas invenções (entre elas uma pá de arado aprimorada, um "elevador" para bandejas e uma estante giratória), sua escavação de um cemitério indígena perto de sua casa em Monticello, Charlottesville, Virgínia, seus projetos arquitetônicos e interesses por história natural, linguística e arte. Não é de se admirar que Jefferson tenha sido chamado de "homem renascentista" (e até mesmo, como alguns polímatas posteriores, "o último homem renascentista").[64]

O final do século XVIII e o início do XIX foram o tempo de dois grupos notáveis de polímatas, um na Inglaterra e outro na Alemanha.

---

[62] Leonard, Pedro de Peralta: Peruvian Polygraph, *Revista Hispanica Moderna*, v.34, p.690-9, esp. p.698, 1968. Cf. Brading, *The First America*, p.391-9; Thurner, *History's Peru: The Poetics of Colonial and Post-Colonial Historiography*, p.58-81.

[63] Ford, *The Many-Sided Franklin*; Van Doren, *Benjamin Franklin*; Aldridge, *Benjamin Franklin: Philosopher and Man*; Cohen, Franklin, Benjamin, *DSB*, v.5, p.129-39, 1970.

[64] Lehmann, *Thomas Jefferson: American Humanist*.

Inglaterra

Dois homens de letras desse período, Samuel Coleridge e seu amigo Thomas De Quincey, tiveram interesses particularmente amplos. Coleridge, hoje lembrado sobretudo por seus poemas, foi definido como "polímata da Inglaterra romântica por excelência".[65] Em uma carta de 1796, ele escreveu que havia "lido quase tudo – um leitor insaciável – estou *profundamente* envolvido com os livros". Ele declarou que pretendia ser "um matemático tolerável" e "conhecer completamente Mecânica, Hidrostática, Óptica, Astronomia, Botânica, Metalurgia, Fossilismo, Química, Geologia, Anatomia, Medicina e, então, a mente do Homem – e depois as Mentes dos Homens – em todas as Viagens, Jornadas e Histórias."[66]

Quanto a De Quincey – que abandonou Oxford, usou drogas e hoje é lembrado por suas *Confissões de um comedor de ópio* (1821) –, ele ganhava a vida como um popularizador de conhecimento na *Blackwood's Magazine* e em outros periódicos. Seus ensaios "cobriram uma gama surpreendente de tópicos: filosofia alemã, economia política, história e biografia literária, assassinato, história e filosofia da Grécia e Roma antigas, comentários políticos sobre assuntos atuais, fisiologia".[67]

Outros polímatas fizeram contribuições originais a várias disciplinas. Thomas Young, membro do Emmanuel College, é o segundo indivíduo a ser descrito por um biógrafo como "o último homem a saber tudo". Um pouco menos dramática, a lápide de Young na

---

[65] Ross, "Trying All Things": Romantic Polymaths, Social Factors and the Legacies of a Rhetorical Education, *Texas Studies in Literature and Language*, v.53, p.401-30, esp. p.406, 2011.
[66] Holmes, *Coleridge: Early Visions*, p.130. Cf. Levere, Coleridge and the Sciences, em Cunningham; Jardine (orgs.), *Romanticism and the Sciences*, p.295-306.
[67] McDonagh, *De Quincey's Disciplines*. Cf. Lindof, Quincey, Thomas Penson de, *ODNB*, v.45, p.700-6, 2004.

abadia de Westminster o chama de "eminente em quase todos os departamentos do saber humano". No início da carreira, no final do século XVIII, Young foi atraído pelas línguas orientais e aprendeu hebraico, siríaco, samaritano, árabe, persa e turco. Ele se formou médico, exerceu a profissão e realizou pesquisas na área. Também publicou artigos importantes, nos quais descreveu cálculos de seguro de vida e experimentos em acústica e óptica (foi um dos primeiros defensores da teoria das ondas da luz).

Young também lecionou fisiologia, química e teoria das marés, foi secretário da Comissão de Pesos e Medidas (demonstrando interesse particular pelo pêndulo) e contribuiu com artigos para o *Supplement* à quarta edição da *Encyclopaedia Britannica* sobre – entre outros tópicos – Anuidades, Egito, Hidráulica e Idiomas. O artigo sobre línguas, ele as dividiu em cinco famílias principais, como a "indo-europeia", que Young foi o primeiro a nomear, embora, como vimos, um polímata anterior, William Jones, já houvesse discutido as afinidades entre o sânscrito, o grego e o latim, o alemão e o romântico.[68] Dedicado ao estudo dos hieróglifos egípcios, que passaram a atrair atenção renovada na época da invasão do Egito por Napoleão, em 1798, Young vinha fazendo um bom progresso em sua decodificação, mas foi superado na tarefa por um rival francês mais especializado, Jean-François Champollion.[69]

Na geração seguinte, John Herschel foi descrito como "um dos últimos dos grandes universalistas". Ele foi não apenas astrônomo – primeiro ajudando e, depois, dando continuidade ao trabalho de seu pai, William –, mas também matemático e químico. Fez contribuições ao estudo do magnetismo, botânica, geologia, acústica, óptica

---

[68] Wood, *Thomas Young: Natural Philosopher*, p.256-71, 286.
[69] Wood, op. cit., p.227-55; Morse, Young, Thomas, *DSB*, v.14, p.562-72, 1970; Robinson, *The Last Man Who Knew Everything: Thomas Young, the Anonymous Polymath Who Proved Newton Wrong, Explained How We See, Cured the Sick and Deciphered the Rosetta Stone, among other Feats of Genius.*

e fotografia, colocando-se em boa posição para produzir o que chamou, seguindo D'Alembert, de "Discurso preliminar" ao "estudo da filosofia natural". Além de todos esses interesses, Herschel traduziu Schiller, Dante e Homero.[70] Quando estudante de Cambridge, no início da década de 1810, fez amizade com dois futuros polímatas, William Whewell e Charles Babbage, fundadores do que chamavam de "philosophical breakfast club" [clube filosófico da hora do café].[71] A amizade desses três indivíduos desde uma idade impressionável é outro exemplo que sustenta a ideia da criatividade de pequenos grupos.

Amigo de Herschel e, depois, mestre do Trinity College de Cambridge, Whewell é outro indivíduo com bons motivos para ser considerado um estudioso universal.[72] O próprio Herschel escreveu, a respeito de Whewell, que ninguém havia reunido "mais maravilhosas variedade e quantidade de conhecimento em quase todos os departamentos da investigação humana".[73] Whewell escreveu sobre matemática, mecânica, mineralogia, astronomia, filosofia, teologia e arquitetura. Confessou o "desejo de ler todos os tipos de livros de uma vez" e sobre ele se dizia – como tempos depois se diria sobre Aldous Huxley – que havia lido toda a *Encyclopaedia Britannica* "para

---

[70] Evans, Herschel, John, *DSB*, v.6, p.323-8, esp. p.327, 1970. Cf. Buttmann, *The Shadow of the Telescope: A Biography of John Herschel*; Crowe, Herschel, John Frederick William, *ODNB*, v.26, p.825-31, 2004; Holmes, *The Age of Wonder: How the Romantic Generation Discovered the Beauty and Terror of Science*, p.387-411; Secord, The Conduct of Everyday Life: John Herschel's *Preliminary Discourse on the Study of Natural Philosophy*, em seu *Visions of Science*, p.80-106.
[71] Snyder, *The Philosophical Breakfast Club: Four Remarkable Friends Who Transformed Knowledge and Changed the World*.
[72] Butts, Whewell, William, *DSB*, v.14, p.292-5, 1970; Yeo, *Defining Science: William Whewell, Natural Knowledge, and Public Debate in Early Victorian Britain*; id., Whewell, William, *ODNB*, v.58, p.463-70, 2004.
[73] Herschel, Obituary Notices of Fellows Deceased, *Proceedings of the Royal Society*, v.16, p.liii, 1867-1868.

ter todo seu conteúdo na ponta dos dedos".[74] Ele inventou uma máquina para medir a velocidade do vento, fez expedições geológicas, analisou a classificação dos minerais, foi mais além que Young no que chamou de "ciência das marés" e publicou *History of the Inductive Sciences* [História das ciências indutivas] (1837) e *Philosophy of the Inductive Sciences* [Filosofia das ciências indutivas] (1840).

Quanto a Babbage, ele é mais conhecido por ter construído dois ancestrais do computador, a "máquina analítica" (abastecida com cartões perfurados) e a "máquina diferencial", empreendimento no qual foi assistido por Ada, condessa de Lovelace (filha de Lorde Byron). Além de suas atividades como matemático e físico, Babbage publicou artigos sobre xadrez, estatística, geologia, criptogramas, eclipses e faróis. Também escreveu sobre teologia natural e "o declínio da ciência na Inglaterra" e ajudou a fundar a Sociedade Astronômica.[75]

Alemanha

No final do século XVIII e início do XIX, um conjunto ainda mais notável de polímatas seria encontrado na Alemanha – que culturalmente já era uma nação, embora politicamente ainda não o fosse. É claro que existiam polímatas de língua alemã no início do século XVIII. Lessing, por exemplo, que já foi mencionado. O suíço Albrecht von Haller, professor de medicina, anatomia e botânica em Göttingen, também foi crítico literário, poeta e romancista. Immanuel Kant também pode ser incluído aqui, uma vez que seus

---

[74] Yeo, *Defining Science*, p.57; Wright, *Alma Mater*.
[75] Hyman, *Charles Babbage*; Swade, *The Cogwheel Brain: Charles Babbage and the Quest to Build the First Computer*; id., Babbage, Charles, *ODNB*, v.3, p.68-74, 2004; Secord, The Economy of Intelligence: Charles Babbage's Reflections on the Decline of Science in England, em seu *Visions of Science*, p.52-79.

interesses não se confinavam à filosofia. É verdade que, nessa época, o que chamamos de psicologia e antropologia, disciplinas para as quais ele contribuiu, ainda faziam parte da filosofia, mas Kant também escreveu sobre cosmologia e geografia física.

Um grupo que floresceu por volta do ano 1800 contava com Johann Gottfried Herder, seu amigo Johann Wolfgang von Goethe e os irmãos Wilhelm e Alexander von Humboldt, amigos de Goethe.

Herder, que morreu em 1803, fez importantes contribuições ao estudo da língua, da literatura e da cultura. No início da carreira, venceu o concurso anual de ensaios organizado pela Academia de Ciências de Berlim com um estudo sobre as origens da linguagem. Também defendeu que cada idioma tinha seu próprio caráter. "Na língua de uma nação", escreveu ele, "habita todo o seu mundo de tradição, história, religião e princípios de existência: todo o seu coração e alma." Daí sua publicação de canções folclóricas, as quais ele via como as "vozes do povo", no sentido de toda a nação.[76] Seu conceito de *Volksgeist* (o espírito do povo) implicava a existência de culturas autônomas no plural, em contraste com as ideias anteriores de progresso rumo a um único padrão de "civilização". Tempos depois, o *Volksgeist* teria um papel importante no desenvolvimento de novas disciplinas, como o folclore e antropologia cultural, em que seria retomado por outro polímata alemão, Franz Boas, discutido mais adiante.

Os interesses de Herder eram ainda mais vastos. Uma de suas obras mais famosas, *Ideen zur Philosophie der Geschichte der Menschheit* [Ideias sobre a filosofia da história da humanidade], contribuiu para o que agora chamamos de "Grande História", discutindo o estado da Terra antes do surgimento dos humanos. Também fez uma contribuição ao que hoje se conhece por filosofia da ciência, dando

---

[76] Berlin, Herder and the Enlightenment, em *Vico and Herder*, p.145-216; Trabant, Herder and Language, em Adler; Koepke (orgs.), *Companion to the Works of Johann Gottfried Herder*, p.117-39.

ênfase ao papel da analogia na descoberta científica e à importância do protótipo (*Hauptform*), que só é visível em suas variações.[77]

Goethe, amigo mais jovem de Herder, hoje lembrado como o maior escritor alemão, também se via como estudioso e cientista. Não foi por acaso a escolha do Dr. Faustus como protagonista de seu drama mais famoso, pois o próprio Goethe tinha um desejo faustiano por conhecimento de muitos tipos.[78] Ele estudou vários idiomas com entusiasmo – latim, grego, francês, italiano, inglês e também hebraico e árabe. Seus interesses literários se estendiam, por exemplo, à literatura mundial, à poesia persa e aos romances chineses. Também se interessou por filosofia e estudou Kant, mas discordou dele.[79] A ideia de "desenvolvimento" era central para Goethe, que a expressou em seu uso do termo *Bildung* ("autoformação") e em seu romance *Wilhelm Meister* (mais tarde descrito como um *Bildungsroman*), narrativa que gira em torno do desenvolvimento da personalidade de Wilhelm.

Nas ciências naturais, Goethe fez descobertas e apresentou ideias originais. Contribuiu para a anatomia (descoberta do osso intermaxilar na mandíbula humana), a botânica (crítica ao sistema de classificação elaborado por Lineu) e a mineralogia (foi diretor de uma mina de prata). Criticou a óptica de Newton e desenvolveu sua própria teoria da cor (*Farbenlehre*, 1810). Também era fascinado pelo que chamou de "morfologia", o estudo do desenvolvimento e

---

[77] Bruford, *Culture and Society in Classical Weimar: 1775-1806*, p.174-235; Reill, Herder's Historical Practice and the Discourse of Late Enlightenment Science, em Koepke (org.), *Johann Gottfried Herder: Academic Disciplines and the Pursuit of Knowledge*, p.13-21; Palti, The "Metaphor of Life": Herder's Philosophy of History and Uneven Developments in Late Eighteenth-Century Natural Sciences, *History and Theory*, v.38, p.322-47, 1999; Nassar, Understanding as Explanation: The Significance of Herder's and Goethe's Science of Describing, em Waldow; DeSouza (orgs.), *Herder*: Philosophy and Anthropology, p.106-25.

[78] Boyle, *Goethe: The Poet and the Age*.

[79] Mommsen, *Goethe and the Poets of Arabia*.

transformação de formas naturais, um avanço da ideia de *Hauptform* de Herder.[80]

Entre os amigos de Goethe da década de 1790 se encontravam os irmãos Wilhelm e Alexander von Humboldt, formando um pequeno grupo criativo que também contava com o poeta, historiador e filósofo Friedrich Schiller. Wilhelm passou mais de uma década em sua *Bildung* pessoal, estudando e traduzindo escritores gregos antigos como uma forma de autodesenvolvimento e conduzindo experimentos, sozinho ou com seu irmão Alexander. Wilhelm então seguiu carreira como diplomata e reformador educacional, mas se aposentou em 1819, aos 52 anos de idade, para dedicar seu tempo ao estudo da linguagem.

Wilhelm von Humboldt também foi filósofo e teórico da educação geral, a qual ele definia, nos termos de Goethe, como *Bildung*, dando ênfase ao cultivo do eu em vez da aquisição de conhecimentos e habilidades. Escreveu a respeito de história (inclusive outro ensaio seminal sobre "O ofício do historiador"), política (sobre os limites da ação estatal) e literatura (discutindo, por exemplo, a obra de Goethe). Tinha interesse pelas ciências naturais, especialmente pela anatomia, e chegou a estudar química o bastante para escrever uma introdução ao tratado sobre gases de seu irmão.[81]

Como linguista ou, para usar o termo corrente em sua época, filólogo, Wilhelm von Humboldt, a exemplo de Herder, interessou-se pelo caráter distintivo das diferentes línguas, revelado em sua estrutura e vocabulário. Ele escreveu duas monografias pioneiras:

---

[80] Nisbet, *Goethe and the Scientific Tradition*; Wells, *Goethe and the Development of Science*; Amrine et al., *Goethe and the Sciences*.

[81] Sweet, *Wilhelm von Humboldt: A Biography*; Borsche, *Wilhelm von Humboldt*; Reill, Science and the Construction of the Cultural Sciences in Late Enlightenment Germany: The Case of Wilhelm von Humboldt, *History and Theory*, v.33, p.345-66, 1994; Muller-Vollmer, Wilhelm von Humboldt, *Stanford Encyclopaedia of Philosophy*, disponível em: <https://plato.stanford.edu/entries/wilhelm-humboldt>.

uma sobre o basco e outra sobre o kawi (a antiga linguagem de Java). De todos os polímatas poliglotas mencionados neste livro, Humboldt certamente detém o recorde de idiomas que aprendeu, do húngaro ao japonês, o que lhe permitiu ter uma visão global de seu tema e escrever seu famoso ensaio sobre a variação nas estruturas linguísticas. Os feitos de Humboldt nesse campo foram descritos como uma "revolução copernicana".[82]

Mas o exemplo supremo do polímata do século XIX certamente é o irmão mais novo de Wilhelm, Alexander von Humboldt, um monstro de erudição em escala leibniziana. Seus contemporâneos estavam bem cientes de seu alcance. Nos Estados Unidos, o reitor de Harvard, John Kirkland, definiu Humboldt como alguém "que se sente em casa em todos os assuntos", e o filósofo e poeta Ralph Waldo Emerson fez um discurso para celebrar seu centenário no qual declarou que "Humboldt era uma daquelas maravilhas do mundo, feito Aristóteles, ou Júlio César, ou o admirável Crichton, que aparecem de tempos em tempos, como se para nos mostrar as possibilidades da mente humana, a força e o alcance das faculdades – um homem universal".[83]

Humboldt começou a carreira como especialista em minas e mineração. Uma expedição de cinco anos pela América espanhola (1799-1804) com seu amigo botânico Aimé Bonpland lhe permitiu investigar a geologia, a botânica, a zoologia e a meteorologia do Novo Mundo. Pode-se dizer que ele chegou no momento certo, quando havia muitas novas plantas e animais (novos para os europeus, pelo menos) esperando para serem descobertos naquela parte do planeta. Humboldt estava familiarizado com os métodos científicos mais recentes, entre eles a mensuração de fenômenos

---

[82] Hansen-Love, *La Révolution copernicienne du langage dans l'œuvre de Wilhelm von Humboldt*.
[83] Emerson, *Works*, v.XI, p.458.

naturais, e carregava consigo quarenta instrumentos de medição diferentes. Também ficou conhecido como o intrépido viajante que escalou o monte Chimborazo no que é hoje o Equador e, mais tarde, em 1829, quando tinha 60 anos, explorou a Sibéria.

A imaginação fértil de Humboldt lhe sugeriu novos campos de estudo, como a geografia das plantas. Mediu a temperatura do oceano e estudou as correntes oceânicas, uma das quais recebeu seu nome. Também inaugurou o estudo do geomagnetismo, ou seja, a investigação do campo magnético da Terra, não apenas por escrever seus próprios artigos sobre o assunto, mas por organizar os trabalhos dos outros. No final de sua longa vida, Humboldt publicou um livro geral sobre o cosmos, que se originou de palestras ministradas ao público em geral em Berlim. *Cosmos* estendeu seu interesse pela geografia física àquilo que ele chamou de programa "talvez ousadamente imaginado" de "uma descrição física do universo, abrangendo todas as coisas criadas nas regiões do espaço e na Terra".

Humboldt também era um homem de letras no sentido que a expressão tinha no século XIX. Assim como seu irmão, Alexander foi poliglota e compartilhou o interesse de Wilhelm pela filologia.[84] Seu livro *Cosmos* descreveu não apenas o mundo natural, mas também a história de seu estudo e as emoções sentidas na contemplação da natureza. O livro abarcava da poesia árabe à cronologia chinesa, da arqueologia do Egito antigo às paisagens de Ticiano, de Colombo a Copérnico. Na introdução, Humboldt sugeria que a descrição científica não era "totalmente incompatível com uma animação pitoresca do estilo", uma animação encontrada em muitos de seus escritos.

A exemplo de Goethe, Alexander von Humboldt uniu as culturas das humanidades e das ciências naturais, bem como os mundos de

---

[84] Biermann; Schwarz, Der polyglotte Alexander von Humboldt, *Mitteilungen der Alexander von Humboldt-Stiftung*, v.69, p.39-44, 1997.

ação e da contemplação.[85] Em seu *Ensaio político sobre o reino da Nova Espanha* (que logo se tornaria independente, sob o nome de México) descreveu a economia, a estrutura social e o sistema político da região. Seu interesse pelo meio geográfico abrangia a influência deste sobre diferentes civilizações e também sobre as plantas. Seu hábito de mensurar se aplicou até à pirâmide de Cholula, e seu apego aos números precisos o levou às estatísticas sobre a população da América espanhola, sua densidade em diferentes lugares e sua divisão entre brancos, negros e indígenas. Se os muitos interesses fazem Humboldt parecer uma raposa, seu cuidado com a conexão (*Zusammenhang*) revela seu lado ouriço. O objetivo de todas as suas mensurações era estabelecer leis gerais da natureza que transcendessem seus diferentes domínios.

Embora tenha expressado o temor de cair naquilo que chamava de "superficialidade do enciclopedista", Humboldt e sua carreira demonstram que ainda era possível que um indivíduo fizesse contribuições originais e importantes a uma ampla gama de disciplinas, combinando amplitude e profundidade. Ele foi descrito como o "último homem que sabia tudo", mas, com mais razão, como "o último dos polímatas".[86]

Houve apenas um Alexander von Humboldt, um indivíduo que na década de 1850 ainda era capaz de igualar o alcance e as descobertas dos monstros da erudição do século XVII. Na geração seguinte, porém, algumas pessoas tentaram criar sistemas intelectuais que conteriam todo ou pelo menos a maior parte do conhecimento humano, desafiando a montanha de informações que continuava

---

[85] Hey'l, *Das Ganze der Natur und die Differenzierung des Wissens: Alexander von Humboldt als Schriftsteller*, p.7-10, 386-94 e *passim*.
[86] Schulke, Die letzte Universalgelehrte der Menschheit, *Wissenschaft*, 4 maio 2009. Disponível em: <https://www.welt.de/wissenschaft/article3672722/Der-letzte--Universalgelehrte-der-Menschheit.html>.

se acumulando. Entre esses indivíduos se encontravam Auguste Comte, Herbert Spencer e Karl Marx.

Construtores de sistemas

A carreira de Comte transcorreu às margens do mundo acadêmico, como ele próprio se queixava, enquanto ganhava a vida como examinador e palestrante fora da universidade.[87] Foi pioneiro na história das ciências e pediu ao ministro da Educação que lhe desse uma cadeira nessa matéria no Collège de France (François Guizot, o então ministro, recusou). Comte foi um dos estudiosos mais versáteis de sua época. Suas palestras públicas iam da astronomia à história da humanidade. Estava particularmente interessado em classificar diferentes tipos de conhecimento, distinguindo entre o que chamava de ciências mais "abstratas", como a matemática, e as mais "concretas". Também traçava diferenças entre as ciências "simples", como a física, que produz leis gerais, e as ciências mais complexas, como biologia e sociologia, cujas leis eram mais específicas. Para criar sua classificação, Comte estudou matemática, mecânica, astronomia, acústica, óptica, "termologia" (a física do calor), química, biologia, economia política e uma nova disciplina, para a qual ele escolheu um novo nome, *sociologie*, e a descreveu como o estudo das "leis fundamentais relativas aos fenômenos sociais".[88]

Um equivalente britânico de Comte – que sempre negou sua dívida para Comte – seria Herbert Spencer, o qual também fez nome

---

[87] Comte, Préface personnelle, *Cours de Philosophie Positive*, v.6, p.v-xxxviii. Cf. Pickering, *Auguste Comte: An Intellectual Biography*.
[88] Comte, op. cit., v.1, p.1-115. Cf. Heilbron, Auguste Comte and Modern Epistemology, *Sociological Theory*, v.8, p.153-62, 1990; Pickering, op. cit., v.1, p.445, 561-604.

como construtor de sistemas.[89] Spencer escreveu sobre frenologia, biologia, fisiologia, psicologia e sociologia, além de ter apresentado o que chamou de "filosofia sintética". Afirmava que as ciências sociais deveriam ser modeladas a partir das ciências naturais e que a sociedade deveria ser vista como um organismo que evoluía de formas relativamente simples para formas mais complexas. Combinou uma vasta leitura – ou melhor, um vasto folhear, pois raramente lia livros do começo ao fim – com uma propensão a reagir contra as ideias do autor. Spencer foi um *outsider* intelectual, um autodidata que não frequentara a universidade. Tinha formação de engenheiro civil e trabalhou em ferrovias antes de se tornar jornalista (no periódico *The Economist*) e, em seguida, escritor *freelancer*, vivendo dos *royalties* de seus livros e de pagamentos por artigos nas revistas que compunham uma parte importante da paisagem intelectual da Grã-Bretanha vitoriana.[90] No entanto, as observações de Spencer sobre o "equilíbrio" social em seu *Social Statics* [Estática social] (1851) sugerem que o hábito mental que ele formara como engenheiro nunca o abandonou.

O sistema de Karl Marx durou mais que os de Comte e Spencer, embora seu alcance fosse mais restrito.[91] Esse sistema, exposto e ilustrado mais detalhadamente em *O capital*, 1867-1893, apresentado como uma síntese de economia política, filosofia, história e da nova disciplina da sociologia. O interesse de Marx pela história seria agora descrito como "global". Ele estudou a Índia e a China, em busca de uma teoria geral da evolução histórica que abarcasse o "modo de produção asiático". E também escreveu mais de trinta

---

[89] Elsen, Herbert Spencer and the Spectre of Comte, *Journal of British Studies*, v.7, p.48-67, 1967.

[90] Peel, *Herbert Spencer: The Evolution of a Sociologist*; Jones; Peel, *Herbert Spencer: The Intellectual Legacy*; Harris, Spencer, Herbert, *ODNB*, v.51, p.851-61, 2004.

[91] Estudos sobre o homem e sua obra vão de Berlin, *Karl Marx*, a Jones, *Karl Marx: Greatness and Illusion*.

artigos sobre a Índia para o *New York Tribune* na época daquilo que os britânicos chamavam de Rebelião Indiana de 1857 (os indianos a descrevem como uma guerra pela independência). No final da vida, o autor descobriu a nova disciplina da antropologia, notadamente a obra do estudioso americano Lewis Morgan sobre os iroqueses.[92]

Os interesses de Marx foram muito além das ciências sociais. Na Universidade de Berlim, ele escreveu sua tese de doutorado sobre o filósofo grego Epicuro. Como outros eruditos de sua época, Marx conhecia os clássicos gregos e latinos, e seu conhecimento das obras-primas da literatura europeia moderna era excepcional. Participou dos principais debates filosóficos de seu tempo, a favor e contra Hegel. Durante seu longo exílio na Inglaterra (1850 a 1883), Marx passou muito tempo estudando na famosa Sala de Leitura do Museu Britânico, sempre mergulhado, como disse seu amigo, colega e, mais tarde, adversário Arnold Ruge, em "um infinito oceano de livros".[93] Quando se via "completamente incapaz de trabalhar", como ele próprio dizia, Marx gostava de ler livros sobre anatomia e fisiologia.[94]

A sobrevivência do homem de letras

A tradição do homem de letras de amplos interesses continuou forte no século XIX. Concentrando-se em fato ou ficção, publicando livros ou artigos, os escritores vinham encontrando mais facilidade para viver da própria escrita. Para os polímatas, periódicos culturais como a *Edinburgh Review* ou a *Revue des Deux Mondes* ofereciam a oportunidade de ganhar a vida escrevendo resenhas críticas de novos livros sobre uma variedade de assuntos. Resenhas mais longas

---

[92] Krader (org.), *The Ethnological Notebooks of Karl Marx*.
[93] Citado por Hobsbawm, Marx, Karl, *ODNB*, v.37, p.57-66, esp. p.60, 2004.
[94] Jones, op. cit., p.434, 593.

se transformavam em ensaios independentes que depois podiam ser recolhidos em livros. Naquele momento estava surgindo um novo papel para os homens de letras: o de crítico, não apenas no sentido de alguém que avalia obras de arte e literatura, mas no de indivíduo que aponta o que há de errado com a cultura e a sociedade contemporâneas.

Críticos franceses

Os quatro principais homens de letras deste tipo atuaram na França do século XIX: Charles Sainte-Beuve, Alexis de Tocqueville, Ernest Renan e Hippolyte Taine.

Sainte-Beuve é lembrado como crítico literário, mas tinha interesses mais amplos. Escreveu poesia, um romance e uma história em cinco volumes do mosteiro de Port-Royal, que no século XVII fora um centro do movimento jansenista, às vezes descrito como uma espécie de puritanismo católico. De qualquer forma, seus ensaios críticos não se limitaram à literatura em sentido estrito, pois se estenderam, por exemplo, a uma discussão das ideias de Bayle e Rousseau. Para Sainte-Beuve, a primeira etapa da crítica era "entender tudo o que viveu" (*comprendre tout ce qui a vécu*). Ele definia seus ensaios, muitos dos quais publicados nas revistas *Le Constitutionnel* e *Le Moniteur*, como "Conversas" (*Causeries*), porque foram escritos em um estilo acessível, próximo ao francês falado. Esse estilo deve algo à presença do autor nos *salons* de Juliette Récamier e de outras grandes anfitriãs da época, que davam continuidade à bela tradição do século XVIII.[95]

Em sua vida relativamente curta, o aristocrata francês Alexis de Tocqueville seguiu carreira política, mas, em suas memórias,

---

[95] Wellek, *A History of Modern Criticism: 1750-1950*, v.3, p.34-72; Lepenies, *Sainte-Beuve: Auf der Schwelle zur Moderne*.

posicionou-se entre os "homens de letras, que escreveram história sem participar de assuntos públicos, e os políticos, que se ocuparam de produzir eventos sem neles pensar". Ele viajou muito e escreveu duas obras-primas da análise política e social, *A democracia na América* (1835-40), e *O Antigo Regime e a Revolução* (1856). Tocqueville também escreveu sobre a pobreza na Inglaterra e na Irlanda, chegando a visitar casas pobres para ver como o sistema funcionava, e sobre o colonialismo na Argélia, o qual estudou em primeira mão, um século antes do sociólogo Pierre Bourdieu, embora tenha chegado a conclusões opostas, defendendo a conquista e a colonização.[96] Tocqueville estudou religião, especialmente o islã e o hinduísmo, e planejou escrever um livro sobre os britânicos na Índia. Sua contribuição ao conhecimento foi descrita como "polimórfica",[97] algo que foi muito além da ciência política. Já se disse que seu livro sobre a democracia na América trazia "uma análise importante e original da economia dos Estados Unidos", graças à ênfase na dimensão cultural, a dos costumes sociais (*moeurs*).[98]

Ernest Renan teve uma carreira mais turbulenta – ou, mais exatamente, três carreiras: a primeira como sacerdote, a segunda como estudioso e a terceira como crítico e o que se pode chamar de intelectual público. No seminário, estudou filosofia, teologia e hebraico. Lendo o Antigo Testamento como filólogo, começou a ter dúvidas sobre sua vocação ao sacerdócio e o abandonou. Como estudioso leigo, Renan publicou um livro sobre Averróis, o filósofo árabe medieval discutido no segundo capítulo, e um estudo comparativo das línguas semíticas. Foi convidado a liderar uma missão arqueológica à "Fenícia" (o atual Líbano) e eleito para uma cadeira

---

[96] Furet; Mélonio, "Introdução" a Tocqueville, *Œuvres*, v.1; Aron, *Main Currents in Sociological Thought*, v.1, p.183-232; Richter, Tocqueville on Algeria, *The Review of Politics*, v.25, p.362-98, 1963.
[97] Benoît, *Tocqueville*, p.xii.
[98] Swedberg, *Tocqueville's Political Economy*, p.73.

de prestígio no Collège de France. Renan certa vez se definiu como "o menos literário dos homens".[99] Ainda assim, ele se tornou um homem de letras. Escreveu para a *Revue des Deux Mondes* e o *Journal des Débats*. Sua controversa e muito vendida *Vie de Jésus* [Vida de Jesus] (1863) o impulsionou como figura pública que palestrava sobre muitos assuntos e como crítico cultural que argumentava que a França precisava tanto de uma reforma intelectual quanto de uma reforma moral. Dizia-se que "nenhum cérebro foi mais universal, mais abrangente".[100]

Hippolyte Taine é um exemplo ainda mais espetacular de polímata do século XIX.[101] Quando jovem, Taine queria ser filósofo, mas também se sentia atraído tanto pelas ciências sociais quanto pelas ciências naturais, especialmente fisiologia, medicina e história natural. Um colega de estudos definiu a mente de Taine como "uma prodigiosa esponja".[102] Ele ansiava trilhar carreira acadêmica, mas essa esperança se frustrou quando, por causa de suas ideias filosóficas heterodoxas e da rejeição de sua proposta de tese de doutorado, ele foi reprovado em um exame importante. Voltou-se à carreira de crítico, escrevendo para a *Revue des Deux Mondes* e o *Journal des Débats* e depois publicando seus artigos sob forma de livro em *Essais de critique et d'histoire* [Ensaios de crítica e história] e *Histoire de la littérature anglaise* [História da literatura inglesa] (1863), nos quais lançou a ideia de que a literatura, assim como a cultura em geral, era moldada por três fatores que ele chamou de *race*, *milieu* e *moment* [raça, meio e momento].

Ao frequentar *salons* e escrever para periódicos e para a popular editora Hachette, Taine passou a escrever, a exemplo de Sainte-

---

[99] Wardman, *Ernest Renan: A Critical Biography*, p.211. Cf. Van Deth, *Renan*; Laurens (org.), *Ernest Renan*.
[100] Frase do historiador Gabriel Monod, citado por Laurens, op. cit., p.10.
[101] Weinstein, *Hippolyte Taine*; Pozzi, *Hippolyte Taine: scienze umane e politica nell'Ottocento*; Richard, *Hippolyte Taine: histoire, psychologie, littérature*.
[102] Pozzi, op. cit., p.24.

-Beuve, em estilo acessível (com um certo tom de malícia, os irmãos Goncourt notaram que Taine tinha um "grande medo de parecer pedante").[103] Taine também escreveu sobre a filosofia da arte e a psicologia da inteligência. Em reação ao impacto da derrota francesa diante dos prussianos em 1870, ele se voltou para a história. Suas *Origines de la France contemporaine* (1875-1893) apresentaram a história francesa a partir de 1789 desde um ponto de vista psicológico, inspirado na experiência da Comuna de Paris. Em suma, Taine abarcou as humanidades, as ciências naturais e as ciências sociais, as quais estavam surgindo no espaço entre as duas anteriores. Não é de se admirar que o crítico dinamarquês Georg Brandes o tenha definido como um "homem renascentista".[104]

Críticos ingleses

Na Inglaterra, entre os principais críticos culturais se encontravam John Stuart Mill, John Ruskin, William Morris e Matthew Arnold.

Os principais interesses de Mill eram filosofia, política e economia. Filho de outro polímata, James Mill, ele foi educado em casa e se tornou uma criança prodígio. Quando ainda era adolescente, estudou matemática e ciências naturais em Montpellier e se correspondeu com Auguste Comte. Mill estudou direito, mas desistiu da carreira para passar 35 anos como administrador no Gabinete da Índia da Companhia das Índias Orientais e também trabalhar como assistente de pesquisa do reformador Jeremy Bentham em seu trabalho sobre evidências judiciais. Entre as publicações de Mill se encontram livros sobre lógica, governo representativo e (junto com sua esposa Harriet Taylor) liberdade, economia política

---

[103] Richard, op. cit., p.81.
[104] Citado por Weinstein, op. cit., p.26.

e sujeição das mulheres.[105] Também publicou ensaios sobre temas como civilização, religião, espírito da época e colegas polímatas, como Coleridge e Taine.[106]

Ruskin começou a carreira como crítico de arte e arquitetura. Ele próprio artista, defendeu a obra de Turner no primeiro volume de *Modern Painters* [Pintores modernos] (1843), como depois faria com os pré-rafaelitas. Escreveu sobre o que acreditava ser o declínio e queda da arquitetura veneziana a partir da Idade Média e contextualizou esse declínio contra o pano de fundo histórico em *As pedras de Veneza* (1851-1853). Tempos depois, Ruskin passou da crítica estética para a social. Deu palestras sobre o que chamou de "economia política da arte" e, mais tarde, sobre economia política em geral, criticando a sociedade industrial de sua época. Embora se opusesse ao darwinismo, Ruskin não foi inimigo da ciência natural. Ao longo de toda a vida, interessou-se por geologia, botânica e zoologia, mesmo que não tenha contribuído para essas disciplinas.[107]

Para o jovem William Morris, os escritos de Ruskin foram uma "revelação", e ele seguiu um itinerário semelhante da arte à política. A rigor, segundo a definição empregada neste livro, Morris não foi um polímata porque se interessou pouco pelas disciplinas acadêmicas (embora conhecesse a Idade Média tão bem quanto qualquer historiador de sua época). No entanto, era tão versátil – eu o chamaria de "homem renascentista" se ele não odiasse o Renascimento – que é impossível deixá-lo de fora. Seu discípulo Walter Crane certa vez disse que Morris teria seis personalidades, cinco delas públicas: autor, artista, homem de negócios, tipógrafo e socialista.[108] Ele

---

[105] Robson, Mill, Harriet, *ODNB*, v.38, p.143-6, 2004; Miller, Harriet Taylor Mill, em Zalta (org.), *The Stanford Encyclopaedia of Philosophy*, disponível em: <https://plato.stanford.edu/archives/win2015/entries/harriet-mill>.

[106] Capaldi, *John Stuart Mill: A Biography*; Harris, Mill, John Stuart, *ODNB*, v.38, p.155-75, 2004.

[107] Hilton, *John Ruskin*; Hewison, Ruskin, John, *ODNB*, v.48, p.173-92, 2004.

[108] Citado por Stansky, *William Morris*, p.1.

começou trabalhando como arquiteto, voltou-se para a escultura e a pintura, encontrou sua vocação como *designer*, mas também insistiu em praticar uma série de ofícios, entre eles tecelagem, tinturaria e caligrafia. Adorava as atividades manuais no sentido mais literal do termo e chegou a ficar com as mãos azuis durante a fase do tingimento de tecidos. E também se pode descrevê-lo como um arqueólogo experimental, uma vez que pegou pedaços de tecidos medievais para descobrir como eram feitos.

Morris também foi tradutor (de Homero e Virgílio a *Beowulf* e as sagas islandesas), poeta e escritor de romances. Quando entrou na política, expressou seus ideais socialistas na forma de ficção, notadamente em seu romance utópico *Notícias de lugar nenhum* (1890). A exemplo de Ruskin, era um crítico de sua própria sociedade, tanto do ponto de vista estético quanto do moral, qualificando-a de feia, injusta e "de má qualidade".[109]

Matthew Arnold combinou o papel de crítico com o de poeta e inspetor de escolas. Ele acreditava que avaliar a influência dos livros sobre o que chamava de "cultura geral" era a função mais importante da crítica literária.[110] "Crítica" era uma palavra que fluía com certa frequência de sua pena, assim como das penas de Renan e Taine na França. Arnold definiu Sainte-Beuve como "o primeiro dos críticos vivos". Seus *Essays in Criticism* [Ensaios sobre crítica] (1865) dedicaram-se principalmente à literatura, mas traziam também um ensaio sobre Spinoza, ao passo que seu livro mais famoso, *Culture and Anarchy* [Cultura e anarquia] (1869), tinha o subtítulo "Um ensaio sobre crítica política e social". Esse livro apontava as fraquezas culturais das classes abastadas da Grã-Bretanha (as quais Arnold definia como "bárbaros"), da classe média (os "filisteus") e da classe trabalhadora (o "povo") e pedia mais "doçura e luz", sua versão do termo alemão *Bildung* (em outro lugar, escreveu sobre a necessidade

---

[109] Thompson, *William Morris: Romantic to Revolutionary*; McCarthy, *William Morris*.
[110] Collini, *Matthew Arnold: A Critical Portrait*, p.54; id., Arnold, Matthew, *ODNB*, v.2, p.487-94, 2004. Cf. Wellek, op. cit., v.4, p.155-80.

de as pessoas se tornarem "mais humanas"). A literatura estava no centro dos interesses de Arnold, mas ele a relacionou à religião (*Literature and Dogma*, 1873), à linguagem (estudando filologia) e à cultura de maneira mais geral, interessando-se pela disciplina emergente da etnologia e indo além dos escritos em inglês para discutir, por exemplo, Homero, Dante, Goethe e até a literatura celta, "embora não fosse fluente em nenhum idioma celta". Sua leitura vasta abarcou o *Bhagavad Gita* e o ensaio de Wilhelm von Humboldt sobre o texto religioso hindu, uma inspiração para o próprio poema de Arnold, *Empedocles on Etna* [Empédocles no Etna].[111]

A nova mulher de letras

No início e em meados do século XIX, época de Jane Austen, das irmãs Brontë e de George Sand, algumas mulheres conseguiram seguir carreira literária e algumas poucas merecem ser lembradas como polímatas.

Germaine de Staël, por exemplo, que veio da Suíça, foi uma criança precoce que fez sua primeira aparição aos cinco anos de idade, no salão da mãe – Suzanne Courchod, a garota com quem Edward Gibbon certa vez desejou se casar. Tempos depois, Germaine frequentou os salões de Madame Geoffrin e Madame du Def em Paris e fundou o seu próprio salão. Além de romances e peças de teatro, Madame de Staël escreveu sobre filosofia, paixões, suicídio, tradução e política (a respeito da paz, do julgamento de Maria Antonieta e da Revolução Francesa). Seus trabalhos mais conhecidos são um estudo do que passou a ser conhecido como sociologia da literatura, *De la littérature considérée dans ses rapports avec les institutions*

---

[111] Buckler, "On the Study of Celtic Literature": A Critical Reconsideration, *Victorian Poetry*, v.27, p.61-76, esp. p.62, 1989; Nagarajan, Arnold and the *Bhagavad Gita*, *Comparative Literature*, v.12, p.335-47, 1960.

sociales [Da literatura considerada em suas relações com as instituições sociais] (1800) e *Da Alemanha* (1813), que combinava uma descrição de sociedade alemã, inclusive de sua religião e da posição das mulheres, com uma apresentação e avaliação das realizações dos alemães na literatura, filosofia e ciências naturais.[112]

Outra criança precoce foi Dorothea Schlözer, a beneficiária – ou vítima – do experimento educacional de seu famoso pai, o historiador August Schlözer. Ela começou a aprender o alfabeto aos dezoito meses de idade, iniciou-se nas línguas modernas e – aos cinco anos – na matemática. Foi a primeira mulher a receber um doutorado por uma universidade alemã (em Göttingen, no ano de 1787). Falava dez idiomas e estudou botânica, zoologia, mineralogia, óptica, religião e arte, distinguindo-se do pai ao se interessar também pelas ciências naturais.[113]

Na Grã-Bretanha, entre as polímatas se encontravam Harriet Martineau e Mary Ann Evans, mais conhecida sob o pseudônimo George Eliot. A respeito de si mesma, Martineau escreveu que "ela podia popularizar, embora não conseguisse descobrir nem inventar". Ainda assim, seu alcance era impressionante. Dizia-se que ela era capaz de conversar sobre quase qualquer assunto. Decidida a se sustentar escrevendo, publicou livros sobre religião (*Devotional Exercises* [Exercícios devocionais], 1823); economia política (*Illustrations of Political Economy* [Ilustrações de Economia Política], 1832); *Society in America* [Sociedade na América] (1837), a exemplo de *A democracia na América*, de Tocqueville, fruto de uma visita aos Estados Unidos; educação (*Household Education* [Educação doméstica], 1848); *Eastern Life, Present and Past* [Vida oriental, presente e passado] (1848), depois de uma viagem pelo Oriente Médio; e *The Thirty Years' Peace*

---

[112] Fairweather, *Madame de Stael*; Winock, *Madame de Stael*; Holmes, *This Long Pursuit*, p.153-68.
[113] Kern; Kern, *Madame Doctorin Schlözer: ein Frauenleben in den Widersprüchen der Aufklärung*, p.52 ss.

[A Paz dos Trinta Anos] (1849), uma história do período de 1816 a 1846. Martineau também escreveu para jornais e produziu ensaios, romances e uma tradução abreviada da filosofia positiva de Comte (1853).[114]

George Eliot certa vez declarou: "gosto de todos os temas".[115] Sua descrição de Maggie Tulliver, a heroína de *O moinho sobre o rio*, como uma mulher "sedenta por todo o conhecimento" certamente se aplica à sua criadora. Sua não ficção há muito foi ofuscada por seus romances famosos, mas sua carreira começou como editora extraoficial daquele que se tornaria o principal periódico de seu tempo, a *Westminster Review*, e como colaboradora de longos artigos sobre assuntos como "Mulheres na França", "História da Igreja do século XIX", "O futuro da filosofia alemã", tradução e etnografia, além de perfis das vidas de Mary Wollstonecraft, Goethe, Milton, Tennyson e Wagner, entre outros. Ela conhecia sete línguas estrangeiras e traduziu a *Ética*, de Spinoza, a *Essência do cristianismo*, de Ludwig Feuerbach, e a controversa vida de Jesus escrita por David Strauss. Na década de 1850, quando conheceu George Henry Lewes, seus principais interesses estavam nas humanidades e nas ciências sociais (notadamente nas ideias de Auguste Comte e Herbert Spencer). Depois de ir morar com Lewes, ela o acompanhou em expedições científicas e "leu com ele trabalhos sobre ciências médicas, zoologia, anatomia e biologia marinha".[116]

Lewes, hoje mais conhecido como parceiro de George Eliot, foi um polímata notável. Ele editou a *Fortnightly Review* [Revista Quinzenal] e publicou dois romances, além de *A Biographical History of*

---

[114] Webb, Martineau, Harriet, *ODNB*, v.37, p.13-9, 2004.
[115] Haight, *George Eliot: A Biography*; Shuttleworth, *George Eliot and 19th-Century Science*; Gray, George Eliot and the "Westminster Review", *Victorian Periodicals Review*, v.33, p.212-24, 2000; Postlethwaite, George Eliot and Science, em Levine (org.), *The Cambridge Companion to George Eliot*, p.98-118; Ashton, Evans, Marian, *ODNB*, v.18, p.730-43, 2004.
[116] Dodd, *George Eliot: An Intellectual Life*, p.284.

Philosophy [Uma história biográfica da filosofia], um estudo sobre o drama espanhol, uma análise da filosofia das ciências de Comte e biografias de Robespierre e Goethe. Depois, Lewes se voltou para as ciências naturais e produziu um estudo sobre a biologia marinha, um livro de fisiologia e um tratado sobre psicologia, *Problems of Life and Mind* [Problemas da vida e da mente], que ficou inacabado e Eliot completou após sua morte.[117] Aliás, esse homem da mais alta erudição não frequentou a universidade.

O interesse de Eliot pela ciência se evidencia em seus ensaios, cartas e cadernos, que revelam sua familiaridade com geologia, biologia, física, astronomia e anatomia. De fato, já se disse que sua imaginação era "permeada por ideias e especulações científicas", tanto que às vezes os resenhistas a criticavam pela quantidade de alusões eruditas em sua ficção.[118] Seus cadernos de anotações testemunham a cuidadosa pesquisa que ela empreendia durante a preparação de seus romances. Para escrever *Middlemarch*, estudou a história política da Inglaterra nas décadas anteriores à Lei da Reforma de 1832. Para *Romola*, cuja heroína era uma mulher do Renascimento que desejava ser tão erudita quanto Cassandra Fedele (discutida no segundo capítulo), Eliot realizou pesquisas em Florença, no Museu Britânico e na Biblioteca de Londres.[119] Para *Daniel Deronda*, centrado na comunidade judaica de Londres, ela aprendeu hebraico e, segundo Lewes, ficou "tão profundamente versada na história e na literatura judaica quanto qualquer rabino". Ela é muito lembrada por seu retrato desagradável do estudioso Edward Casaubon em *Middlemarch*, mas certa vez admitiu que "os matizes de Casaubon não são muito estranhos à minha própria compleição".

A escocesa Mary Somerville era cientista e foi comparada por um importante colega inglês a Maria Agnesi (discutida anteriormen-

---

[117] Ashton, *George Henry Lewes*; id., Lewes, George Henry, ODNB, v.33, p.563-8, 2004.
[118] Beer, *Darwin's Plots*, p.149, 154.
[119] Haight, op. cit., p.344-50.

te).[120] Ela cresceu "feito uma criatura selvagem", como escreveu muito mais tarde, em uma cidadezinha da Escócia e foi principalmente autodidata, já que as mulheres de sua geração não tinham permissão para frequentar as universidades britânicas. Estudou latim, grego, matemática, astronomia, mineralogia e geologia, realizou experimentos (sobre os efeitos da radiação solar, por exemplo) e publicou artigos no periódico *Transactions* da Royal Society. Ao se mudar para Londres, Somerville conheceu os polímatas Young, Herschel e Babbage (a quem ela elogiou por seu "extenso conhecimento sobre muitos assuntos").[121]

Sem condições, como esposa e mãe, de encontrar tempo para a pesquisa sistemática, Somerville fez da necessidade uma virtude – ou, pelo menos, uma oportunidade –, concentrando-se na síntese de informações e ideias. Sua vida mudou, escreveu ela tempos depois, quando foi convidada para traduzir um livro sobre "a mecânica dos céus" escrito por Jean-Pierre Laplace. O ensaio que ela escreveu como introdução a esse livro a levou à sua principal obra, *On the Connection of the Physical Sciences* [Sobre a conexão das ciências físicas] (1834). O livro foi escrito em um estilo claro e acessível para atrair os leitores comuns e oferece um bom exemplo do que os polímatas fazem melhor: enxergar o quadro geral e apontar as conexões que passam despercebidas aos especialistas. Somerville também publicou um livro de sucesso sobre geografia física. Sua obra recebeu elogios não apenas de Whewell, mas também de Alexander von Humboldt, que apreciou sua capacidade de ver conexões.[122]

---

[120] Neeley, *Mary Somerville: Science, Illumination and the Female Mind*, p.2.
[121] Somerville, *Personal Recollections*, p.140.
[122] Patterson, Somerville, Mary, *DSB*, v.12, p.521-5, 1970; id., *Mary Patterson and the Cultivation of Science: 1815-1840*; Creese, Somerville, Mary, *ODNB*, v.51, p.617-9, 2004; Secord, "General Introduction" a Mary Somerville, em Secord (ed.), *The Collected Works of Mary Somerville*, p.xv-xxxix; id., Mathematics for the Million? Mary Somerville's On the Connexion of the Physical Sciences, em *Visions of Science*, p.107-37; Holmes, *This Long Pursuit*, p.197-216.

Cientistas

No tempo em que George Eliot e Mary Somerville estudavam as ciências naturais, o termo "cientista" (cunhado pelo polímata William Whewell na década de 1830) estava entrando em uso, um primeiro sinal da gradual cisão entre aquelas que, mais de um século depois, seriam conhecidas como "as duas culturas" da ciência e das humanidades.[123] Naquela época, porém, indivíduos que tinham reputação de cientistas, muitas vezes em campos diversos, também participavam da cultura das humanidades e, às vezes, contribuíam para ela.

Na França, por exemplo, Antoine Cournot iniciou a carreira na mecânica, passou para a matemática, aplicou-a ao estudo da riqueza em um trabalho pioneiro sobre a economia política e encerrou a carreira como filósofo, autor de um ensaio sobre os fundamentos do conhecimento. Também se interessou muito por astronomia. Georges Cuvier dominou os campos relacionados da zoologia, anatomia comparada, paleontologia e geologia, mas também escreveu sobre a história da ciência. Étienne Geoffroy Saint-Hilaire, amigo, colaborador, rival e oponente de Cuvier, trabalhou nos três primeiros desses campos e também atuou em embriologia experimental.[124]

Cientistas alemães

Entre os exemplos alemães de cientistas polimáticos desse período se encontram Rudolf Virchow, Hermann von Helmholtz e Ernst Haeckel. Virchow atuou na política e trabalhou não apenas

---

[123] Ross, "Scientist": The Story of a Word, *Annals of Science*, v.18, p.65-85, 1962.
[124] Granger, Cournot, Antoine-Augustin, *DSB*, v.3, p.450-4, 1970; Bourdier, Cuvier, Georges, *DSB*, v.3, p.521-8, 1970; id., Geoffroy Saint-Hilaire, Étienne, *DSB*, v.5, p.355-8, 1970.

como médico, patologista e biólogo, mas também como etnólogo e pesquisador da pré-história. De fato, ele afirmou que "a medicina é uma ciência social e a política é nada mais que a medicina em grande escala".[125] Ele certamente levou a política a sério, participando da revolução de 1848 e, mais tarde, tornando-se deputado liberal e oponente de Bismarck, que o descreveu como um indivíduo que "amadoristicamente saiu de seu campo para adentrar o meu".[126] Além de suas contribuições às ciências naturais, notadamente à teoria e à patologia das células (explicando a origem do câncer e identificando leucemia), Virchow estudou antropologia física e dirigiu um levantamento sobre cabelos, cor da pele e dos olhos de quase sete milhões de crianças alemãs em idade escolar, concluindo que a ideia de raça ariana era uma fantasia. Editou um diário de etnologia e escreveu sobre Goethe como um estudioso da natureza. Também apoiou a escavação de Troia pelo empresário Heinrich Schliemann e realizou suas próprias investigações arqueológicas na Pomerânia (naqueles tempos relativamente não especializados, não era necessário ser arqueólogo de carteirinha para fazer escavações).[127]

Helmholtz foi definido como "gênio universal" e "o último estudioso cuja obra, na tradição de Leibniz, abrangeu todas as ciências, assim como a filosofia e as belas artes".[128] O *Dictionary of Scientific Biography* [Dicionário da biografia científica], geralmente tão lacônico, credita a ele contribuições para "energia, acústica, acústica fisiológica, óptica fisiológica, epistemologia, hidrodinâmica, eletrodinâmica".[129] Quando adolescente, Helmholtz foi fascinado pela física, mas seguiu o conselho de seu pai para estudar medicina. Na

---

[125] Citado por McNeely, *"Medicine on a Grand Scale": Rudolf Virchow, Liberalism and the Public Health*, p.5.
[126] McNeely, op. cit., p.7.
[127] Risse, Virchow, Rudolf, *DSB*, v.14, p.39-45, 1970; James, Rudolf Virchow and Heinrich Schliemann, *South African Medical Journal*, v.56, p.111-4, 1979.
[128] Kruger (org.), *Universalgenie Helmholtz*.
[129] Turner, Helmholtz, Hermann von, *DSB*, v.6, p.241-53, esp. p.253, 1970.

Universidade de Berlim, estudou química, matemática e filosofia. Helmholtz foi nomeado professor de anatomia e fisiologia, primeiro na Universidade de Bonn e depois em Heidelberg, onde trabalhou com a fisiologia da visão e da audição. Retornando a seu primeiro entusiasmo, mudou-se de volta para Berlim como professor de física. Helmholtz interessou-se particularmente pela percepção da arte e pela teoria da música. Proferiu palestras para estudantes de arte e se correspondeu com os historiadores de tempos antigos e modernos, como Theodor Mommsen e Heinrich von Treitschke. A exemplo de Virchow, escreveu sobre Goethe e a ciência.[130]

Na geração seguinte, Ernst Haeckel, aluno de Virchow, abrangeu os campos da anatomia, zoologia e ecologia (uma disciplina que ele foi o primeiro a nomear) e também escreveu sobre filosofia da ciência. Preocupava-se com a unidade da ciência e fundou a Liga dos Monistas Alemães (*Deutsche Monistenbund*) para promover a causa, bem como oferecer uma religião secular para sua época. Haeckel também foi um artista que ilustrou seus próprios livros e um atleta que ganhou prêmio no salto em distância, tornando-se o primeiro polímata a se destacar nesse campo desde o Renascimento, a era de Leon Battista Alberti, Rudolf Agricola e James Crichton. Adorava viagens e explorações, em especial o montanhismo. Seu grande modelo, muito apropriadamente, foi Alexander von Humboldt.

Humboldt também inspirou o polímata norte-americano George Marsh, que atuou como advogado, diplomata e reformador social, mas, em seu tempo livre, esse "versátil homem de Vermont" foi colecionador de arte, arqueólogo, linguista, geógrafo e pioneiro ambientalista, definido por seu biógrafo David Lowenthal como "o mais vasto estudioso de seu tempo".[131]

---

130 Meulden, *Helmholtz: From Enlightenment to Neuroscience*.
131 Bolsche, *Haeckel: His Life and Work*; Uschmann, Haeckel, E. H. P., *DSB*, v.6, p.6-11, 1970; Wulf, *The Invention of Nature: The Adventures of Alexander von Humboldt, the Lost Hero of Science*, p.298-314; Lowenthal, *G. P. Marsh: Prophet of Conservation*.

Cientistas britânicos

Também na Grã-Bretanha, a era vitoriana foi a época de alguns cientistas multifacetados, os quais contribuíram para várias disciplinas e combinaram a cultura científica com a literária.

Charles Darwin, por exemplo, foi, entre outras coisas, um homem de letras vitoriano. Seu pai queria que ele se formasse médico e o mandou para Edimburgo, mas Charles descobriu que odiava anatomia. Então foi enviado a Cambridge para se preparar para a carreira na Igreja, mas descobriu a história natural. Era admirador de Alexander von Humboldt e chegou a confessar que "todo o meu curso de vida se deve à leitura e releitura de seu *Personal Narrative* ainda na juventude".[132] A exemplo da expedição de Humboldt à América espanhola, a longa viagem de Darwin no *Beagle* (1831-1836) mudou sua vida. Em suas viagens, "tudo parecia interessá-lo, pessoas, lugares, criaturas, plantas, climas, a estrutura das rochas, a política e as tribos indígenas".[133] Darwin, por fim, publicou seis livros sobre botânica, três sobre geologia e um sobre "a expressão das emoções nos animais e no homem".

Sua obra *A origem das espécies* (1859), que o deixou famoso, pode ser e foi analisada como um livro de literatura, pois apresenta seu argumento na forma de uma narrativa e o fundamento e aviva com exemplos que são observados com precisão e descritos com vividez.[134] O livro deve ideias importantes à vasta leitura do autor, ilustrando a maneira pela qual um polímata pode contribuir para uma disciplina tomando de empréstimo ideias dos saberes vizinhos e as adaptando à nova situação. Os *Principles of Geology* [Princípios de geologia], de seu amigo Charles Lyell, levaram Darwin a pensar na evolução das diferentes espécies como um processo que se estendia

---

[132] Carta a seu amigo e botânico Joseph Hooker, citado por Brent, *Charles Darwin: A "Man of Enlarged Curiosity"*, p.98.
[133] Ibid., p.174.
[134] Beer, op. cit.

a longo prazo, enquanto *Ensaio sobre a população*, de Thomas Malthus, lhe deu a ideia da luta pela sobrevivência.[135]

Thomas Henry Huxley, mais conhecido por sua defesa pública de Darwin, foi outro polímata que certa vez agradeceu aos deuses por sua "diversidade de gostos", declarando: "se eu tivesse tantas vidas quanto um gato, não deixaria nenhum canto inexplorado". A exemplo de Darwin, Huxley estudou medicina, mas não chegou a se formar. E, como Darwin, sua vida se transformou depois de uma expedição, no seu caso, ao estreito de Torres e à Austrália, entre 1846 e 1850, como cirurgião no HMS *Rattlesnake*. Huxley se interessou por zoologia e realizou pesquisas sobre anêmonas-do-mar, águas-vivas e ouriços-do-mar. Em seu retorno à Grã-Bretanha, Huxley ensinou geologia na Escola de Minas em Londres. A geologia e o interesse pela evolução o levaram à paleontologia, campo em que estudou dinossauros e o crânio de um homem neandertal. Depois de um encontro com Herbert Spencer, Huxley entrou para o círculo da *Westminster Review* e passou a escrever para a publicação regularmente, descobrindo seu talento para a popularização lúcida e vívida. Também deu palestras públicas sobre uma ampla variedade de tópicos, entre elas a famosa "Sobre um pedaço de giz", proferida aos trabalhadores de Norwich, em 1868. Reunidos, os ensaios e palestras de Huxley compõem nove volumes e trazem também um debate com Matthew Arnold sobre o lugar da literatura e da ciência no ensino.[136]

Outro cientista versátil foi Francis Galton, agora famoso – ou de má fama – por defender a eugenia. Ele também começou a carreira

---

[135] De Beer, Darwin, Charles Robert, *DSB*, v.3, p.565-77, 1970; Browne, *Charles Darwin*; Desmond; Browne; Moore, Darwin, Charles Robert, *ODNB*, v.15, p.177-202, 2004; Sacks, Darwin and the Meaning of Flowers, em *The River of Consciousness*, p.3-26.

[136] Williams, Huxley, Thomas Henry, *DSB*, v.6, p.589-97, 1970; Desmond, *T. H. Huxley*; id., Huxley, Thomas Henry, *ODNB*, v.29, p.99-111, 2004.

como explorador – no seu caso, no Oriente Médio e em regiões do sudoeste da África antes desconhecidas pelos europeus – e publicou um livro sobre a arte de viajar. Primo de Charles Darwin, Galton interessou-se particularmente pela hereditariedade e estudou humanos e ervilhas. Também foi matemático, estatístico, antropólogo físico (chegou a fundar um laboratório antropométrico), psicólogo experimental interessado em testes de inteligência e memória visual e meteorologista (descobriu e batizou o anticiclone). Além disso, classificou as impressões digitais a partir do trabalho de William James Herschel, filho do polímata John Herschel.[137]

William Henry Fox Talbot constitui um exemplo espetacular de indivíduo multifacetado que hoje é conhecido quase inteiramente por uma única forma de conhecimento e habilidade, no seu caso, a contribuição ao desenvolvimento da fotografia. Mesmo se não houvesse inventado uma câmera e escrito sobre fotografia em *O lápis da natureza* (1844), Talbot teria um lugar garantido na história como polímata vitoriano. Foi um exímio matemático: a "curva de Talbot" leva seu nome. Depois de conhecer John Herschel, começou a trabalhar com óptica e formulou a "lei de Talbot". A óptica o levou, por meio do espectroscópio, à química, campo em que demonstrou que os diferentes elementos podiam ser identificados a partir de seus espectros. Seus interesses por óptica e química convergiram para a fotografia, mas o alcance de Talbot foi ainda maior. Ele identificou duas novas espécies botânicas, publicou três artigos sobre astronomia e vários sobre a teoria dos números. Também escreveu sobre etimologia e foi um dos primeiros a decifrar textos cuneiformes assírios. Raciocinando como um cientista natural, propôs o que chamou de "experimento" para testar a confiabilidade das traduções desses textos, no qual alguns estudiosos traduziram uma inscrição

---

[137] Gridgeman, Galton, Francis, *DSB*, v.5, p.265-7, 1970; Cowan, Galton, Francis, *ODNB*, v.21, p.346-9, 2004; Gillham, *A Life of Sir Francis Galton*; Bulmer, *Francis Galton*.

recém-descoberta sem se comunicar uns com os outros (felizmente, suas versões não ficaram muito diferentes). Talbot também atuou como membro do Parlamento e entre seus muitos livros se encontra *Thoughts on Moderate Reform in the House of Commons* [Pensamentos sobre reforma moderada na Câmara dos Comuns].[138]

Rumo a uma nova crise

À medida que a quantidade de informações foi aumentando ao longo desse período, tanto a ideia quanto a prática da divisão do trabalho intelectual começaram a ganhar terreno. A partir de meados do século XVIII, a especialização e o conhecimento especializado se tornaram objeto de discussão pública. Em 1748, Denis Diderot já havia notado o desenvolvimento da especialização na cirurgia e previsto – corretamente – uma tendência semelhante no caso da medicina.[139]

Em suas palestras sobre jurisprudência no ano de 1763, Adam Smith precedeu seu famoso debate sobre a divisão do trabalho em *A riqueza das nações* com comentários sobre o trabalho intelectual, observando que a "filosofia" (no sentido do que hoje chamamos de "ciência") "torna-se um trato em separado e, com o tempo, a exemplo de todos os outros, subdividido em várias províncias" ou "em um grande número de ramos, cada um dos quais atribui ocupação a uma tribo ou classe peculiar de filósofos". Alguém ali poderia pensar que Smith estava sendo sarcástico, mas ele prosseguiu e observou que, quando "cada indivíduo se torna mais capaz em seu

---

[138] Arnold, *William Henry Fox Talbot: Pioneer of Photography and Man of Science*; Schaff, Talbot, William Henry Fox, *ODNB*, v.53, p.730-3, 2004. Uma exposição em Cambridge no ano de 2012, "Talbot Beyond Photography" [Talbot além da fotografia], celebrou suas muitas realizações.
[139] Diderot, carta, 16 dez. 1748.

ramo específico, mais trabalho se faz no todo e, assim, a quantidade de ciência se avoluma consideravelmente".[140]

Immanuel Kant, escrevendo em 1785, concordou com Smith sobre a divisão do trabalho em geral e também sobre a filosofia, especialmente a respeito da cisão entre abordagens empíricas e racionais. Segundo Kant, valia a pena perguntar "se a filosofia pura em todas as suas partes não requereria cada uma seu homem em particular e se ela não ficaria melhor como negócio erudito como um todo se aqueles que, atendendo ao gosto do público, habituaram-se a vender o empírico juntamente com o racional, misturando-os em todos os tipos de proporções desconhecidas até para si próprios, fossem advertidos a não prosseguir simultaneamente com duas empresas que são tão distintas em seu modo de tratamento, cada uma das quais exigindo talvez um determinado talento e cuja combinação em uma única pessoa produz apenas atrapalhações".[141]

Na Inglaterra, Charles Babbage, apesar de sua ampla gama de interesses, saudou o que chamou de divisão do "trabalho mental".[142] De maneira similar, um tema importante na teoria da sociedade de Herbert Spencer era a tendência à especialização, ou "diferenciação", que, segundo ele, contribuía para o progresso ou a "evolução" social.[143] Outros estudiosos ingleses se sentiam menos entusiasmados com a tendência. O polímata William Whewell foi particularmente eloquente ao observar "uma crescente propensão de separação e desmembramento" entre as ciências. "O matemático se afasta do

---

[140] Smith, *Lectures on Jurisprudence*; id., *Wealth of Nations*, p.18. Cf. Jacobs, *In Defense of Disciplines: Interdisciplinarity and Specialization in the Research University*, p.55-60.
[141] Kant, Prefácio, *Groundwork for the Metaphysics of Morals*.
[142] Babbage, *On the Economy of Machinery and Manufactures*, p.131-63.
[143] Spencer, Progress: Its Law and Cause (1857), em *Essays*, p.2, disponível em: <http://media.bloomsbury.com/rep/files/primary-source-131-herbert-spencer-progress-its-law-and-cause.pdf>.

A era do "homem de letras" – 1700-1850

químico e o químico, do naturalista; o matemático, abandonado à própria sorte, divide-se em matemático puro e matemático misto, que logo se isola" e assim por diante.[144] Adotando uma metáfora política muitas vezes empregada desde sua época, Whewell expressou seu temor de que aquilo que ele chamava de "comunidade da ciência" pudesse se desintegrar como "um grande império caindo aos pedaços".[145]

A fundação de novas instituições incentivou a especialização. Por exemplo, na França, no século XIX, o antigo regime de academias regionais não especializadas deu lugar às sociedades agrícolas, arqueológicas, antiquárias e científicas locais. Em Paris, a Académie Celtique (fundada em 1804) foi seguida pela Société Asiatique e pela Société de Géographie (ambas fundadas em 1821), Société Géologique (1830), Société Anthropologique (1832), Société Ethnologique (1839) e Société d'Économie Politique (1842). Em Berlim, entre as novas associações estavam a Sociedade para Língua Alemã e Antiguidades (1815), a Sociedade de Geografia (1828), a Sociedade de Física (1845), a Sociedade de Geologia (1848) e a Sociedade de Antropologia (1869).[146]

Em Londres, a fundação da Sociedade Geológica (1807) foi seguida pela Sociedade Astronômica e pela Real Sociedade de Literatura (ambas em 1820), pelo Clube de Economia Política (1821), pela Real Sociedade Asiática (1823), pela Sociedade Zoológica (1826), Sociedade Entomológica (1833), Sociedade Botânica (1833) e Sociedade Etnológica (1843). Joseph Banks, presidente da Royal Society de Londres, encontrou uma vívida metáfora para a fragmentação em seu comentário sobre essa tendência: "Vejo claramente que todas

---

[144] Citado por Ross, "Scientist", p.71.
[145] Citado por Smith; Agar (orgs.), *Making Space for Science*, p.184.
[146] Chaline, *Sociabilité et érudition: les sociétés savantes en France XIXe-XXe siècles*. Chaline cita uma exceção, a Société Polymathique du Morbihan (1826).

essas novas associações por fim desmantelarão a Royal Society, sem deixar à Velha Senhora um trapo com que se cobrir".[147]

Na França, Comte expressou alguma ambivalência. Ele acreditava que o preço da especialização seria a incapacidade de enxergar o que chamava de "espírito do todo", mas também que a especialização era necessária para o progresso e que iria surgir um grupo que se especializaria em generalidades. A história contada no próximo capítulo sugere que Comte estava certo em todos os três aspectos.

---

[147] Holmes, *The Age of Wonder*, p.393.

5
A era da territorialidade – 1850-2000

No final do século XIX, o clima cultural estava ficando menos favorável para os acadêmicos de interesses amplos. Como vimos, alguns monstros da erudição, notavelmente Athanasius Kircher e Olof Rudbeck, foram criticados por suas ambições excessivas no século XVII, mas essas críticas se tornaram cada vez mais frequentes no século XIX.

Polímatas em clima frio

Alexander von Humboldt, por exemplo, foi criticado por seu amigo Friedrich Schiller por se "envolver em muitos assuntos", enquanto o próprio Humboldt se queixou de que as pessoas costumavam "dizer que sou curioso por muitas coisas ao mesmo tempo".[1] A perspicácia de Sidney Smith disse a respeito de William Whewell: "a onisciência é sua inimiga". O ensaísta William Hazlitt escreveu sobre Coleridge: "não há tema no qual ele não tenha tocado", mas

---
[1] Schiller é citado por Wulf, *The Invention of Nature*, p.33.

também "nenhum no qual tenha se demorado".[2] Coleridge apareceu no *Headlong Hall* (1816), romance satírico do escritor Thomas Peacock como "o senhor Panscope", que "percorreu todo o círculo das ciências e as compreendeu igualmente bem".

Thomas Young foi outro polímata criticado por tentar demais. Um estudioso italiano escreveu a Young sobre "o lamento universal de que sua versatilidade seja tão vastamente envolvida nas várias ciências [...] que o senhor se mostra incapaz de prosseguir com suas descobertas e levá-las àquele patamar de perfeição que temos o direito de esperar de um homem com seus conspícuos talentos". Em sua morte, o presidente da Royal Society combinou elogios às realizações de Young com o alerta de que a sociedade recomendava "a concentração das pesquisas dentro dos limites de uma parcela definida da ciência, em vez do esforço de abarcar o todo".[3]

Outro sinal de mudança no clima intelectual foi o deslocamento do significado do termo *dilettante*. Quando foi cunhada (em italiano, disseminando-se pelo inglês no século XVIII), a palavra tinha um sentido positivo, significava alguém que "se deliciava" com alguma coisa, assim como o termo francês *amateur* se referia originalmente a qualquer um que "amava" a arte ou o conhecimento. No decorrer do século XIX, esses termos se tornaram pejorativos, passaram a denotar não o entusiasmo, mas um entendimento superficial, próprio dos não especialistas. Por exemplo, Georg Waitz, especialista em Alemanha medieval, criticou o que chamou de *Dilettantismus* no primeiro número do primeiro periódico para historiadores profissionais, o *Historische Zeitschrift* [Revista Histórica] (1859). De maneira semelhante, Emil Dubois-Reymond, um importante fisiologista

---

[2] Smith é citado por Yeo, *Encyclopaedic Visions*, p.249; Hazlitt, Samuel Taylor Coleridge, *The Spirit of the Age*, p.61-79, esp. p.61.
[3] Wood, *Thomas Young*, p.230, 237.

alemão, descartou os estudos de Goethe sobre as ciências naturais como passatempos (*Spielerei*) de "um diletante autodidata".[4]

Sobrecarga

Por que o clima estava mudando? Em uma palavra, "sobrecarga". Como no século XVII, houve uma explosão de conhecimento, no duplo sentido de expansão e fragmentação. A invenção da prensa a vapor, juntamente com o uso de um papel mais barato, feito de polpa de madeira, reduziu o preço de livros e revistas e, assim, impulsionou sua proliferação, ocasionando o que se chamou de "segunda revolução do livro" ou "dilúvio da impressão barata".[5] A popularização do conhecimento, especialmente o conhecimento científico, foi ficando cada vez mais importante nesse momento.[6] Um dos polímatas britânicos mencionados no capítulo anterior, Thomas De Quincey, expressou vividamente sua ansiedade em uma visão ou pesadelo sobre "uma procissão de carroças e carruagens" que não paravam de descarregar pilhas de livros na frente de sua casa.[7]

Mas a sobrecarga não foi simplesmente o resultado da impressão barata. Mais conhecimento estava sendo produzido, a partir de

---

[4] Dubois-Reymond citado por Bishop (org.), *Companion to Goethe's Faust*, p.195. Cf. Hibbitt, *Dilettantism and its Values*, especialmente a Introdução.

[5] Barbier (org.), *Les Trois révolutions du livre*; Eliot, From Few and Expensive to Many and Cheap: The British Book Market, 1800-1890, em Eliot; Rose (orgs.), *A Companion to the History of the Book*, p.291-302; Fyfe, *Steam-Powered Knowledge: William Chambers and the Business of Publishing*, 1820-1860, p.1-11.

[6] Lightman, *Victorian Popularizers of Science: Designing Nature for New Audiences*, p.66. Sobre a Alemanha, veja Daum, *Wissenschaftspopularisierung in 19 Jht: bürgerliche Kultur, naturwissenschaftliche Bildung und die deutsche Öffentlichkeit, 1848-1914*.

[7] De Quincey, *Suspiria de profundis*, cap.1.

pesquisas que abrangiam experimentos em física e química; observações e descrições de uma crescente variedade de rochas, plantas e animais; e pesquisas históricas nos arquivos oficiais que aos poucos foram se abrindo ao público. Novas estrelas e novos elementos despontaram entre as muitas descobertas desse período, graças aos telescópios e microscópios mais potentes. Expedições científicas, muitas delas financiadas por governos para fins estratégicos e econômicos, trouxeram milhares de espécimes botânicos, zoológicos e minerais e assim aumentaram consideravelmente o saber ocidental sobre outras partes do mundo, em especial África, Oceania e Ártico – seus recursos naturais, seus povos e suas línguas.[8]

O conhecimento acadêmico não foi o único tipo de conhecimento a se expandir dessa maneira. Também estava ocorrendo no século XIX uma "revolução no governo", a ascensão do "Estado da informação", no qual a coleta sistemática de dados, muitas vezes por meio de pesquisas, precedia a tomada de decisões importantes.[9] Muitos dos dados coletados assumiam a forma de estatísticas, e boa parte destas eram publicadas. Houve uma "avalanche de números impressos" nesse período, em grande medida gerada por burocracias.[10]

A ascensão dos impérios – o britânico na Índia, o francês no norte da África, o belga no Congo e assim por diante – obrigou que os governantes e seus oficiais aprendessem algo sobre a geografia, os recursos naturais e os povos sob seu domínio. Territórios foram pesquisados e mapeados. Escreveram-se relatórios sobre a propensão de seus habitantes a obedecer ou se rebelar contra os regimes

---

[8] Spary, L'Invention de "l'expédition scientifique", em Bourguet et al. (orgs.), *L'Invention scientifique de la Méditerranée*, p.119-38.
[9] MacDonagh, The Nineteenth-Century Revolution in Government: A Reappraisal, *Historical Journal*, v.1, p.52-67, 1958; Bulmer (org.), *The Social Survey in Historical Perspective*; Higgs, *The Information State in England*.
[10] Hacking, *The Taming of Chance*, p.3. Cf. Desrosieres, *The Politics of Large Numbers*.

imperiais.[11] No centro dos impérios, as forças policiais estavam acumulando cada vez mais informações. Em 1879, o Departamento de Investigação Criminal da Grã-Bretanha, o CID, na sigla em inglês, lidou com mais de quarenta mil cartas oficiais e relatórios especiais.[12] Os negócios, com as ferrovias americanas à frente, aos poucos seguiram o modelo do governo, aumentando a demanda por informações, primeiro para evitar acidentes e, depois, assim como as outras empresas, para gerenciar um empreendimento em expansão.[13]

Toda essa informação tinha de ser organizada. No século XVII, como vimos, uma resposta à primeira crise do conhecimento foi a elaboração de novos métodos de se fazer e arquivar anotações. No século XVIII, proliferaram livros de referência sobre uma crescente variedade de assuntos, livros concebidos para que o leitor os consultasse ou folheasse, e não necessariamente os lesse do começo ao fim. Surgiram tantos deles que em 1758 foi publicado um dicionário desses dicionários.[14]

Escrevendo em 1819, o polímata escocês Francis Jeffrey, editor da famosa *Edinburgh Review*, expressou o temor de que, "se continuarmos a escrever e versejar na taxa atual por mais duzentos anos, será necessário inventar alguma nova arte de *leitura abreviada* – ou toda a leitura será abandonada por desespero".[15]

---

[11] São muitos os estudos sobre esse tópico. Alguns exemplos importantes: Bayly, *Empire and Information: Intelligence Gathering and Social Communication in India, 1780-1870*; Cohn, *Colonialism and its Forms of Knowledge*; Sibeud, *Une Science impériale pour l'Afrique?: La construction des savoirs africanistes en France, 1878-1930*.

[12] Shpayer-Makov, *The Ascent of the Detective*, p.125.

[13] Yates, Business Use of Information and Technology During the Industrial Age, em Chandler Jr.; Cortada (orgs.), *A Nation Transformed by Information*, p.107-36.

[14] Noinville, *Table alphabétique des dictionnaires*. Cf. Burke; McDermott, The Proliferation of Reference Books, 1450-1850, em McDermott; Burke (orgs.), *The Book Worlds of East Asia and Europe, 1450-1850: Connections and Comparisons*, p.283-320.

[15] Citado por Phillips, *Society and Sentiment: Genres of Historical Writing in Britain, 1740-1820*, p.294.

No final do século XIX, o polímata alemão Hermann von Helmholtz observou melhorias no que chamou de "utensílios", como "catálogos, léxicos, registros, índices e sumários", que tornavam o conhecimento "imediatamente acessível".[16] Talvez ele estivesse pensando nos pioneiros índices do bibliotecário e polímata Melvil Dewey, cujas fichas padronizadas atraíram não apenas outros bibliotecários, mas também acadêmicos e homens de negócios ("a indexação por cartões hoje em dia se tornou requisito essencial para as empresas modernas").[17] Helmholtz também podia estar pensando no armário de arquivo, produzido pela primeira vez em 1875, uma peça de mobiliário que passou a ocupar cada vez mais espaço em escritórios e bibliotecas.

Especialização

A principal resposta a essa explosão de conhecimento foi a especialização, que assim reduzia a quantidade de informações que precisavam ser dominadas. Pode-se considerar a especialização como uma espécie de mecanismo de defesa, um dique contra o dilúvio de informações. Em 1979, um ilustre historiador americano observou a necessidade daquilo que chamou de "uma história geral ainda não escrita da especialização".[18] Essa lacuna ainda não foi preenchida, talvez porque escrever uma história tão geral exija uma equipe de especialistas. Tudo o que se pode oferecer aqui é um breve resumo. Os estágios iniciais do processo foram observados no capítulo an-

---

[16] Citado por Nick Jardine em Frasca-Spada; Jardine (orgs.), *Books and the Sciences in History*, p.402.
[17] O periódico *Modern Business*, em 1908, citado no *OED*.
[18] Higham, The Matrix of Specialization, em Oleson; Voss, *The Organization of Knowledge in Modern America: 1860-1920*, p.3-18, esp. p.9.

terior, mas a tendência se tornou cada vez mais poderosa entre a década de 1850 e a virada do milênio.

Uma vez mais, são as novas palavras que revelam a consciência do problema. Como vimos, o termo "cientista" foi cunhado na década de 1830, um sinal precoce da crescente divisão entre homens de letras e investigadores da natureza. Na França, nas décadas de 1830 e 1840, o termo *spécialité*, logo seguido por *spécialiste*, entrou em uso no ano de 1848, mais uma vez no contexto médico. Foi, paradoxalmente, o polímata Auguste Comte que cunhou o substantivo abstrato *spécialisation*.[19] Em inglês, o termo *specialist* foi registrado pela primeira vez em 1856, *specialism* no mesmo ano e *specialization* em 1865. Eram necessárias novas palavras para descrever novas tendências.

O debate iniciado por Kant e Adam Smith continuou a reverberar. Por um lado, o sociólogo Émile Durkheim argumentou que a divisão do trabalho tornava a sociedade mais coesa, porque deixava os indivíduos mais dependentes uns dos outros. Apesar da amplitude de seus próprios interesses, Durkheim estendeu seus elogios à divisão do trabalho ao mundo acadêmico e manteve uma "visão consistentemente positiva da especialização disciplinar".[20] Ele defendeu a especialização na sociologia propriamente dita, com o argumento de que ela permitia que o estudo da sociedade, tantas vezes "uma forma de especulação filosófica", se tornasse mais preciso e objetivo.[21]

Por outro lado, a visão de Karl Marx de uma futura sociedade comunista era aquela onde seria possível fazer uma coisa hoje e outra amanhã, "caçar de manhã, pescar à tarde, pastorear à noite, fazer

---

[19] Comte também escreveu sobre *l'esprit de spécialité, l'âge de spécialité, le régime de spécialité*, em *Cours de Philosophie Positive*, v.1, p.31, v.6, p.15, 293, 304, 341.
[20] Ringer, *Fields of Knowledge: French Academic Culture in Comparative Perspective, 1890-1920*, p.303.
[21] Durkheim, *La Division du travail social*; cf. Fournier, *Émile Durkheim*, p.427-9, 432.

crítica depois do jantar, como bem quero". William Morris foi outro crítico de uma sociedade em que a maioria dos trabalhadores estava "sempre fazendo um pedaço de trabalho e nunca com permissão para pensar em outro". Em sua sociedade ideal, um artesão deveria "colocar sua própria inteligência e entusiasmo nos bens que modela. Longe de seu trabalho ser 'dividido' [...] ele deve saber tudo sobre os artigos que fabrica e sua relação com artigos semelhantes".[22]

O polímata e cientista social Max Weber expressou sua ambivalência em uma famosa palestra proferida em 1917, *Wissenschaft als Beruf* (uma expressão que talvez se possa traduzir por "Ciência como vocação" ou "Saber como profissão"), na qual discutiu a tensão entre a polivalência e a especialização.[23] Weber também sentiu essa tensão – a qual pode ter contribuído para seu colapso nervoso em 1897.

A divisão das instituições

Não é por acaso que termos como "especialista" foram empregados pela primeira vez no contexto médico: a medicina, como Diderot observara em meados do século XVIII, estava se dividindo em médicos dedicados a determinadas doenças ou partes do corpo.[24]

As universidades, por outro lado, dedicavam-se ao conhecimento em geral. Uma razão para a sobrevivência do polímata na era do homem de letras foi a natureza relativamente não especializada do sistema ocidental de ensino superior da época. Os estudantes alemães, por exemplo, passavam regularmente de uma disciplina a outra, assim como migravam de uma universidade para outra antes de se formar. Na Escócia, onde a primeira graduação era o *Master of Arts* de quatro

---

[22] Citado por Kinna, William Morris: Art, Work and Leisure, *JHI*, v.61, p.493-512, esp. p.499, 503-4, 2000.
[23] Weber, Science as a Vocation, em Gerth; Mills (orgs.), *From Max Weber*, p.129-56.
[24] Rosen, *The Specialization of Medicine with Particular Reference to Ophthalmology*.

anos (em contraste com o *Bachelor of Arts* de três anos em outros países da Grã-Bretanha), o currículo tradicional era generalista e tinha a filosofia como matéria obrigatória.[25] Em Cambridge, até a década de 1870, os estudantes de graduação faziam exames em clássicos ou em matemática, mas havia palestras opcionais em outras disciplinas, as quais, às vezes, levavam a estudos informais. Charles Darwin, por exemplo, que chegou em 1828, aos 18 anos, mergulhou no estudo da história natural com a ajuda de dois professores, John Henslow, em botânica, e Adam Sedgwick, em geologia.

No final do século XIX, porém, o exemplo dos médicos foi seguido pelas novas universidades de pesquisa na Alemanha, nos Estados Unidos e em outros lugares. Essas instituições, por sua vez, foram seguidas pelas universidades em geral, que se dividiram em cada vez mais departamentos para acomodar as novas disciplinas.[26]

Como um acadêmico norte-americano que estudara na Alemanha observou no livro sobre universidades alemãs que ele publicou em 1874, o professor alemão "não é professor no sentido inglês do termo; ele é um especialista".[27] Na Alemanha e nos Estados Unidos, em particular, proliferaram novas especialidades acadêmicas, muitas vezes reivindicando títulos de disciplinas e assumindo formas institucionais em departamentos separados. A ênfase crescente na pesquisa – em outras palavras, nas contribuições originais ao conhecimento – incentivou, quando não forçou, indivíduos que almejavam carreiras acadêmicas a se concentrar em campos limitados. Um classicista americano que estudou na Alemanha na década de 1850, mais tarde se lembrou de muitos tópicos do seminário como "irremediavelmente microscópicos".[28]

---

[25] Davie, *The Democratic Intellect: Scotland and her Universities in the Nineteenth Century*.
[26] Wellmon, *Organizing Enlightenment*, p.4-5, 10-1, 40, 122.
[27] Hart, *German Universities*, p.264.
[28] Basil Gildersleeve, citado por Axtell, *Wisdom's Workshop: The Rise of the Modern University*, p.248.

As declarações de independência se tornaram frequentes e transformaram campos em disciplinas autônomas. O ano de 1872, por exemplo, marca o estabelecimento da École Libre des Sciences Politiques em Paris e da cátedra de Ciências Políticas e Sociais em Yale. Émile Durkheim lutou apaixonadamente – e, por fim, venceu – pela autonomia da sociologia, com seu próprio objeto e seu próprio "direito de existir", separada não apenas do direito, mas também da filosofia e da psicologia.[29] A psicologia experimental se tornou independente da filosofia na Universidade de Leipzig em 1879, na Johns Hopkins em 1884 e na Universidade de Genebra em 1891.

Assim como a filosofia, a antiga disciplina da filologia, que fora definida em termos culturais e históricos no final do século XIX, perdeu território para temas emergentes, como o estudo das literaturas vernáculas (alemão, românico, eslavo, inglês e assim por diante). Mesmo no caso dos antigos mundos grego e romano, a ascensão da arqueologia clássica e da história da arte reduziu o campo dos filólogos ao estudo da língua.[30] As novas disciplinas, assim como algumas novas nações, fragmentaram-se rapidamente. A história se dividiu em períodos (antiga, medieval e moderna). Também se repartiu em história econômica, que ganhou cátedras próprias (em Harvard, por exemplo, no ano de 1892) e história da ciência (com uma cadeira no Collège de France, no mesmo ano). A geografia foi dividida em geografia física e geografia humana. E esta segunda logo se desmembrou em geografia econômica e geografia política (também conhecida como "geopolítica", nomeada em 1899).

Na Inglaterra, o final do século XIX marca um ponto de virada. Em Oxford, depois da reforma da universidade em 1871, os alunos podiam se graduar em história moderna, direito, teologia, matemática e ciências naturais (todas a partir de 1872), literatura inglesa

---

[29] Durkheim citado por Fournier, op. cit., p.67.
[30] Pollock, Introdução, *World Philology*, p.1-24.

(1894), línguas modernas (1903) e assim por diante.[31] Os escoceses resistiram por algum tempo: fizeram-se acomodações em 1858, quando os melhores alunos tiveram permissão para seguir estudos mais gerais com um curso em disciplinas para "honras" e, em 1889, quando o antigo diploma geral passou a coexistir com a alternativa de cursos especializados.[32]

Ficou mais difícil atravessar as fronteiras entre as disciplinas, o que produziu um cenário de "tribos e territórios acadêmicos".[33] Entre os sinais dessa territorialização do conhecimento estava o crescente uso de expressões como "meu campo" ou (para os historiadores) "meu período". Alguns acadêmicos se tornaram extremamente cônscios da necessidade de defender seus campos dos adversários. Em uma reunião da Associação Econômica Americana em 1894, um participante declarou que os sociólogos "não tinham o direito de avançar sobre uma parte do campo das ciências sociais sem consultar os economistas".[34]

A fragmentação do conhecimento também foi impulsionada pelo desenvolvimento de termos técnicos nas diversas áreas, como "dolicocéfalo" (cabeça longa) na antropologia física; "desindividualização" (perda de autoconsciência) na psicologia social; "zoosemiótica" (o estudo de formas de conhecimento em animais) na zoologia; "cismogênese" (o processo de diferenciação cultural) na antropologia. Esses termos eram uma abreviação útil para os inicia-

---

[31] Brock; Curthoys (orgs.), *History of the University of Oxford*, v.7, parte 2, p.361-84, 397-428.

[32] Davie, op. cit., p.6-7, 65-6, 79; id., *The Crisis of the Democratic Intellect: The Problem of Generalism and Specialization in Twentieth-Century Scotland*.

[33] Becher; Trowler, *Academic Tribes and Territories: Intellectual Inquiry and the Cultures of Disciplines*, uma investigação do final do século XX. Ardrey, *The Territorial Imperative: A Personal Enquiry into the Animal Origins of Property and Nations*, a que se seguiram muitas extensões da ideia da zoologia à sociologia. Para a visão de um geógrafo, veja Sack, *Human Territoriality: Its Theory and History*.

[34] Citado por Furner; Supple (orgs.), *The State and Economic Knowledge*, p.303.

dos, mas um jargão incompreensível para todas as outras pessoas, o que criou limites mais definidos entre as disciplinas e também entre profissionais e amadores – limites reforçados pelo emprego de métodos que não eram imediatamente inteligíveis para os leigos.

No século XVIII, as experiências científicas ainda estavam próximas da observação cotidiana e podiam ser reproduzidas por amadores como Voltaire, que cortava as cabeças dos caracóis para ver se voltavam a crescer, como as caudas dos lagartos. Até mesmo no século XIX, a ciência prática ainda estava ao alcance dos amadores: olhar através de microscópios, martelar rochas, coletar plantas secas ou usar aparelhos relativamente simples, como o bico de Bunsen. No entanto, o progresso científico foi ficando cada vez mais dependente de instrumentos grandes e caros. Os amadores já não estão em posição de replicar os experimentos que levaram à descoberta da estrutura do DNA ou do Bóson de Higgs. Como observou o filósofo Alfred Whitehead na década de 1920, "a teoria científica está ultrapassando o senso comum".[35]

Em suma, o câmpus da universidade se tornou uma espécie de arquipélago, com muitas ilhas de conhecimento, separadas umas das outras pelas paredes dos "departamentos", como eram chamados na Grã-Bretanha, ou "institutos", como eram conhecidos na Alemanha e em outros lugares.[36]

Museus, sociedades, congressos

Fora da universidade, as instituições de conhecimento também foram ficando cada vez mais especializadas a partir do final do século XIX. Os novos museus muitas vezes se limitaram a um campo

---

[35] Whitehead, *Science and the Modern World*.
[36] McClelland, *State, Society and University in Germany: 1700-1914*, p.281, 285.

específico – por exemplo, história natural, arqueologia, antropologia, Ásia, ou mesmo, no caso de um museu em Viena, "economia de guerra". Assim como os departamentos acadêmicos, alguns museus mais antigos se fragmentaram. Em Londres, o Museu de História Natural se tornou independente do Museu Britânico em 1881. Quatro anos depois, o Museu de Ciência se separou do Museu South Kensington (agora conhecido como Museu Victoria e Albert). O próprio Museu Britânico aos poucos foi se dividindo em departamentos como Gravuras e Desenhos, Moedas e Medalhas, Antiguidades Orientais e assim por diante.

O surgimento de sociedades especializadas às expensas da Royal Society foi observado no capítulo anterior. A própria Royal Society foi ficando mais especializada. Até 1847, a sociedade elegia seus *fellows* nos campos de "saber e ciência", os quais abrangiam "arqueólogos, numismatas e antiquários". Mas, depois dessa data, os candidatos deveriam ser cientistas naturais. Em 1887, a especialização foi mais além, e o periódico *Philosophical Transactions* da sociedade se dividiu em duas séries, conhecidas como A (ciências físicas e matemáticas) e B (ciências biológicas).[37] É verdade que alguns poucos arqueólogos e antropólogos ainda puderam ingressar na Royal Society depois de 1847 (John Lubbock, em 1858; Edward Tylor, em 1871; Augustus Pitt-Rivers, em 1876; Arthur Evans, em 1901; e James Frazer, em 1920).[38] No entanto, a arqueologia era considerada uma ciência à época, ao passo que a antropologia, apesar da ênfase na cultura presente na obra de Tylor e outros, quase sempre era vista como um saber interessado na história natural dos seres humanos.

No nível profissional, a interação com colegas de outros países estava aumentando, graças à ascensão do congresso internacional no final do século XIX, possibilitada pela expansão da rede ferroviária na Europa. Esses congressos geralmente se limitavam a uma disci-

---

[37] Hall, *All Scientists Now: The Royal Society in the Nineteenth Century*, p.216-7.
[38] Meus agradecimentos a Michael Hunter pelo auxílio nesta questão.

plina específica. Por exemplo, o primeiro congresso internacional de antropologia e arqueologia pré-histórica foi realizado em 1865, logo seguido por congressos de geógrafos em 1871, de orientalistas em 1873 e de historiadores da arte no mesmo ano. Alguns congressos chegaram a se dedicar a subdisciplinas, como a "antropologia criminal" (primeiro congresso em 1885) ou dermatologia (1889). Esses congressos decerto ajudaram a criar identidades especializadas ao fazer que os indivíduos tomassem maior conhecimento de colegas com interesses semelhantes.[39]

Periódicos

Se o início do século XIX foi a grande era dos periódicos dedicados ao conhecimento geral, como a *Edinburgh Review* ou a *Revue des Deux Mondes*, o final do século XIX foi a era do periódico acadêmico especializado. Já se sugeriu que uma das razões pelas quais a *Revue des Deux Mondes* perdeu assinantes a partir da década de 1870 foi o começo da concorrência das revistas especializadas.[40] Alguns exemplos famosos em vários campos são *Historische Zeitschrift* (1859) na Alemanha, *Revue Historique* e *Revue Philosophique* (ambos em 1876) na França, o periódico filosófico britânico *Mind* (1876), *American Journal of Philology* (1880), *Political Science Quarterly* (1886), *Quarterly Journal of Economics* (1887), *Annales de Géographie* (1891), *Année Psychologique* (1894), *American Journal of Sociology* (1895) e *Année Sociologique* (1898).

---

[39] Fuchs, The Politics of the Republic of Learning: International Scientific Congresses in Europe, the Pacific Rim and Latin America, em Fuchs; Stuchtey (orgs.), *Across Cultural Borders*, p.205-44; Feuerhahn (org.), *La Fabrique international de la science: les congrès internationales de 1865 à 1945*.

[40] Pernot, Brunetiere, em Kalifa et al. (orgs.), *La Civilisation du journal: histoire culturelle et littéraire de la presse française au XIXe siècle*, p.1261-5.

Nas ciências naturais, o desenvolvimento da especialização foi mais longe e mais rápido. Periódicos disciplinares, como o *Journal de Physique* (1872) ou o *American Journal of Mathematics* (1878), logo se juntaram aos subdisciplinares, como o *Zeitschrift fur physiologische Chemie* (1877), *Beitrage zur Geophysik* (1887) e *Journal of Tropical Medicine* (1898). Já se observou a rápida diferenciação dos periódicos científicos nas décadas de 1880 e 1890. Estima-se que surgiram 1.258 periódicos desse tipo até o ano de 1900.[41]

Para fazer uma "contribuição original ao conhecimento", os artigos desses periódicos precisaram se tornar cada vez mais especializados, e a linguagem foi ficando mais técnica. Uma comparação entre edições da mesma revista, como o *American Journal of Sociology*, quando foi fundada em 1895 e cem anos depois, revela o avanço desse processo. O volume de 1895 trazia artigos como "A relação da antropologia com o estudo da história", "Homens de negócios e teóricos sociais" e "Alianças locais". No volume de 1995, encontramos "Métodos estatísticos para comparar coeficientes de regressão entre modelos", "Variação de correntes na sociologia crítica da educação" e "Capital social e controle do extremismo de direita entre jovens de Berlim Oriental e Ocidental".

Duas culturas

Em uma famosa – ou mal-afamada – palestra proferida em Cambridge no ano de 1959, o físico-químico e depois romancista C. P. Snow distinguiu entre o que chamou de "duas culturas": das ciências naturais e das humanidades. Ele lamentou o fato de que, em meados do século XX, uma cultura intelectual até então unificada

---

[41] Daston, The Academies and the Unity of Knowledge, *Differences*, v.10, p.67-86, esp. p.73, 1998.

havia se partido, que os dois grupos "quase deixaram de se comunicar" e que os indivíduos formados no lado das humanidades careciam até mesmo de um conhecimento superficial da ciência.[42]

Não se deve entender o debate que se seguiu à palestra de Snow – e que foi renovado muito mais tarde – de maneira paroquial, como um mero episódio da história da Universidade de Cambridge, nem mesmo da história da cultura inglesa de meados do século XX. Como evidenciaram os comentários posteriores sobre a tese de Snow na Alemanha, Holanda, Itália, Suécia e outros lugares, o debate em Cambridge foi simplesmente o exemplo local de um fenômeno muito mais geral.[43]

Hoje, quase setenta anos depois da palestra original, pode parecer estranho que o palestrante tenha observado uma divisão em não mais que duas culturas. Uma terceira cultura, da "ciência social", chegou a ser muito mencionada (originalmente pelo próprio Snow), mas a suposição de que todos os cientistas (ou todos os estudiosos das humanidades) formam uma única cultura agora parece extremamente questionável. A fragmentação já era visível no século XIX, como sugerem os exemplos das sociedades, congressos e periódicos, e foi muito além a partir da década de 1950.

Em um famoso estudo sobre o nacionalismo no século XIX, Benedict Anderson lançou a expressão "comunidade imaginada", apresentando a nação como uma dessas comunidades, reunida em torno da imprensa nacional, uma vez que os indivíduos não apenas liam as mesmas notícias ao mesmo tempo que seus compatriotas, mas estavam cientes disto.[44] Se ler determinado periódico regular-

---

[42] Snow, *The Two Cultures*, p.2, 14-5.
[43] Kreuzer (org.), *Die zwei Kulturen*; Mijnhardt; Theunissen (orgs.) *De Twee Culturen*; Olcese (org.), *Cultura scientifica e cultura umanistica: contrasto o integrazione?*; Eldelin, "*De tva kulturerna*" *flyttar hemifran: C. P. Snows begrepp i svensk idedebatt, 1959-2005*; Halfmann; Rohbeck (orgs.), *Zwei Kulturen Der Wissenschaft, Revisited*.
[44] Anderson, *Imagined Communities: Reflections on the Origin and Spread of Nationalism*.

mente e saber que outros também o liam – assim como ingressavam em determinada sociedade ou participavam de determinado congresso internacional – ajudava a formar uma "comunidade imaginada", essas comunidades disciplinares proliferaram à custa da antiga República das Letras e, posteriormente, da Comunidade Científica.

Trabalho em equipe

Para gerenciar quantidades cada vez maiores de informação e transformá-las em conhecimento, o trabalho de pesquisadores individuais foi cada vez mais complementado pelo de equipes, como no caso das expedições científicas, enciclopédias, laboratórios e observatórios.

Mais e mais expedições científicas foram lançadas a partir do final do século XVIII, e os estudiosos que ingressavam nessas expedições eram escolhidos com base em qualificações especializadas. Em sua expedição ao Pacífico em 1785, por exemplo, o conde de La Pérouse levou dez especialistas, entre eles um astrônomo, um geólogo, um botânico, um físico e três naturalistas. Quando Nicolas Baudin foi enviado pelo governo francês em uma expedição à Austrália no ano de 1800, para fazer pesquisas em geografia (especialmente hidrografia) e história natural, partiu com "três botânicos, cinco zoólogos e dois mineralogistas [...] dois astrônomos e dois geógrafos", embora ele tenha perdido alguns desses pesquisadores no caminho.[45] A expedição britânica a bordo do *The Challenger* (1872-1918), mais especializada e interessada nas profundezas do oceano, contou com dois biólogos marinhos, dois naturalistas e um químico.

Como já se observou, a famosa *Encyclopédie* francesa (1751-1772), editada por Jean d'Alembert e Denis Diderot, recorreu aos

---

[45] Horner, *The French Reconnaissance: Baudin in Australia, 1801-1803*.

conhecimentos de pelo menos 139 indivíduos.[46] A multiplicação de colaboradores vem crescendo desde então. Por exemplo, a famosa décima primeira edição da *Encyclopaedia Britannica*, publicada em 1911, contou com a experiência de 1.507 colaboradores. Já em 1937, a *Enciclopedia Italiana* teve 3.272 colaboradores.[47] E, na era da Wikipedia, até mesmo esses números parecem minúsculos.

O trabalho em equipe não se limitou a expedições e enciclopédias. No início do século XX, esse tipo de trabalho já era uma característica da "Big Science" (*Grosswissenschaft*), especialmente na Alemanha. Em 1902, o químico Emil Fischer reclamou: os "métodos de produção em massa que dominam a vida econômica moderna também penetraram na ciência experimental". Enquanto isso, na Rússia, o laboratório de fisiologia de Ivan Pavlov, no qual trabalhavam cerca de cem pessoas, foi comparado a uma fábrica.[48] A divisão do trabalho avançou muito desde então, como testemunha o crescente número de nomes anexados aos artigos científicos.

As ciências sociais estavam se movendo em uma direção semelhante. Na França, por volta de 1900, Durkheim defendeu o trabalho em equipe (*travail en commun*) e estabeleceu a prática no grupo de sociólogos que ele liderava.[49] No caso da história, Lucien Febvre promoveu o trabalho em equipe na década de 1930, pelo menos no sentido fraco de indivíduos concordando em estudar problemas semelhantes e fazer perguntas semelhantes, ainda que pesquisassem

---

[46] Carels; Flory, J. H. Zedler's Universal Lexicon, em Kafker (org.), *Notable Encyclopaedias of the Seventeenth and Eighteenth Centuries*, p.165-95; Kafker, *The Encyclopaedists as Individuals*.

[47] Kogan, *The Great EB: The Story of the Encyclopaedia Britannica*, p.168; Turi, *Il mecenate, il filosofo e il gesuita*: l'Enciclopedia Italiana, *specchio della nazione*, p.50, 57.

[48] Shapin, *The Scientific Life: A Moral History of a Late Modern Vocation*, p.169-78; Johnson, *The Kaiser's Chemists: Science and Modernization in Imperial Germany*, p.34; Todes, *Pavlov's Physiological Factory*, p.88.

[49] Mucchielli, *La Découverte du social: naissance de la sociologie en France, 1870-1914*, p.213; Fournier, op. cit., p.66.

e escrevessem os resultados sozinhos. Hoje, essa forma de trabalho em equipe se tornou recorrente nas humanidades, impulsionada pela necessidade de atrair financiamento de órgãos como a European Science Foundation, os quais têm regras que exigem que determinado projeto inclua acadêmicos de vários países diferentes.

A departamentalização das universidades

Ainda mais importante – pois afetou muito mais pessoas e em uma idade mais baixa e mais impressionável – foi a tendência à crescente especialização do ensino universitário. Nas primeiras universidades modernas, como nas medievais, já existia uma divisão do trabalho intelectual, especialmente nas faculdades de teologia, direito e medicina. Dentro dessas faculdades, fundaram-se novas cátedras, sobretudo nos séculos XVII e XVIII. Professores de hebraico integraram-se às faculdades de teologia, professores de direito natural juntaram-se aos juristas, enquanto a faculdade de medicina passou a contratar professores de farmacologia e "iatroquímica" (em outras palavras, química para fins médicos).

As faculdades de artes tradicionalmente ofereciam uma educação mais geral. Foram essas faculdades, mais tarde conhecidas como faculdades de filosofia, que viram as maiores mudanças. Um exemplo de cadeira de especialista é a "filosofia prática", que abrangia ética, política e "economia", no sentido de administrar uma casa. A ética (ou "filosofia moral") ganhou sua própria cátedra em alguns lugares, assim como a política (ou "filosofia política") e, por fim, no século XVIII, "economia política", hoje conhecida como "economia". A filosofia natural, agora chamada de "ciências naturais", tornou-se independente da filosofia em geral e depois se dividiu em especialidades como química e história natural. Esta, por sua vez, subdividiu-se em geologia, botânica e, finalmente, zoologia. A tendência continuou no início do século XIX. Estabeleceram-se, por exemplo, cadeiras de mineralogia em Moscou, Cambridge e Montpellier entre 1804 e 1809. Na Universidade de Berlim, cátedras de *Germanistik* (língua e literatura alemãs), geografia, sânscrito, história médica e história da arte foram fundadas antes de 1850.

Explicando a especialização

Um especialista em história da educação identificou uma "lei de ferro" da especialização.[50] Por que havia nessa época uma tendência tão poderosa – e alguns diriam irresistível – para essa direção? Sem dúvida, seria uma simplificação excessiva explicar o processo em termos de apenas um fator: a explosão do conhecimento. É possível dar várias respostas diferentes, ou diferentes tipos de resposta. E, de fato, deram-se diversas respostas a essa pergunta, cada uma oferecendo seus próprios *insights*.

Os sociólogos, por exemplo, alegaram que a "diferenciação interna" em diversas especialidades ocasionou a emergência de um sistema de disciplinas.[51] Por trás dessa abordagem da história do conhecimento está o polímata vitoriano Herbert Spencer, que apresentou uma explicação muito conhecida de que as sociedades e suas instituições evoluíam da homogeneidade para a heterogeneidade por um processo de diferenciação. O uso do termo "evoluído" faz que o processo pareça inevitável, irresistível e impessoal.

Uma segunda resposta foi dada pelos historiadores, que observaram que a tendência fora particularmente forte em certos períodos. Foi a expansão do ensino superior na Europa e nos Estados Unidos que tornou possível a especialização. Um estudo fala do surgimento de um "mercado de massa para a educação" por volta do ano 1800, enquanto outros datam a expansão na segunda

---

[50] John Ruscio, citado por Becher; Trowler, op. cit., p.66.
[51] Stichweh, Differenzierung der Wissenschaft, em *Wissenschaft, Universitat, Professionen*.

metade do século XIX.[52] Na França, a população de estudantes universitários cresceu rapidamente entre 1876 e 1914, sobretudo nas faculdades de letras.[53] Na Alemanha, cresceu ainda mais rápido, de 20 mil em 1871 para 68 mil em 1910.[54]

O aumento do tamanho dos departamentos abriu espaço para uma maior variedade de cursos especializados. Na Universidade Harvard, por exemplo, "32 professores ministraram 73 cursos no ano de 1870; já em 1910, 169 professores ministraram 401 cursos".[55] A expansão às vezes era rápida: a Faculdade de Letras da Sorbonne tinha cerca de 120 estudantes em 1887, mas, em 1902 (após a inauguração de novos edifícios), o número de estudantes aumentou para 1.830.[56] Olhando para os anos 1990, sugeriu-se que "a expansão descontrolada do sistema universitário em todo o mundo [...] criou uma pressão estrutural para aumentar a especialização simplesmente porque os acadêmicos estavam em busca de nichos".[57]

Uma terceira explicação da especialização traz pessoas – indivíduos e grupos – para a história. Tanto para os estudantes quanto para os estudiosos, a especialização lhes permitiu manter a cabeça acima da água na enxurrada de informações. Para professores ambiciosos ou aspirantes à docência que trabalhavam em um ambiente competitivo, a criação de novas especialidades foi uma forma daquilo que Pierre Bourdieu chamou de "distinção".[58] Pesquisadores de mercado falam da "diferenciação do produto" como um meio para o sucesso na luta por fatias do mercado. O ideal era encontrar um

---

[52] McNeely; Wolverton, *Reinventing Knowledge from Alexandria to the Internet*, p.xix, 163. Cf. Wallerstein et al., *Open the Social Sciences*.
[53] Weisz, *The Emergence of Modern Universities in France: 1863-1914*, p.225-69.
[54] Vom Brocke, Friedrich Althoff: A Great Figure in Higher Education Policy in Germany, *Minerva*, v.29, p.269-93, esp. p.272, 1991.
[55] Axtell, op. cit., p.263.
[56] Fournier, op. cit., p.91, 411.
[57] Wallerstein, op. cit., p.34.
[58] Bourdieu, *Distinction*; id., *Homo Academicus*.

novo problema, transformá-lo em um subcampo e, depois, em uma disciplina autônoma.

A especialização se torna o problema

A especialização foi uma resposta ao problema da sobrecarga, mas, cedo ou tarde, acabaria percebida como um problema em si. Daí a ascensão de um movimento que visava a restaurar a unidade perdida do conhecimento. Em 1864, o cientista polímata Lothar Meyer declarou a necessidade de reunir "as ciências agora cindidas". Esse ideal atraiu vários polímatas do século XX, entre eles, alguns exemplos de ouriços, como o escocês Patrick Geddes, o belga Paul Otlet e o austríaco Otto Neurath. Por certo é significativo que todos os três tenham se voltado aos diagramas e outros recursos visuais que permitem a quem os vê absorver de uma só vez informações que podem levar vários minutos para serem lidas quando apresentadas em palavras.

Geddes gostava de usar o termo "sinóptico", e sua ambição de ver o todo se expressou na reconstrução da Torre Outlook, em Edimburgo, como um museu no qual os visitantes podiam ver a relação entre Edimburgo, a Escócia, a Europa e o mundo. O museu apresentava uma visão geral do conhecimento em forma visual. O desejo de Otlet de classificar o conhecimento abarcava um projeto para um depósito de imagens. Neurath desenvolveu o que chamou de Sistema Internacional de Educação para Imagens Tipográficas (Isotype, na sigla em inglês).

Geddes se definia como "um generalista abrangente e sintetizador" e foi descrito por um contemporâneo como alguém "especializado em onisciência".[59] Ele começou a carreira como biólogo, mas

---

[59] Boardman, *The Worlds of Patrick Geddes: Biologist, Town Planner, Re-Educator, Peace-Warrior*, p.1; Zangwill, Introdução a Amelia Defries, *The Interpreter: Geddes, the Man and his Gospel*, p.10.

descobriu a sociologia lendo o trabalho de um polímata anterior, Frédéric Le Play. Embora nunca tenha obtido uma graduação acadêmica, Geddes se tornou professor de botânica na Universidade de Dundee. Um conhecido o descreveu como "uma pessoa perturbadora, falando, falando, falando – sobre toda e qualquer coisa".[60] Segundo um de seus discípulos – Geddes era uma figura carismática, que atraía discípulos –, ele era "integral demais para os especialistas entenderem [...] Eles precisam chamá-lo de meio louco – ou pensar isto de si mesmos".[61] Um compatriota escocês, o poeta Hugh MacDiarmid (Christopher Murray Grieve), declarou que Geddes "sabia que os compartimentos estanques são úteis apenas para um navio afundando e atravessou todas as fronteiras que apartam os temas".[62]

Geddes começou a carreira na botânica, mas seus problemas oculares lhe impossibilitaram o uso do microscópio e, então, ele se voltou para a biologia marinha. Escreveu dois livros sobre biologia junto com um de seus alunos, mas, enquanto realizava pesquisas na França, desviou-se para a sociologia e a reforma social. Sua preocupação com a melhoria dos bairros pobres de Edimburgo se expandiu para um interesse pelo planejamento urbano e, em 1919, ele trocou sua cadeira de botânica em Dundee pela de Cívica e Sociologia na Universidade de Bombaim. Geddes não teria encarado essa mudança como um grande passo, pois praticava o que chamou de "biossociologia", tentando ver a cidade como um todo, como um organismo que estava ligado à sua região e evoluía gradualmente.[63]

A exemplo de Francis Bacon, o belga Paul Otlet tomou todo o conhecimento como sua província. Formado advogado, ele muitas

---

[60] O conhecido era o planejador Patrick Abercrombie. Kitchen, *A Most Unsettling Person: An Introduction to the Ideas and Life of Patrick Geddes*, p.237.
[61] Mumford, *Sketches from Life: The Autobiography of Lewis Mumford*, p.153.
[62] Citado por Davie, *The Democratic Intellect*, p.ix.
[63] Meller, *Patrick Geddes: Social Evolutionist and City Planner*; id., Geddes, Patrick, *ODNB*, v.21, p.701-6, 2004.

vezes é definido como bibliógrafo e, de fato, planejou uma bibliografia universal armazenada em fichas. Também foi o que chamou de "documentalista" e usou microfichas (uma tecnologia que ficou disponível na década de 1920) para armazenar e recuperar documentos e projetou uma enciclopédia armazenada em microfilme que seria acessível de qualquer lugar. Para manter esse arquivo, ele fundou o que chamou de Mundaneum, uma instituição em Bruxelas que ainda existe, embora não no local original.

Descreveu-se Otlet, a exemplo do colecionador do século XVIII Hans Sloane, como um homem que tentou classificar e catalogar o mundo.[64] Seus esquemas de recuperação de informações faziam parte de uma visão mais ampla, que abrangia a paz mundial e o governo mundial. Nesse aspecto, Otlet se assemelha a Comenius e outros adeptos da *pansophia*. O mesmo acontece com Geddes, que compartilhava as opiniões de Otlet sobre a paz e se correspondeu com ele. Ainda que os sonhos políticos de Otlet não tenham se realizado, seu sonho tecnológico se tornou realidade após a revolução digital. O que ele chamou de *réseau mondial* [rede mundial] – e que seu contemporâneo H. G. Wells, o pioneiro inglês da ficção científica, chamava de "rede nervosa" de um "cérebro mundial" – tornou-se realidade na World Wide Web. Se Tim Berners-Lee é o pai da web, poderíamos dizer que Paul Otlet foi um de seus avós.

O trabalho da vida de Otto Neurath foi restaurar a "unidade da ciência", como ele passou a chamá-la depois de se refugiar na Grã-Bretanha em 1940 (antes, escrevendo em alemão, ele se referira a *Einheitswissenschaft*, que abarcava a sociologia e a psicologia, além das ciências naturais). As pessoas que o conheciam muitas vezes falaram do "conhecimento abrangente" de Neurath e também das estantes

---

[64] Levie, *L'Homme qui veut classer le monde*; Wright, *Cataloguing the World: Paul Otlet and the Birth of the Information Age*.

de livros, "repletas de obras de cientistas, filósofos, poetas e pais da Igreja".[65] Ele "estimou que lia, em média, dois livros por dia".[66]

Enquanto escrevia uma tese sobre a história econômica do mundo antigo, Neurath também estava editando as obras de um poeta romântico alemão. Ele atuou na política (como membro da brevíssima República Soviética da Baviera, em 1919); foi filósofo (membro do famoso Círculo de Viena); economista, particularmente interessado em economia de guerra; sociólogo empírico, preocupado com moradia; curador de museu; e teórico das ciências sociais. Também inventou uma ferrovia a cabo e "um dispositivo de mira para aeronaves" na época da Primeira Guerra Mundial.

Neurath é mais conhecido como organizador, alguém que fundou um instituto e um periódico, organizou congressos e editou uma enciclopédia.[67] Ele compartilhava da visão de Otlet sobre a cooperação internacional e, de fato, chegou a colaborar com ele por um breve período, abrindo uma filial do Mundaneum em Haia.[68]

Ele tinha consciência do lugar de seu movimento dentro da tradição intelectual. Sua *Encyclopedia*, escreveu certa vez, "continua o trabalho da famosa *Encyclopédie* francesa".[69] A tradição passava por Comenius, que também acreditava no uso de figuras na educação. Na verdade, a cruzada de Neurath pela unidade da ciência talvez

---

[65] Neurath; Cohen (orgs.), *Otto Neurath: Empiricism and Sociology*, p.14, 46.
[66] Otto citado em Neurath; Cohen, op. cit., p.4. Sua estimativa era de treze mil livros. Sua esposa Marie é citada em ibid., p.59.
[67] Cat; Cartwright; Chang, Otto Neurath: Politics and the Unity of Science, em Galison; Stump (orgs.), *The Disunity of Science*, p.347-69. Parece paradoxal que sejam necessários três autores para discutir a visão de um homem sobre a unidade do conhecimento, mas o artigo ilustra uma cooperação internacional cara a seu protagonista.
[68] Vossoughian, The Language of the World Museum: Otto Neurath, Paul Otlet, Le Corbusier, *Associations Transnationales*, p.82-93.
[69] Neurath, Unified Science as Encyclopaedic Integration, em Neurath; Carnap; Morris (orgs.), *International Encyclopaedia of Unified Science*, v.1, p.1-27.

seja uma adaptação da visão da *pansophia* ao mundo do século XX, colocando mais ênfase nas organizações.

A sobrevivência do polímata

Como os polímatas sobreviviam no novo mundo de especialistas, departamentos e trabalho em equipe? Um papel que estava aberto para eles era o de defensor da unidade da ciência, como Geddes, Otlet e Neurath. Outro era o de generalista – em outras palavras e um tanto paradoxalmente, um especialista cuja função era corrigir a crescente estreiteza ou miopia dos outros especialistas.

Vejamos o caso do norte-americano Lewis Mumford. Seguidor – pelo menos por um tempo – de Geddes (em cuja homenagem batizou um de seus filhos), Mumford também se definiu como um "generalista" cujo "Mestre" Geddes "salvara" de se tornar "apenas mais um especialista".[70] Seu amigo, o escritor Van Wyck Brooks, considerou Mumford um ouriço, declarando que "Lewis era um dos poucos homens que não tinha *ideias*, mas *uma ideia*, na qual passaria a vida toda trabalhando".[71]

Quando jovem, Mumford estudou geologia, economia e antropologia, além das disciplinas para as quais contribuiu tempos depois: literatura, arquitetura, história e sociologia. Mais tarde, quando estudantes do Dartmouth College, perguntaram a Mumford sobre sua área, ele respondeu que era *Professor der Allerlei Wissenschaften* – "professor de coisas em geral". De maneira bastante apropriada, Mumford adorava pontes. Escreveu uma peça sobre a Ponte do

---

[70] Beckwith, The Generalist and the Disciplines: The Case of Lewis Mumford, *Issues in Integrative Studies*, v.14, p.7-28, 1996. Mumford foi se tornando cada vez mais crítico de Geddes, como fica claro em seu artigo "The Disciple's Rebellion", *Encounter*, p.11-20, set. 1966.

[71] Citado por Miller, *Lewis Mumford: A Life*, p.163.

Brooklyn e outra sobre Leonardo da Vinci. "Só se pode ver o padrão geral abandonando os detalhes", explicou ele, remontando fragmentos que foram separados "porque os especialistas aceitam com demasiado rigor o acordo de cavalheiros de não invadir o território um do outro".[72] Ou ainda: "o generalista tem um ofício especial, o de reunir campos vastamente apartados, prudentemente cercados por especialistas, em uma área comum maior, visível apenas do ar" (ou, talvez se possa acrescentar, do alto da Torre Outlook de Geddes).[73]

Definido como o "último homem de letras da América", Mumford foi um polímata serial que iniciou a carreira como crítico literário.[74] Da crítica literária – na qual escreveu um livro sobre Herman Melville –, ele se voltou para a crítica arquitetônica e, logo depois, para os papéis de crítico cultural (a exemplo de Ruskin, outro de seus heróis) e intelectual público.

Mumford certa vez quisera se formar engenheiro e continuou a se interessar por tecnologia, chegando a publicar *Técnica e civilização* (1934). Seu interesse pela arquitetura e amor por Nova York o levaram ao estudo das cidades e, em seguida, às mudanças sociais e tecnológicas que as transformaram ao longo dos séculos – para pior, na opinião de Mumford –, pelo menos desde a Revolução Industrial. Dessa maneira, combinou uma abordagem interdisciplinar (arquitetônica, histórica e sociológica) com uma concentração em um único (e grande) objeto de estudo, produzindo *The Culture of Cities* [A cultura das cidades] (1938) e *A cidade na história* (1961), que certamente é sua obra-prima.

---

[72] Ibid., p.427, citando dos trabalhos de Mumford; Mumford, *The Myth of the Machine*, p.16-7.
[73] Ibid., p.16.
[74] Davis, Lewis Mumford: Man of Letters and Urban Historian, *Journal of Urban History*, v.19, p.123-31, esp. p.123, 1993. Cf. Hughes; Hughes (orgs.), *Lewis Mumford: Public Intellectual*.

Polímatas passivos

Traçamos distinções entre três tipos de polímatas: passivo, agrupado e serial. Essas distinções ficaram mais claras que antes na era da territorialidade. H. G. Wells, Aldous Huxley e Jorge Luis Borges são lembrados como escritores criativos, mas também foram polímatas passivos. Na juventude, quando trabalhava em uma loja de tecidos, Wells tinha o hábito de ler enciclopédias e, tempos depois, planejou uma enciclopédia para a qual ele contribuiria com "o plano e os prefácios".[75] Huxley e Borges (curiosamente, ambos sofriam com problemas de visão) leram a *Encyclopaedia Britannica* do começo ao fim (a exemplo de William Whewell), em vez de apenas consultá-la.

Em suas viagens, Huxley carregava volumes da *Britannica* dentro de uma maleta especial. Bertrand Russell certa vez comentou que sempre era fácil descobrir qual volume Aldous estava lendo, porque sua conversa girava em torno de tópicos que começavam com determinada letra do alfabeto.[76] Huxley costumava escrever para periódicos como *The Athenaeum* e *Harper's*, equivalentes das famosas revistas do século XIX que foram discutidas anteriormente. Seus artigos abrangeram uma ampla variedade de tópicos – arte, literatura, filosofia, política, psicologia, música, sociologia, religião e assim por diante. Descreveu seus ensaios como "moderadamente eruditos, mas não pedantes, pois não sei o suficiente para bancar o professor com alguma confiança". Tempos depois, declarou: "por ofício, sou um ensaísta que às vezes escreve romances e biografias".[77] Huxley também apareceu no *The Brains Trust*, um programa da BBC das décadas de 1940 e 1950, no qual um grupo de intelectuais respondia a perguntas do público. "Poucas figuras no século XX reivindicaram com tanta insistência o título de 'polímata'".[78]

---

[75] Mackenzie; Mackenzie, *The Time Traveller: The Life of H. G. Wells*, p.41, 402-3.
[76] Murray, *Aldous Huxley: A Biography*, p.171.
[77] Ibid., p.127, 161.
[78] Collini, *Absent Minds: Intellectuals in Britain*, p.458.

Borges disse a um entrevistador: "Quando jovem, costumava vir aqui à biblioteca [a Biblioteca Nacional, em Buenos Aires] com bastante frequência e, como era muito tímido e não ousava pedir livros ao bibliotecário, pegava um volume da *Britannica*, qualquer volume, da prateleira [...] e o lia".[79] Borges teve um caso de amor com as enciclopédias e não apenas as leu mas também escreveu muito sobre elas, como no famoso caso da enciclopédia chinesa imaginária que descreveu em seu ensaio sobre John Wilkins, polímata inglês do século XVII.

Borges pode ser considerado um equivalente de Huxley no mundo de língua espanhola, pois combinou sua ficção com ensaios e resenhas sobre uma grande variedade de tópicos.[80] De fato, se tivesse morrido em 1940, aos 41 anos, Borges hoje seria lembrado apenas como poeta e ensaísta (com cinco volumes de ensaios já publicados na época). Aos 47 anos, ele contou estar viajando "pela Argentina e pelo Uruguai, dando palestras sobre Swedenborg, Blake, místicos persas e chineses, budismo, poesia *gauchesca*, Martin Buber, a Cabala, as noites árabes, T. E. Lawrence, poesia germânica medieval, as sagas islandesas, Heine, Dante, expressionismo e Cervantes".[81] A gama de tópicos parece quase inacreditável.

Os principais interesses de Borges – filosofia, linguagem, matemática, história, orientalismo e ocultismo – vêm à tona em sua ficção, que muitas vezes lida com questões epistemológicas, notadamente a relação entre representação e realidade, o problema de classificação do conhecimento (abordado por meio da enciclopédia chinesa) e o método de "abdução" (um tipo particular de inferência associado ao polímata Charles Peirce) no conto "O jardim das vere-

---

[79] Entrevista com Borges, citada por Alazraki, *Borges and the Kabbalah*, p.5.
[80] Agradeço a meu amigo Steven Boldy pelos comentários ao rascunho desta seção. Cf. seu *Companion to Jorge Luis Borges*.
[81] Borges, An Autobiographical Essay, em *The Aleph and other Stories*, p.203-60, esp. p.245.

das que se bifurcam". Suas histórias se interessam sobretudo pela ideia do conhecimento total. A biblioteca de Babel é infinita, Funes se lembra de tudo e certo mapa tem o mesmo tamanho do território que representa.[82]

Críticos

No século XX, assim como no século XIX, vários polímatas se tornaram críticos culturais. Entre os protagonistas desse papel estavam Johan Huizinga, José Ortega y Gasset, Edmund Wilson, George Steiner, Susan Sontag e Umberto Eco. Vamos nos concentrar por um momento em Steiner e Sontag (Eco aparecerá mais adiante).

Já se caracterizou George Steiner como "o melhor resenhista de livros desde Edmund Wilson".[83] Ele também foi chamado de "homem da Renascença tardia, tardia, tardia" e de "monstro que sabe tudo" (a metáfora de Boerhaave continua atual).[84] Steiner passou alguns anos de formação na Universidade de Chicago, fazendo cursos de física, química, biologia, antropologia, literatura e filosofia, descobrindo Heidegger nas palestras de Leo Strauss. Escreveu sobre filosofia, teologia, linguística, história e xadrez – e também se arriscou na ficção. Grande parte de seu trabalho consiste em ensaios originalmente publicados na *New Yorker* e em outras revistas.

Steiner desempenhou o papel de crítico cultural com gosto, denunciando a "barbárie" do nosso tempo e, mais construtiva-

---

[82] Almeida, Borges and Peirce, on Abduction and Maps, *Semiotica*, v.140, p.113-31, esp. p.22, 2002; e, de maneira mais geral, Toro (org.), *Jorge Luis Borges: Ciencia y Filosofía*, e Martinez, *Borges and Mathematics*.

[83] Krupnick, George Steiner's Literary Journalism, *New England Review*, v.15, p.157-67, esp. p.157, 1993.

[84] Foi a romancista e crítica Antonia Byatt que chamou Steiner de "homem renascentista". Sobre Steiner como "monstro" do saber, veja Almansi, The Triumph of the Hedgehog, em Scott Jr.; Sharp (orgs.), *Reading George Steiner*, p.58-73, esp. p.60.

mente, defendendo uma extensão da ideia de instrução cultural que abrangesse as ciências e as artes.[85] Ele se definia como alguém interessado no "passo de fronteira" intelectual e apresentou uma crítica particularmente vigorosa à especialização – a qual, segundo ele, alcançara "uma veemência imbecil".[86] Apesar da variedade de tópicos sobre os quais ele expressava opiniões, às vezes com algum excesso de confiança, sua reputação repousa mais firmemente nos estudos de literatura comparada, especialmente na literatura europeia dos séculos XIX e XX.

O rótulo da crítica cultural também se cola a Susan Sontag, que construiu uma biblioteca de dez mil volumes e foi descrita por um amigo como "uma maratonista intelectual, sempre tentando melhorar seu tempo". Certa vez ela declarou: "não quero ser professora e não quero ser jornalista. Quero ser uma escritora que também é intelectual".[87] Quando criança, Sontag "gostava de ler enciclopédias".[88] A exemplo de Steiner, ela se matriculou na Universidade de Chicago, atraída pelo "currículo básico" interdisciplinar (discutido no Capítulo 8) e ali estudou ciências, filosofia e literatura. Quando se casou com Philip Rieff, trabalhou junto com ele em *Freud: The Mind of the Moralist* [Freud: a mente do moralista] (1959). Matriculou-se como estudante de pós-graduação em literatura inglesa em Harvard, mas se tornou assistente em filosofia. Foi a Paris para estudar filosofia contemporânea, mas passou boa parte do tempo no cinema.

Sontag escreveu romances e peças de teatro e dirigiu dois filmes, mas confessou ter o "vício" de escrever ensaios – e também de fumar. De fato, produziu nada menos que nove coletâneas de ensaios, entre elas *Contra a interpretação* (1966), *Sobre fotografia* (1977) e *Doença como*

---

[85] Boyers, Steiner as Cultural Critic, em Scott Jr.; Sharp, op. cit., p.14-42.
[86] Steiner, *Errata: An Examined Life*, p.278.
[87] Citado por Schreiber, *Susan Sontag: A Biography*, p.196, 153.
[88] Ibid., p.15.

metáfora (1978). A exemplo de Steiner, ela se tornou crítica cultural – sem medo, ainda aos trinta e poucos anos, de oferecer generalizações confiantes e de apontar os pontos fracos de figuras famosas como Ingmar Bergman ("imberbe pseudointelectualidade"), György Lukács ("cru") e C. P. Snow ("conhecimento raso das artes").[89] Seus interesses deram uma guinada política a partir de 1968, quando visitou Cuba e o Vietnã do Norte. Apoiou a esquerda, mas depois a criticou. Seus comentários ao 11 de Setembro seguiram uma linha impopular, na qual se recusou a chamar os terroristas de "covardes" e os viu como uma resposta à política externa dos Estados Unidos.

Os ensaios de Sontag se concentraram nas artes e humanidades, abrangendo pintura (do maneirismo à arte moderna), literatura, teatro, dança, filosofia, psicanálise, antropologia, história e, sobretudo, fotografia e cinema, área em que se tornou especialista.[90] Sua maior realização provavelmente foi construir pontes entre duas culturas, desta vez não as ciências e as humanidades, mas entre a "alta" e a "baixa" culturas, confessando interesse em "David Bowie e Diderot" e dando entrevistas para a *Rolling Stone* e a *Tel Quel*.[91]

Polímatas agrupados

Alguns polímatas podem ser descritos como "agrupados", no sentido de que suas realizações se concentram em campos relacionados, seguindo o que Donald T. Campbell, crítico do "etnocentrismo

---

[89] Sontag, *Against Interpretation*, p.11, 88, 93 ss., 299.
[90] Ainda assim, Sontag costumava abordar a fotografia por meio da literatura. Seu ensaio "Estados Unidos, visto em fotos, de um ângulo sombrio" começa com Walt Whitman e depois se refere a Stéphane Mallarmé, Paul Valéry, Hart Crane, Herman Melville, Marcel Proust, Thomas O'Hare, J. G. Ballard, Thomas Hardy, William Carlos Williams e D. H. Lawrence.
[91] Schreiber, op. cit., p.111-2.

das disciplinas", denominou "modelo em escama de peixes" de iniciativas sobrepostas.[92] Se generalistas como Patrick Geddes e Otto Neurath construíram pontes entre disciplinas distantes, os polímatas agrupados construíram pontes mais curtas, mas com mais trânsito. A transferência e a domesticação de conceitos entre disciplinas vizinhas é menos difícil e espetacular que as transferências entre disciplinas distantes, mas, por serem mais frequentes, talvez tenham um papel mais importante na história do conhecimento.

Max Weber, muitas vezes descrito, a exemplo de Durkheim, como um dos "pais fundadores" da sociologia, certa vez brincou que "agora, de acordo com o cartório, sou sociólogo".[93] Ele começou a carreira como historiador e sua tese sobre a história agrária de Roma impressionou o grande historiador Theodor Mommsen, tanto que este passou a ver o jovem como seu sucessor. Weber também contribuiu para as disciplinas de filosofia, direito e economia. Em 1903, abandonou a cadeira de sociologia em favor de "uma futura carreira, conduzida por linhas interdisciplinares".[94] Os historiadores ainda discutem a explicação de Weber sobre a ascensão do capitalismo; os filósofos das ciências sociais ainda discutem sua noção de modelo ou "tipo ideal"; e sociólogos e cientistas políticos ainda empregam suas categorias de dominação tradicional, burocrática e carismática (Weber emprestou o termo "carisma" do teólogo Rudolf Otto, adaptando-o a seus propósitos).

Na economia, Kenneth Boulding se definiu como "um economista razoavelmente puro" até 1949 e "um filósofo social bastante impuro" depois dessa data, explicando que "a perseguição de qual-

---

[92] Campbell, Ethnocentrism of Disciplines and the Fish-Scale Model of Omniscience, em Sherif; Sherif (orgs.), *Interdisciplinary Relationships in the Social Sciences*, p.328-48.
[93] Max Weber a Robert Liefmann (1920), citado em Roth; Schluchter, *Max Weber's Vision of History*, p.120.
[94] Ghosh, *Max Weber and the "Protestant Ethic": Twin Histories*, p.35.

quer problema em economia sempre me atraiu para outra ciência antes que eu pudesse compreendê-lo". Também declarou que "não existe essa coisa de economia, apenas ciências sociais aplicadas a problemas econômicos", encarando a economia (a exemplo de outro polímata, Karl Polanyi) como algo incorporado a um todo maior. Inglês de nascimento, Boulding se sentiu atraído pela Universidade de Michigan porque "Ann Arbor parece um bom lugar para integrar as ciências sociais, caso sejam integráveis". Além da economia, os mais de quarenta livros e oitocentos artigos de Boulding se dedicaram a sociedade, conhecimento, conflito, paz, história dos séculos XIX e XX e aquilo que ele chamou de "ecodinâmica".[95]

O cientista político norte-americano Harold Lasswell estudou filosofia e economia na Universidade de Chicago, mas se voltou para a ciência política, campo em que escreveu sua tese de doutorado sobre a propaganda durante a Primeira Guerra Mundial. Depois, descobriu a psicanálise, submeteu-se a terapia e ficou muito conhecido por seu livro *Psychopathology and Politics* [Psicopatologia e política] (1930). Ao longo da carreira, Lasswell colaborou com um advogado, um filósofo e um sociólogo.[96] O Conselho Americano das Sociedades Eruditas declarou-o "mestre de todas as ciências sociais e pioneiro em cada uma delas: incansavelmente dedicado a quebrar barreiras entre os estudos sociais, assim aproximando cada campo dos demais, preenchendo espaços interdisciplinares entre a ciência política, a psicologia, a filosofia e a sociologia".[97] A declaração não apenas homenageia Lasswell, mas também oferece um resumo vívido do papel social dos polímatas.

---

[95] Kerman, *Creative Tension: The Life and Thought of Kenneth Boulding*, citações p.6, 8, 43; Hammond, *The Science of Synthesis*, p.197-241.

[96] Rosten, Harold Lasswell: A Memoir, em Rogow (org.), *Politics, Personality and Social Science in the 20th Century*, p.1-13.

[97] Citado por Peterson, Lasswell, Harold Dwight, em Utter; Lockhart (orgs.), *American Political Scientists: A Dictionary*, p.228-30.

Ainda mais difícil é classificar Michel Foucault. Embora seu pai, cirurgião, quisesse que o filho estudasse medicina, Foucault iniciou a carreira como filósofo, mas desenvolveu interesses por diferentes tipos de psicologia – da experimental à psicanálise. Sua tese de doutorado, sobre a loucura, surgiu desses interesses, mas o levou mais longe, rumo ao contexto cultural e histórico das mudanças de atitude em relação aos pacientes. Publicada em 1961 como *Histoire de la folie à l'âge classique* (*História da loucura na Idade Clássica*), deixou seu autor famoso.

Enquanto escrevia a tese, Foucault estava dando aula de francês e literatura na Suécia. No retorno à França, começou a publicar estudos sobre escritores, entre eles Gustave Flaubert, Alain Robbe-Grillet e Raymond Roussel. No mesmo ano – na verdade, no mesmo dia – em que publicou o livro sobre Roussel, em 1963, Foucault também publicou um livro mais conhecido, *O nascimento da clínica*, finalmente respondendo ao desejo de seu pai de que o filho estudasse medicina – mas de uma maneira tipicamente inesperada. O estudo punha foco em espaços e instituições, contribuindo para a sociologia e a geografia social.

Três anos depois veio *As palavras e as coisas*, um estudo de história intelectual concentrado em três disciplinas: linguística, economia e biologia. O livro começava, de maneira dramática, com a cuidadosa análise de uma pintura de Velázquez, uma primeira incursão na história da arte (tempos depois, Foucault escreveu, mas não publicou, um livro sobre Manet). Na década de 1970, seus interesses se expandiram e passaram a abranger o direito, os crimes e as punições. Publicou um diálogo sobre justiça popular com um intelectual marxista, um estudo sobre um parricídio do século XIX (em colaboração com membros de seu seminário) e um de seus livros mais famosos, *Vigiar e punir* (1975), que se centrou na história das prisões. Um ano depois, Foucault publicou o primeiro volume de uma ambiciosa *História da sexualidade* chamado *A vontade de saber* (1976), continuando a trabalhar no tema até sua morte precoce, mas também dando palestras sobre outros tópicos, como governo e biopolítica.

Os vários interesses de Foucault estavam de fato conectados, com a história do conhecimento no centro. O autor definiu sua história da loucura como um estudo do conhecimento "investido" nas instituições e sua história das prisões como parte dos primórdios da formação do conhecimento na sociedade moderna. Defendeu sua abordagem à história intelectual em um livro intitulado *A arqueologia do saber* (1969). Também discutiu a relação entre saber e poder (*savoir* e *pouvoir*) em uma famosa entrevista concedida em 1975 e começou sua história da sexualidade com um ensaio sobre a "vontade de saber".[98]

Novas disciplinas

Um tanto paradoxalmente, a fundação de novas disciplinas em uma época de especialização conferiu um novo papel aos polímatas, pelo menos a curto prazo, uma vez que, na primeira geração, as novas disciplinas são lecionadas por professores que se formaram em outra coisa. As novas disciplinas precisam de polímatas seriais, nômades em uma época de territorialidade. E também os atraem, proporcionando a liberdade própria à fronteira do conhecimento. Esse tipo de oportunidade para polímatas se abre apenas uma vez, pois a segunda geração já é formada na nova disciplina e, assim, reforça a especialização.

Alguns polímatas batizaram novas disciplinas, com ou sem êxito. Auguste Comte batizou a "sociologia'; Charles Peirce, a "semiótica"; Norbert Wiener, a "cibernética"; Constantínos Doxiádis,

---

[98] Da enorme bibliografia sobre Foucault, ver Eribon, *Michel Foucault*; Megill, The Reception of Foucault by Historians, *Journal of the History of Ideas*, v.48, p.117-41, 1987; Lloyd; Tucker (orgs.), *The Impact of Michel Foucault on the Social Sciences and Humanities*; Crampton; Elden (orgs.), *Space, Knowledge and Power: Foucault and Geography*; Golder; Fitzpatrick (orgs.), *Foucault and Law*.

a equística; Félix Guattari, a ecosofia; Ray Birdwhistell, a cinésica; e Hans Blumenberg, a metaforologia. No início do século XX, o desenvolvimento da biometria, uma forma de biologia matemática, deveu muito a um único polímata, Karl Pearson.

Pearson, discípulo de Galton que foi nomeado para uma cadeira de matemática aplicada na University College London em 1884, escreveu alguns artigos importantes sobre "contribuições matemáticas à teoria da evolução". No entanto, os interesses de Pearson eram muito mais amplos. Uma de suas primeiras publicações, aos 26 anos, foi um artigo sobre a dívida de Spinoza para com Moses Maimônides, um artigo que revelou o conhecimento de Pearson em hebraico, latim e holandês. Ele tinha um interesse particular pela cultura alemã e ministrou palestras em Londres sobre Martinho Lutero e também, como se lembrou mais tarde, sobre Ferdinand Lassalle e Karl Marx "aos domingos, em clubes revolucionários do Soho". Tempos depois, ele se tornou professor de eugenia.[99]

Os polímatas também tiveram um papel importante no desenvolvimento inicial da bioquímica. Linus Pauling, por exemplo, realizou pesquisas em física e química (pelas quais ganhou um Prêmio Nobel) antes de se voltar para a biologia molecular, um campo que o "gerenciador de conhecimento" Warren Weaver estava apoiando na década de 1930. Weaver estudou engenharia civil e ensinou matemática antes de se tornar diretor da Divisão de Ciências Naturais da Fundação Rockefeller, em 1932, onde foi nomeado para lançar um novo programa de bioquímica, descrito à época como "processos vitais". Weaver adotou uma abordagem prática, aprovando projetos pessoalmente e ficando em casa às quartas-feiras para que pudesse acompanhar as novas publicações no campo. Os vastos interesses de Weaver informam sua colaboração com Claude Shannon na

---

[99] Pearson, *Karl Pearson: An Appreciation of some Aspects of his Life and Work*; Eisenhart, Pearson, Karl, *DSB*, v.10, p.447-73, 1970; Woiak, Pearson, Karl, *ODNB*, v.43, p.331-5, 2004.

teoria matemática da comunicação, seu envolvimento com a Revolução Verde no terceiro mundo, seu trabalho em tradução por computador e seu livro, *Lady Luck* [Dona Sorte], sobre a teoria da probabilidade.[100]

As ciências sociais

Nas ciências sociais, que emergiram como disciplinas autônomas a partir do final do século XIX, o papel dos polímatas é particularmente visível. Alguns recrutas dessas novas disciplinas vieram da medicina, como Paolo Mantegazza, que trocou uma cadeira em patologia na Universidade de Pavia por outra em antropologia. Ele publicou artigos sobre uma ampla gama de tópicos, bem como um romance ambientado no futuro.[101] Seu compatriota Giuseppe Pitrè se formou em medicina antes de se tornar historiador das tradições populares e, por fim, aos 70 anos, professor de "psicologia popular" (*demopsicologia*) na Universidade de Palermo.[102] Um terceiro italiano, Cesare Lombroso, foi originalmente um cirurgião que ingressou na psicologia (e na parapsicologia) antes de ficar famoso como o fundador da antropologia dos criminosos.[103]

Um quarto italiano, Vilfredo Pareto, iniciou a carreira como engenheiro civil, trabalhando em ferrovias. Passou para a economia (tornando-se professor de economia política em Lausanne, no ano de 1893) e, depois, para as ciências políticas e sociais. Quando mudou de disciplina, Pareto levou consigo a ideia de equilíbrio, ilustrando, uma vez mais, a contribuição que polímatas seriais podem dar

---

[100] Reingold, Weaver, Warren, *ANB*, v.22, p.838-41, 1999; Kohler, *Partners in Science: Foundations and Natural Scientists, 1900-1945*, p.265-302.
[101] Armocida; Rigo, Mantegazza, Paolo, *DBI*, v.69, p.172-5, 1960-.
[102] Dei, Pitrè, Giuseppe, *DBI*, v.84, p.293-7, 1960-.
[103] Armocida, Lombroso, Cesare, *DBI*, v.65, p.548-53, 1960-; Gibson, *Born to Crime*.

à inovação.[104] O mesmo aconteceu com os primeiros capítulos das histórias das disciplinas de sociologia, psicologia e antropologia e, mais recentemente, dos campos da ciência da computação, sistemas gerais e semiótica.

Sociologia

A sociologia, disciplina nomeada por Auguste Comte, deve seu surgimento aos polímatas. Na França, Frédéric Le Play, cujo livro inspirou Geddes, foi engenheiro e professor de metalurgia antes de se voltar para a sociologia da família ou, como ele a chamava, *économie sociale*. Na Bélgica, Adolphe Quételet começou a carreira como matemático, mas passou para a astronomia e a meteorologia. Seu interesse pela matemática da probabilidade o levou ao estudo da estatística e, então, ao que ele chamou de "física social", contribuindo para a antropometria e para o que hoje chamamos de "criminologia".[105] Muito mais tarde, a guinada estatística na sociologia norte-americana foi impulsionada pelo refugiado austríaco Paul Lazarsfeld, que originalmente se dedicara à matemática aplicada.

Émile Durkheim, um dos sociólogos mais famosos, iniciou a carreira acadêmica ensinando filosofia e educação. Seu rival Gabriel Tarde foi um magistrado que se tornou professor de filosofia no Collège de France. Tarde não foi apenas o autor de um livro sobre "leis" sociais como a imitação, mas também um criminologista que adotou abordagens antropológicas e psicológicas para criminosos. A exemplo de Mantegazza, Tarde escreveu um romance ambien-

---

[104] Monati, Pareto, Vilfredo, *DBI*, v.81, p.341-7, 1960-. Eisermann, *Vilfredo Pareto*; Valade, *Pareto: la naissance d'une autre sociologie*.

[105] Lazarsfeld, Notes on the History of Quantification in Sociology, *Isis*, v.52, p.277-333, 1961; Donnelly, *Adolphe Quételet, Social Physics and the Average Men of Science*.

tado no futuro.[106] Na Alemanha, Georg Simmel, que, a exemplo de Durkheim, queria estabelecer a sociologia como uma disciplina independente, também era conhecido como um indivíduo de "conhecimento extenso e multifacetado".[107] Ele publicou ensaios sobre uma ampla variedade de temas, tais como Rembrandt e Goethe, além de psicologia e filosofia.

Nos Estados Unidos, a história é semelhante. Lester Ward, que foi nomeado professor de sociologia na Brown University em 1906, aos 65 anos, trabalhou para o Bureau of Statistics como bibliotecário e para o US Geological Survey como botânico, geólogo e paleontólogo. Não é de se admirar, portanto, que ele tivesse a confiança necessária para batizar um de seus cursos de "Uma visada sobre todo o conhecimento".[108]

Na Grã-Bretanha, apesar da fundação de um departamento de sociologia na London School of Economics, em 1904, a disciplina demorou a se desenvolver. Por esse motivo, o polímata alemão Norbert Elias pôde fazer uma grande contribuição para esse desenvolvimento ainda nos anos 1950. Além de sociologia, Elias estudou medicina, filosofia, história e psicanálise, e todas essas disciplinas moldaram sua teoria social. Ele sabia o suficiente sobre embriologia para discutir as implicações teóricas da pesquisa realizada por seu amigo Alfred Glucksmann.[109] Da medicina, Elias se voltou para a filosofia e escreveu uma tese de doutorado sobre a filosofia da história na Universidade de Breslávia. Depois de se mudar para Heidelberg,

---

[106] A reputação de Tarde, há muito ofuscada pela de Durkheim, está passando por um renascimento. Veja Katz, Rediscovering Gabriel Tarde, *Political Communication*, v.23, p.263-70, 2006.

[107] Comentário feito quando se considerou o nome de Simmel para uma cadeira de filosofia em Heidelberg. Ele não foi nomeado. Frisby, *Georg Simmel*, p.31.

[108] Scott, *Lester Frank Ward*; Tanner, Ward, Lester Fran, *ANB*, v.22, p.641-3, 1999.

[109] Glucksmann, Norbert Elias on his Eightieth Birthday, em Gleichmann; Goudsblom; Korte (orgs.), Prefácio. *Human Figurations: Essays for/Aufsätze für Norbert Elias*. Meus agradecimentos a Stephen Mennell por esta referência.

descobriu a sociologia. Exilado na Grã-Bretanha após a ascensão de Hitler ao poder, Elias descobriu a psicanálise. Seu livro mais famoso, *O processo civilizador* (1939), combinou história, psicologia e teoria social.

Nomeado professor de sociologia na Universidade de Leicester em 1954 – aos 57 anos –, Elias desempenhou um papel importante na criação do departamento. Não gostava de ser classificado como sociólogo da história, argumentando que toda sociologia deveria ter uma dimensão histórica e criticando seus colegas pelo que chamou de "retirada para o presente". Elias também estudou a sociedade de seu tempo e foi, acima de tudo, um teórico original. Nunca esqueceu sua formação médica, e a relação entre o corpo e a sociedade continuou sendo um tema duradouro em sua obra, desde os primeiros estudos sobre as boas maneiras até os mais tardios, sobre o esporte. Desenvolvendo a sociologia do conhecimento associada a Karl Mannheim (de quem fora assistente na Universidade de Frankfurt, no início dos anos 1930), Elias analisou o processo de especialização e a ascensão do que chamou de "estabelecimentos científicos", comparando sua rivalidade com a competição entre empresas e Estados-nação.[110]

Psicologia

À medida que a psicologia começou a se afastar da filosofia, no final do século XIX, foi atraindo polímatas seriais. Wilhelm Wundt, por exemplo, iniciou a carreira na medicina e fisiologia, mas depois passou para a psicologia experimental, campo do qual

---

[110] Elias, Scientific Establishments (1982), reimpr. em *Collected Works*, v.14, p.107-60. Cf. Mennell, *Norbert Elias*; Smith, *Norbert Elias and Modern Social Theory*; Delmotte, *Norbert Elias, la civilisation et l'Etat: enjeux épistémologiques et politiques d'une sociologie historique*; Joly, *Devenir Norbert Elias*.

foi um dos fundadores, e para a filosofia e a "psicologia dos povos" (*Völkerpsychologie*).[111] William James, que acusou Wundt de tentar ser "uma espécie de Napoleão do mundo intelectual", seguiu um itinerário semelhante. James estudou medicina em Harvard, tornou-se instrutor de anatomia e fisiologia e, depois, fundou aquele que é considerado o primeiro laboratório de psicologia experimental do mundo, em 1875. Continua sendo mais conhecido como filósofo e autor de *As variedades da experiência religiosa* (1902).[112]

Na França, Gustave Le Bon, que também se formara em medicina, escreveu livros de viagens e divulgação científica antes de ganhar reputação na psicologia, especialmente na psicologia das multidões, um interesse desencadeado – como no caso de Taine, discutido anteriormente – por suas observações durante a Comuna de Paris de 1871.[113]

O fundador da psicanálise foi outro polímata. Freud começou a carreira na Faculdade de Medicina da Universidade de Viena, depois seguiu para o estudo da biologia marinha em Trieste. Ele se voltou para a fisiologia e estudou as células nervosas dos peixes. Na verdade, por vinte anos, Freud "foi principalmente neurologista e anatomista". Seu primeiro livro, *Aphasia* (1891), foi descrito como "uma sólida contribuição à neuropatologia convencional".[114] Quando passou para a psicologia e desenvolveu o método da psicanálise, sua abordagem genética se inspirou na biologia. Admirador de Darwin, Freud foi chamado de "Darwin da psique" e "biólogo da mente".

---

[111] Smith, Wilhelm Wundt: *Völkerpsychologie* and Experimental Pyschology, em *Politics and the Sciences of Culture*, p.120-8.

[112] James citado por Gundlach, William James and the Heidelberg Fiasco, *Journal of Psychology and Cognition*, v.58, 2017. Cf. Myers, *William James*.

[113] Nye, *The Origins of Crowd Psychology: Gustave Le Bon and the Crisis of Mass Democracy in the Third Republic*; Marpeau, *Gustave Le Bon: parcours d'un intellectuel, 1841-1931*.

[114] Amacher, Freud, Sigmund, *DSB*, v.5, p.171-83, esp. p.173, 1970; Sachs, The Other Road: Freud as Neurologist, *The River of Consciousness*, p.79-100, esp. p.79.

Os interesses de Freud não se limitaram às ciências naturais. Sua educação clássica deixou vestígios em seus trabalhos posteriores, mais claramente no conceito de complexo de Édipo. Ele tinha muita leitura em literatura moderna e escreveu sobre Shakespeare e outros autores. Estudou história, até mesmo história da arte, e escreveu sobre Leonardo da Vinci e sobre um caso de possessão demoníaca no século XVII. Também colecionou artefatos egípcios antigos. Descobriu a antropologia e publicou *Totem e tabu* (1913), no qual discutiu aquilo que chamou de "semelhanças entre a vida psíquica de selvagens e neuróticos" (embora importantes antropólogos, como Franz Boas, não tenham se convencido).[115]

Antropologia

A primeira geração de professores de antropologia (ou etnologia) e de escritores sobre o tema veio de uma ampla gama de disciplinas, entre eles antigos médicos, zoólogos, classicistas e teólogos.

Na França, Paul Broca, fundador da Société d'Anthropologie de Paris, veio da medicina e se interessou particularmente pela antropologia física. Por outro lado, Marcel Mauss, sobrinho e herdeiro intelectual de Durkheim, foi pioneiro da antropologia cultural, cujo *Ensaio sobre a dádiva* (1925) continua sendo uma obra fundamental nesse campo. Mauss tinha interesses ainda mais amplos que seu tio. Estudou filologia oriental e ensinou etnografia e história das religiões. Também fez estudos em direito, economia e história. Não é de se admirar, portanto, que seus alunos costumassem dizer que Mauss sabia tudo. Escreveu e publicou relativamente pouco, pois dedicou seu tempo a aprender coisas novas. Sua reputação repousa sobre alguns poucos ensaios seminais que seriam impossíveis de

---

[115] Sulloway, *Freud, Biologist of the Mind*; Whitebook, *Freud: An Intellectual Biography*.

escrever se o autor não tivesse lido tanto.[116] Nos Estados Unidos, Franz Boas, emigrante da Alemanha e mais um pioneiro da antropologia cultural, trabalhou como geógrafo e curador de museu antes de se tornar professor de antropologia em Columbia, no ano de 1899. Seus alunos e discípulos se tornariam grandes figuras da nova disciplina.[117]

O inglês Alfred Haddon era um zoólogo que se interessou pela cultura da zona rural da Irlanda no decorrer de sua pesquisa sobre anêmonas-marinhas na região. Foi convidado a participar como zoólogo de uma expedição às ilhas do estreito de Torres (hoje parte de Queensland) em 1898, mas lá também estudou a cultura local. Em 1900, foi nomeado professor de etnologia em Cambridge.[118] Outro membro da expedição ao estreito de Torres foi William Rivers, que, encorajado por Haddon, acrescentou a antropologia a um portfólio de interesses intelectuais que já incluíam medicina, neurologia e psicologia. Seu estudo *The Todas* (1906) fez uma grande contribuição à etnografia da Índia.[119]

Outra rota para a antropologia passava pelos clássicos, como se deu no caso de James Frazer, que se interessou por mitologia e religião comparadas e escreveu *O ramo de ouro* (1890), graças ao qual é considerado um ancestral, quando não exatamente um fundador, da antropologia social.[120] Algumas das muitas publicações de Andrew Lang, outro classicista (e também escocês), dedicaram-se à antropologia e ao folclore, disciplinas que ainda não estavam claramente diferenciadas no início do século XX. Lang foi definido como "um corsário, um homem livre, que atravessava todas as fron-

---

[116] Fournier, *Marcel Mauss*, p.92.
[117] Cole, *Franz Boas: The Early Years, 1858-1906*; Blackhawk; Wilner (orgs.), *Indigenous Visions: Rediscovering the World of Franz Boas*.
[118] Fleure, Haddon, Alfred, *ODNB*, v.24, p.411-2, 2004.
[119] Bevan; MacClancy, Rivers, William Halse, *ODNB*, v.47, p.48-9, 2004.
[120] Ackerman, *J. G. Frazer: His Life and Work*; id., Frazer, Sir James George, *ODNB*, v.20, p.892-3, 2004.

teiras".[121] Ele escreveu sobre mitologia, pesquisa psíquica e história escocesa.[122] Bronisław Malinowski estudou matemática e física na Cracóvia antes que *O ramo de ouro*, de Frazer, o inspirasse a dar sua famosa guinada antropológica. O mesmo livro também inspirou Jack Goody, que começou ensinando inglês em Cambridge, a passar para a antropologia (mais tarde, ele escreveu sobre história e sociologia).

A exemplo de Lang, o mais notável dos polímatas britânicos envolvidos nos primeiros anos da antropologia nunca ocupou um cargo nessa disciplina. William Robertson Smith, mais um escocês, durante algum tempo foi o editor-chefe da *Encyclopaedia Britannica* na década de 1880. Um colega observou a "rara versatilidade" de seu conhecimento, e um obituário declarou que "o professor Smith, na profundidade e alcance de seu saber, não teve igual entre os vivos".[123] A trajetória intelectual de Smith foi da matemática à teologia e a uma cadeira de exegese bíblica em Aberdeen, da qual foi removido por "heresia". Tornou-se professor de árabe em Cambridge e publicou um estudo sobre *Kinship and Marriage in Early Arabia* [Parentesco e casamento na antiga Arábia] (1885). Foi a amizade de Smith com Frazer que encorajou a guinada antropológica deste último.[124]

Ciência da computação

Em meados do século XX, vários polímatas se reuniram no novo e em rápido desenvolvimento campo dos computadores e da inteligência artificial. Entre eles se encontravam, em ordem de an-

---

[121] Gordon, *Andrew Lang*, p.11.
[122] Gordon, Lang, Andrew, *DNB*, p.319-23, 1912-1921; De Cocq, *Andrew Lang*; Donaldson, Lang, Andrew, *ODNB*, v.32, p.453-6, 2004.
[123] Maier, *William Robertson Smith*, p.5, 243.
[124] Beidelman, *W. Robertson Smith and the Sociological Study of Religion*; Sefton, Smith, William Robertson, *ODNB*, v.51, p.385-6, 2004.

tiguidade, Norbert Wiener (nascido em 1894), John von Neumann (1903), Alan Turing (1912) e Claude Shannon (1916). Outros polímatas atraídos para esse campo foram Herbert Simon, Allen Newell e Marvin Minsky.

Wiener se formou em matemática aos 14 anos, escreveu sua tese de doutorado em lógica e passou por várias ocupações, de engenheiro a jornalista, antes de se estabelecer como professor de matemática no MIT. Sua pesquisa sobre a mira automática de armas antiaéreas durante a Segunda Guerra Mundial o levou ao campo que ele batizou de "cibernética", participando de conferências anuais organizadas pela Fundação Macy a partir de 1946, em constante troca de ideias com John von Neumann.[125]

Neumann, outro garoto prodígio da matemática, começou a estudar química e a realizar pesquisas sobre hidrodinâmica e meteorologia. Um conhecido testemunhou que "a mente de von Neumann era abrangente. Ele conseguia resolver problemas em qualquer domínio".[126] No Instituto de Estudos Avançados de Princeton, ele trabalhou em economia, matemática e até na famosa aplicação da teoria dos jogos ao comportamento econômico. Utilizando computadores para auxiliar seus cálculos, Neumann se interessou por aprimorá-los e desenvolveu aquilo que definiu como "um interesse obsceno" por essas máquinas, até mesmo por seus vírus.[127] A partir de 1946, também participou das Conferências Macy sobre o tema.[128]

Claude Shannon se formou na Universidade de Michigan com dois diplomas, um em matemática e outro em engenharia elétrica, e escreveu uma tese de doutorado sobre os usos da matemática no

---

[125] Wiener, *Ex-Prodigy*; id., *I Am a Mathematician*; Montagnini, *Le armonie del disordine: Norbert Wiener matematico-filosofo del Novecento*.

[126] Leon Harmon, citado por McCorduck, *Machines Who Think: A Personal Enquiry into the History and Prospects of Artificial Intelligence*, p.67.

[127] Aspray, *John von Neumann and the Origins of Modern Computing*, p.1.

[128] Macrae, *John von Neumann: The Scientific Genius Who Pioneered the Modern Computer, Game Theory, Nuclear Deterrence and Much More*; Israel; Gasca, *The World as a Mathematical Game: John von Neumann and 20th-Century Science*.

estudo da genética. Seu artigo "Uma teoria matemática da comunicação" (1948), que se baseou pelo menos em parte no trabalho de Wiener, lançou os fundamentos da teoria da informação. Em 1949, o artigo se transformou no livro *The Mathematical Theory of Communication*, que ele escreveu com Warren Weaver, o "gerenciador de conhecimento" discutido anteriormente. Shannon também foi inventor (entre outras coisas) de uma máquina que explicava como os computadores funcionavam.[129]

Durante a Segunda Guerra Mundial, Shannon trabalhou na quebra de códigos. Foi nessa função que ele conheceu o único inglês desse grupo, Alan Turing, um polímata serial que, por sua vez, era matemático, filósofo, criptoanalista, engenheiro e biólogo teórico. Em 1936, Turing inventou o que chamou de "máquina universal", agora conhecida como "máquina de Turing", capaz de fazer o trabalho de todas as outras máquinas. O episódio mais famoso da carreira de Turing aconteceu durante a Segunda Guerra Mundial, quando ele foi enviado a Bletchley Park para ajudar na quebra do código alemão Enigma e projetou uma máquina para fazê-lo. Depois da guerra, antes de sua carreira chegar a um fim trágico (provavelmente por suicídio) após sua prisão por homossexualidade, Turing trabalhou no que chamou de "jogo da imitação", ou seja, na construção de um computador que seria capaz de responder a perguntas de uma maneira indistinguível das reações dos seres humanos.[130]

As carreiras desse quarteto de homens extraordinários ilustram dois temas recorrentes deste estudo. Uma é a atração de um campo de estudo emergente sobre indivíduos com interesses vastos. O outro é o papel do *outsider* enquanto inovador, examinando problemas em uma disciplina com o hábito de pensamento de um indivíduo formado em outra.

---

[129] Soni; Goodman, *A Mind at Play: How Claude Shannon Invented the Information Age*.
[130] Hodges, *Alan Turing: The Enigma*; Leavitt, *The Man Who Knew Too Much*; Dyson, *Turing's Cathedral: The Origins of the Digital Universe*.

Sistemas gerais

No final de sua curta vida, Turing passou para a biologia matemática e começou a enxergar analogias entre criaturas vivas e máquinas. De maneira semelhante, trabalhar com computadores levou Neumann a pensar no sistema nervoso como um mecanismo digital e a contribuir para o surgimento da neurociência. Seu livro *The Computer and the Brain* [O computador e o cérebro] foi publicado postumamente em 1958.

Entre os biólogos, os sistemas já eram um interesse central de polímatas como Lawrence Henderson, Ludwig von Bertalanffy e Anatol Rapoport. Henderson trabalhou como químico, mas é mais conhecido por seu trabalho em fisiologia. Enquanto trabalhava no laboratório de química de Harvard, participou dos seminários de filosofia organizados por Josiah Royce. Tempos depois, Henderson preparou um seminário sobre a sociologia de Vilfredo Pareto e publicou um livro sobre ele, escrito do ponto de vista de um fisiologista e discutindo a ideia de sistema em todas as disciplinas.[131]

Os biólogos, assim como os engenheiros, constituem um grupo que pensa com – e também sobre – sistemas. O austríaco Ludwig von Bertalanffy, por exemplo, foi tanto biólogo quanto fundador da teoria geral dos sistemas. Começou a carreira acadêmica estudando filosofia e história da arte e escreveu sua tese de doutorado sobre o trabalho de outro polímata, o filósofo-psicólogo-físico Gustav Fechner. Ao se voltar para a biologia teórica, adotou uma abordagem matemática (a "equação de Bertalanffy" descreve o crescimento de um organismo em termos matemáticos). Ele chegou a contrastar os "sistemas fechados" da física, sujeitos às leis da termodinâmica, com os "sistemas abertos" dos seres vivos, indo ainda mais longe

---

[131] Esse homem notável não parece ter sido objeto de uma biografia completa. Para um breve relato, ver Parascandola, Henderson, Lawrence Joseph, *DSB*, v.6, p.260-2, 1970.

para incluir a psicologia e as ciências sociais em sua *Teoria geral dos sistemas* (1969), ou GST.[132]

O russo-americano Rapoport foi um terceiro cientista que tinha vastos interesses (os quais passavam pela música e pela psicologia), mas que se centrou, a exemplo de Bertalanffy, na biologia matemática, nas ciências do comportamento e na teoria geral dos sistemas (ele ajudou a fundar a Sociedade de Pesquisa em Sistemas Gerais no ano de 1954). Ele se confessou fascinado pelo que chamou de "interconexão fundamental de tudo com todo o resto".[133]

O economista polimático Kenneth Boulding datou o nascimento da GST no ano de 1954, em Palo Alto, na Califórnia, quando Bertalanffy, Rapoport, Ralph Gerard e o próprio Boulding se conheceram e perceberam que estavam "convergindo para algo como Sistemas Gerais a partir de diferentes direções".[134]

Semiótica

A semiótica é mais uma encruzilhada que um campo ou disciplina. Por isso, é particularmente apropriado que os polímatas tenham desempenhado um papel importante no desenvolvimento dessa "ciência dos signos". Entre eles se encontram Charles Peirce, Roman Jakobson, Juri Lotman, Roland Barthes, Charles Morris, Jacob von Uexküll, Thomas Sebeok, Giorgio Prodi e Umberto Eco, um grupo internacional que chegou a esse destino a partir de alguns pontos de partida muito diferentes.

Peirce, hoje mais conhecido como filósofo, estudou química e zoologia e realizou sua própria pesquisa sobre a gravidade e a matemática da probabilidade. Trabalhando na área de lógica, ele distinguiu

---

[132] Davidson, *Uncommon Sense: The Life and Thought of Ludwig Von Bertalanffy*; cf. Hammond, op. cit.
[133] Citado por Hammond, op. cit., p.157.
[134] Citado por Davidson, op. cit., p.18.

um tipo de inferência que não era dedução nem indução e cunhou o termo "abdução" para descrevê-la. Também estudou psicologia e economia. A exemplo de outros polímatas, de Bacon a Comte, Peirce se interessou pela classificação das ciências. Estudou o que chamou de "semiótica" do ponto de vista de um lógico, distinguindo entre três tipos de signos, os quais batizou de "ícone", que se assemelha a seu objeto, "índice", que está conectado ao seu objeto, e símbolo.[135]

Roman Jakobson gostava de se definir como "um filólogo russo", palavras que estão inscritas (em russo) em sua lápide, mas os interesses desse estudioso poliglota eram muito mais amplos. Os colegas o chamavam de *polyhistor* e "um dos estudiosos mais abrangentes do século XX".[136] Se a linguagem estava no centro de seus interesses, também havia muita periferia.

Jakobson era amigo do folclorista russo Petr Bogatyrev, que, ele próprio escreveu mais tarde, "me iniciou nas delícias e agruras do trabalho de campo etnográfico".[137] Juntos, eles publicaram um artigo seminal sobre folclore, comparando e contrastando-o com a literatura. Os autores argumentaram que o folclore corresponde ao que os linguistas chamam *langue*, no sentido de um sistema de recursos para a fala, enquanto a literatura corresponde à *parole*, uma seleção específica desses recursos.[138] O artigo oferece um exemplo típico do uso recorrente de oposições binárias no trabalho de Jakobson, um legado de seus primeiros estudos sobre a dialética de Hegel.[139]

---

[135] Kent, *Charles S. Peirce: Logic and the Classification of the Sciences*; Croce, Peirce, Charles Sanders, *ANB*, v.17, p.252-4, 1999; Hookway, Peirce, Charles Sanders, em Craig (org.), *Routledge Encyclopedia of Philosophy*, p.7, 269-84.

[136] Armstrong; Van Schooneveld (orgs.), *Roman Jakobson: Echoes of his Scholarship*, p.v, 1.

[137] Jakobson, Prefácio, *Selected Writings*, v.4.

[138] Jakobson; Bogatyrev, Folklore as a Special Form of Creation (1929), reimpr. em *Selected Writings*, v.4, p.1-15.

[139] Holenstein, Jakobson's Philosophical Background, em Pomorska et al. (orgs.), *Language, Poetry and Politics*, p.15-31.

O interesse pela linguagem também levou Jakobson à psicologia e até mesmo à neuropsicologia.[140] Ele estudou a aquisição da linguagem pelas crianças e, em 1956, publicou um famoso artigo sobre a afasia. Jakobson notou que dois tipos desse comprometimento da linguagem corriam em paralelo a duas conhecidas figuras do discurso: a metáfora (fundada na semelhança) e a metonímia (fundada na contiguidade).[141] Esse artigo ilustra mais uma vez como os polímatas seriais podem dar contribuições originais a uma segunda ou terceira disciplinas, abordando-as com os hábitos mentais adquiridos em sua primeira.

As ideias de Jakobson causaram impacto em muitas outras disciplinas além daquelas para as quais contribuiu pessoalmente. A abordagem do psicanalista Jacques Lacan ao inconsciente, estruturando-o em termos de linguagem, deveu muito a seu trabalho.[142] Claude Lévi-Strauss, que conheceu Jakobson em Nova York no ano de 1941 e depois colaborou com ele, reconheceu uma dívida para com suas ideias no reconhecimento da importância das oposições binárias na linguagem. Dessa maneira, Jakobson contribuiu para a antropologia estruturalista e, portanto, para a ascensão mais geral do estruturalismo (um termo que ele já havia usado em 1929 para se referir a uma ênfase nas relações entre as coisas e não nas coisas em si).[143]

Outro russo, Yuri Lotman, admirador de Jakobson que fundou a Escola de Semiótica Tartu, cunhou o termo "semiosfera" para descrever um campo no qual diferentes sistemas de signos se encontra-

---

[140] Marcos-Ortega, Roman Jakobson precursor de la neuropsicologia cognitiva, em Mansour; Haidar (orgs.), *La imaginación y la inteligencia en el lenguaje: Homenaje a Roman Jakobson*, p.161-76.

[141] Jakobson, Two Aspects of Language and Two Aspects of Aphasic Disturbances (1956), reimpr. em *Selected Writings*, v.2, p.239-59.

[142] Bradford, *Roman Jakobson: Life, Language, Art*, p.129-42.

[143] Leach, Roman Jakobson and Social Anthropology, no volume coletivo *A Tribute to Roman Jakobson*, p.10-6; Holenstein, op. cit., p.17.

vam. Roland Barthes preferiu o termo "semiologia" e se concentrou na literatura, mas também aplicou essa abordagem "estruturalista" à linguagem, à publicidade, à luta-livre, à comida e, sobretudo, à moda. Até seu relato sobre uma visita ao Japão apresentou o autor como um observador interessado nos signos de leitura.[144]

O americano Charles Morris estudou engenharia e psicologia e fez doutorado em filosofia antes de passar para a semiótica. Ele também pertencia ao movimento pela unidade da ciência. Seu ex-aluno Thomas Sebeok trabalhou como linguista e antropólogo antes de ajudar a fundar a biossemiótica, um campo que deve muito ao aristocrata estoniano Jakob von Uexküll, fisiologista, biólogo e ecologista que se interessou pela maneira como diferentes animais percebem seu ambiente (seu *Umwelt*, um conceito adotado por Lotman). Ele estudou os organismos vivos como exemplos de processamento de informações, uma vez que respondem a signos. O italiano Giorgio Prodi, cujo campo principal era a medicina, foi outro líder na área da biossemiótica. Também era amigo de Umberto Eco, um dos principais polímatas dos últimos anos, definido pelo primeiro-ministro Giulio Andreotti como "uma personalidade poliédrica".[145]

Eco foi filósofo, crítico literário, semiólogo e ensaísta em uma variedade extraordinária de temas – música serial, candomblé, Brigadas Vermelhas, Idade Média e assim por diante. Os ensaios, geralmente artigos em jornais como *L'Espresso*, oferecem sumários lúcidos e acessíveis para uma ampla gama de leitores sobre temas difíceis, além de argumentos que muitas vezes contradizem a sabedoria convencional sobre os indivíduos e os tópicos discutidos. A exemplo de Susan Sontag, Eco fez a ponte entre a alta cultura e

---

[144] Barthes, *Système de la mode*; id., *L'Empire des signes*. Sobre ele, Calvet, *Roland Barthes: A Biography*.

[145] Citado em Montalto (org.), *Umberto Eco: l'uomo che sapeva troppo*, p.215. Na verdade, Eco não aprovava a aquisição de informações por si mesma, embora, sem dúvida, tenha gostado da alusão feita no título dessa coletânea ao filme *O homem que sabia demais*, de Alfred Hitchcock.

a cultura popular, usando a teoria semiótica para escrever sobre Super-Homem e James Bond, justapondo Heidegger à imprensa esportiva e discutindo a Idade Média como evocada tanto pelo historiador francês Georges Duby quanto pelo que Eco chamava de *"pulp* pseudomedieval" de *Conan, o bárbaro.*

Eco seguiu uma carreira principalmente acadêmica e escreveu uma tese sobre a estética de Tomás de Aquino (1954). Sua amizade com o compositor Luciano Berio o levou a produzir um estudo geral sobre a vanguarda nas artes e nas ciências, traçando analogias entre os diferentes "universos disciplinares", como ele os chamava. Eco trocou uma cadeira de comunicação visual na Universidade de Florença por uma de semiótica na Universidade de Bolonha. Combinou a carreira acadêmica com trabalhos na televisão, nas editoras, no jornalismo e, finalmente, na ficção, a começar pelo seu *best-seller O nome da rosa* (1980), que conectava vários dos interesses do autor. Trata-se de uma história de assassinato que se passa na Idade Média e na qual o detetive segue o método da abdução de Peirce. A solução do mistério depende da leitura correta de um signo.[146]

Seis polímatas seriais

Havia mais polímatas atuando no século XX do que se poderia encaixar neste capítulo, mas é igualmente impossível deixar de fora seis indivíduos cujo alcance lembra aquele dos "monstros" do século XVII, discutidos anteriormente. Em ordem cronológica de nascimento: Pavel Florensky (1882), Michael Polanyi (1891), Joseph Needham (1900), Gregory Bateson (1904), Herbert Simon (1916) e Michel de Certeau (1925).

---

[146] Bondanella, *Umberto Eco and the Open Text*; Caesar, *Umberto Eco: Philosophy, Semiotics and the Work of Fiction.*

Pavel Florensky foi descrito como "o Da Vinci desconhecido da Rússia". Depois de estudar matemática e filosofia na universidade, ele se tornou padre ortodoxo, deu palestras sobre teologia e publicou estudos nessa disciplina, bem como em filosofia e história e teoria da arte. Ao estudar os ícones, ele se concentrou na representação do espaço (revelando o *habitus* de um geômetra). De maneira menos previsível, Florensky coletou canções populares e realizou pesquisas em eletrodinâmica, descrevendo essas iniciativas como uma compensação pela "aridez cultural" da matemática. Na década de 1920, a eletrificação era um projeto importante da nova União Soviética e Florensky participou de comissões de eletrificação (chegando a dar uma conferência sobre o tema vestido de batina, para surpresa de outro participante, Leon Trótski). Mesmo depois de ter sido preso durante os expurgos de Stálin, Florensky continuou a estudar tópicos tão diversos quanto a língua oroquen e a produção de iodo a partir de algas marinhas.[147]

Michael Polanyi veio da Hungria e era formado em medicina. Ele se voltou para a química e realizou pesquisas na Alemanha antes de fugir para a Inglaterra em 1933, após a ascensão dos nazistas, e virar professor de físico-química (a disciplina de C. P. Snow) na Universidade de Manchester. Já em seus dias de Alemanha, Polanyi se interessara muito pelos estudos econômicos e sociais, estimulado por debates com seu irmão mais velho (Karl defendia o socialismo, enquanto Michael se opunha). Tempos depois, ele deixou o Departamento de Química para se tornar filósofo. Polanyi iniciou sua nova carreira aos 57 anos, investigando "a natureza e a justificativa do conhecimento científico", como expresso no prefácio de seu livro *Personal Knowledge* [Conhecimento pessoal] (1958), e depois analisando o que chamou de "conhecimento implícito" – em outras palavras, o conhecimento prático que os indivíduos não sabem que

---

[147] Pyman, *Pavel Florensky, a Quiet Genius*. Gostaria de agradecer a Robin Milner-Gulland por ter me falado, anos atrás, a respeito da obra de Florensky.

têm. "Fui vagabundo a vida toda", comentário de Polanyi a um amigo, aplica-se a seu itinerário intelectual e também a seus sucessivos deslocamentos da Hungria para a Alemanha e da Alemanha para a Grã-Bretanha.[148]

Joseph Needham, definido, a exemplo de Lasswell, como um "homem renascentista do século XX", começou a carreira como bioquímico. Depois se interessou não apenas pela embriologia, mas também por sua história.[149] Sua paixão pela China foi despertada no final da década de 1930 e reforçada por seus anos naquele país durante a Segunda Guerra Mundial. Needham encontrou sua vocação como historiador da ciência chinesa e, junto com vários colaboradores, produziu um livro que ainda está em processo de escrita (apesar da morte do autor principal, em 1995) e agora chega a 27 grandes volumes publicados ao longo de mais de sessenta anos. Assim como James Frazer, Needham foi eleito membro da Royal Society (em 1941) e da Academia Britânica (trinta anos depois). Por um curto período, em seu retorno a Cambridge depois da guerra, ele trabalhou na coleção *Science and Civilisation* enquanto, "ao mesmo tempo, ainda mantinha seus estudos em bioquímica e ministrava três cursos especiais". Needham conseguiu dedicar o resto da vida à sua paixão, a história da ciência chinesa (quando estudante em Oxford, certa vez o ouvi palestrar sobre relógios de água e posso testemunhar que seu entusiasmo era contagioso).[150]

Needham acreditava que a "maré crescente da especialização" havia levado as pessoas a se esquecer de que muitos problemas "não podem ser entendidos em termos de um tema". Ele gostava de fazer grandes perguntas, sendo a mais famosa a "Pergunta Needham": por

---

[148] Scott; Moleski, *Michael Polanyi: Scientist and Philosopher*; Nye, *Michael Polanyi and his Generation.*

[149] Goldsmith, *Joseph Needham.*

[150] Wang Ling, colaborador de Needham, citado por Goldsmith, op. cit., p.136. Cf. Winchester, *Bomb, Book and Compass: Joseph Needham and the Great Secrets of China.*

que a Revolução Científica aconteceu na Europa e não na China? Ele estava ciente dos perigos da imprudência e da superficialidade e descreveu seus ensaios como "explorações emocionantes que nunca chegam a dizer a última palavra sobre nada, mas abrem minas de tesouros que outros estudiosos podem desenvolver depois".[151] Seu comentário oferece uma boa caracterização de uma das contribuições dos polímatas para o fundo comum do conhecimento.

O biólogo William Bateson batizou seu filho Gregory em homenagem a Gregor Mendel, cujo trabalho ele ajudara a redescobrir. Gregory Bateson começou a carreira estudando zoologia em Cambridge, mas passou para a antropologia com o objetivo de, como confessou, "romper com a ciência impessoal e ordinária" e também escapar do papel de "filho de William Bateson".[152] Ele realizou um trabalho de campo entre os iatmul na Nova Guiné e, mais tarde, em Bali, trabalhando e depois se casando com a antropóloga Margaret Mead. Após o divórcio, em 1950, Bateson passou por psicoterapia e começou a estudá-la, introduzindo a ideia do "duplo vínculo" para descrever as demandas irreconciliáveis que levam os indivíduos ao que se costumava chamar de "colapso nervoso". Quando Harvard não renovou seu contrato em antropologia, Bateson começou a trabalhar com o psiquiatra Jurgen Ruesch na Faculdade de Medicina da Universidade da Califórnia, em San Francisco.

Os interesses ativos de Bateson também abrangiam ecologia e etologia (campo no qual estudou o comportamento de lontras e golfinhos). Foi definido como "um nômade intelectual".[153] No entanto, ele não passou simplesmente de uma disciplina a outra, carregando

---

[151] Entrevista de Goldsmith com Needham, citada em Goldsmith, op. cit., p.55, 45. Sobre a "Pergunta Needham", veja Sivin, Why the Scientific Revolution Did Not Take Place in China – or Didn't It?, *Chinese Science*, v.5, p.45-66, 1982.

[152] Lipset, *Gregory Bateson: Legacy of a Scientist*, p.115. Cf. Harries-Jones, *A Recursive Vision: Ecological Understanding and Gregory Bateson*.

[153] Rieber (org.), *The Individual, Communication and Society: Essays in Memory of Gregory Bateson*, p.2.

seus vários interesses em diferentes compartimentos. Ao contrário, engajou-se no empreendimento tipicamente polimático de utilizar conceitos de uma disciplina para estudar outras. Chamou seu interesse pelas ideias de "ecologia da mente" e tomou de empréstimo o conceito de autorregulação da ciência da computação para analisar as emoções e o comportamento de indivíduos e grupos.

Os interesses de Bateson podem parecer dispersos, mas a preocupação com a comunicação sempre esteve no centro da maioria deles, quando não de todos.[154] Em Bali, na década de 1930, ele fotografou gestos. Na década de 1940, foi um dos pioneiros da cibernética e falou sobre o assunto nas famosas Conferências Macy, juntamente com Norbert Wiener e John von Neumann, comentando mais tarde que "fazer parte dessas conferências [...] foi um dos grandes eventos da minha vida".[155] Seu interesse pela psicologia se centrou na comunicação esquizofrênica e, junto com seu colega Ruesch, publicou um livro intitulado *Communication: The Social Matrix of Psychiatry* [Comunicação: a matriz social da psiquiatria] (1951). Quando estudou golfinhos, foi para descobrir como eles se comunicavam. Como Bateson escreveu sobre si mesmo, ele queria encontrar uma "ponte entre todos os ramos do mundo da experiência – intelectual, emocional, observacional, teórico, verbal e não verbal".[156]

Herbert Simon estudou na Universidade de Chicago em uma época (a era de Robert Hutchins, discutido mais adiante) na qual era necessário passar em exames de humanidades, ciências sociais e ciências naturais. Começou a carreira como cientista político, particularmente interessado no processo de tomada de decisões. Depois se voltou para a administração pública, a administração de empresas e, então, para a economia, chegando a ganhar um Prêmio Nobel na área sem nunca ter trabalhado em um departamento de

---
[154] Lipset, op. cit., p.184-238.
[155] Ibid., p.180. Sobre as Conferências Macy, veja o Capítulo 8 mais adiante.
[156] Harries-Jones, op. cit., p.9.

economia. Seu comentário sobre a situação foi: "Os psicólogos pensam que sou economista, mas os economistas acham que sou psicólogo. Na verdade, não sinto lealdade a nenhuma dessas tribos acadêmicas, considero-me um cidadão do mundo – um cientista comportamental".[157] O interesse particular de Simon era a economia comportamental, ligada ao seu trabalho sobre decisões.[158] Esse polímata em série viu 1955-1956 como um ponto de virada em sua vida intelectual, "quando o labirinto se ramificou da maneira mais inesperada", transformando-o em "psicólogo cognitivo e cientista da computação". Junto com Allen Newell, um colega mais novo, polímata que iniciou a carreira como matemático, Simon montou um laboratório para estudar inteligência artificial na Universidade Carnegie-Melon, usando computadores para simular os processos de solução de problemas humanos.[159]

Também se pode definir Simon como filósofo, dado seu estudo do que ele chamou de "racionalidade limitada", a meio caminho entre os polos da racionalidade convencional e da irracionalidade. Ele alegava conhecer mais de vinte idiomas e os usou para ler ficção e também ciência do comportamento. Depois de ler um conto de Borges, "O jardim das veredas que se bifurcam", visitou o autor em Buenos Aires para discuti-lo, vendo ligações com seus próprios hábitos de pensamento.

O último dos seis monstros modernos, o francês Michel de Certeau, gostava de se definir como historiador, mas passeou por nove disciplinas diferentes (história, teologia, filosofia, sociologia, antropologia, linguística, literatura, geografia e psicanálise). Certeau estudou filosofia e teologia com os jesuítas. Enquanto fazia doutorado no campo de estudos religiosos, participou de seminários dirigidos por um historiador da religião (Jean Orcibal) e um historiador político

---

[157] Carta a Sigmund Koch, citada em Crowther-Heyck, *Herbert A. Simon: The Bounds of Reason in Modern America*, p.312.
[158] Chang, *23 Things They Don't Tell You about Capitalism*, p.173.
[159] Simon, *Models of my Life*, p.189.

e social (Roland Mousnier). Certeau era fascinado pela história do misticismo, um interesse que liga seus primeiros trabalhos ao livro *A fábula mística* (1982), que ele publicou no final da carreira.

Até aqui, sua trajetória intelectual pareceria normal, mas Certeau participou dos seminários do psicanalista dissidente Jacques Lacan. Seu livro *La Possession de Loudun* (1970) estudou as freiras daquele convento, supostamente possuídas por demônios, tanto do ponto de vista psicanalítico quanto do ponto de vista histórico e teológico (Aldous Huxley escreveu um livro sobre o mesmo episódio, mas de maneira mais convencional).

A revolta estudantil de 1968 na França, que Certeau interpretou como um *prise de parole* (expressão com o duplo sentido de "tomar a palavra" e "capturar o discurso"), estimulou seu interesse pela política, pela cultura e pela sociedade. Ele publicou um ensaio sobre o significado dos "eventos" de 1968, bem como um estudo sobre a política da linguagem na Revolução Francesa.[160] Graças ao primeiro ensaio, o Ministério da Cultura o convidou para organizar um seminário sobre as perspectivas da cultura na França. Esse pedido o levou, por sua vez, a uma pesquisa coletiva sobre a cultura da classe trabalhadora e, então, ao trabalho mais conhecido de Certeau, *A invenção do cotidiano* (1980), um ensaio no qual ele argumentava, contra os marxistas, que os indivíduos comuns ainda mantinham certo grau de liberdade na sociedade contemporânea e que o consumo devia ser considerado uma forma de produção.

Gigantes ou charlatães?

Apesar das realizações descritas, as críticas aos polímatas continuaram. Até um relato simpático sobre Otto Neurath observou que

---

[160] Certeau, *La Prise de parole: pour une nouvelle culture*; Certeau; Revel; Julia, *Une Politique de la langue: la Révolution Française et les patois*.

seus muitos projetos não lhe davam "tempo para concluí-los".[161] Uma crítica mais aguda aos polímatas, que só se poderia esperar em uma época de especialização, tem sido descrevê-los como diletantes, amadores ou até mesmo, ressuscitando o termo do século XVII, charlatães.

Émile Durkheim, por exemplo, expressou o temor de que a sociologia pudesse "ser invadida por charlatães" e criticou seu rival, o polímata Gabriel Tarde, caracterizando-o como um "amador".[162] Kenneth Boulding já foi descrito como alguém "muito admirado como economista – por não economistas".[163] Isaiah Berlin definiu Michael Polanyi como um "grande cientista" que abandonou a ciência para escrever "obras medíocres de filosofia".[164] Alan Turing chamou seu colega polímata Warren McCulloch de "charlatão".[165] Lewis Mumford também dispensou seus colegas polímatas Buckminster Fuller e Marshall McLuhan como "charlatães".[166] Acomodados em um café de Paris, o historiador britânico Edward Thompson certa vez comentou com Carlo Ginzburg que "Foucault era um charlatão".[167] Noam Chomsky chamou o psicanalista francês Jacques Lacan de "total charlatão".[168] Isaiah Berlin, quando lhe perguntaram sobre Jacques Derrida, não conseguiu resistir a um oximoro e respondeu: "acho que ele pode ser um charlatão genuíno, embora seja um homem inteligente".[169] Críticas semelhantes foram

---

[161] Creath, The Unity of Science: Carnap, Neurath and Beyond, em Galison; Stump, The Disunity of Science, p.158-69, esp. p.161.
[162] Fournier, op. cit., p.188, 206, 208.
[163] Kernan, op. cit., p.22.
[164] Berlin citado por Nye, Michael Polanyi and his Generation, p.304.
[165] Hodges, op. cit., p.411.
[166] Miller, op. cit., p.532.
[167] Relatado por Carlo Ginzburg em Pallares-Burke, The New History: Confessions and Comparisons, p.209.
[168] Disponível em: <www.critical-theory.com/noam-chomsky-calls-jacques-lacan-a--charlatan>, acesso em: 3 ago. 2017.
[169] Citado por Moran, The Metaphysical Imagination, p.660-1.

feitas (às vezes por jornalistas) a George Steiner e Slavoj Žižek.[170] O termo tem a vantagem de concentrar em uma única palavra uma ampla gama de críticas – arrogância, superficialidade, promessas não cumpridas e "jogar para a torcida".

O que Chomsky mais repudiava em Lacan era sua "postura diante das câmeras de televisão" em uma época em que alguns intelectuais, entre eles Steiner, Sloterdijk e Žižek, se destacam sob esse tipo de holofote.

Peter Sloterdijk, que escreveu sua tese de doutorado em literatura alemã, estendeu seus interesses à filosofia, geografia, ecologia e teoria da mídia e escreve para jornais a respeito de questões contemporâneas, como o bem-estar social, o terrorismo e a globalização. Ele corteja a controvérsia, sobretudo em seus ataques a membros vivos da Escola de Frankfurt, dispensando-os como meros acadêmicos. Quanto ao seu saber, até mesmo um crítico amigável chamou Sloterdijk de "tagarela intelectual". A exemplo de Susan Sontag, ele discutiu problemas sociais e políticos de uma maneira literária e a partir do ponto de vista literário, concentrando-se na narrativa e na metáfora e ilustrando seus argumentos com citações de romances.[171]

Žižek, que iniciou a carreira com duas teses de doutorado, uma sobre estruturalismo e outra sobre psicanálise, também escreve sobre sociologia, política e cinema. A exemplo de Eco e Sontag, ele se deleita em justapor alta cultura e cultura popular.[172] No caso dele, assim como no de Jacques Derrida, um estilo lúdico de escrita incitou os críticos a chamá-lo de charlatão, "comediante" ou "irmão Marx".[173]

---

[170] Morrison, Too Clever by Half: George Steiner, *Independent*, 15 out. 1994; Heer, George Steiner's Phony Learning, *sans everything*, 16 maio 2009, disponível em: https://sanseverything.wordpress.com/2009/05/16/george-steiners-phony-learning>/, acesso em: 3 ago. 2017.
[171] Elden (org.), *Sloterdijk Now*, 2.ed., p.3.
[172] Elden (org.), *Sloterdijk Now*, 1.ed.; Khader; Rothenberg (orgs.), *Žižek Now*.
[173] Mead, The Marx Brother: How a Philosopher from Slovenia Became an International Star, *New Yorker*, 5 maio 2005.

Algumas dessas críticas podem ser justas, mas outras não o são. Nos dias de hoje, é quase impossível ser um intelectual público sem aparecer na televisão. Por trás das críticas paira o pressuposto de que toda e qualquer reivindicação a um conhecimento mais abrangente deve ser fraudulenta, suposição que parece cada vez mais óbvia à medida que o processo de especialização se acelera.

O que pode ter sido novo no século XX é a expressão ocasional de arrependimento dos próprios polímatas por sua amplitude. Andrew Lang muitas vezes era descrito como "versátil", mas "não havia nada que ele gostasse menos de ouvir". Certa vez, ele disse: "se eu tivesse me prendido a alguma coisa [...] poderia ter sido uma grande figura da antropologia".[174] Entre as várias tensões na vida e na obra de Max Weber se encontrava aquela que se dá entre o generalista e o especialista. Ele foi atrás de seus vastos projetos, mas disse à plateia de uma de suas palestras mais famosas que "a limitação ao trabalho especializado, com a renúncia à universalidade faustiana que aí se implica, é a pré-condição para qualquer trabalho valioso no mundo moderno".[175]

Apesar de possíveis falhas, as realizações de todos ou pelo menos da maioria desses polímatas merecem admiração. Essas realizações nos deixam a pergunta: como eles conseguiram fazer tudo isso? Esse problema será explorado no próximo capítulo.

---

[174] Gordon, Lang, Andrew, *DNB*, p.319-23, esp. p.322, 1912-1921; id., *Andrew Lang*, p.10. Robert R. Marett, que também trabalhava nesse campo, caracterizou Lang como "um grande antropólogo" (*The Raw Material of Religion*, p.3).

[175] Weber, *The Protestant Ethic and the Spirit of Capitalism*, p.32.

6
Um retrato de grupo

Os polímatas são um tipo particular de indivíduo? O que os incentiva ou os impele a seguir essa carreira? Chegou a hora de tentar identificar algumas características gerais dessa espécie, resumindo a análise dos capítulos anteriores em busca de uma síntese. Tal síntese será necessariamente provisória, uma vez que a polimatia, diferentemente da criatividade, não parece ter sido objeto de uma investigação sistemática por parte dos psicólogos cognitivos. De toda maneira, muitas vezes faltam informações sobre os primeiros anos dos polímatas.

No entanto, as recorrentes referências a uma série de qualidades em suas autobiografias e nas reminiscências de seus amigos e parentes são, para dizer o mínimo, sugestivas. Muitas dessas qualidades são compartilhadas em algum grau com outros estudiosos, mas algumas são particularmente importantes para os polímatas, que podem ser descritos como estudiosos que possuem essas características em um grau superlativo. Várias dessas qualidades serão discutidas a seguir, apresentando um retrato de grupo no estilo *pointilliste*, uma imagem coletiva criada a partir da justaposição de muitos pequenos itens de informação. Algumas dessas qualidades – tais como a curiosidade, a boa memória ou a criatividade excepcional – podem ser genéticas, sendo um dos genes conhecido como "fator neurotrófico derivado do cérebro" (BDNF, na sigla em inglês).

Os interesses, habilidades e realizações dos polímatas também são moldados por sua educação e pelo ambiente e época em que vivem, discutidos no próximo capítulo, "Hábitats". Desnecessário dizer que é difícil traçar a linha entre o psicológico e o social, pois se trata menos de uma linha e mais de uma zona de fronteira com características próprias. De qualquer forma, meu argumento central é que os polímatas não são bem-sucedidos apenas em virtude de seus dons individuais. Eles também precisam de um nicho apropriado.

Curiosidade

Talvez exista um gene para a curiosidade – no caso do pássaro chapim-real, pesquisadores do Instituto Max Planck de fato descobriram o que chamaram de "gene da curiosidade", o Drd4.[1] No caso dos humanos, a pergunta ainda não pode ser respondida. Além disso, a *overdose* de curiosidade, há muito conhecida como *libido sciendi* e descrita pelo polímata Francis Bacon como "apetite inquisitivo", é decerto a característica mais geral e também mais óbvia da espécie.

Os estudos modernos sobre Leonardo da Vinci, baseados em seus volumosos cadernos, geralmente se referem à sua curiosidade, descrevendo-a como "onívora", "apaixonada", "obsessiva" e até "implacável". Os polímatas costumam se definir dessa maneira. No século XVII, a sóror Juana de la Cruz, por exemplo, explicou ao bispo de Puebla sua necessidade de adquirir conhecimento. Peiresc observou "o excesso de minha curiosidade".[2] Pierre Bayle se

---

[1] Clark, How Curiosity Works, disponível em: <https://https://science.howstuffworks.com/life/evolution/curiosity1.htm>.

[2] Miller, Peiresc in Africa, em Fumaroli (org.), *Les Premiers siècles de la république européenne des lettres*, p.493-525, esp. p.501.

descreveu como alguém "faminto por saber tudo" (*affamé de savoir tout*). Pierre-Daniel Huet lembrou o seu "infinito desejo de aprender" (*infinitum discendi desiderium*) e recordou os tempos em que "eu acreditava que não aprendera nada quando via algo a aprender".[3] Em sua juventude puritana, Isaac Newton pediu desculpas a Deus por se "entregar de coração" à tarefa de saber mais que Ele.[4] Benjamin Franklin falou da "sede de conhecimento" que sentia quando criança.[5] Alexander von Humboldt confessou seu "impulso irresistível em direção aos vários tipos de saber".

Apesar do surgimento da especialização intelectual nos séculos XIX e XX, alguns indivíduos ainda se moviam por uma curiosidade abrangente. Alexis de Tocqueville descreveu a si mesmo quando jovem como alguém "entregue à curiosidade insaciável" (*livré à une curiosité insatiable*).[6] Aos 21 anos, Hippolyte Taine escreveu a um amigo que ele estudava não por razões práticas, mas impulsionado pela "necessidade de conhecer" (*besoin de savoir*).[7] Sigmund Freud estudou medicina na Universidade de Viena "movido", como ele próprio confessou, "por uma espécie de ganância pelo conhecimento".[8] Bertrand Russell listou "a busca por conhecimento" como uma de suas três maiores paixões.[9] O sociólogo cubano Fernando Ortiz confessou ter "curiosidades inquietas" (*inquietas curiosidades*).[10]

Alguns amigos e conhecidos de polímatas contam uma história semelhante. Um dos patrões de Leibniz se referiu à sua "curiosidade insaciável".[11] Um amigo do jovem Samuel Johnson o definiu como

---

[3] Huet, *Commentarius*, p.15; id., *Huetiana*, citado por Rapetti, *Pierre-Daniel Huet*, p.5n.
[4] Westfall, *Never at Rest*, p.103.
[5] Franklin, *Autobiography*, p.9.
[6] Humboldt, Prefácio, *Cosmos*; Benoît, *Tocqueville*, v.1, p.818.
[7] Taine, *Correspondance*, v.1, p.56.
[8] Gay, *Freud: A Life for our Time*, p.13-4, 25.
[9] Russell, *Autobiography*, v.1, p.13.
[10] Ortiz, *La africanía de la música folklórica de Cuba*, p.xiii.
[11] Antognazza, *Leibniz: A Very Short Introduction*, p.6.

"incomumente inquisitivo".[12] Lewis Mumford, que observou de perto seu herói Patrick Geddes, descreveu sua "curiosidade devoradora" que "se equiparava à de Leonardo".[13] Klari, a segunda esposa de John von Neumann, lembrou que "o traço mais característico de Johnny era sua curiosidade ilimitada sobre toda e qualquer coisa".[14] Um conhecido de Karl Polanyi comentou sobre sua "curiosidade sem fim".[15] O biógrafo de Edmund Wilson, que conheceu seu objeto pessoalmente, o descreveu como "intensamente curioso".[16] Um dos professores da escola de Michel Foucault mais tarde testemunhou que "dava para sentir nele uma formidável curiosidade intelectual".[17] Um colega do jesuíta Michel de Certeau notou "o interesse apaixonado" que ele tinha "por todas as coisas".[18] Sua "curiosidade imensa e onívora" também aparece em um estudo de David Riesman, que se tornou um sociólogo famoso sem ter passado por nenhum estudo formal em sociologia.[19]

Concentração

Outra qualidade importante de pelo menos alguns polímatas é o poder de concentração, tanto no nível inconsciente quanto no consciente. Giambattista Vico se descreveu como alguém que estava sempre "lendo, escrevendo e pensando, mesmo enquanto conversa-

---

[12] Edmund Hector, citado por DeMaria Jr., *The Life of Samuel Johnson*, p.8.
[13] Mumford, *The Condition of Man*, p.383.
[14] Dyson, *Turing's Cathedral*, p.44.
[15] Citado por Dale, *Karl Polanyi: A Life on the Left*, p.8.
[16] Dabney, *Edmund Wilson*: A Life, p.xii.
[17] Citado por Eribon, *Michel Foucault*, p.9.
[18] "l'intérêt passionne [...] qu'il porte a toutes choses": citado por Dosse, *Michel de Certeau: Le marcheur blessé*, p.176.
[19] Horowitz, David Riesman: From Law to Social Criticism, *Buffalo Law Review*, v.58, p.1005-29, esp. p.1012, 2010.

va com amigos e em meios aos gritos dos filhos".[20] Diz-se que John von Neumann acordava de manhã com a solução para um problema no qual pensara na noite anterior. Uma vez de pé, conseguia trabalhar "em estações, aeroportos, trens, aviões, navios, saguões de hotéis e coquetéis animados". Na verdade, preferia trabalhar com um ruído de fundo.[21]

Essa resistência à distração foi e é particularmente necessária no caso das polímatas que também são mães. A filha de Mary Somerville inseriu na autobiografia da mãe uma nota sobre o que ela chamou de "singular poder de abstração" de Mary, o qual permitia que ela ficasse "tão completamente absorvida" em seu trabalho a ponto de não ouvir qualquer conversa ou música – um dom ainda mais valioso porque essa estudiosa não tinha um "teto todo seu" e precisava ler e escrever na sala de estar.[22]

Assim como no caso de acadêmicos mais especializados, muitas vezes se percebia a capacidade de concentração de um polímata como um *absent-mindedness* [algo como um "alheamento"], embora sua mente estivesse presente em outro lugar, distanciada da vida cotidiana e concentrada em algum problema específico. Casos célebres, como os de John Selden, Isaac Barrow, Isaac Newton, Montesquieu, Immanuel Kant, Samuel Johnson, Adam Smith, Henri Poincaré e Norbert Wiener, geraram uma série de anedotas, nem sempre confiáveis.

De acordo com Anthony Wood, estudioso e fofoqueiro de Oxford, quando Selden devolvia livros para a Bodleian Library, os bibliotecários, "ao abrir alguns dos volumes, encontravam vários pares de óculos que Selden deixara ali e se esquecera de tirar".[23] Segundo

---

[20] "ragionando con amici e tra lo strepito de'suoi figliuoli, come ha uso di sempre o leggere o scrivere o meditare": Vico, *Opere*, p.384.
[21] Klari von Neumann, citado por Dyson, op. cit., p.54.
[22] Somerville, *Personal Recollections*, p.164.
[23] Clark, *The Life and Times of Anthony Wood*, v.1, p.282.

John Aubrey, igualmente fofoqueiro, Barrow certa vez estava "tão concentrado" em seus estudos que não notou que sua cama fora arrumada (provavelmente com ele em cima) "e às vezes saía sem o chapéu" e, pelo menos uma vez, com a capa "parte vestida e parte solta".[24] Newton se esquecia de comer e, quando morava no Trinity College, em Cambridge, e às vezes ia jantar no saguão vestindo a sobrepeliz, como se estivesse indo à capela.[25] Adam Smith teria, certa vez, caminhado quase vinte quilômetros sem perceber que ainda estava de roupão.[26]

Segundo seu sobrinho, Poincaré "refletia à mesa, nas reuniões familiares e até mesmo nos *salons*". Já um amigo o descreveu como alguém "quase permanentemente distraído". Conta-se que certa vez Poincaré saiu para caminhar e só depois descobriu que estava levando uma gaiola que devia ter pego sem perceber.[27] Quanto a Norbert Wiener, uma anedota conhecida narra que ele não reconheceu a própria filha em determinada ocasião. Comparado a exemplos como estes, a propensão de Karl Polanyi a esquecer as luvas, o cachecol ou até mesmo o passaporte fica parecendo uma excentricidade menor.[28]

Memória

Curiosidade e concentração não são suficientes para produzir polímatas. Ter uma boa memória é outra grande vantagem. Kant decerto tinha razão em falar dos polímatas como exemplos do que chamou de "maravilhas da memória", mesmo que fosse bastante

---

[24] Aubrey, *Aubrey's Brief Lives*, p.20.
[25] Westfall, op. cit., p.103, 191.
[26] Shackleton, *Montesquieu: A Critical Biography*, p.77-8.
[27] Pierre Boutroux e Etienne Toulouse, citado por Gray, *Henri Poincaré: A Scientific Biography*, p.25.
[28] Dale, op. cit., p.216-7.

desagradável de sua parte enfatizar essa qualidade específica em detrimento das outras. De toda maneira, as pessoas que conheceram polímatas pessoalmente muitas vezes se lembraram dessa qualidade. Por exemplo, Marguerite Périer, sobrinha de Blaise Pascal, deu testemunho de sua memória extraordinária. Um amigo de Thomas Browne observou que "sua memória era vasta e tenaz". E dois contemporâneos de Gilbert Burnet se referiam à sua "memória prodigiosa". Um amigo do Dr. Johnson lembrou que sua memória era "tão obstinada que jamais se esquecia de nada do que lia".[29] Um amigo de Condorcet declarou que "sua memória é tão prodigiosa que nunca se esqueceu de nada".[30] Georges Cuvier foi "abençoado com uma memória que guardava tudo o que via e lia, que nunca lhe falhou em nenhuma parte da carreira [...] uma vez organizados em sua memória, nunca se esqueceram longas listas de soberanos e príncipes, tampouco os mais áridos fatos cronológicos".[31] Macaulay também era famoso por sua memória, que lhe permitia recitar textos inteiros de cor, entre eles *Paraíso perdido*, *O Peregrino* e *The Lay of the Last Minstrel* [O lai do último menestrel].[32] Segundo um amigo, Sainte-Beuve tinha "uma prodigiosa lembrança *de tudo*".[33]

Mais recentemente, Wiener se gabou de sua própria memória. Um amigo de John von Neumann ficou maravilhado com sua capacidade de "ler determinado livro ou artigo e depois citá-lo palavra por palavra". Outra testemunha ocular disse que a memória de Neumann "estava além de qualquer concepção, uma fotografia para tudo o que ele via e aprendia" (Neumann aparecerá seguidas vezes neste capítulo, porque parece ter preenchido quase todos os requi-

---

[29] Hector, citado por DeMaria, *The Life of Samuel Johnson*, p.8.
[30] Julie de Lespinasse, citado por Baker, *Condorcet*, p.25.
[31] Lee, *Memoirs of Baron Cuvier*, p.9, 11.
[32] Trevelyan, *Life and Letters of Lord Macaulay*, v.1, p.48, e v.2, p.142-3, citando o polímata Francis Jeffrey, amigo de Macaulay.
[33] Ferdinand Denis, citado por Lehmann, *Sainte-Beuve*, p.233.

sitos de seu questionário imaginado).[34] Dorothy, esposa de Joseph Needham, e alguns de seus colaboradores também falaram de sua "memória fotográfica" ou "fantástica".[35] Fernand Braudel era conhecido pelo que chamava de memória "elefantina", a qual lhe permitiu escrever a maior parte de sua obra sobre o mundo mediterrâneo longe dos livros e arquivos, em campos de prisioneiros de guerra.

Velocidade

A capacidade de assimilar novos tipos de informação, de preferência em alta velocidade, é algo de que todos os polímatas precisam e que se diz que muitos possuíram. Um contemporâneo de Gilbert Burnet comentou sobre sua "apreensão veloz", e o próprio Burnet observou que sua memória "pegava as coisas rápido".[36] Um colega de Louis Agassiz na Universidade de Zurique escreveu: "Agassiz sabia tudo. Estava sempre pronto para explicar e falar sobre qualquer assunto. Se fosse um tema com o qual não estava familiarizado, ele o estudava e o dominava rapidamente".[37] De maneira semelhante, o biógrafo de Macaulay notou sua "capacidade de captar de relance o conteúdo de uma página impressa". "Ele lia livros mais rápido que as outras pessoas os folheavam e os folheava mais rápido que os outros viravam as páginas."[38] Um amigo de Robertson Smith falou sobre "a extrema agilidade de sua mente, que rapidamente adquiria conhecimento sobre quase todo tipo do assunto".

---

[34] Citações de Dyson, op. cit., p.41, e McCorduck (a entrevistadora), em *Machines Who Think*, p.67.
[35] Goldsmith, *Joseph Needham*, p.3, 137.
[36] Foxcroft, *Supplement to Burnet's History of his own Time*, p.456.
[37] O geólogo francês Jules Marcou, citado por Lurie, *Louis Agassiz: A Life in Science*, p.18.
[38] Trevelyan, op. cit., v.1, p.48, 50.

O polímata Kenneth Boulding disse sobre o também polímata Anatol Rapoport que ele era "um homem com uma capacidade de aprendizado incomumente rápida".[39] Walter Pitts era "conhecido por dominar em poucos dias o conteúdo de um livro em qualquer campo que lhe fosse novo".[40] Joseph Needham tinha "o dom especial de aprender um novo tema rapidamente".[41] Um ex-colega de classe de Linus Pauling disse que "parecia que ele só precisava se sentar à mesa e olhar o livro para absorver o conhecimento mesmo sem lê-lo".[42] A capacidade de aprender coisas novas se associa ao desejo de fazê-lo. Dizia-se que George Evelyn Hutchinson, cujos interesses iam da zoologia e ecologia à história da arte e arqueologia, gostava de aprender algo novo todos os anos.[43] Um dos pioneiros da inteligência artificial, Marvin Minsky, declarou em uma entrevista que adorava "aprender coisas novas", ao contrário "da maioria das pessoas".[44]

Imaginação

A imaginação vívida constitui uma parte importante do equipamento psicológico do polímata. Charles Darwin percebeu em si mesmo uma tendência a sonhar acordado, e Herbert Simon se descreveu como "um terrível devaneador" que "raramente consegue manter uma linha de pensamento coerente". Pode-se argumentar que é através do devaneio (que alguns veem como um "alheamento") e da associação inconsciente de ideias que esses indivíduos alcançam pelo menos alguns de seus *insights*. Um de seus principais atributos é a capacidade de criar o que Darwin chamou de "vínculos entre os

---

[39] James Bryce, citado por Maier, *William Robertson Smith*, p.202; Boulding citado por Hammond, *The Science of Synthesis*, p.154.
[40] Heims, *The Cybernetic Group*, p.44.
[41] Wang Ling, em Goldsmith, op. cit., p.141.
[42] Citado por Hager, *Force of Nature: A Life of Linus Pauling*, p.53.
[43] Slack, *G. Evelyn Hutchinson and the Invention of Modern Ecology*, p.320-33.
[44] McCorduck, op. cit., p.86.

fatos" – no seu caso, fatos sobre diferentes espécies e seus ambientes.[45] Eles enxergam conexões que passam despercebidas aos outros. Por exemplo, as "descobertas" de Shen Gua, que foi discutido anteriormente, "muitas vezes vieram da justaposição de ideias que não se encaixavam de maneira convencional".[46] Na linguagem de Pierre Bourdieu, os polímatas fazem que o *"habitus"* adquirido em uma disciplina se aplique aos problemas de outra. Na linguagem de Michel de Certeau, eles têm um dom especial para o "re-emprego" de ideias em novos contextos.

Assim como poetas e outros escritores criativos que pensam com metáforas, os polímatas têm o hábito de traçar analogias e se dedicam àquilo que Aristóteles chamou de "percepção da similaridade entre diferentes". Como vimos, os cadernos de anotações de Leonardo da Vinci oferecem muitos exemplos dessa prática, pois ali Leonardo comparou, por exemplo, pássaros e morcegos a máquinas voadoras. Herder, certa vez, caracterizou Newton, Leibniz e Buffon como poetas porque eles alcançaram suas descobertas por analogia, e filósofos da ciência posteriores apontaram que teorias e modelos científicos guardam uma importante semelhança com as metáforas.[47] Várias contribuições de Thomas Young ao conhecimento passaram por sua percepção das analogias: entre ondas de luz e som ou entre as diferentes línguas indo-europeias.

Pode-se defender um argumento semelhante a respeito das ciências sociais. Já se falou sobre Vilfredo Pareto e a transferência da ideia de equilíbrio da engenharia para a economia. Max Weber tomou de empréstimo a noção de carisma da teologia e a aplicou à política. Pierre Bourdieu empregou várias analogias em sua teoria social, adotando a ideia de "campo" da psicologia social, de "habitus" da história da arte, de "capital" da economia e de "consagração" da teologia.

---

[45] Citado por Brent, *Charles Darwin*, p.300; McCorduck, op. cit., p.154.
[46] Sivin, Shen Gua, v.III, p.53.
[47] Herder, Vom Erkennen und Empfinden der menschlichen Seele, em *Werke*, v.4, p.330; Black, *Models and Metaphors*; Hesse, *Models and Analogies in Science*.

Não é de surpreender, portanto, que os polímatas tenham desempenhado papéis de liderança no desenvolvimento do método comparativo, definido como uma busca por similitudes e diferenças. Contribuições para a mitologia comparada foram feitas por (entre outros) Samuel Bochart, Pierre-Daniel Huet, Giambattista Vico, James Frazer e, mais recentemente, por Georges Dumézil, que estudou os mitos em uma longa tradição – da Índia até o norte da Europa, via Grécia e Roma.[48] Vários polímatas, entre eles Conrad Gessner, Leibniz, Hiob Ludolf, Wilhelm von Humboldt e Roman Jakobson, concentraram-se na linguística comparativa, e outros ainda nos estudos comparativos do direito (Montesquieu, por exemplo) ou das religiões (Selden e Robertson Smith). A fama de Cuvier reside em sua anatomia comparada, campo no qual conduziu suas famosas reconstruções de animais extintos (Balzac notou seu gênio para a analogia). A teoria da evolução das espécies de Darwin se fundamentou em analogias com o trabalho de Charles Lyell com as rochas e de Malthus com as populações humanas. O trabalho de Alan Turing sobre inteligência artificial partiu de analogias entre pessoas e máquinas.

Por esses motivos, parece esclarecedor falar de uma imaginação científica ou, em termos mais gerais ainda, de uma imaginação de estudiosos, particularmente forte nos inovadores dos diversos campos. Ao traçar analogias, os polímatas têm a vantagem de sua familiaridade com diferentes disciplinas. Se a inovação consiste, como se sugeriu, no deslocamento de conceitos, os polímatas estão entre os principais deslocadores.[49]

A ideia de que os polímatas são dotados de imaginação fértil e criativa é corroborada pelo fato de que vários deles, entre outras realizações, publicaram poemas. Não é assim tão surpreendente encontrar 21 exemplos no início do período moderno, pois escrever

---

[48] Littleton, *The Comparative Indo-European Mythology of Georges Dumézil*.
[49] Schon, *Displacement of Concepts*.

poesia era um passatempo comum, pelo menos entre a elite social.[50] No entanto, pelo menos catorze polímatas dos séculos XIX e XX fizeram o mesmo: não apenas Goethe, Coleridge, Matthew Arnold e Thomas Macaulay, mas pelo menos outros dez.[51]

Além de três romancistas que também foram polímatas (George Eliot, Aldous Huxley, Vladimir Nabokov), mais de quarenta dos polímatas listados no Apêndice publicaram romances ou novelas. A "ficção científica", em um sentido mais amplo do termo, aparece em *Discovery of a World in the Moon*, de John Wilkins; *Blazing World*, de Margaret Cavendish; *Heavenly Journey*, de Athanasius Kircher, e *Ecstatic Voyage*, de Lorenzo Hervás, bem como nas imagens do futuro apresentadas nas obras de Tommaso Campanella, Paolo Mantegazza, Gabriel Tarde, William Morris, Alexander Bogdanov, H. G. Wells, Aldous Huxley e o biólogo austríaco Karl Camillo Schneider. *O nome da rosa*, de Umberto Eco, virou um *best-seller* global.[52]

Energia

A boa memória e a imaginação vívida seriam de pouca serventia se o polímata não trabalhasse duro para empregar essas qualidades. Também é necessária energia física para realizar esse trabalho, uma característica que muitas vezes foi notada pelos observadores. Um

---

[50] Cosimo Bartoli, Giordano Bruno, Celio Calcagnini, Erasmus Darwin, Kenelm Digby, Tommaso Campanella, Hugo Grotius, Albert von Haller, Constantijn Huygens, Samuel Johnson, William Jones, Gaspar Melchor de Jovellanos, Mikhail Lomonosov, Lorenzo Magalotti, Pedro Peralta, Francesco Redi, Carlos de Sigüenza y Góngora, Rudjer Bošković.

[51] Andrés Bello, Jorge Luis Borges, Aldous e Julian Huxley, Kenneth Boulding, Jacob Bronowski, Kenneth Burke, Roman Jakobson, Andrew Lang e Georges Bataille.

[52] Também publicaram romances Albrecht von Haller, Germaine de Staël, George Henry Lewes, Karl Pearson, Siegfried Kracauer, Kenneth Burke, Ludwig von Bertalanffy, Gilberto Freyre, Roger Caillois, Darcy Ribeiro e Susan Sontag.

ex-colaborador descreveu John Wilkins como "infatigável".[53] Jacques Basnage, amigo de Pierre Bayle, descreveu-o como "um trabalhador incansável" (*infatigable au travail*) e observou que, na véspera da morte, apesar da saúde debilitada, Bayle trabalhou até as onze da noite.[54] Burnet falou sobre sua própria "constituição muito feliz", que o tornava "capaz de muito trabalho e estudo árduo".[55] Buffon era conhecido por sua capacidade de se levantar ao amanhecer e trabalhar "com energia prodigiosa" por catorze horas por dia.[56] O mesmo vale para Émilie du Châtelet. A "energia infatigável" de Alexander von Humboldt foi registrada por seu irmão.[57] O biógrafo de Louis Agassiz escreveu sobre sua "incrível reserva de energia física".[58]

Um observador notou a "imensa energia" de William Morris. Aos olhos de outro, ele parecia "sobrecarregado de energia".[59] Quando Max Weber palestrava, os ouvintes ficavam impressionados com sua energia explosiva, às vezes comparada à de um vulcão. De maneira semelhante, um conhecido de Herbert Simon o descreveu nas palestras: "emana dele uma energia intelectual, como se pudesse iluminar a noite da cidade".[60] Um amigo do multifacetado cientista político Harold Lasswell observou seu "alto nível de energia física".[61] As visitas de Henri Berr, um veterano da síntese histórica, ficaram impressionados com seu *élan*.[62] Vários conhecidos falaram

---

[53] William Lloyd, sermão no funeral de John Wilkins, citado por Shapiro, *John Wilkins*, p.214, 312.
[54] Basnage citado por Bost, *Pierre Bayle*, p.518.
[55] Foxcroft, op. cit., p.455.
[56] Roger, *Buffon*, p.24, 28.
[57] Sweet, *Wilhelm von Humboldt*, v.1, p.160.
[58] Lehmann, *Thomas Jefferson, American Humanist*, p.13; Lurie, op. cit., p.24.
[59] Citado por MacCarthy, *William Morris*, p.499, 523.
[60] McCorduck, op. cit., p.131.
[61] Smith, The Mystifying Intellectual History of Harold D. Lasswell, em Rogow (org.), *Politics, Personality and Social Science in the 20th Century*, p.41-105, esp. p.44.
[62] Lucien Febvre, amigo de Berr, citado em Biard; Bourel; Brian (orgs.), *Henri Berr et la culture du XXe siècle*, p.11.

sobre a "vitalidade" de Otto Neurath. Mumford testemunhou a "energia intelectual" e a "imensa vitalidade" de Patrick Geddes.[63] Um colega de Joseph Needham o chamou de "fonte de energia física e intelectual", e outro notou "sua energia e entusiasmo titânicos".[64] David, filho de Susan Sontag, caracterizou a mãe como "uma pessoa de energia verdadeiramente ilimitada".[65]

A multitarefa era uma qualidade de pelo menos alguns polímatas. Dizia-se que Buffon trabalhava "em várias direções ao mesmo tempo".[66] Uma testemunha viu William Morris traduzindo Homero de cabeça enquanto pintava um quadro no cavalete, e certa vez ele disse que "se um sujeito não consegue compor um poema épico ao mesmo tempo que tece uma tapeçaria, é melhor ele calar a boca".[67] Joseph Needham supostamente era capaz de dar palestras e ler provas ao mesmo tempo. Otto Neurath "gostava de fazer três coisas ao mesmo tempo", de acordo com sua esposa, Marie.[68] Linus Pauling foi outro polímata que "atacava vários problemas ao mesmo tempo".[69]

Inquietação

O excedente de energia geralmente leva à inquietação, a qual pode ser vista como uma característica positiva, que incentiva o

---

[63] Mumford, op. cit., p.383.
[64] Elvin, Introduction to a Symposium on the Work of Joseph Needham, *Past and Present*, v.87, p.17-20, esp. p.18, 1980; Christopher Cullen, em Needham, *Science and Civilization in China*, v.7, parte 2, p.xvi.
[65] David Rieff, citado por Schreiber, *Susan Sontag*, p.55.
[66] Roger, op. cit., p.28.
[67] McCarthy, op. cit., p.262, 562.
[68] Wang Ling, em Goldsmith, op. cit., p.135; Neurath; Cohen (orgs.), *Otto Neurath, Empiricism and Sociology*, p.13, 28, 52, 59, 64.
[69] Hager, op. cit., p.139.

polímata serial, ou como o lado negativo da curiosidade. Leibniz criticou Becher, chamando-o de "inquieto".[70] Alexander von Humboldt também foi criticado por ser "inquieto" (*rastlos, unruhig*). Henry James descreveu os "modos nervosos e inquietos" de William Morris.[71] August Strindberg era notoriamente inquieto. Umberto Eco testemunhou que seu amigo polímata Giorgio Prodi estava "sempre com pressa".[72]

Outros polímatas glorificavam a própria condição de nômade. Robert Burton contou aos leitores sobre seu "temperamento itinerante". Um ex-aluno (Siegfried Kracauer, outro polímata) descreveu Georg Simmel como "um andarilho". Gilbert Chinard, professor de literatura expatriado que escreveu biografias e estudos históricos, enviou a um ex-aluno um livro que trazia uma inscrição que lembrava meio século de *"vagabondage littéraire"*. Michael Polanyi comentou com um amigo que fora "um vagabundo a vida toda", passando da química para a filosofia, bem como da Hungria para a Alemanha e a Inglaterra.[73] A esposa de Julian Huxley o definiu como alguém que "escapava de uma atividade mergulhando em outra".[74]

Gregory Bateson foi descrito como um "nômade intelectual", "viajando de um lugar a outro e de um campo a outro, sem nunca se estabelecer na segurança de um nicho protegido".[75] George Stei-

---

[70] Smith, *The Business of Alchemy*, p.14.
[71] Citado por McCarthy, op. cit., p.230.
[72] Eco, In Memory of Giorgio Prodi, em Jaworksi (org.), *Lo studio Bolognese*, p.77. Quanto ao próprio Eco, posso oferecer um testemunho pessoal sobre a velocidade com que ele trabalhava. Estive no mesmo painel que Eco em uma conferência na Itália. Ele chegou em cima da hora para sua fala, cumprimentou os participantes do painel, fez sua fala, despediu-se de todos e saiu – presumivelmente para outra conferência!
[73] A Hugh O'Neill, citado em Scott; Moleski, *Michael Polanyi*, p.193.
[74] Citado por Olby, Huxley, Julian S., *ODNB*, v.29, p.92-5, esp. p.93, 2004.
[75] Rieber, In Search of the Impertinent Question: An Overview of Bateson's Theory of Communication, em Rieber (org.), *The Individual, Communication and Society: Essays in Memory of Gregory Bateson*, p.1-28, esp. p.2.

ner se definiu como "um andarilho agradecido" que experimentava as penas (e os benefícios) do que chamou de "desenraizamento" (uma vez que ele não tinha de onde arrancar raízes).[76] Edward Said se via como um nômade, alguém "fora de lugar" em todo lugar.[77] Bruce Chatwin, escritor de viagens e romancista que apresenta bons motivos para ser considerado um polímata, dado seu interesse em arte, arqueologia e antropologia, era também inquieto. Não é se de admirar que tenha se sentido atraído pela vida dos nômades e que um de seus últimos livros tenha sido *Anatomy of Restlessness* [Anatomia da inquietude].

Os polímatas seriais passam de uma disciplina a outra e a outra e assim por diante. Herbert Simon se descreveu como alguém que vagueara "da ciência política e da administração pública até a inteligência artificial e a ciência da computação, passando pela economia e pela psicologia cognitiva".[78] O antropólogo Gregory Bateson e o fisiologista Henry Murray foram atraídos para o estudo da psicologia como resultado de seus próprios problemas psicológicos. Alguns polímatas se viram forçados a vagar. Gustav Fechner, Patrick Geddes, Aldous Huxley e Herbert Fleure sofreram de problemas oculares que os expulsaram de seu campo original – física no caso de Fechner, botânica para Geddes, medicina para Huxley e zoologia para Fleure.

Alguns polímatas tentaram várias ocupações antes de iniciar a carreira acadêmica. O geógrafo Friedrich Ratzel e o sociólogo Robert Park foram repórteres profissionais, o antropólogo Adolf Bastian fora médico de um navio, e Elton Mayo trabalhou como jornalista e escriturário de uma mina de ouro africana antes de encontrar sua vocação como psicólogo industrial e se estabelecer em Harvard.[79]

---

[76] Steiner, *Errata*, p.276.
[77] Said, *Out of Place: A Memoir*.
[78] Simon, *Models of my Life*, p.ix.
[79] Homans, *Coming to my Senses: The Autobiography of a Sociologist*, p.164.

O elo entre as travessias de dois tipos de fronteira, a nacional e a disciplinar, suscita uma reflexão mais aprofundada. No século XX, pelo menos sete importantes polímatas atuaram no movimento de paz internacional: Wilhelm Ostwald, Paul Otlet, Patrick Geddes, Bertrand Russell (que fundou a Peace Foundation), Kenneth Boulding, Linus Pauling (ganhador do Prêmio Nobel da Paz de 1962) e Noam Chomsky (que recebeu o Prêmio da Paz Sean McBride em 2017). Talvez não seja coincidência que esses estudiosos tenham apoiado tanto o internacionalismo quanto a interdisciplinaridade. Alguns polímatas anteriores, notadamente Comenius e Leibniz, também haviam trabalhado pela paz entre as nações.

Trabalho

Se algum leitor destas linhas acalenta a ambição de se fazer um polímata, deve estar avisado de que o sucesso exige longas horas de trabalho. A energia de alguns polímatas lhes permite dormir menos que os meros mortais e dedicar o tempo economizado aos estudos. O filólogo Franciscus Junius trabalhava uma jornada de dezesseis horas por dia, normalmente das quatro da manhã às oito da noite.[80] Em sua autobiografia, Pierre-Daniel Huet afirmou que se permitia dormir apenas três horas por noite, para ter mais tempo para estudar. Dizia-se que Alexander von Humboldt, a exemplo de Napoleão, precisava de apenas quatro horas de sono, e John von Neumann, três ou quatro.[81] Émilie du Châtelet "podia funcionar com apenas quatro ou cinco horas de sono por noite" e conseguia acordar às quatro da manhã e trabalhar catorze horas seguidas.[82]

---

[80] Graevius, Prefácio a Junius, *De pictura*.
[81] Marina, filha de Neumann, citada por Dyson, op. cit., p.55.
[82] Gardiner, Women in Science, em Spencer (org.), *French Women and the Age of Enlightenment*, p.181-93, esp. p.189; Zinsser, *Émilie du Châtelet*.

Uma vida de Thomas Jefferson fala de sua "incrível disposição" para trabalhar longas horas, às vezes das cinco da manhã até meia-noite, e de seu conselho a um aluno para trabalhar onze horas por dia. John Theodore Merz, que ganhava a vida como gerente e diretor de indústrias, escreveu os quatro volumes de sua história do pensamento europeu do século XIX das cinco às oito da manhã, antes de começar o expediente. Lester Ward se formou frequentando cursos noturnos e chegou a escrever um livro sobre sociologia à noite, em uma época em que seu emprego era trabalhar no Serviço Geológico dos Estados Unidos.[83]

O biógrafo de Joseph Leidy, indagando como ele arrumava tempo para suas diversas atividades, observou que Leidy estava "trabalhando até as duas da manhã todas as noites e quase todos os domingos, deixando apenas uma noite livre por semana" e às vezes das oito às oito, sem sequer beber alguma coisa.[84] Karl Pearson atribuía seu sucesso à "capacidade de trabalhar duro".[85] John Maynard Keynes "sempre esteve inclinado a trabalhar demais", de acordo com Bertrand Russell.[86] Herbert Simon se apresentava – ao que parece, com orgulho – como alguém "viciado em trabalho", sentado à escrivaninha "de sessenta a oitenta horas por semana, às vezes mais".[87] Linus Pauling explicou que desenvolvera "o hábito de trabalhar" ainda jovem.[88] Klari, esposa de John von Neumann, lembrou que "sua capacidade para o trabalho era praticamente ilimitada".[89] Um colaborador de Joseph Needham o descreveu como alguém que "trabalhava sem parar", até mesmo durante o café da manhã, e que gostava de ovos cozidos porque podia estudar enquanto estavam

---

[83] Tanner, Ward, Lester Frank, *ANB*, v.22, p.641-3, 1999.
[84] Warren, *Joseph Leidy*, p.5.
[85] Autobiografia de Karl Pearson, citada por Pearson, *Karl Pearson*, p.2.
[86] Russell, op. cit., v.1, p.71.
[87] Simon, op. cit., p.112, 200, 238.
[88] Citado por Hager, op. cit., p.55.
[89] Von Neumann, Prefácio a John von Neumann, *The Computer and the Brain*.

fervendo.[90] Michel Foucault trabalhou muito e quase não fez pausas, desde os anos de escola até pouco antes de morrer. Em 1974, no mesmo dia em que terminou um livro, *Vigiar e punir*, começou a escrever outro, *A vontade de saber*.[91]

É difícil imaginar como alguns polímatas poderiam ter sido tão prolíficos sem esses hábitos de trabalho. Henri Poincaré, por exemplo, produziu mais de trinta livros e cerca de quinhentos artigos, mas foi ultrapassado pelos quarenta livros e cerca de oitocentos artigos de Kenneth Boulding. Já Niklas Luhmann publicou cerca de setenta livros, Benedetto Croce mais de oitenta e Salomon Reinach, noventa.

Às vezes, as longas horas à mesa de trabalho cobravam um preço. A autobiografia de Leonbattista Alberti relata que ele sofria daquilo que uma geração muito posterior chamaria de "colapso nervoso", no qual as palavras que ele estava lendo se transformavam em escorpiões. Darwin trabalhou tanto que comprometeu sua saúde. Dizem que William Robertson Smith abria mão do almoço para ter mais tempo para a pesquisa e que sua morte prematura pode ter sido, pelo menos em parte, o resultado do excesso de trabalho.[92] O mesmo provavelmente aconteceu com Karl Lamprecht, que acreditava que "conseguiria drenar quantidades inesgotáveis de energia de seu corpo por pura força de vontade". Seu amigo Wilhelm Ostwald recordou que alertara Lamprecht, que morreu aos 59 anos, que ele estava trabalhando demais.[93]

A habitual sobrecarga de trabalho de Herbert Spencer o levou a um colapso nervoso em 1855. Os colapsos de T. H. Huxley em 1871 e 1884 parecem ter tido uma causa semelhante. Leslie Stephen se comparou a um aro: "quando não estou a toda velocidade, caio

---

[90] Wang Ling, em Goldsmith, op. cit., p.134, 137, 143.
[91] Eribon, op. cit., p.13, 325; Elden, *Foucault's Last Decade*, p.1.
[92] Beidelman, *W. Robertson Smith and the Sociological Study of Religion*, p.11.
[93] Ostwald, *The Autobiography*, p.202.

de lado".[94] Segundo Bertrand Russell, foi o excesso de trabalho que provocou a morte de John Maynard Keynes. O colapso de Max Weber ocorreu após a morte de seu pai, mas o excesso de trabalho pode tê-lo deixado mais vulnerável.

Contando o tempo

A sensação de um dever de não perder tempo e de usá-lo bem foi inculcada em vários polímatas desde tenra idade. É uma forma daquilo que Weber chamou de "ascetismo mundano" (*innerweltliche Askese*). O polímata e clérigo anglicano Mark Pattison pregou sermões sugerindo que a educação é, ou deveria ser, uma forma de ascetismo.[95] Em sua autobiografia, John Stuart Mill descreveu seu pai como alguém que "viveu vigorosamente de acordo com o princípio de não perder tempo", portanto, "provavelmente, seguiu a mesma regra nas instruções a seu pupilo".

O diário do estudioso calvinista Isaac Casaubon revela vividamente uma "preocupação com o tempo e sua escassez".[96] O lema de seu colega calvinista Hugo Grotius era "o tempo está se esgotando" (*Ruit Hora*). Em seus dias, Thomas Browne foi descrito como alguém "tão impaciente com a Preguiça e a Ociosidade que costumava dizer que não conseguia não fazer nada".[97] O amanuense de Newton contou que ele "julgava estarem perdidas todas as horas que não dedicasse aos estudos [...] Creio que o irritava o pouco tempo que

---

[94] Maitland, *Life and Letters of Leslie Stephen*, p.374, citado por Bell, Stephen, Leslie, *ODNB*, v.52, p.447-57, esp. p.454, 2004.

[95] Jones, *Intellect and Character in Victorian England: Mark Pattison and the Invention of the Don*, p.150.

[96] Nuttall, *Dead from the Waist down: Scholars and Scholarship in Literature and the Popular Imagination*, p.142.

[97] Robbins, Browne, Thomas, *ODNB*, v.8, p.215, 2004.

passava comendo e dormindo".[98] Montesquieu associava a ociosidade não aos júbilos dos céus, mas aos tormentos do inferno. Benjamin Franklin declarou que "o ócio é o momento de se fazer algo útil". Mesmo depois da aposentadoria, Wilhelm von Humboldt disse a um amigo: "nunca vou dormir antes da uma hora" e "a maior parte da minha vida se aplica ao estudo".[99] Thomas Young afirmou com orgulho, já no final da vida, que jamais passara um dia ocioso. O jovem John Herschel desejava ter "aquela invejável capacidade de dedicar-se com parcimônia a cada átomo do tempo".[100] A opinião de Darwin era a de que "um homem que se atreve a desperdiçar uma única hora do tempo não descobriu o valor da vida".[101]

Alguns polímatas eram movidos pela necessidade de compensar o tempo perdido. Embora Darwin fosse capaz de estudar a bordo do *Beagle*, bem como de fazer muitas observações preciosas sempre que desembarcava, ao final da expedição de cinco anos, ele estava esperando ansiosamente, "com uma cômica mistura de pavor e satisfação, pela massa de trabalho que me aguarda na Inglaterra".[102] O filósofo Hans Blumenberg, que viveu na Alemanha nazista durante a guerra, não tinha permissão para frequentar a universidade naquela época porque era meio judeu. Depois da guerra, ele deixou de dormir uma noite por semana para estudar mais.[103]

Um biógrafo recente discute a "mania de trabalho" de Weber e também seu agudo senso da passagem do tempo. A "pressa compulsiva" se evidenciava em sua "caligrafia impossível".[104] H. G. Wells

---

[98] Westfall, op. cit., p.192.
[99] Citado por Sweet, op. cit., v.2, p.372.
[100] Citado por Buttmann, *The Shadow of the Telescope*, p.14.
[101] Charles Darwin, carta a sua irmã Susan, 1836, em Darwin, *The Life and Letters of Charles Darwin*, p.266.
[102] Citado por Brent, op. cit., p.209.
[103] Vowinckel, "Ich fürchte mich vor den Organisationslustigen": Ein Dialog zwischen Hans Blumenberg und Reinhart Koselleck, *Merkur*, v.68 n.6, p.546-50, esp. p.548.
[104] Radkau, *Max Weber*, p.122-4, 145.

se preocupava em não perder tempo: aos 17 anos escreveu à mãe dizendo que já havia se passado "mais de um quarto da vida". Anos depois, ele sofreu com o excesso de trabalho.[105] Um caso ainda mais extremo de preocupação com o tempo é o de Melvil Dewey, um fanático pela eficiência que exigia que sua equipe estivesse sempre bem preparada ao falar com ele "para que, sem perder um segundo, se possa apresentar o caso com o menor número de palavras possível".[106] Conta-se que ele repreendeu um recepcionista da biblioteca por cumprimentá-lo com "bom dia, dr. Dewey", porque se tratava de uma perda de tempo valioso. Parece haver tanto uma psicologia quanto uma patologia do polímata.

Competição

A paixão pelo trabalho muitas vezes é movida pela competição. Observou-se que John Selden escreveu dois de seus tratados emulando estudiosos que ele admirava, Joseph Scaliger, no caso de *Syrian Gods* [Deuses sírios], e Hugo Grotius, no de *Natural Law* [Lei natural].[107] Um amigo de escola de Samuel Johnson relembrou "sua ambição de se notabilizar".[108] Herbert Simon confessou: "fui e sou uma pessoa competitiva", e George Homans se lembrava de ter sido "sempre o grande competidor" nos tempos de escola.[109] Essa qualidade é bastante óbvia em outros polímatas, de Isaac Newton a Karl Mannheim, que escreveu um famoso artigo sobre "a concorrência como um fenômeno cultural" e foi descrito como extrema-

---

[105] Mackenzie; Mackenzie, *Time Traveller*, p.46, 329, 338.
[106] Montesquieu citado por Shackleton, *Montesquieu*, p.234; Young citado por Gurney, p.42; Dewey citado por Wiegand, *Irrepressible Reformer: A Biography of Melvil Dewey*, p.192.
[107] Toomer, *John Selden*, p.490.
[108] Edmund Hector, citado por Hawkins, *Life of Samuel Johnson*, p.7.
[109] Simon, op. cit., p.110; Homans, op. cit., p.57.

mente competitivo por seu ex-assistente, Norbert Elias.[110] Thomas Young acreditava que "as investigações científicas são uma espécie de guerra [...] contra todos os seus contemporâneos e antecessores", uma declaração confirmada por suas relações com Jean-François Champollion, seu rival na decifração de hieróglifos.[111] A competição encoraja o desejo de ter sucesso e aquilo que Needham chamou de "uma certa crueldade na busca dos objetivos".[112] A rivalidade entre irmãos ajuda a explicar as realizações dos irmãos Humboldt, dos irmãos Polanyi e dos irmãos Huxley. Cada par desenvolveu uma divisão do trabalho, mas nem sempre a respeitou. Michael Polanyi passou da química para a economia, e Julian Huxley escreveu ficção científica.

O elemento lúdico

Certamente seria um erro, porém, ver as realizações dos polímatas como puramente apolíneas, só trabalho e nenhuma diversão. Há também um aspecto dionisíaco em seus feitos, o prazer experimentado tanto na aquisição de conhecimento quanto na solução de problemas. Em uma entrevista, Carlo Ginzburg, historiador de interesses incomumente vastos, comparou o prazer de aprender um novo tópico ao de esquiar na neve fresca.[113] Alguns polímatas adoram os jogos de palavras, entre eles Jacques Derrida, que cunhou o termo *différance* para incluir tanto a "diferença" quanto o "adiamento"; Slavoj Žižek, que publicou uma coleção de piadas; e Gilberto Freyre, que chocou alguns leitores com um trocadilho

---

[110] Elias, *Über Sich Selbst*, p.138.
[111] Young, carta a Gurney, citado por Robinson, p.183.
[112] Needham (Henry Holorenshaw), The Making of an Honorary Taoist, em Teich; Young (orgs.), *Changing Perspectives in the History of Science*, p.1-20, esp. p.12.
[113] Pallares-Burke, *The New History*, p.186.

(em português) entre sífilis e civilização. Kenneth Boulding tinha o hábito de escrever versos humorísticos sobre seus muitos interesses. Umberto Eco, que imaginou um tratado sobre o riso escrito por Aristóteles e escreveu um ensaio astucioso sobre o *Homo ludens*, de Johan Huizinga, um estudo sobre o elemento lúdico na cultura, era ele próprio um estudioso espirituoso. Bem conhecido por suas *battute* ("tiradas"), o homem que batizou um sério estudo filosófico de *Kant e o ornitorrinco* certamente era capaz de empregar seu saber com leveza. O mesmo vale para o sociólogo David Riesman, que escreveu de brincadeira e também escreveu sobre a brincadeira.

No século XVI, Girolamo Cardano era conhecido por seu interesse teórico e sobretudo prático pelos jogos de azar, e diferentes formas de jogo parecem ter sido um elemento importante na cultura dos primeiros cientistas da computação. Construir máquinas que jogavam xadrez era um jogo em si mesmo, ainda que com sérias consequências.

Claude Shannon foi chamado de "inventor brincalhão". Um de seus dispositivos era uma máquina de malabarismo. Alan Turing adorava uma variedade de jogos. Warren McCulloch valorizava o que chamou de "diversão", e seu colaborador Walter Pitts gostava de "inventar todos os tipos de jogos de palavras".[114] John von Neumann, que utilizou a teoria dos jogos em seu trabalho, foi ele próprio descrito como "um homem zombeteiro". O cientista da computação e psicólogo cognitivo Allen Newell, que publicou um livro sobre *The Chess Machine* [A máquina de xadrez], foi lembrado por um entrevistador como um "espirituoso" que chamava a ciência de "jogo".[115] Herbert Simon, colega de Newell, parece ter escrito seus artigos sobre física (além de tocado piano e lido Proust em francês) como uma forma de relaxamento. Resolvia problemas científicos como os meros mortais resolvem palavras cruzadas.

---

[114] Heims, op. cit., p.37, 45.
[115] McCorduck, op. cit., p.121.

Ouriços e raposas

Como vimos, os polímatas às vezes foram divididos em dois grupos opostos, raposas *versus* ouriços.[116] Comecei a pesquisa para este livro esperando descobrir que a maioria dos polímatas pertenceria ao grupo das raposas, atraídos de maneira centrífuga em direção a muitos tipos diferentes de conhecimento. Alguns polímatas de fato se consideravam raposas. Gilbert Chinard confessou sua *vagabondage*, assim como Michael Polanyi. Gregory Bateson admitiu gostar do que chamou de "desvios".[117]

Por outro lado, aquilo que aos olhos dos *outsiders* parece uma dispersão de interesses pode ser visto de maneira muito diferente pelos próprios polímatas. A respeito de Herman Conring se sugeriu que "seus escritos pareciam desconcertantemente díspares, mas, em sua mente, estavam todos unidos".[118] O pai de Pavel Florensky (o "Leonardo russo") preocupava-se com as constantes mudanças de direção do jovem Pavel, mas o próprio Pavel escreveu a sua mãe: "a matemática é a chave para uma visão de mundo" na qual não haverá "nada desimportante a ponto de não valer a pena estudar e nada que não esteja ligado a alguma outra coisa". Como vimos, ele escreveu que sua missão de vida era seguir "o caminho em direção a uma futura visão de mundo integral".[119] De maneira semelhante, o pai de Joseph Needham, observando a variedade das leituras do filho, costumava adverti-lo: "Não dissipe suas energias, meu garoto". O

---

[116] Berlin, *The Hedgehog and the Fox*. Cf. Gould, *The Hedgehog, the Fox and the Magister's Pox*.
[117] Rieber, op. cit., p.3.
[118] Fasolt, Hermann Conring and the Republic of Letters, em Jaumann (org.), *Die Europaische Gelehrtenrepublik im Zeitalter des Konfessionalismus*, p.141-53, esp. p.150; cf. Stolleis, *Die Einheit der Wissenschaften – zum 300: Todestag von Hermann Conring*.
[119] Pyman, *Pavel Florensky, a Quiet Genius*, p.40, 27; Cassedy, P. A. Florensky and the Celebration of Matter, em Kornblatt; Gustafson (orgs.), *Russian Religious Thought*, p.95-111, esp. p.97.

próprio Needham, no entanto, olhando para trás, viu-se como um construtor de pontes, um sincretista.[120]

Com interesses que abrangiam todas as ciências sociais, além de matemática e ciência da computação, Herbert Simon parece um caso extremo de raposa, mas, segundo ele, "o que parecia ser dispersão estava, na verdade, muito mais próximo da monomania": o foco na lógica da tomada de decisão.[121] Jacob Bronowski falou sobre si mesmo: "tudo o que venho escrevendo, embora me pareça tão diferente de ano a ano, volta-se para o mesmo centro: a singularidade do homem que nasce de seu esforço (e seu dom) para entender tanto a natureza quanto a si mesmo".[122] A quantidade de polímatas envolvidos em projetos de unificação de conhecimento também atesta a importância do ideal do ouriço.

Alguns polímatas se veem ou são vistos de uma maneira que confunde ou transcende a distinção original. No ensaio que lançou a dicotomia, Isaiah Berlin descreveu Tolstói como uma raposa que pensava que deveria ser ouriço. Paul Lazarsfeld (de acordo com Marie Jahoda, sua ex-esposa) era uma raposa "por seus talentos e interesses", atraído pela matemática, psicologia, sociologia e pelo estudo da mídia, embora "acidentes históricos o tenham obrigado a se disfarçar de ouriço".[123] George Steiner foi definido como "dois Steiners", um raposa, outro ouriço.[124] E o historiador Carlo Ginzburg falou sobre si mesmo: "estou me tornando cada vez mais uma raposa, mas, no fim das contas, me considero um ouriço".[125]

---

[120] Needham (Henry Holorenshaw), op. cit., p.2, 19-20.
[121] Simon citado por Crowther-Heyck, *Herbert A. Simon: The Bounds of Reason in Modern America*, p.316.
[122] Esboço autobiográfico não publicado de Bronowski, citado por Sheets-Pyenson, "Bronowski", p.834.
[123] Jahoda, PFL: Hedgehog or Fox?, em Merton; Coleman; Rossi (orgs.), *Qualitative and Quantitative Social Research*, p.3-9, esp. p.3.
[124] Almansi, The Triumph of the Hedgehog, em Scott Jr.; Sharp (orgs.), *Reading George Steiner*, p.58-73.
[125] Ginzburg citado por Pallares-Burke, op. cit., p.194.

Os casos de Leonardo, Alexander von Humboldt e Michel de Certeau também destacam as dificuldades com essa dicotomia. Leonardo muitas vezes foi descrito como um indivíduo de interesses centrífugos, mas já se observou que aquilo que parece ser uma curiosidade indireta geralmente se liga às suas principais preocupações: "fios invisíveis atam os fragmentos". Leonardo trabalhava com a suposição de que "todas as diversidades aparentes da natureza são sintomas de uma unidade interior".[126] Alexander von Humboldt também parece ser um exemplo espetacular de raposa, mas acreditava que "todas as forças da natureza estão entretecidas e entrelaçadas". Sua conquista científica foi, acima de tudo, demonstrar conexões "entre clima e vegetação, entre altitude e fertilidade, entre produtividade humana e relações de propriedade, entre os reinos animal e vegetal".[127] Em seu *Cosmos* (1845-1862), composto a partir de palestras ministradas a um público leigo, Humboldt apresentou um relato das conexões em uma escala literalmente global.

Para aprofundar a questão, talvez seja esclarecedor retornar a Michel de Certeau.[128] O itinerário intelectual de Certeau, de historiador do misticismo a sociólogo do consumo, certamente foi bastante incomum. Ele pregou e praticou o que chamava de "caça" interdisciplinar (*braçonnage*).[129] No entanto, em suas incursões às diferentes disciplinas, Certeau trabalhou com os mesmos conceitos fundamentais. Suas explorações são ligadas por alguns temas centrais, entre eles a ideia de alteridade – de outras culturas, de outros períodos, de místicos e indivíduos possuídos pelo diabo. A linguagem analítica de Certeau também permaneceu constante mesmo quando seus objetos se alteraram. Ele tinha um talento notável para enxergar analogias e alguns de seus conceitos sociológicos acabaram

---

[126] Zubov, *Leonardo da Vinci*, p.65; Kemp, *Leonardo*, p.4.
[127] Biermann, Humboldt, F. W. H. A. von, *DSB*, v.6, p.551, 1970.
[128] Dosse, op. cit.
[129] Perrot, Mille manières de braconner, *Le Débat*, v.49, p.117-21, 1988.

sendo transformações de conceitos teológicos. Para usar seu termo favorito, ele os "re-emprega". A crença, *la croyance*, e a produção da crença, *faire croire*, são temas importantes no trabalho de Certeau, primeiro em um contexto religioso e, depois, no contexto político, quando observa, por exemplo, que a capacidade de acreditar estava em recuo no domínio político. Sua discussão posterior sobre práticas sociais, das compras à leitura, ecoa seus artigos anteriores sobre tópicos religiosos, usando expressões como *pratique sacramentelle*, *pratique chrétienne*, *pratique de l'amour* [prática sacramental, cristã, do amor] e assim por diante.

A ausência e alguns temas correlatos, como a invisibilidade e o silêncio, também desempenham um papel importante nas análises políticas e sociais de Certeau: o significado da ausência, a necessidade de ouvir o silêncio e assim por diante. Esses temas surgiram em seus estudos sobre o misticismo. A "alteridade" ou *alterité* é outro tema central de sua obra. Esse termo-chave é uma adaptação para contextos seculares, como o encontro colonial, de um conceito que Certeau começara a utilizar no estudo da experiência religiosa em geral e do misticismo em particular. Por fim, a própria ideia de re-emprego tem origens religiosas. Está explícita em alguns dos Pais da Igreja, especialmente Agostinho, discutindo se os cristãos podem fazer uso da cultura clássica e comparando essa prática com os "despojos do Egito" tomados pelos israelitas no Êxodo. Em suma, pode-se definir Certeau como um ouriço em pele de raposa.[130]

Talvez se possa generalizar esse ponto sobre o impulso centrípeto de estudiosos aparentemente centrífugos como Humboldt e Certeau. Em vez de fazer uma distinção nítida entre dois grupos de polímatas, pode ser mais útil colocá-los ao longo de um *continuum* entre esses polos. E talvez seja ainda mais esclarecedor pensar que

---

[130] Burke, The Art of Re-Interpretation: Michel de Certeau, *Theoria*, v.100, p.27-37, 2002.

1. Alguns *scholars* pensam que este desenho de um belo homem velho, em giz vermelho, representa Leonardo, como aparece na inscrição. Ele certamente se parece com outros possíveis retratos do artista, bem como com suas descrições realizadas por contemporâneos.

2. Aqui está uma das ilustrações de Leonardo da Vinci para o livro de seu amigo, Frei Luca Pacioli, *A divina proporção*, publicado em 1509. Ela comprova o fascínio de Leonardo pela matemática, uma disciplina importante para os artistas do Renascimento, na preocupação seja com as leis da perspectiva, seja com a proporção da fisiologia de uma figura humana ideal. Em seus cadernos, Leonardo escreveu: "não deixar que ninguém que não seja um matemático me leia".

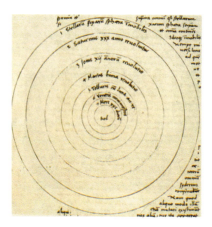

3. Hoje, Nicolau Copérnico normalmente é lembrado por uma conquista: seu argumento de que o Sol, e não a Terra, é o centro do universo. No entanto, ele foi ativo também como médico, estudou legislação e desenvolveu teorias pioneiras no campo que hoje conhecemos como economia. O diagrama do século XVI mostra o Sol, e não a Terra, no centro do universo. Copérnico escreveu que "no meio de todos os assentos, o sol em seu trono, como uma divindade real liderando seus filhos planetas, que orbitam ao seu redor".

4. Museus privados que expunham "maravilhas" (obras notáveis, tanto de arte quando da natureza) eram moda nos séculos XVI e XVII. O museu aqui ilustrado pertencia ao médico dinamarquês Ole Worm, um polímata particularmente interessado em "curiosidades" da Escandinávia, de armas a animais empalhados.

5. Juan Caramuel y Lobkowitz, monge espanhol que viveu em Viena e Praga antes de se tornar bispo em Vigevano, que diziam conhecer 24 línguas. Publicou mais de sessenta livros sobre assuntos variados, de teologia a música, além de ter atuado como diplomata e arquiteto.

6. Tida como a "Minerva sueca", a rainha Cristina da Suécia era conhecida por "saber tudo". Seus interesses incluíam línguas, filosofia, astronomia e alquimia. Ela convidou para sua corte um grande número de *scholars* para lhe servir de tutores, para administrar sua biblioteca ou para participar de debates públicos entre eles.

7. Um dos mais famosos *scholars* na corte de Cristina, o filósofo René Descartes, é mostrado aqui à mesa da rainha, que parece apresentar seus argumentos enquanto os cortesãos a ouvem. Infelizmente, Descartes não sobreviveu ao inverno sueco, falecendo em Estocolmo, em fevereiro de 1650.

8. De todos os chamados "monstros da erudição" que floresceram no século XVII, Gottfried Wilhelm Leibniz certamente foi o maior. Hoje ele é lembrado principalmente como filósofo e matemático – que concorreu com Newton na descoberta do cálculo –, mas também deixou importantes contribuições para os estudos de história, línguas e legislação; interessou-se por todas as ciências naturais e foi conhecido, em seu tempo, como um *expert* na temática da China.

9. Este retrato dá aos expectadores alguma noção do extravagante estilo de Madame de Stäel, intelectual suíça que escreveu sobre filosofia, paixões, suicídio, tradução, política e sociedade (inclusive sobre sua posição como mulher), além de ser autora de romances e peças de teatro.

10. Esta pintura retrata uma reunião no *salon* de madame Geoffrin, que acontecia às segundas e quartas-feiras na metade do século XVIII, em Paris. Montesquieu e Rousseau são aqui representados, enquanto um busto de Voltaire observa os eventos. *Salons* desse tipo, nos quais homens e mulheres de letras exibiam seus conhecimentos com elegância e sagacidade, tiveram papel particularmente importante na vida intelectual francesa desse período.

11. Voltaire era, entre muitas outras coisas, um popularizador das ciências, e, junto com sua amante Émilie du Châtelet, escreveu uma introdução às teorias de Isaac Newton. Nesta gravura, Voltaire é mostrado como poeta, usando uma coroa de louros, enquanto Émilie simplesmente não é representada.

12. Hoje, o sueco Emanuel Swedenborg é lembrado quase exclusivamente pelos escritos religiosos que produziu no fim de sua vida, incluindo o livro que aparece neste retrato, *Apocalipse revelado*. É surpreendente saber que o jovem Swedenborg foi celebrado tanto como engenheiro quanto por suas contribuições à metalurgia, química, astronomia, anatomia, fisiologia e fisiognomia.

13. Thomas Young, um *don* de Cambrigde, era conhecido como "Fenomenal Young", graças a seus muitos interesses. Instruído em medicina, realizou experimentos em óptica e acústica; versado em fisiologia, aprendeu seis línguas orientais e estava trabalhando na decodificação dos hieróglifos egípcios quando foi superado por seu rival francês, Champollion.

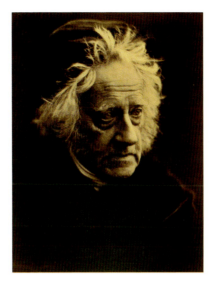

14. Descrito como "um dos últimos grandes universalistas", John Herschel, mais conhecido como astrônomo, também realizou importantes contribuições em matemática, química, magnetismo, botânica, geologia, acústica, óptica e fotografia. Em seu tempo livre, traduziu Homero, Dante e Schiller.

15. Não contente em discutir amplamente sobre as ciências naturais, o *scholar* independente Alexander von Humboldt foi conhecedor de literatura e artes. Observava as paisagens com os olhos de um artista – ele próprio praticava desenho.

16. A cientista escocesa Mary Somerville foi sobretudo uma autodidata, já que não era permitido a uma mulher de sua geração ingressar nas universidades britânicas. Impossibilitada, como esposa e mãe, de encontrar tempo para pesquisas sistemáticas, concentrou-se em sínteses, publicando sua maior obra, *A conexão das ciências físicas*, em 1834. O Somerville College de Oxford recebeu o nome em sua homenagem.

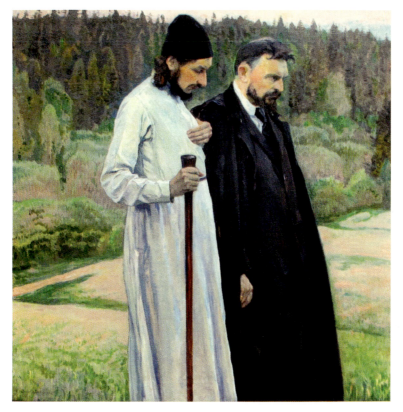

17. Pavel Florensky, aqui mostrado em sua batina branca, foi um padre ortodoxo que escreveu sobre filosofia, teologia e arte religiosa, e também foi – menos ortodoxo nesse ponto – engenheiro elétrico. Acusado durante o regime stalinista de tentar derrubar o sistema soviético, foi exilado, mandado a um campo de trabalho e fuzilado. Florensky foi descrito como o "da Vinci desconhecido da Rússia".

18. A carreira acadêmica de Herbert Simon envolvia desde as ciências políticas até as ciências computacionais, passando pela psicologia cognitiva. Ele foi premiado com o Prêmio Nobel de Economia sem ter se dedicado oficialmente a essa disciplina. Não surpreende saber que Simon não se importava com as diferenças entre aquelas que chamava, de forma bastante séria, de "tribos acadêmicas".

19. O *scholar* belga Paul Otlet foi descrito como "o homem que tentou classificar o mundo". Seus esquemas de recuperação de informação, inspirados pelo sistema decimal de Dewey para classificação de livros, formaram parte de uma amplo projeto que incluía paz mundial e governança mundial. O *Mundaneum*, instituição fundada por Otlet para reunir a totalidade do conhecimento, ainda existe, embora tenha sido deslocado de Bruxelas para Mons.

20. Susan Sontag, provavelmente mais bem descrita como crítica cultural, uma vez declarou: "Não quero ser uma acadêmica e não quero ser uma jornalista. Quero ser uma escritora que é também uma intelectual." Colaboradora regular do *New Yorker* e do *New York Review of Books*, Sontag tem seus trabalhos coligidos em nove volumes de ensaios, tratando de pintura, literatura, teatro, dança, filosofia, psicanálise, antropologia, história e principalmente fotografia e filmagem.

21. O Instituto de Estudos Avançados de Princeton foi fundado em 1930 para oferecer a *scholars* seletos o ambiente necessário para pesquisa, reflexão e escrita. Seu primeiro diretor, Abraham Flexner, era um especialista em educação, famoso por um ensaio sobre "A inutilidade do conhecimento inútil". Entre os primeiros membros do instituto estão Albert Einstein e o polímata John von Neumann.

22. O programa da Universidade de Sussex, a primeira de sete universidades fundadas na Grã-Bretanha nos anos 1960 – e fotografada aqui em 1964 – visava "redesenhar o mapa do aprendizado", enfatizando a interdisciplinaridade na pesquisa e na docência. Particularmente bem-sucedidos nesse quesito foram os seminários conduzidos por professores de disciplinas fronteiriças, entre elas História e Literatura.

muitos polímatas se sentiram puxados por um lado e por outro, entre interesses centrífugos e o desejo de fazer conexões.

As verdadeiras raposas parecem ser raras e os ouriços, muito mais numerosos, embora certamente seja necessário distinguir entre indivíduos que querem enxergar conexões, aqueles que afirmam enxergá-las e aqueles que realmente demonstram os vínculos entre os diferentes domínios do saber. De qualquer forma, o elemento raposa não raro acaba levando àquilo que chamei de "síndrome de Leonardo".

Síndrome de Leonardo

Um tema recorrente na vida dos polímatas é a dispersão de interesses que certas vezes os impediu de produzir livros, concluir investigações ou fazer as descobertas das quais estavam se aproximando.

Leonardo é decerto o exemplo mais famoso dessa dispersão, mas não está sozinho. Lucas Holstenius, estudioso alemão mais conhecido por suas edições de textos clássicos e medievais, embarcou em vários projetos ambiciosos, como colecionar inscrições e escrever uma história dos papas, mas os deixou inacabados. Como vimos, Peiresc não publicou, embora tenha contribuído mais para a circulação do conhecimento por meio de suas cartas que muitos outros estudiosos por meio de seus livros. Leibniz jamais terminou sua investigação pioneira sobre a história medieval alemã. Um admirador moderno de Robert Hooke também comentou seu "fracasso em realizar as coisas", uma fraqueza que contribuiu para o fato de a posteridade não reconhecer sua importância.[131]

---

[131] Hunter, Hooke the Natural Philosopher, em Bennet et al., *London's Leonardo*, p.105-62, esp. p.151.

Exemplos da síndrome também podem ser encontrados nos séculos XIX e XX. Thomas Young admitiu, como vimos, que seu forte era "a impressão aguda", e não a capacidade de levar uma pesquisa até a conclusão. Embora tenha trabalhado por um bom tempo na decifração de hieróglifos egípcios, foi Champollion, seu rival francês, que finalmente obteve sucesso.[132] De maneira semelhante, Thomas Huxley escreveu sobre si mesmo que seu intelecto era "agudo e rápido", e não "extenso ou profundo". O filósofo alemão Arnold Ruge observou que, por causa de seus muitos interesses, Karl Marx "nunca termina nada" (na verdade, Marx quase terminou *Das Kapital* antes de morrer, deixando a seu amigo Friedrich Engels a tarefa de prepará-lo para a publicação).[133]

Quanto a Alexander von Humboldt, ele pretendia publicar um relato sobre sua expedição pelas Américas logo após o retorno, em 1804, mas a seção final só veio a público 35 anos depois, e a introdução ao livro não chegou a ser concluída. Se Humboldt tivesse morrido aos 70 anos, e não aos 89, seu livro mais famoso, *Cosmos*, apresentado sob a forma de palestras entre 1825 e 1827, jamais teria ganhado uma publicação (seus cinco volumes foram publicados entre 1845 e 1862). Também essa obra permaneceu incompleta.

De acordo com Ernest Jones, seu amigo e biógrafo, Freud "quase deixou escapar sua fama mundial ainda jovem por não ousar seguir seus pensamentos até uma conclusão lógica – e não muito distante", principalmente no caso das aplicações médicas da cocaína.[134] Já se disse que Patrick Geddes "se entediava rapidamente e estava sempre mais interessado na próxima ideia que em perseguir a anterior até o ponto em que pudesse escrever uma monografia sobre ela".[135]

---

[132] Peacock, *Life of Thomas Young*, p.397.
[133] Citado por Hobsbawm, Marx, Karl, *ODNB*, v.37, p.57-66, esp. p.60, 2004.
[134] Citado por Gay, op. cit., a partir de Jones, *Sigmund Freud: Life and Work*, v.1, p.50.
[135] Meller, Geddes, Patrick, *ODNB*, v.21, p.706, 2004.

Um estudo sobre Otto Neurath observa "a enorme fertilidade e sugestividade de suas ideias", mas também que ele "não tinha tempo para resolvê-las".[136] Segundo biógrafos complacentes, o histórico de Michael Polanyi, mesmo na química, sua principal disciplina, foi "pontilhado de quases".[137] Linus Pauling, que combinou as carreiras de físico, químico e biólogo, estava no caminho certo para descobrir a estrutura do DNA, mas não conseguiu alcançar seu objetivo, talvez porque estivesse distraído com outros interesses.

Em outras ocasiões, porém, o medo da síndrome de Leonardo acabou sendo injustificado. Um dos colegas jesuítas de Certeau se preocupou com "sua perpétua atração por novos tópicos de pesquisa, o interesse apaixonado que ele demonstra em tudo (à maneira de um adolescente extremamente talentoso) e a virtual impossibilidade de fazer uma escolha e se estabelecer".[138] Na verdade, como vimos, Certeau produziu um conjunto de obras importante e coerente.

---

[136] Creath, The Unity of Science: Carnap, Neurath and Beyond, em Galison; Stump (orgs.), *The Disunity of Science: Boundaries, Contexts and Power*, p.158-69, esp. p.161.
[137] Scott; Moleski, op. cit., p.208.
[138] Dosse, op. cit., p.176.

7
Hábitats

A boa memória e a energia abundante pertencem ao reino da natureza, não da formação. Assim como, talvez, a curiosidade – ainda que, para ser eficaz, ela precise ser despertada e cultivada, condições que apenas algumas sociedades oferecem. Outras características dos polímatas também solicitam uma explicação social ou cultural. Se o capítulo anterior se concentrou na psicologia dos polímatas, este se ocupará de seu hábitat, desde o ambiente geográfico e social onde cresceram até os nichos que mais tarde encontraram para si mesmos.

Em sua autobiografia, Vico declarou que veio a ser um estudioso porque nascera na Itália "e não no Marrocos". Se soubesse da existência de Ibn Khaldun, que por um período vivera em Fez, Vico talvez houvesse escolhido outro exemplo, mas seu argumento geral sobre a geografia da educação é válido.[1] Os polímatas ocidentais não se distribuíram igualmente, nem na Europa nem nas Américas.

---

[1] Para uma especulação a respeito do conhecimento de Vico acerca das ideias de Ibn Khaldun, veja Gates, The Spread of Ibn Khaldun's Ideas on Climate and Culture, *Journal of the History of Ideas*, v.28, p.415-22, 1967.

Dos 500 polímatas listados no Apêndice deste livro, 84 eram alemães e 81 britânicos (entre estes um galês, William Jones, e um ilhéu do canal, Herbert John Fleure), 76 eram franceses, 62 norte-americanos e 43 italianos. Em outras partes do Ocidente, os números são muito mais baixos: 21 escoceses, 18 austríacos, 17 espanhóis, 15 neerlandeses (inclusive belgas), 14 suíços, 11 russos, 10 húngaros, 6 suecos, 5 dinamarqueses, 5 tchecos, 4 poloneses, 4 mexicanos, 3 argentinos, 3 brasileiros, 3 irlandeses, 2 canadenses e 2 romenos. E apenas um de Argélia (Jacques Derrida), Austrália (George Elton Mayo), Bulgária (Tzvetan Todorov), Croácia (Rudjer Bošković), Cuba (Fernando Ortiz), Estônia (Jacob von Uexküll), Grécia (Constantínos Doxiádis), Malta (Themistocles Zammit), Peru (Pedro de Peralta), Venezuela (Andrés Bello) e Portugal (Fernão de Oliveira).

O lugar de algumas pequenas nações é particularmente impressionante. Os suecos contam com dois indivíduos que continuam famosos por apenas uma de suas muitas realizações: Emanuel Swedenborg, como visionário, e August Strindberg, como dramaturgo – mas ele também escreveu (entre outras coisas) sobre história, fotografia, alquimia, linguística, China e Japão.[2] No caso sueco, a marca relativamente alta para uma população relativamente pequena pode estar ligada à taxa de alfabetização do país, que já se aproximava dos 90% dos adultos ao final do século XVII.[3] No século XVIII, a Escócia produziu um conjunto extraordinário de polímatas, notadamente David Hume, Adam Smith, Adam Ferguson, lorde Kames, lorde Monboddo e os irmãos John e William Playfair. A pontuação suíça permanece alta do século XVI (Conrad Gessner e Theodore Zwinger) até o XX (Carl Gustav Jung e Jean Piaget), com Leonhard

---

[2] Prideaux, *Strindberg: A Life*.
[3] Johansson, Literacy Studies in Sweden, em Johansson (org.), *Literacy and Society in a Historical Perspective*, p.41-65.

Euler, Albrecht von Haller, Germaine de Staël, Louis Agassiz e Jacob Burckhardt no meio-tempo.

A contribuição holandesa, concentrada no século XVII com nove polímatas, parece particularmente espetacular, e essa história de sucesso pode ajudar na busca de explicações gerais. No século XVII, a República Holandesa era um país densamente povoado, com boas comunicações internas por seus canais e boas conexões com grande parte do mundo por seus muitos navios. Era uma cultura urbana, com uma das maiores cidades da Europa (Amsterdã), alto índice de alfabetização e quatro universidades (Leiden, Utrecht, Harderwijk e Franeker), sendo a primeira um importante centro de conhecimento, com uma boa biblioteca, alguns professores famosos e muitos estudantes estrangeiros. Além disso, localizava-se em Amsterdã uma formidável instituição educacional, o Athenaeum, além da Bolsa de Valores, a sede das Companhias das Índias Orientais e Ocidentais e outros "centros de cálculo" ou "locais de conhecimento".[4]

O acesso ao conhecimento por meio de escolas, universidades, bibliotecas e assim por diante é, obviamente, fundamental para os aspirantes a polímata, por isso era uma grande vantagem nascer em uma cidade grande como Amsterdã ou Hamburgo, cidade comercial que produziu e ofereceu nichos para seis polímatas alemães modernos, em parte por causa da famosa escola Johanneum, fundada em 1529. Uma história dos estudiosos de Hamburgo foi publicada já em 1783.[5] Nos séculos XIX e XX, Paris, Londres e Berlim foram importantes centros da polimatia.

---

[4] Latour, Centres of Calculation, *Science in Action*, p.215-57; Jacob (org.), *Lieux de Savoir*; sobre os holandeses, veja Gibbs, The Role of the Dutch Republic as the Intellectual Entrepot of Europe in the 17th and 18th Centuries, *Bijdragen en Mededelingen betreffende de geschiedenis der Nederlanden*, v.86, p.323-49, 1971; Davids, Amsterdam as a Centre of Learning in the Dutch Golden Age, em O'Brien et al. (orgs.), *Urban Achievement in Early Modern Europe*, p.305-25.

[5] São eles: Wower, Holstenius, Lambeck, Placcius, Fabricius e Reimarus. Cf. Thiess, *Versuch einer Gelehrtengeschichte von Hamburg*.

Doze dos polímatas listados vieram da América Latina.[6] O número não é alto em relação à população total da região – nem mesmo aos Estados Unidos, onde as oportunidades eram maiores –, mas, mesmo assim, é impressionante. Uma possível explicação pode ser a especialização tardia e a sobrevivência da ideia do "homem de letras". Muitas vezes se observou que a teoria social foi produzida sobretudo na Europa ocidental e na América do Norte e que os teóricos tendem a generalizar com base nessas partes do mundo. Duas grandes exceções a essa regra são o cubano Fernando Ortiz e o brasileiro Gilberto Freyre, exemplos do que se conhece por "Teoria do Sul".

Os dois chegaram a lecionar em universidades, mas foram principalmente homens de letras, que escreveram poemas e histórias, leram muito em sociologia, antropologia, geografia, história e psicologia e desenvolveram suas teorias a partir da investigação de suas próprias sociedades. Ambos enfatizaram a importância da miscigenação cultural (rejeitando a ideia de "raça"). Ortiz comparou a cultura cubana ao ensopado local (*ajiaco*) e escreveu sobre o que chamou de "transculturação". Freyre escreveu em termos semelhantes sobre a "interpenetração" das culturas, especialmente no Brasil.[7]

A ética do trabalho

A geografia da religião também é relevante para a distribuição dos polímatas. No longo debate sobre as causas da revolução científica do século XVII, às vezes se argumentou que aquilo que Max Weber chamou de "ética protestante" fora importante para

---

[6] Em ordem cronológica: Sigüenza y Góngora, sóror Juana, Peralta, Alzate, Conceição Veloso, Bello, Sarmiento, Ortiz, Reyes, Borges, Freyre, Ribeiro.

[7] Santi, *Fernando Ortiz: contrapunteo y transculturación*; Burke; Pallares-Burke, *Gilberto Freyre: Social Theory in the Tropics*.

a ascensão da ciência e também para a ascensão do capitalismo.[8] Esse argumento certamente precisa ser qualificado. Em vez de se referir a todos os protestantes, deve se concentrar, como Weber o fez, na variedade "puritana", com sua ética de frugalidade e trabalho árduo. Por outro lado, aquilo que muitas vezes se chama de ética de trabalho "protestante" também é encontrado em outros grupos, como confucionistas e judeus (discutidos mais adiante), além de alguns católicos, entre eles Umberto Eco, cuja "ética de trabalho" (*etica lavorativa*) foi muito lembrada por um de seus ex-alunos.[9] A presença de dez polímatas jesuítas no grupo mina qualquer apelo simplista a uma ética protestante.

Apesar dessas modulações necessárias à sua tese, resiste um núcleo de verdade no argumento de Weber, e é tentador estendê-lo aos estudiosos em geral e aos polímatas em particular, pelo fato de que um dos exemplos favoritos da ética protestante de Weber era o polímata Benjamin Franklin, cujo "Plan for Future Conduct" [Plano para conduta futura] (1726) mostra sua preocupação, aos 20 anos, com a frugalidade e a diligência.

O argumento é reforçado pelo número de polímatas que foram ministros protestantes, dezenove no total, sejam luteranos, calvinistas ou anglicanos. Na Europa central, Filipe Melâncton, Johann Heinrich Alsted, Johannes Comenius e Johann Gottfried Herder. Na Escócia, Gilbert Burnet, John Playfair (matemático, geólogo e astrônomo) e William Robertson Smith. Na França, majoritariamente católica, Samuel Bochart, Pierre Bayle e Daniel Encontre, mentor de Comte (e professor de literatura, matemática e teologia). Outros polímatas queriam seguir essa carreira (ou seus pais queriam que

---

[8] Merton, Science, Technology and Society in Seventeenth-Century England, *Osiris*, v.4, p.360-620, 1938; Hooykaas, Science and Reformation, *Cahiers d'Histoire Moderne*, v.3, p.109-38, 1956.

[9] Os nove jesuítas no Apêndice são Suárez, Tesauro, Nieremberg, Riccioli, Kircher, Kino, Bošković, Teilhard e Certeau. Sobre Eco, Paolucci, *Umberto Eco*, p.40-1.

seguissem): o biólogo-psicólogo James Miller; Warren McCulloch, pioneiro no campo da inteligência artificial; o economista-historiador Harold Innis, cuja família era batista; e Melvil Dewey, também batista, que pensara em ser missionário.

Vinte e nove polímatas, entre eles Olof Rudbeck, Pierre Bayle, Carlos Lineu, Emanuel Swedenborg, Adam Ferguson, Jacob Burckhardt, John Stuart Mill, Louis Agassiz, Carl Gustav Jung, Harold Lasswell e Robert Hutchins, eram filhos de ministros protestantes e, portanto, parece particularmente provável que a "ética protestante" lhes tenha sido inculcada desde tenra idade.[10] Friedrich Nietzsche, filho de clérigo luterano, certa vez escreveu que "o pastor protestante é o avô da filosofia alemã", uma observação que talvez se possa estender ao conhecimento em geral.[11] Foram netos de pastores Johann Albert Fabricius, Madame de Staël e Jürgen Habermas – este último, que ainda passa longas horas à mesa de trabalho, é neto de um pastor "que defendeu a virtude prussiana de uma ética de trabalho estrita".[12]

Um exemplo notável dessa ética é o próprio Max Weber, cuja mãe – assim como as mães de Benjamin Franklin e Warren McCulloch – era protestante devota. Max certa vez disse à esposa, Marianne, que, para ele, o trabalho ininterrupto era uma "necessidade natural". John Maynard Keynes (outro viciado em trabalho, como vimos) era filho de "um rigoroso não conformista" e, de acordo com Bertrand Russell, "algo do espírito não conformista permaneceu em seu filho".[13]

---

[10] Os demais são Isaac Casaubon, Johann Heinrich Bisterfeld, Herman Conring, Gerard Vossius, Samuel Pufendorf, Conrad Schurzfleisch, Johann Joachim Becher, John Millar de Glasgow, John e William Playfair, Daniel Encontre, Gustav Fechner, Mark Pattison, William Robertson Smith, Frank Giddings, Wilhelm Wundt, James G. Miller e Edward Haskell.
[11] Nietzsche, *Der Antichrist*, cap.10.
[12] Muller-Doohm, *Habermas: A Biography*, p.13.
[13] Russell, *Autobiography*, v.1, p.71.

A questão Veblen

Para colocar a tese de Weber em perspectiva, talvez se possa justapô-la ao argumento de outro sociólogo polímata, Thorstein Veblen. Em um famoso ensaio publicado no ano de 1919, Veblen discutiu o que chamou de "preeminência intelectual dos judeus na Europa moderna", na tentativa de explicar por que os judeus contribuíram "com um número desproporcional de homens junto aos quais a ciência e a erudição modernas buscam orientação e liderança", "os pioneiros, a inquieta congregação de desbravadores e iconoclastas". Rejeitando a explicação racial do fenômeno sob a justificativa de que "o povo judeu é uma nação de híbridos", Veblen adotou uma explicação social, afirmando que é somente quando os judeus se juntam à "república gentia do saber" que eles se tornam criativos, pairando entre dois mundos e, portanto, olhando para ambos com um certo grau de desapego ou ceticismo.[14]

A prosopografia dos polímatas nos quais este livro se baseia também sugere que indivíduos de origem judaica (fossem judeus praticantes, católicos, protestantes ou ateus) alcançaram uma importância muito maior que sua proporção, pelo menos a partir de meados do século XIX, começando com Marx. Entre 250 indivíduos listados no Apêndice que nasceram de 1817 em diante, 55 eram judeus. Esse número fortalece a ideia de Veblen de uma maneira, mas a enfraquece de outra. O problema é que, se Veblen estivesse certo, quando os judeus deixaram os guetos e foram assimilados às culturas europeia e americana, o que ele chamou de "suprimento de renegados judeus" deveria ter secado no início do século XX. Conspicuamente, não o fez no caso dos polímatas. São necessárias, portanto, explicações alternativas da "preeminência intelectual" para complementar, senão substituir, a hipótese de Veblen.

---

[14] Veblen, The Intellectual Pre-Eminence of Jews in Modern Europe, *Political Science Quarterly*, v.34, p.33-42, 1919.

Assim como no caso de outras minorias, como os quacres, a exclusão da política teria encorajado jovens inteligentes a procurar algum outro domínio, como o comércio ou os estudos. Tradicionalmente, os pais judeus respeitavam o saber e tornar-se cientista ou erudito era uma espécie de secularização da tradição de estudar o Tanakh e a Torá. Não é de se surpreender que encontremos alguns pais que pressionaram os filhos a seguir nessa direção, como no caso de Norbert Wiener – que, tempos depois, brincou dizendo que fora "criado em um ambiente duplamente puritano": uma família judia da Nova Inglaterra protestante.[15] Também é digna de nota a importância do exílio, a qual Veblen certamente teria notado se estivesse escrevendo nos anos 1930 e não em 1919. Os polímatas de origem judaica discutidos neste livro geralmente foram exilados ou filhos de exilados. Viveram entre a cultura da terra onde nasceram e a da terra que os acolheu e, por isso, viram ambas com certo distanciamento – o que permitiu que esses refugiados escapassem do provincianismo de cientistas e estudiosos que estavam enraizados em um ambiente específico e nas maneiras de pensar aí implicadas.[16]

Educação

Será que algum tipo específico de criação incentivava a polimatia? É plausível sugerir, embora seja difícil provar, que a educação em casa e não na escola encoraja uma falta de respeito pelas fronteiras acadêmicas formais, ou mesmo uma falta de consciência de sua existência. De toda maneira, alguns polímatas importantes foram educados em casa. Durante muito tempo, este foi necessariamente o caso das mulheres, como Anna Maria Schurman, sóror Juana de la Cruz, Mary Somerville e lady Mary Wortley Montagu, que estu-

---

[15] Wiener, *Ex-Prodigy*, p.120.
[16] Burke, *Exiles and Expatriates in the History of Knowledge*.

dava latim sozinha quando "todo mundo pensava que estava apenas lendo romances". Entre os homens, a categoria dos polímatas que receberam educação em casa, pelo menos nos primeiros anos de vida, conta com Christiaan Huygens, Nicolaes Witsen, Christopher Wren, Gilbert Burnet, os irmãos Humboldt, Thomas Young, John Stuart Mill, Mark Pattison, William Robertson Smith, Karl Pearson, Karl e Michael Polanyi, John von Neumann, Bertrand Russell, Jorge Luis Borges e Ludwig von Bertalanffy.

Vários polímatas foram crianças prodígio: Blaise Pascal, Juan Caramuel, Maria Agnesi, o fisiologista suíço Albrecht von Haller, Thomas Macaulay, John Stuart Mill, Dorothea Schlözer, Marcelino Menéndez Pelayo, Jean Piaget (que publicou vários artigos científicos quando ainda era adolescente), John von Neumann, Norbert Wiener (cuja autobiografia se chama *Ex-Prodigy*), seu amigo William Sidis (que entrou em Harvard aos 11 anos) e Walter Pitts.

Alguns deles, notavelmente Mill, Schlözer, Wiener e Sidis, todos filhos de intelectuais, sentiram a pressão das "grandes expectativas" dos pais. Mill começou a aprender grego aos 3 anos. Dorothea Schlözer se iniciou em geometria, francês e latim aos 5. Wiener estudou física e química aos 7 anos, foi para a universidade aos 12 e se formou aos 14. Ele se lembrava do "trabalho árduo e incessante" de seu pai e do fato de que "o pai exigia de si o mesmo que exigia de mim". Ralph Gerard, cuja criação se assemelhava à de Wiener, tinha 15 anos quando ingressou na universidade e descreveu seu pai como "professor magistral, guia exigente e tirano".[17] Kenneth Boulding não via seus pais como tiranos, mas se lembrava de que eles também tinham "expectativas extremamente altas" de seu filho precoce.[18]

Outros polímatas frequentaram escolas convencionais, mas seguiram seu próprio caminho. Vico se considerava autodidata.

---

[17] Wiener, op. cit., p.63; id., *I am a Mathematician*, p.20; Gerard citado por Hammond, *The Science of Synthesis*, p.147.
[18] Kerman, *Creative Tension*.

Alan Turing, que estudou na escola pública Sherborne, em Dorset, "sempre preferiu seus próprios métodos aos fornecidos pela cartilha". Herbert Simon afirmou que, quando era estudante em Milwaukee, "conduzia sua educação inteiramente com as próprias mãos, raramente pedindo conselhos". Simon seguiu a mesma "estratégia de autoinstrução", como a chamava, quando mais tarde estudou matemática e idiomas.[19] Ele não foi o único polímata a elogiar esse método. Daniel Morhof defendeu a autodidática.[20] David Hume declarou que "não há nada a ser aprendido com um professor que não possa ser encontrado nos livros". Thomas Young concordou que havia "muito pouco" que uma "pessoa séria e diligentemente disposta a se aprimorar não possa obter de livros com mais vantagem que de um instrutor vivo".[21]

O acesso a uma biblioteca bem abastecida, em casa ou nas proximidades, incentivava o estudo pessoal em paralelo com a escola. Christiaan Huygens, por exemplo, tinha acesso à extensa coleção de livros acumulados por seu pai. Giambattista Vico e Samuel Johnson contaram com a vantagem de serem filhos de livreiros. Thomas Young descobriu as ciências naturais perambulando pela biblioteca de um vizinho.[22] H. G. Wells tinha autorização para pegar emprestados livros da biblioteca da casa de campo de Uppark quando sua mãe trabalhava como criada na propriedade, e tempos depois ele comentou sobre "as maravilhas da autoeducação".[23] George Homans acreditava que "muito do que aprendi com livros não o fiz na escola, mas em casa, em nossa excelente biblioteca".[24] Jorge Luis Borges também morava em uma casa com muitos livros e, mais tarde, disse:

---

[19] Hodges, *Andrew Turing*, p.43; Simon, *Models of my Life*, p.9, 40.
[20] Velten, Die Autodidakten, em Held (org.), *Intellektuelle in der Frühe Neuzeit*, p.55-81, esp. p.66.
[21] Wood, *Thomas Young, Natural Philosopher*, p.11.
[22] Ibid., p.5.
[23] Mackenzie; Mackenzie, *The Life of H. G. Wells*, p.47.
[24] Homans, *Coming to my Senses*, p.46.

"se me pedissem para nomear o evento fundamental de minha vida, diria a biblioteca do meu pai".[25] Walter Bagehot, Norbert Wiener, John von Neumann e Joseph Needham desenvolveram seus vastos interesses percorrendo as bibliotecas de seus pais. Otto Neurath, filho de um professor que possuía cerca de 13 mil livros, confessou: "fiz minhas primeiras estimativas matemáticas contando o número de livros da biblioteca".[26]

Alguns polímatas abandonaram a universidade, entre eles Robert Hooke, Denis Diderot, David Hume, Thomas De Quincey, T. H. Huxley, August Strindberg, Patrick Geddes, Elton Mayo, Kenneth Burke e H. G. Wells (que começou a estudar na Normal School of Science em Londres) e Lewis Mumford. Tempos depois, Mumford lecionou em faculdades, mas evitou estabelecer laços permanentes e certa vez disse que ser lido por acadêmicos era "um segundo enterro". Alguns deles nunca estudaram na universidade, notadamente Leonardo, Joseph Priestley (que não pôde entrar em Oxford ou Cambridge porque não era anglicano), Herbert Spencer e Jorge Luis Borges.

Durante mais que os dois primeiros terços do período examinado neste livro, mais ou menos entre 1400 e 1800, encontravam-se obstáculos temíveis no caminho das estudiosas. Elas não eram proibidas de frequentar a universidade, mas se supunha que o ensino superior não lhes competia. Se desenvolviam algum interesse intelectual, esperava-se que fosse nas *belles-lettres*. Suas publicações, se chegassem a publicar, deveriam ser traduções, e não trabalhos originais. Nessas circunstâncias, foi quase milagroso o surgimento de algumas polímatas no início do período moderno, doze delas entre 1450 e 1800.[27]

---

[25] Borges, An Autobiographical Essay, em *The Aleph and other Stories*, p.203-60, esp. p.209.
[26] Wiener, op. cit., p.62-3; Neurath, *Empiricism and Sociology*, p.4, 14, 46.
[27] Cassandra Fedele, Laura Cereta, Marie de Gournay, Bathsua Makin, Anna Maria van Schurman, Isabel, princesa Palatina, Margaret Cavendish, rainha Cristina, Elena Cornaro, sóror Juana, Émilie du Châtelet, Maria Agnesi.

A remoção de alguns desses obstáculos do caminho das intelectuais ocasionou um ligeiro aumento das polímatas, seis delas no século XIX: Germaine de Staël, Dorothea Schlözer, George Eliot, Mary Somerville, Harriet Martineau e Harriet Taylor. Nos séculos XX e XXI, elas foram sucedidas por um grupo maior de estudiosas versáteis, que conseguiram tirar proveito da expansão da educação feminina e das ocupações abertas a mulheres instruídas, especialmente entre a geração nascida na década de 1930, como Susan Sontag e Clara Gallini, que trabalhou como classicista, historiadora da religião e antropóloga cultural, e suas sucessoras.

Entre as mulheres vivas com bons motivos para serem consideradas polímatas se encontram Gayatri Chakravorty Spivak (filosofia, teoria literária e estudos pós-coloniais); Luce Iragiray (filosofia, psicanálise e linguística); Hélène Cixous (filosofia, psicanálise, literatura); Juliet Mitchell (literatura, psicanálise e estudos de gênero); Julia Kristeva (literatura, filosofia, psicanálise, semiótica); Griselda Pollock (história da arte, teoria cultural, psicanálise); Aleida Assmann (literatura, história cultural, antropologia); Judith Butler (filosofia, linguística, política); Margaret Boden (filosofia, psicologia e estudos cognitivos); Mieke Bal (teórica da literatura, arte e mídia que também atua como videoartista); e Jacqueline Rose (que escreve sobre literatura, psicanálise, estudos de gênero, política e história, sem mencionar um romance).[28]

Independência

A curiosidade, a energia e o desejo de fazer um uso produtivo do tempo ainda não são suficientes. Os polímatas também precisam de ócio para fazer seu trabalho. Às vezes, isso era proporcionado

---

[28] Felizmente, a maioria desse grupo ainda está viva e, portanto, excluída da lista no Apêndice.

pela vida em comunidade nos *colleges* de Oxford e Cambridge, ou no seio de ordens religiosas – beneditinos (Johannes Trithemius e Benito Feijoo), carmelitas (sóror Juana e, por um tempo, Bodin), cistercienses (Caramuel), clero regular (Erasmo, por um tempo, e Copérnico), franciscanos (Rabelais e Sebastian Münster, ambos por um tempo), dominicanos (Fernão de Oliveira, Giordano Bruno, por um tempo, e Tommaso Campanella), servitas (Paolo Sarpi) e, especialmente, jesuítas (os dez mencionados anteriormente). A princesa Isabel se tornou abadessa protestante. O celibato e o fato de não terem de se preocupar com alimentação e hospedagem permitiram que esses estudiosos se concentrassem na aquisição e transmissão de conhecimento. Athanasius Kircher, em particular, fez bom uso da rede global de sua ordem. Seu livro sobre a China se baseou no conhecimento em primeira mão de colegas missionários. Kircher chegou a montar uma equipe de jesuítas para observar a variação magnética em diferentes partes do globo.[29]

Alguns polímatas leigos nunca se casaram. Em alguns casos, de Leonardo a Alan Turing, provavelmente porque eram homossexuais, mas, em outros, o motivo provável era evitar alguma distração a seus estudos. Nesse grupo estão Filippo Brunelleschi, Joseph Scaliger, Franciscus Junius, Nicolas-Claude Peiresc, Leibniz, Pierre Bayle, René de Réaumur, Gaspar Melchor de Jovellanos, Alexander von Humboldt, Thomas Macaulay, Herbert Spencer, Charles Sainte-Beuve, William Robertson Smith e Charles Ogden. Quando Charles Darwin fez sua famosa lista de argumentos a favor e contra o casamento, um dos motivos para continuar solteiro foi: "Perder tempo – não poder ler à noite" (no entanto, ele se casou com Emma Wedgwood).[30]

---

[29] Gorman, The Angel and the Compass: Athanasius Kircher's Magnetic Geography, em Findlen (org.), *The Last Man Who Knew Everything*, p.229-51, esp. p.245.
[30] Darwin, Caderno de anotações, jul. 1838, em Cambridge University Library, disponível em: <https://www.darwinproject.ac.uk/tags/about-darwin/family-life/darwin-marriage>.

Um número substancial de polímatas fazia parte de uma "classe ociosa", com rendas que não dependiam do emprego: por exemplo, Pico della Mirandola, John Dee, Tycho Brahe, Christiaan Huygens, Scipione Maffei, Montesquieu e Buffon. Alexander von Humboldt tinha o suficiente não apenas para sobreviver, mas também para financiar sua famosa expedição à América Latina. Na Grã-Bretanha, Charles Babbage, Charles Darwin, Francis Galton, John Lubbock e William Henry Fox Talbot eram todos cavalheiros estudiosos que viviam de renda. Aby Warburg, filho e irmão de banqueiros, podia viver confortavelmente e comprar todos os livros de que precisava para seus estudos.[31] Walter Benjamin era sustentado, nem sempre de boa vontade, por seus pais ricos. Henry Murray tinha uma "riqueza que lhe garantia independência".[32]

A herança de uma fortuna permitiu que vários polímatas satisfizessem seus interesses mais amplos na vida adulta – por exemplo, Thomas Young, Charles Peirce, Herbert Spencer, Georg Simmel e Vilfredo Pareto, que abandonou a docência aos 61 anos para dedicar mais tempo a seus livros. Bertrand Russell herdou 20 mil libras do pai, embora ainda precisasse escrever livros e dar palestras nos Estados Unidos para sustentar suas várias esposas e filhos.

Ócio forçado

Alguns polímatas fizeram bom uso do ócio forçado, entre eles Walter Raleigh, que, segundo Aubrey, "estudou muito em suas viagens marítimas, quando sempre levava consigo uma mala de livros".[33] Darwin, que passou cinco anos no mar a bordo do *Beagle*, lendo e escrevendo na rede, escreveu a seu pai: "o navio é singular-

---

[31] Gombrich, *Aby Warburg: An Intellectual Biography*, p.22.
[32] Homans, op. cit., p.295.
[33] Aubrey, *Aubrey's Brief Lives*, p.254.

mente confortável para todo tipo de trabalho. Tudo está sempre à mão, e sentir-me confinado me tornou tão metódico que, no final, fui beneficiado". Um dos livros que ele leu nessas condições foi *Principles of Geology* (1830-1833), de Charles Lyell, que o ajudou a formular sua teoria da evolução.[34]

O segundo período de ócio forçado de Raleigh foi como prisioneiro na Torre de Londres, onde ele escreveu sua *History of the World* [História do mundo]. John Selden escreveu um estudo da história jurídica judaica na prisão de Marshalsea, onde foi confinado por razões políticas em 1629. Tempos depois, observou com ironia o "abundante ócio da prisão".[35] Tommaso Campanella passou 27 anos em prisões napolitanas e, de fato, escreveu alguns de seus livros mais importantes nessas circunstâncias. Samuel Pufendorf, trabalhando como tutor na família de um diplomata sueco, foi preso em Copenhague quando estourou a guerra entre a Dinamarca e a Suécia. Segundo seu próprio testemunho, Pufendorf empregou o tempo de prisão na escrita de seus *Elements of Jurisprudence* [Elementos de jurisprudência] – recorrendo apenas à memória, uma vez que não tinha acesso a livros.[36] O estadista espanhol Jovellanos, preso no castelo de Bellver, em Maiorca, aproveitou o tempo livre para estudar a geologia da região, produzir uma descrição histórica do castelo e escrever suas impressões sobre os edifícios de Palma. Bertrand Russell, que ficou preso por cinco meses por apoiar a recusa dos "objetores de consciência" em lutar na Primeira Guerra Mundial, "leu enormemente" na prisão e, assim como Pufendorf, conseguiu escrever um livro antes de ser libertado.[37]

---

[34] Citado por Brent, *Charles Darwin*, p.137.
[35] Toomer, *John Selden*, p.332, 447.
[36] Doring, Biographisches zu Samuel von Pufendorf, em Geyer; Goerlich (orgs.), *Samuel Pufendorf und seine Wirkungen bis auf die heutige Zeit*, p.23-38, esp. p.27.
[37] Russell, op. cit., v.2, p.34.

Famílias

Os laços familiares ligaram vários indivíduos discutidos neste estudo, seja porque (como afirmou um deles, Francis Galton) o "gênio" é hereditário, seja porque é o ambiente da criação que incentiva o desenvolvimento de interesses multifacetados. Entre os exemplos famosos de famílias de polímatas se encontram os irmãos Wilhelm e Alexander von Humboldt; John e William Playfair, o mais velho com foco em matemática e filosofia natural e o mais jovem, em engenharia e economia política; Julian e Aldous Huxley, compartilhando o interesse pelas ciências naturais e pelas humanidades; e os estudiosos franceses Joseph, Salomon e Théodore Reinach (já se disse que as iniciais dos três, J, S e T, representavam *je sais tout*, "eu sei tudo").

Quanto aos irmãos Karl e Michael Polanyi, eles eram apenas os membros mais conhecidos daquela que um amigo chamou de "a família mais talentosa que já conheci ou de que ouvi falar", a qual contava também com a irmã, Laura. Eles parecem ter puxado à mãe, Cécile, que "escreveu textos não publicados sobre uma miscelânea de tópicos culturais e políticos, da grafologia à joalheria, da pedagogia ao pijama, do romance à Revolução Russa".[38] Outro exemplo notável de família talentosa é o dos seis irmãos Prodi, todos os quais seguiram carreiras acadêmicas, entre eles pelo menos dois polímatas, Giorgio (em medicina, biologia e semiótica) e Paolo (na história da Igreja e no pensamento político). Dos quatro restantes, Giovanni era matemático, Franco e Vittorio eram físicos, e Romano, economista, mais tarde se tornou primeiro-ministro da Itália.

Há três exemplos de pais e filhos polímatas no século XVII, um sueco e dois holandeses. Olof Rudbeck, o Jovem, não alcançou a amplitude do pai, mas seu trabalho em medicina, botânica, ornitologia e naquilo que hoje chamamos de "linguística" certamente merece a qualificação de polimatia. O importante matemático e

---

[38] Drucker, *Adventures of a Bystander*, p.126; sobre Cecile, veja Dale, *Karl Polanyi: The Limits of the Market*, p.15.

filósofo natural Christiaan Huygens era filho de Constantijn, cujos vastos interesses estavam principalmente nas ciências humanas. Outro holandês, Isaac Vossius, era filho de um estudioso igualmente conhecido, Gerard Vossius.

Os polímatas estudados aqui também incluem um par de pais e filhas. August von Schlözer não foi apenas um dos principais historiadores de seu tempo, mas também escreveu sobre aquilo que ele foi um dos primeiros a chamar de *Volkerkunde* (o estudo comparativo de diferentes povos) e sobre *Statistik*, campo que abarcava a descrição de sistemas políticos e também tabelas de dados numéricos. Sua filha Dorothea, a primeira alemã a fazer doutorado, conhecia nove idiomas e estudava matemática, botânica, zoologia, óptica, religião, mineração, mineralogia e arte. Jacob Bronowski e sua filha Lisa constituem outro exemplo. A abrangência de Jacob sobre as duas culturas foi discutida anteriormente, e sua filha, mais conhecida como Lisa Jardine, era matemática e se tornou crítica literária e historiadora cultural, além de intelectual pública.

Redes

Além de famílias, os polímatas formaram também grupos de amigos. Apesar das rivalidades, os membros da espécie muitas vezes se sentem atraídos uns pelos outros. Depois de migrar para os Estados Unidos, Joseph Priestley fez amizade com seu colega polímata Thomas Jefferson. O jovem Goethe foi amigo de Herder, e o Goethe de meia-idade foi amigo dos irmãos Humboldt.

John Herschel, William Whewell e Charles Babbage fizeram amizade quando estudavam em Cambridge. A proximidade de James Frazer com William Robertson Smith se iniciou quando este chegou à mesma universidade. Outra amizade de Cambridge, entre Charles Ogden e Ivor Richards, começou quando os dois eram estudantes do Magdalene College. Ogden, que estudara os clássicos, voltou-se para a psicologia e depois inventou e defendeu o Inglês Básico. Richards estudou as "ciências morais", ensinou filosofia e literatura inglesa e se tornou professor de educação.[39]

Na Alemanha, a chamada Escola de Frankfurt, discutida no próximo capítulo, acolheu amigos que se conheciam desde a juventude: Theodor Adorno, Max Horkheimer e Siegfried Kracauer. Na França, Georges Bataille e Roger Caillois eram amigos que fundaram juntos a chamada Faculdade de Sociologia. Eles compartilhavam o interesse pela literatura (Bataille escreveu poesia e Caillois, um romance), mas ambos são mais conhecidos por estudos ambiciosos que se basearam na antropologia e chegaram a conclusões mais amplas. *A parte maldita* (1949) de Bataille ofereceu uma teoria do consumo. Já Caillois apresentou uma teoria do jogo, *Os jogos e os homens* (1958).[40] Outra amizade produtiva foi aquela entre Gilles Deleuze, filósofo e crítico que escreveu sobre literatura, arte e cinema, e o psicólogo, filósofo e semiólogo Félix Guattari.

Também se pode ver a relação entre William Robertson Smith e James Frazer como a de mestre e discípulo, outro tema recorrente na história dos polímatas.[41] Karl Pearson foi discípulo de Francis Galton. Lewis Mumford se descreveu como um discípulo rebelde de Patrick Geddes, reconhecendo que este "mudou toda a minha vida" e "me deu uma nova visão do mundo", mas também que, à medida que crescera, "minha própria maneira de pensar se afastara da dele".[42] Henry Murray foi aluno de Lawrence Henderson e Ernst Haeckel,

---

[39] Scott, Ogden, Charles Kay, *ODNB*, v.41, p.558-9, 2004; Storer, Richards, Ivor Armstrong, *ODNB*, v.46, p.778-81, 2004.
[40] Surya, *Georges Bataille: An Intellectual Biography*; Bosquet, *Roger Caillois*.
[41] Sobre mestres e discípulos, Steiner, *Lessons of the Masters*, e Waquet, *Les Enfants de Socrate: filiation intellectuelle et transmission du savoir, XVIIᵉ-XXIᵉ siècle*.
[42] Entrevista com Lewis Mumford, disponível em: <www.patrickgeddestrust.co.uk/ LM%20on%20PG%20BBC%201969.htm>, acesso em: 6 fev. 2017. Cf. Mumford, The Disciple's Rebellion, citado em Novak Jr. (org.), *Lewis Mumford and Patrick Geddes: The Correspondence*.

aluno de Rudolf Virchow. Por sua vez, Haeckel tornou-se um mestre por quem Friedrich Ratzel expressou "admiração ilimitada".[43]

Os capítulos anteriores diversas vezes mencionaram redes mais amplas de correspondentes. Algumas dessas redes são bem conhecidas. Estas se estendem de Erasmo a Charles Darwin, passando por Peiresc, Kircher, Leibniz, Bayle e Alexander von Humboldt. Os contatos pessoais nem sempre estão documentados, mas provavelmente foram ainda mais importantes. Por exemplo, Gregory Bateson se via como parte de um empreendimento comum que envolvia pelo menos quatro outros polímatas que ele conhecia pessoalmente: Bertalanffy, Wiener, von Neumann e Shannon.[44]

Família e amigos formam o que se pode chamar de rede lateral de indivíduos que vivem ao mesmo tempo ou que pelo menos se sobrepõem por várias décadas. Também importante para os polímatas é aquilo que se pode chamar de rede vertical ou genealogia intelectual, a qual geralmente abrange polímatas de gerações anteriores, como Raimundo Lúlio, Pico della Mirandola, Johannes Comenius e Francis Bacon. Pico, Heinrich Cornelius Agrippa, Kircher, Caramuel, Leibniz e Benito Feijoo eram todos fascinados pela arte da combinação de Lúlio. Johannes Bureus admirava Pico, e a rainha Cristina possuía um retrato dele. Leibniz e Kircher tinham muito interesse por Comenius. Bacon foi um herói para D'Alembert, Feijoo e Jovellanos e, mais tarde, para Comte, Spencer e Melvil Dewey. Até alguns polímatas relativamente recentes tiveram esse senso de genealogia. Tanto Geddes quanto Neurath tomaram Comenius como inspiração. Borges expressou interesse por Lúlio (escrevendo um ensaio sobre sua "máquina de pensamento"), Pico (resenhando um livro sobre ele), Kircher, Leibniz, Coleridge, De Quincey ("essencial para mim") e "a dinastia Huxley" (inclusive por Julian, irmão de Aldous, e por seu avô, T. H. Huxley).

---

[43] Wanklyn, *Friedrich Ratzel: A Biographical Memoir and Bibliography*, p.7.
[44] Davidson, *Uncommon Sense*, p.191.

Para florescer, os polímatas precisam de um nicho que lhes permita ganhar a vida. Entre os nichos mais comuns estão as cortes, as escolas, as universidades, as bibliotecas e os periódicos.

Cortes e patronato

Nos tempos modernos, um nicho importante para os polímatas, assim como para outros estudiosos (para não mencionar artistas, poetas e músicos), era a corte, fosse real ou aristocrática. Leonardo trocou Florença pela corte de Ludovico Sforza, em Milão, e terminou a vida na França, sob a proteção do rei Francisco I. Carlos IX da Suécia e seu sucessor, Gustavo Adolfo, foram patronos de Johannes Bureus, que foi descrito como "o grande *polyhistor* da era da grandeza" e é mais conhecido por seus estudos das ciências ocultas e das antiguidades suecas.[45] Particularmente importante para os estudiosos, como vimos, foi a corte da filha de Gustavo, Cristina da Suécia.

Leibniz viveu nas cortes de Hanôver e Wolfenbuttel. Lorenzo Magalotti e Francesco Redi moraram na corte dos Médici em Florença. Samuel Pufendorf trabalhou como historiador na corte de Carlos XI da Suécia e, depois, na corte do eleitor de Brandemburgo em Berlim. Peter Simon Pallas e August Schlözer foram acolhidos por Catarina, a Grande. Denis Diderot passou alguns meses em sua corte em São Petersburgo, assim como Voltaire na corte de Frederico, o Grande, em Potsdam. No final do século XIX, Alexander von Humboldt serviu como camareiro-mor na corte prussiana.

A atitude dos polímatas em relação às cortes costumava ser ambivalente. Para os estudiosos que não viviam de renda, os salários pagos pelos monarcas e aristocratas muitas vezes eram tentado-

---

[45] Lindroth, *Svensk lardomshistoria*, v.1, p.152-61, 237-49; Hakansson, Alchemy of the Ancient Goths: Johannes Bureus's Search for the Lost Wisdom of Scandinavia, *Early Science and Medicine*, v.17, p.500-22, 2012.

res. Um dos motivos da vida nômade de Agrippa, entre Colônia, Turim, Metz, Genebra, Friburgo, Lyon e Antuérpia, foi a busca por patronos, entre eles o imperador Maximiliano, Luísa de Saboia e Margarida de Áustria. Os patronos podiam pagar pela impressão de livros. Sem a ajuda financeira do imperador Fernando III, os fólios ilustrados do *Oedipus Aegyptiacus* de Kircher talvez nunca tivessem sido publicados. Além disso, os patronos poderosos garantiam proteção. Em seus conflitos com colegas acadêmicos, Swedenborg contou com o apoio do rei Carlos XII.

Por outro lado, os estudiosos muitas vezes se ressentiam da necessidade de bancar o cortesão, o que os distraía de seus estudos. Em Roma, Kircher reclamou de desperdiçar seu tempo respondendo às perguntas do papa Alexandre VII.[46] Quando Leibniz estava trabalhando como historiador de Ernesto Augusto, o eleitor de Hanôver, seu patrão costumava pedir para que ele cuidasse de outros assuntos. Quanto a Humboldt, exigia-se que ele lesse para o rei Frederico Guilherme III durante as refeições, lidasse com sua correspondência e, tempos depois, que respondesse às muitas perguntas de Frederico Guilherme IV sobre uma variedade de assuntos, servindo-lhe como uma enciclopédia.[47]

Hoje em dia, o patrocínio de monarcas e aristocratas foi assumido pelas fundações. Seu papel em alguns empreendimentos que envolvem polímatas será discutido mais adiante.

Escolas e universidades

Nos primórdios da Alemanha moderna, vários polímatas lecionavam em escolas, especialmente nos *gymnasia* acadêmicos de

---

[46] Fletcher (org.), *Athanasius Kircher und seine Beziehungen zum gelehrten Europa seiner Zeit*, p.3, 111.
[47] Antognazza, *Leibniz: An Intellectual Biography*, p.324; Wulf, *The Invention of Nature*, p.240.

Hamburgo e outros lugares. Algumas pessoas prefeririam esse nicho a um lugar na universidade, talvez por não se sentirem à vontade com o imperativo de restringir seu ensino a uma única disciplina.[48]

Mesmo assim, diversos polímatas de fato trabalharam nas universidades, que muitas vezes proporcionavam mais liberdade que costumam oferecer hoje em dia. Antes da segunda metade do século XX, a administração dos departamentos acadêmicos ainda não era muito exigente, e as cargas de aulas podiam ser mais leves. Na Johns Hopkins, onde foi professor de 1910 a 1938, Arthur Lovejoy "recusava-se a lecionar para estudantes de graduação" e "jamais deu mais de quatro horas de aulas por semana" e apenas para pequenos grupos de pós-graduandos.[49] Além disso, muitos professores podiam deixar os assuntos domésticos para suas esposas e empregados. Sobre Friedrich Ratzel já se observou: "ainda era possível, no último quartel do século XIX, que um professor, especialmente um professor alemão, desembaraçado de obrigações, trabalho e tarefas domésticas, adquirisse uma extraordinária variedade de conhecimentos".[50]

A liberdade acadêmica abrangia as oportunidades para mudar de disciplina, uma forma de liberdade particularmente importante para os polímatas. Na Universidade de Helmstedt, Hermann Conring foi do direito para a história e a medicina.[51] Em Uppsala, Olof Rudbeck, originalmente designado para ensinar medicina, lecionou sobre uma ampla variedade de temas das ciências naturais. Na Universidade de Leiden, Herman Boerhaave, professor de botânica e medicina,

---

[48] Wilhelm Adolf Scribonius trocou a Universidade de Marburg pelo *gymnasium* de Korbach. Konrad Samuel Schurzfleisch também lecionou em Korbach. Entre os professores do *gymnasium* de Hamburgo, o Johanneum, encontravam-se Peter Lambeck, Vincent Placcius, Johann Albert Fabricius e Hermann Samuel Reimarus.
[49] Wilson, *Arthur O. Lovejoy and the Quest for Intelligibility*, p.186-7.
[50] Wanklyn, op. cit., p.3.
[51] Stolleis, Die Einheit der Wissenschaften: Hermann Conring, em Stolleis (org.), *Conring*, p.11-34. Cf. Jori, *Hermann Conring (1606-1681): Der Begründer der deutschen Rechtsgeschichte*.

também teve autorização para ocupar a cátedra de química. No século XIX, Hermann Helmholtz passou de uma cadeira de fisiologia para outra de física.

Até mesmo no século XX, algumas universidades se mostraram flexíveis nesse aspecto. Na Universidade de Graz, foi criada em 1924 uma cátedra especial em meteorologia e geofísica para Alfred Wegener, cujos interesses também abarcavam a astronomia. Em Oxford, R. G. Collingwood recebeu um cargo sob medida: *lecturer* em filosofia e história romana. Em Cambridge, depois da Segunda Guerra Mundial, Joseph Needham, *reader* de Embriologia, manteve seu posto na universidade depois de ter desistido da biologia para escrever a história da ciência chinesa.

Três polímatas seriais conseguiram permanecer como professores de suas respectivas universidades, simplesmente passando de um departamento para outro, apesar de mudanças dramáticas entre campos acadêmicos. No Colégio Universitário de Aberystwyth, Herbert Fleure, até então chefe do Departamento de Zoologia, tornou-se o primeiro (na verdade, o único) professor de antropologia e geografia. Na Universidade de Manchester, como vimos, Michael Polanyi trocou uma cadeira em química por outra em "estudos sociais". Na Universidade da Califórnia em Los Angeles, Jared Diamond, ex-professor de fisiologia, mudou-se para o Departamento de Geografia.

Disciplinas

Algumas disciplinas em particular parecem ter servido como trampolins para polímatas. A filosofia é um exemplo óbvio, dada sua tradição de interesse pelos fundamentos do conhecimento. Durkheim, Foucault e Bourdieu, por exemplo, formaram-se filósofos. A medicina foi outro trampolim, pois ensina uma observação precisa que também provou ser útil em outras disciplinas. No início do período moderno, os médicos costumavam estudar botânica e química em busca de curas – e Miguel Servet também se interessou por astronomia e geografia. Entre os *virtuosi* modernos que ficaram famosos por seus gabinetes de curiosidades, estavam o médico dinamarquês Ole Worm e o irlandês Hans Sloane. Tempos depois, alguns médicos se sentiram atraídos pela antropologia física e também pela social. O francês Paul Broca migrou da medicina para a antropologia, como seus compatriotas Gustave Le Bon e Paul Rivet e o italiano Paolo Mantegazza.[52]

Nos séculos XIX e XX, a engenharia era mais uma rota para o polímata. Léon Walras e Vilfredo Pareto, por exemplo, passaram para a economia; Frédéric Le Play e Herbert Spencer, para a sociologia; Warren Weaver, para o estudo da agricultura e da teoria da comunicação; Vannevar Bush, para a ciência da computação; John Maynard Smith e Robert May, para a biologia; Benjamin Whorf, para a linguística e a antropologia; e Buckminster Fuller, para a arquitetura e aquilo que ele chamava de "princípios que governam o universo". Parece que o senso de sistema necessário ao bom engenheiro pode ser adaptado a outras disciplinas, assim como o estudo de John Playfair para se tornar projetista de engenharia o ajudou a inventar gráficos e tabelas.

Novas disciplinas emergem como parte do processo de especialização. Paradoxalmente, essas novas disciplinas também oferecem oportunidades particulares para os polímatas, pelo menos no curto prazo, uma vez que a primeira geração de seus professores necessariamente se forma em outra área. A passagem de Freud da medicina e da zoologia para a psicanálise constitui um exemplo famoso daquilo que se pode descrever como o "renegado" criativo.[53]

---

[52] Marpeau, *Gustave Le Bon*; Armocida; Rigo, Mantegazza, Paolo, *DBI*, v.69, p.172-5, 1960-.

[53] Sobre um tipo de renegado, veja Burke, Turn or Return? The Cultural History of Cultural Studies, 1500-2000, em Irimia; Ivana (orgs.), *Literary into Cultural History*, p.11-29.

No caso da antropologia, os migrantes vieram da geografia (Franz Boas), zoologia (Alfred Haddon) e psicologia (William Rivers), além da medicina. Já no caso da sociologia, Frédéric Le Play veio da engenharia; Émile Durkheim, da filosofia e pedagogia; Max Weber, do direito, Robert Park, da filosofia e jornalismo; e Lester Ward da geologia e paleontologia.

Bibliotecas e museus

O cargo de bibliotecário é um nicho óbvio para os polímatas, começando no século III a.C. com Eratóstenes em Alexandria. Pierre Bayle certa vez pensou em se tornar bibliotecário, porque isto lhe proveria "livros suficientes", junto (assim pensou ele) com "o tempo para estudar".[54] Em nosso período, pelo menos vinte polímatas ocuparam essa posição em algum momento da carreira. Entre eles estão Benito Arias Montano no Escorial; Hugo Blotius em Viena; Gabriel Naudé em Paris, Estocolmo e Roma; Leibniz e Lessing em Wolfenbuttel; Antonio Magliabecchi em Florença; David Hume e Adam Ferguson em Edimburgo; William Robertson Smith em Cambridge; Marcelino Menéndez Pelayo em Madri; e Jorge Luis Borges em Buenos Aires.[55] A classificação de livros está obviamente ligada à classificação do conhecimento, como nos casos de Leibniz, Melvil Dewey e Paul Otlet.[56]

---

[54] Bayle, escrevendo em 1681, citado por Van Lieshout, The Library of Pierre Bayle, em Canone (org.), *Bibliothecae Selectae da Cusano a Leopardi*, p.281-97, esp. p.281.

[55] Outros polímatas listados que trabalharam como bibliotecários: Johannes Bureus e Isaac Vossius em Estocolmo; Marcus Meibom em Estocolmo e Copenhague; Robert Burton na Christ Church, em Oxford; Daniel Morhof em Kiel; Lucas Holstenius na França e em Roma; Peter Lambeck em Viena, Vincent Placcius em Pádua; Konrad Schurzfleisch em Weimar; Georges Bataille em Paris; e Daniel Boorstin em Washington.

[56] Stevenson; Kramer-Greene (orgs.), *Melvil Dewey: The Man and the Classification*; Levie, *L'Homme qui voulait classer le monde*; Wright, *Cataloging the World*.

Os museus também costumavam proporcionar aos curadores o tempo e a oportunidade de estudar. O Museu de História Natural de Paris, que no início do século XIX foi "o maior estabelecimento dedicado à pesquisa científica do mundo", serviu de base para as muitas atividades de Georges Cuvier.[57] Adolf Bastian fundou o Museum für Volkerkunde de Berlim. Franz Boas trabalhou nesse museu, e foi no decorrer da catalogação de exposições que ele se interessou por artefatos produzidos na costa noroeste dos Estados Unidos, uma região que seguiu estudando ao longo da carreira. Ao chegar aos Estados Unidos, Boas trabalhou no Museu Field de Chicago e no Museu Americano de História Natural de Nova York antes de se transferir para a Universidade Columbia.

Outros polímatas estudaram e escreveram nos intervalos proporcionados por seus empregos, intervalos que geralmente eram mais generosos nos séculos XVIII e XIX do que vieram a ser depois. John Stuart Mill teve a sorte de trabalhar em um escritório da Companhia das Índias Orientais, onde seus deveres eram leves o suficiente para permitir que ele escrevesse seus livros. John Lubbock conseguiu escrever suas obras sobre pré-história enquanto trabalhava como diretor do banco da família e membro do Parlamento. Quando Borges catalogava livros em uma biblioteca pública de Buenos Aires, sua ocupação por nove anos, foi sua pouca carga de trabalho que lhe deu a chance de continuar lendo vastamente.

Enciclopédias e periódicos

Na fronteira do mundo acadêmico, vários polímatas escreveram, editaram ou contribuíram para enciclopédias – o que era bastante apropriado, dados seus interesses enciclopédicos. Como vimos, Johann Heinrich Alsted compilou sozinho uma enorme enciclopédia.

---

[57] Bourdier, Cuvier, Georges, *DSB*, v.3, p.521-8, esp. p.524, 1970.

Diderot e D'Alembert coordenaram uma equipe de colaboradores. Thomas Young contribuiu com mais de sessenta artigos para a quinta edição da *Encyclopaedia Britannica*. Robertson Smith foi o editor-chefe da nona edição da *Britannica*. Andrew Lang escreveu dezenove artigos para essa edição. Por um tempo, o jovem Norbert Wiener ganhou a vida elaborando artigos para a *Encyclopedia Americana*.

Outro nicho para polímatas, desde a era de Bayle até hoje, tem sido o jornal ou periódico cultural, especialmente para aqueles que preferem a liberdade do trabalhador *freelancer* à relativa segurança de uma instituição como a universidade. Samuel Johnson, por exemplo, fundou *The Rambler*, que, a exemplo de seu *Dictionary*, permitiu que ele se sustentasse fora do que chamava de "abrigo de caramanchões acadêmicos".[58] Macaulay ganhava 200 libras por ano (uma renda razoável para a época) com seus famosos ensaios para a *Edinburgh Review*.[59] George Eliot escrevia para a *Westminster Review*; Ernest Renan e Hippolyte Taine, para a *Revue des Deux Mondes*, Siegfried Kracauer, para a *Frankfurter Zeitung*; Lewis Mumford, George Steiner e Susan Sontag, para a *New Yorker*; Sontag, Steiner e Oliver Sacks, para a *New York Review of Books*; Michel Foucault, para *Le Nouvel Observateur*; e Umberto Eco, para *L'Espresso*.

Alguns polímatas editaram ou fundaram periódicos e também escreveram para essas publicações. Francis Jeffrey editou o *Edinburgh Review*; Lewis Mumford e Kenneth Burke, *The Dial*. Benedetto Croce fundou *La Critica*. Editar séries, como uma espécie de parteira de livros, tem sido outro papel dos polímatas, entre eles Gustave Le Bon, que editou a Bibliothèque de Philosophie Scientifique da editora Flammarion; Henri Berr, que editou a série histórica L'Évolution de l'Humanité para Albin Michel; e Charles Ogden, que editou a International Library of Psychology, Philosophy and Scientific Method para a Routledge, uma série que chegou a 201 volumes.

---

[58] Johnson, Prefácio, *Dictionary of the English Language*.
[59] Clive, *Macaulay: The Shaping of the Historian*, p.100.

Colaboração

Até mesmo na "era de ouro" dos polímatas, eles não trabalhavam sozinhos, mas dependiam de uma rede de amigos e informantes. À medida que aumentou a dificuldade de dominar diferentes disciplinas, polímatas posteriores passaram a colaborar pelo menos uma parte do tempo. Alexander von Humboldt, que contratou assistentes para suas observações, também se dedicou à colaboração científica internacional, especialmente em pesquisa geofísica, incentivando a criação de uma rede de postos de observação em diferentes países para medir o magnetismo da Terra.[60] H. G. Wells colaborou com Julian Huxley em *The Science of Life* [A ciência da vida] (1929). Karl Polanyi contou com vários assistentes em seus estudos sobre antropologia e história antiga.

Ao longo de sua longa carreira, Paul Lazarsfeld realizou pesquisas em colaboração com colegas. Os assistentes e colaboradores de Joseph Needham permitiram que muitos volumes de *Science and Civilization in China* continuassem a aparecer muito depois da morte do autor principal.[61] Ernst Gombrich trabalhou com o neuropsicólogo Richard Gregory (sobre o olho e o cérebro) e o biólogo Robert Hinde (sobre a comunicação não verbal). Herbert Simon participou, segundo suas próprias contas, de "mais de oitenta parcerias de pesquisa".[62]

---

[60] Kellner, Alexander von Humboldt and the Organization of International Collaboration in Geophysical Research, *Contemporary Physics*, v.1, p.35-48, 1959; Biermann, Alexander von Humboldt als Initiator und Organisator internationaler Zusammenarbeit auf geophysikalischen Gebiet, em Forbes (org.), *Human Implications of Scientific Advance*, p.126-38; Holl (org.), *Alexander von Humboldt: Netzwerke des Wissens*; Ette, *Alexander von Humboldt und die Globalisierung*, p.20.

[61] Entre os colaboradores de Lazarsfeld se encontram Marie Jahoda (sua primeira esposa), Elihu Katz e Robert Merton. Entre os assistentes de Needham, alguns dos quais seguiram carreira acadêmica, Lu Gwei-Jen (sua segunda esposa), Wang Ling, Gregory Blue, Francesca Bray e Toshio Kusamitsu.

[62] Simon, op. cit., p.64.

Algumas colaborações famosas são: Charles Ogden com Ivor Richards em *O significado do significado* (1923), um livro sobre filosofia e linguagem; John von Neumann com Norbert Wiener no campo da cibernética e com Oskar Morgenstern em *The Theory of Games and Economic Behaviour* [A teoria dos jogos e o comportamento econômico] (1944); Claude Shannon com Warren Weaver em *The Mathematical Theory of Communication* [A teoria matemática da comunicação] (1949). Yuri Lotman e Boris Uspensky foram parceiros durante décadas em seus estudos sobre a semiótica da cultura.

Michel de Certeau escreveu seu estudo sobre a política da linguagem junto com dois jovens historiadores: Jacques Revel e Dominique Julia. Já Michel Foucault realizou um estudo sobre a história da família em conjunto com a historiadora Arlette Farge e outro, sobre o parricida Pierre Rivière, com os membros de seu seminário no Collège de France, entre eles a antropóloga Jeanne Favret e o historiador da medicina Jean-Pierre Peter.[63]

Seria fácil citar aqui muitos outros exemplos. Mas os projetos para colaboração multidisciplinar ou interdisciplinar, formal ou informal, são o tema do próximo capítulo.

---

[63] Elden, *Foucault's Last Decade*, p.8.

8
A era da interdisciplinaridade

À medida que a posição de "cavaleiro errante" entre os campos do conhecimento vem se tornando cada vez mais insustentável, é necessário desviar a atenção para as tentativas de alcançar coletivamente o que alguns polímatas conseguiram individualmente, a visão geral sobre um território que se estende para muito além das fronteiras de uma única disciplina.[1] Tentativas desse tipo foram sendo empreendidas por grupos pequenos e informais, mas também por instituições formais fundadas para esse propósito.

A história começa bem antes de o adjetivo "interdisciplinar" ter entrado em uso corrente, ainda nos anos 1950, tanto em francês e alemão quanto no mundo anglófono. Antes dessa época, as tentativas de trabalho interdisciplinar, fosse por indivíduos ou por equipes, eram descritas como "cooperação" intelectual ou "fertilização cruzada".[2] Desde então, uma confusa variedade de termos passou a

---

[1] Para um guia geral, veja Frodeman (org.), *The Oxford Handbook of Interdisciplinarity*; para uma história, veja Graff, *Undisciplining Knowledge: Interdisciplinarity in the Twentieth Century*.
[2] Frank, Interdisciplinary: The First Half-Century, em Stanley; Hoad (orgs.), *Words*, p.91-101.

ser empregada ocasionalmente, entre eles "adisciplinar", "antidisciplinar", "codisciplinar", "multidisciplinar", "não disciplinar", "onidisciplinar", "pluridisciplinar", "pós-disciplinar", "pré-disciplinar" e "transdisciplinar". As páginas que se seguem evitarão a maioria desses termos, recorrendo à palavra "interdisciplinar" para descrever os estudos que se dão nas fronteiras – ou nas lacunas – entre as disciplinas e ao termo "multidisciplinar" para se referir a grupos que atraem seus membros de diferentes disciplinas para trabalhar em um projeto comum.

Como vimos, as enciclopédias e as expedições científicas do século XVIII já se valiam dessas equipes, assim como os laboratórios de pesquisa industrial no final do século XIX, financiados por empresas como General Electric, Standard Oil, Eastman Kodak e Bell Telephone.[3] O mesmo se deu com os projetos capitalizados pelos governos durante a Primeira e a Segunda Guerras Mundiais e além.

O polímata Herbert Simon criticou o trabalho em equipe nas ciências sociais, caracterizando-o como "uma tentativa de reunir cientistas sociais dessemelhantes". O que seria necessário, de acordo com ele, era um polímata que "reunisse ciências sociais dessemelhantes em um único homem".[4] Se todos fossem como o próprio Simon, ele certamente teria razão. No entanto, o tema central deste capítulo é que a explosão do conhecimento impossibilitou que todos, exceto alguns indivíduos enérgicos e dedicados, acompanhassem o que estava acontecendo mesmo em umas poucas disciplinas. Daí as muitas tentativas coletivas de resolver o problema, tanto no nível da educação geral quanto na pesquisa orientada.

Vários polímatas que protagonizaram os capítulos anteriores voltarão a aparecer aqui, vistos desta vez como participantes de tentativas coletivas de combater a especialização. Thomas De Quincey discutiu o "conhecimento superficial"; José Ortega y Gasset

---

[3] Reich, *The Making of American Industrial Research*.
[4] Simon, *Models of my Life*, p.170.

denunciou o "ignorante instruído" e alegou que a especialização levaria à barbárie; Lewis Mumford se orgulhava de apresentar-se como "generalista"; George Steiner disse que a especialização era "coisa de idiota"; e Robert Heinlein, engenheiro mais conhecido como escritor de ficção científica, afirmou que a "especialização é coisa para insetos".

Uma opinião mais equilibrada foi expressa pelo jornalista e sociólogo britânico L. T. Hobhouse, que, em 1901, escreveu: "à especialização [...] devemos a eficiência e a precisão da ciência moderna. Também lhe devemos uma perda do frescor e do interesse, um enfraquecimento da imaginação científica e um grande prejuízo à ciência como instrumento de educação".[5]

Uma característica notável do debate sobre a especialização é a recorrência de algumas metáforas. A metáfora do território está bastante desgastada nos dias de hoje, mas continua irresistível, até mesmo porque a ideia de "campos" de conhecimento virou moeda acadêmica comum. Está associada a cercas e fronteiras. Um escritor da *New Yorker* certa vez falou sobre a "ignorância criativa" do polímata Beardsley Ruml, a qual o impedia "de ver as placas 'não ultrapasse', 'não pise a grama' e 'rua sem saída' no mundo das ideias".[6]

Por outro lado, empreendimentos interdisciplinares são apresentados como iniciativas que constroem pontes, derrubam muros, abrem portas e janelas. Em Yale, o presidente James Angell descreveu seu projeto interdisciplinar, grandiloquente ou ironicamente, como o desmantelamento da "Grande Muralha da China".[7]

---

[5] *Manchester Guardian*, 1º jan. 1901.
[6] Ruml, Recent Trends in Social Science, em White (org.), *The New Social Science*; Bulmer; Bulmer, Philanthropy and Social Science in the 1920s, *Minerva*, v.19, p.347-407, esp. p.358, 1981.
[7] Angell, Yale's Institute of Human Relations, *Religious Education*, v.24, p.583-8, esp. p.585, 1929; cf. Morawski, Organizing Knowledge and Behavior at Yale's Institute of Human Relations, *Isis*, v.77, p.219-42, esp. p.219, 1986.

Os críticos da especialização, por sua vez, fazem mais uso de metáforas políticas. No início do século XIX, William Whewell já se referia ao perigo de que a "comunidade da ciência" se desintegrasse "como um grande império caindo aos pedaços". Também se descreveu a especialização como "balcanização" ou "chauvinismo disciplinar". Norbert Elias observou que "os departamentos do conhecimento científico, tal como constituídos nos dias de hoje, têm algumas das características dos Estados soberanos". Segundo Herbert Simon, "as disciplinas desempenham o mesmo papel na academia que as nações no sistema internacional".[8]

Os objetivos dos críticos da especialização variaram dos mais modestos aos mais ambiciosos. Alguns, como Otto Neurath, foram visionários (a visão era a da unidade da ciência ou do conhecimento). Outros foram pragmáticos. Ortega y Gasset não rejeitou completamente a especialização, mas preferiu um equilíbrio entre o saber especializado e a "cultura", que "é necessariamente geral" (*no puede ser sino general*).[9] O cientista social e polímata Donald T. Campbell apresentou o que chamou de "modelo em escama de peixes" de sobreposições entre as disciplinas, o que implica que os estudiosos deveriam prestar uma atenção especial ao que está acontecendo nos campos vizinhos.[10]

Os métodos dos partidários da interdisciplinaridade também variaram. Alguns foram a favor da fundação de novas instituições, enquanto outros preferiram arranjos informais. Pode ser útil distin-

---

[8] Beckwith, The Generalist and the Disciplines: The Case of Lewis Mumford, *Issues in Integrative Studies*, v.14, p.7-28, esp. p.15, 1996; Elias, Scientific Establishments, em Elias; Martins; Whitely (orgs.), *Scientific Establishments and Hierarchies*, p.3-69; Simon, op. cit., p.173.

[9] Ortega y Gasset, *Mision de la universidad* (1930), reimp. em suas *Obras*, v.4, p.313-53; Donoso, The University Graduate as Learned Ignoramus according to Ortega, em *Ortega y Gasset Centennial*, p.7-18.

[10] Campbell, Ethnocentrism of Disciplines and the Fish-Scale Model of Omniscience, em Sherif; Sherif (orgs.), *Interdisciplinary Relationships in the Social Sciences*, p.328-48.

guir seis fases sobrepostas, com formas mais antigas de cooperação coexistindo com novas.

A primeira fase, a partir de meados do século XIX, foi a dos grupos de discussão informais ou semiformais em salões, clubes e cafés. Essa fase foi sucedida pelo movimento internacional em prol da ciência unificada; pela fundação de centros de pesquisa interdisciplinares, especialmente nas ciências sociais dos Estados Unidos, juntamente com um renascimento da ideia de educação geral; pelo apoio do governo à pesquisa em ciências naturais e "estudos de área", novamente nos Estados Unidos; pelo surgimento de novas universidades comprometidas com o ensino interdisciplinar na Europa e em outros países; e pelo surgimento de periódicos interdisciplinares e a proliferação de institutos de estudos avançados.

Em outras palavras, passamos de uma era de especialização institucionalizada na segunda metade do século XIX para uma era de antiespecialização institucionalizada na segunda metade do século XX e daí em diante.

Arranjos semiformais

Grupos informais de discussão foram e são uma maneira de incentivar a interdisciplinaridade. Não é fácil definir o termo "informal" e talvez seja mais esclarecedor pensar em termos de grupos "semiformais" que se reuniam fora dos departamentos acadêmicos e, muitas vezes, fora da universidade. Alguns desses grupos se encontravam em local fixo e horário regular e tinham membros fixos, às vezes por eleição. Outros se encontravam em cafés, acolhendo membros periféricos em torno de um núcleo central. Todos se concentravam em temas e problemas comuns, vistos do ponto de vista das diferentes disciplinas, alimentando discussões e incentivando a liberdade de expressão entre um gole e outro de café, vinho e cerveja.

Essas formas de sociabilidade intelectual se situavam entre as tradições da *tertulia* espanhola (mais sociável que intelectual, combinando conversas com jogos de cartas e música) e do seminário acadêmico (mais intelectual que sociável, embora a discussão sempre possa continuar no café ou no *pub*).[11]

Clubes, sociedades e círculos: cronologia selecionada, de 1855 a cerca de 1950

1855 Saturday Club [Clube dos Sábados], Boston
1869 Edinburgh Evening Club [Clube Noturno de Edimburgo]
1872 Metaphysical Club [Clube Metafísico], Cambridge, MA
c.1887 Leipziger Kreis [Círculo de Leipzig, capitaneado por Lamprecht]
1905 Eranos-Kreis [Círculo de Eranos], Heidelberg
1908 Galilei Kör [Círculo Galileu], Budapeste
c.1915 Vasárnapi Kör [Círculo dos Domingos], Budapeste
c.1922 Wiener Kreis [Círculo de Viena]
1923 History of Ideas Club [Clube da História das Ideias], Baltimore
1928 Pražsky Kroužek [Círculo de Praga]
1932 Pareto Circle [Círculo Pareto], Cambridge, MA
1949 Ratio Club [Clube Ratio], Londres
c.1949 Innominate Club [Clube Inominado], Chicago
c.1954 Glasgow group [Grupo de Glasgow]

Muito antes de o termo "interdisciplinaridade" ser cunhado, o desejo de conhecimento geral e debate aberto levou à fundação de sociedades como The Club (1764), criado por Samuel Johnson e Joshua Reynolds, que se reunia em uma taberna de Londres. O

---

[11] Gelz, *Tertulia: Literatur und Soziabilität im Spanien des 18. Und 19. Jahrhunderts*; Clark, The Research Seminar, em *Academic Charisma and the Origins of the Research University*, p.141-82.

historiador da música Charles Burney lembrou que "o desejo de Johnson era que nosso clube fosse composto pelas grandes mentes de todas as profissões liberais e literárias, para que não falássemos bobagens sobre qualquer assunto que pudesse surgir, mas que tivéssemos alguém a quem direcionar nossas dúvidas e discussões, por cuja ciência fôssemos iluminados".[12]

Clubes desse tipo proliferaram no século XIX. O Clube Noturno de Edimburgo, que se reunia duas vezes por semana de novembro a julho, foi descrito por um dos participantes, William Robertson Smith, como um "clube de conversação" que abarcava "todo um círculo de homens literários e científicos de Edimburgo ou cercanias, com o objetivo de ter um homem ao menos razoável em todos os assuntos concebíveis".[13] A prática pressupunha a especialização e, ao mesmo tempo, proporcionava uma resposta sociável a ela.

Na Universidade de Leipzig, um grupo conhecido como "o Círculo de Leipzig" se reunia depois do jantar para tomar café e conversar nas noites de sexta-feira no Café Hannes, por volta do ano 1900. Esse grupo contava com Wilhelm Wundt, Wilhelm Ostwald, Karl Lamprecht e Friedrich Ratzel, todos os quatro polímatas a seu próprio modo. Wundt era psicólogo e ficou mais conhecido por seu método experimental, mas também foi médico, fisiologista e filósofo, interessado na "psicologia dos povos" (*Völkerpsychologie*) e em uma síntese entre as humanidades e as ciências sociais.[14] Ostwald, professor de química, também se interessou por filosofia e publicou uma biografia de Auguste Comte. Assim como Wundt, Lamprecht se dedicou à psicologia coletiva e nela se baseou para escrever suas obras históricas, o que chocou seus colegas mais conservadores, mas

---

[12] Waingrow (org.), *The Correspondence and other Papers of James Boswell*, p.331.
[13] Maier, *William Robertson Smith*.
[14] Diamond, Wundt, Wilhelm, *DSB*, v.14, p.526-9, 1970, considera-o apenas como psicólogo experimental; para um contraste, ver Smith, Wilhelm Wundt: *Volkerpsychologie* and Experimental Psychology, em *Politics and the Sciences of Culture*, p.120-8.

inspirou os historiadores franceses das "mentalidades" no início do século XX.[15] Quanto a Ratzel, ele geralmente é classificado como geógrafo, mas sua curiosidade era muito mais ampla. Foi sua experiência como jornalista viajante que despertou seu interesse pela geografia. Uma vez professor da matéria, ele também se dedicou ativamente a áreas vizinhas, como a etnologia e a política.[16]

Em sua autobiografia, Ostwald conta ter encontrado Wundt "de tempos em tempos, em um pequeno círculo informal que, durante vários anos, reunia-se por uma hora ou mais, uma vez por semana, após o jantar, no café do teatro". Seria fascinante saber do que o grupo falava, descobrir, por exemplo, quanto de história Ratzel aprendeu com Lamprecht, ou quanto de psicologia Lamprecht aprendeu com Wundt. O livro *Energetische Grundlagen der Kulturwissenschaft* [Energia e os fundamentos da ciência da cultura], de Ostwald (1909), certamente traz as marcas de sua dívida intelectual para com Lamprecht.[17]

Em Heidelberg, o Círculo de Eranos, composto principalmente por estudiosos protestantes, discutia artigos que se concentravam na religião, encarando-a da perspectiva de várias disciplinas, da economia ao direito. Entre os membros do círculo se encontravam o teólogo Ernst Troeltsch, o historiador da arte Henry Thode, o filósofo Wilhelm Windelband e o polímata Max Weber. Foi nesse círculo que Weber apresentou suas famosas ideias sobre o que chamou de "ética protestante".[18]

Em Budapeste, o Círculo dos Domingos não durou muito (de 1915 a 1919), mas foi vigoroso enquanto durou. Entre seus mem-

---

[15] Chickering, *Karl Lamprecht: A German Academic Life (1856-1915)*.
[16] Steinmetzler, *Die Anthropogeographie Friedrich Ratzels und lhre Ideengeschichtlich Wurzeln*; Wanklyn, op. cit.
[17] Ostwald, *The Autobiography*, p.191-206; Smith, The Leipzig Circle, em *Politics and the Sciences of Culture in Germany, 1840-1920*, p.204-9.
[18] Treiber, Der Eranos: Das Glanzstück im Heidelberger Mythenkranz, em Schluchter; Graf (orgs.), *Asketischer Protestantismus und der "Geist" des modernen Kapitalismus*, p.75-153.

bros se encontravam o crítico György Lukács (que logo se tornou o líder do grupo), o historiador da arte Frederick Antal, o sociólogo Karl Mannheim e o químico Michael Polanyi (que já estava interessado em filosofia e economia). O círculo contava com "um número notavelmente expressivo de mulheres talentosas" (entre elas, a psicóloga Júlia Lang, que mais tarde se casou com Mannheim), as quais podiam participar "sem sentir a condescendência dos intelectuais homens para com as mulheres". Segundo um participante, "era sempre impossível encerrar as discussões", e pelo menos uma delas se estendeu até a manhã seguinte.[19]

Ainda mais conhecidos são dois grupos formados na década de 1920. O Círculo de Praga, composto por estudiosos tchecos e também por russos exilados (entre eles Roman Jakobson), reunia-se no Café Derby para debater problemas de linguagem, literatura, folclore e semiótica. Já o Círculo de Viena se reunia no Café Central nas noites de quinta-feira e era constituído principalmente por filósofos, entre eles Rudolf Carnap e Moritz Schlick, mas, como explicou uma de suas figuras principais, Otto Neurath, "nenhum dos membros seria um filósofo dito 'puro'; todos fizeram trabalhos em algum campo especial da ciência", como a matemática ou a física.[20] O Círculo de Viena não era o único grupo desse tipo estabelecido na cidade naquela época. A cultura dos cafés vienenses pode ter encorajado essa forma de sociabilidade intelectual.[21]

Os clubes interdisciplinares surgiram um pouco mais tarde no mundo de língua inglesa, com o Clube da História das Ideias na Universidade Johns Hopkins, o Círculo Pareto em Harvard, o

---

[19] Gluck, The Sunday Circle, em *Georg Lukacs and his Generation, 1900-1918*, p.13-42; Karadi; Vezer (orgs.), *Georg Lukács, Karl Mannheim und der Sonntagskreis*; Congdon, *Exile and Social Thought: Hungarian Intellectuals in Germany and Austria, 1919-1933*, p.10-1, 52 ss.
[20] Neurath; Cohen (orgs.), *Otto Neurath: Empiricism and Sociology*, p.304.
[21] Ashby; Gronberg; Shaw-Miller (orgs.), *The Viennese Café and Fin-de-Siècle Culture*.

Clube Ratio em Londres e um grupo sem nome, mas importante, na Universidade de Glasgow.

O Clube da História das Ideias foi fundado em 1923, depois de uma conversa no almoço entre os filósofos Arthur Lovejoy e George Boas com Gilbert Chinard, que ensinava literatura francesa, mas tinha muitos outros interesses. Seis reuniões por ano aconteciam às quintas-feiras em uma sala de seminários na Johns Hopkins, com leituras que duravam de 30 a 50 minutos, seguidas de discussão. A constituição do clube propunha a escolha de "tópicos de interesse comum a representantes de diversas especialidades" e falava da esperança de "uma proveitosa fertilização cruzada". Os oradores vinham de uma variedade de disciplinas, mas os membros principais do clube eram dos campos da filosofia, história e literatura.[22]

O Círculo Pareto (fundado em 1932) foi ideia do polímata Lawrence J. Henderson, que se interessava por sistemas biológicos e sociais e pela obra de Vilfredo Pareto como alternativa a Marx. Ele organizava um seminário em Harvard que "se reunia por algumas horas no final da tarde", principalmente para ouvir Henderson interpretando o *Trattato di sociologia generale*, de Pareto, e discuti-lo. O círculo contava com um antropólogo, um economista, um sociólogo, um historiador e um psicólogo (o polímata James G. Miller). De todos os grupos interdisciplinares discutidos aqui, este era o mais direcionado.[23]

O Clube Ratio, fundado em Londres no ano de 1949, foi descrito como "um centro da cibernética britânica". O grupo se reunia a cada dois meses no Hospital Nacional de Doenças Nervosas para beber cerveja, ouvir leituras de artigos e discutir aquilo que estava

---

[22] Stimson, The History of Ideas Club, em Boas et al., *Studies in Intellectual History*, p.174-96; Veit-Brause, The Interdisciplinarity of History of Concepts: A Bridge Between Disciplines, *History of Concepts Newsletter*, v.6, p.8-13, 2003.

[23] Heyl, The Harvard "Pareto Circle", *Journal of the History of the Behavioral Sciences*, v.4, p.316-34, 1968; Homans, *Coming to my Senses*, p.105.

começando a se conhecer por "cibernética". Contava com a presença de psicólogos, fisiologistas, matemáticos, físicos e engenheiros, entre eles os polímatas Alan Turing e W. Ross Ashby, um psiquiatra que também se dedicou à neurociência, à biofísica e à teoria geral dos sistemas. Para manter a atmosfera informal, o clube adotava a regra do "Nada de professores", a qual inevitavelmente levou à sua extinção em 1958, depois que seus membros foram promovidos.[24]

Quanto ao grupo de Glasgow, "cerca de uma dúzia" de acadêmicos passou a se reunir a cada poucas semanas nas casas dos membros a partir de 1954, para ouvir e discutir artigos apresentados por eles próprios. Os interesses do grupo se centravam em teologia, filosofia, literatura e psicologia. R. D. Laing provavelmente é o mais conhecido de seus membros.[25] Outro participante, o sociólogo romeno Zevedei Barbu, migrou para a Universidade de Sussex, onde fez parte de um grupo semelhante, que foi fundado na década de 1960 e se autodenominava Humanos (em homenagem a David Hume).[26]

Grupos semiformais como estes incentivam a livre expressão de diferentes pontos de vista e instruem seus membros, pois apresentam ideias que são novas para alguns deles. Seu sucesso ilustra o argumento de que, quando os problemas precisam ser resolvidos, ainda mais importante que a capacidade é a "diversidade cognitiva". Em outras palavras, dois ou três pontos de vista são melhores que

---

[24] Husbands; Holland, The Ratio Club, em Husbands; Holland; Wheeler (orgs.), *The Mechanical Mind in History*, p.91-148.
[25] Collins, Joseph Schorstein: R. D. Laing's "Rabbi", *History of Psychiatry*, v.19, p.185-201, esp. p.195-7, 2008.
[26] Além de Barbu, o grupo de Sussex contava com estudiosos da literatura (John Cruickshank, Cecil Jenkins, Gabriel Josipovici, Tony Nuttall), filósofos (Bernard Harrison, István Mészáros) e historiadores (Peter Hennock, John Rosselli e eu mesmo). Entre os textos discutidos estavam os Diálogos sobre a história natural da religião, de Hume, Eu e tu, de Martin Buber, alguns contos de Kafka, *Antropologia estrutural*, de Claude Lévi-Strauss, e o *Mahabharata*. Agradeço a Gabriel Josipovici por compartilhar suas memórias das reuniões.

um. Esses grupos interdisciplinares também exemplificam a teoria sociológica dos "círculos colaborativos".[27] São pequenos e compostos sobretudo por jovens de 20 a 30 e tantos anos que, aos poucos, formalizam suas reuniões, fixando horários e locais. Da formação à dissolução, os grupos tendem a durar cerca de dez anos. Essa vida curta talvez não seja uma característica ruim, uma vez que é difícil manter a espontaneidade e até a semiformalidade depois de uma década.

Unificação do conhecimento na teoria e na prática

Grupos como os discutidos podem ser encarados como uma forma de guerra de guerrilha contra o avanço da especialização e da fragmentação do conhecimento. Ilustram uma abordagem modesta do problema, discutindo temas específicos e envolvendo apenas um punhado de pessoas, mesmo que exista um tipo de "efeito multiplicador" quando cada um desses indivíduos conversa com outros. Uma abordagem mais ambiciosa ficou a cargo do movimento ou movimentos pela ciência unificada.

A ideia de unificação remonta a um longo caminho, pois, como vimos, a síntese de conhecimentos fragmentados já fazia parte do ideal pansófico de Comenius e seus seguidores.[28] No século XIX, Alexander von Humboldt via o conhecimento do cosmos como um todo orgânico, tal qual o próprio cosmos. Auguste Comte se interessou pelos princípios comuns das ciências. E Herbert Spencer acreditava em um sistema unificado de conhecimento baseado nas leis da evolução.

---

[27] Page, *The Difference*; Farrell, *Collaborative Circles*.
[28] Cat, The Unity of Science, em Zalta (org.), *The Stanford Encyclopedia of Philosophy*, primavera 2017, disponível em: <https://plato.stanford.edu/archives/spr2017/entries/scientific-unity>; Lowenthal, *Quest for the Unity of Knowledge*.

Um movimento organizado para unificar as disciplinas surgiu na década de 1930. Como vimos, o polímata austríaco Otto Neurath foi líder e organizador desse movimento, estendendo da esfera econômica para a intelectual seus interesses pelo planejamento central e pela ação coordenada.[29] O filósofo Rudolf Carnap testemunhou: "em nossa discussão no Círculo de Viena, principalmente sob a influência de Neurath, o princípio da unidade da ciência se tornou um dos maiores princípios de nossas concepções filosóficas gerais".[30] Ainda assim, era "curiosamente difícil dizer com precisão o que Neurath pensava que seria a unidade da ciência". Ele definiu um dos principais objetivos do movimento como "a promoção de todos os tipos de síntese científica", mas era cético quanto à sistematização, preferindo "a salientada incompletude da enciclopédia" à "ansiada completude *do* sistema".[31] Ele estava mais interessado em construir pontes que em estabelecer uma "teoria de tudo" unificadora.

Outras tentativas de unificar o conhecimento dependem do conceito de sistema. Na biologia, os polímatas Ludwig von Bertalanffy e Anatol Rapoport fundaram a Sociedade para o Avanço da Teoria Geral dos Sistemas (1954), hoje chamada Sociedade Internacional para as Ciências de Sistemas. Como vimos, Bertalanffy desenvolveu a ideia de um "sistema aberto", ao passo que Rapoport estava interessado naquilo que chamava de "interconexão fundamental de tudo com todo o resto".[32] Outro biólogo preocupado com a unidade

---

[29] Reisch, Planning Science: Otto Neurath and the "International Encyclopedia of Unified Science", *British Journal for the History of Science*, v.27, p.153-75, 1994; Cat; Cartwright; Chang, Otto Neurath: Politics and the Unity of Science, em Galison; Stump (orgs.), *The Disunity of Science*, p.347-69.

[30] Carnap citado por Neurath; Cohen, *Otto Neurath*, p.43; Neurath, Zur Theorie der Sozialwissenschaften, reimpr. em seu *Schriften*. Cf. Symons; Pombo; Torres (orgs.), *Otto Neurath and the Unity of Science*.

[31] Neurath, "Politics and the Unity of Science"; Creath, The Unity of Science: Carnap, Neurath and Beyond, em Galison; Stump, *The Disunity of Science*, p.158-69, esp. p.161.

[32] Citado por Hammond, *The Science of Synthesis*, p.157.

do conhecimento foi Edward O. Wilson, que se sentiu "capturado pelo sonho do saber unificado" quando tinha 18 anos. Wilson tomou de empréstimo o termo "consiliência", no sentido de "conexão", do polímata vitoriano William Whewell. Ele argumenta que "um sistema unido de conhecimento [...] enquadra as perguntas mais produtivas para futuras investigações".[33]

Pesquisa interdisciplinar nas universidades

Menos ambiciosos que as tentativas de unificar a ciência, vários projetos coletivos de pesquisa em campos que abrangem várias disciplinas foram formalmente estabelecidos nas universidades na primeira metade do século XX. Um dos primeiros e mais famosos exemplos é o Institut für Sozialforschung [Instituto de Pesquisa Social], estabelecido em Frankfurt no ano de 1923, berço da chamada Escola de Frankfurt de estudiosos marxistas.[34] A partir de 1930, o instituto foi dirigido por Max Horkheimer, cujo programa era substituir o que ele chamava de "especialização caótica" pela união de filosofia, economia, sociologia, história e psicanálise em um empreendimento comum.[35] Horkheimer juntou-se aos polímatas Leo Löwenthal (depois Lowenthal), mais conhecido por seus estudos sobre a sociologia da literatura, e Theodor Adorno, com quem escreveu *Dialética do Esclarecimento* (1944), que trazia um famoso relato da cultura popular como uma "indústria".[36] Outros dois polímatas, Walter Benjamin e Siegfried Kracauer (mais conhecido por

---

[33] Wilson, *Consilience: The Unity of Knowledge*, p.3, 8, 298.
[34] Jay, *The Dialectical Imagination: A History of the Frankfurt School and the Institute for Social Research 1923-1950*; Jeffries, *Grand Hotel Abyss: The Lives of the Frankfurt School*.
[35] Horkheimer, The Present State of Social Philosophy and the Tasks of an Institute for Social Research (1931), em *Between Philosophy and Social Science*, p.1-14, esp. p.9.
[36] Muller-Doohm, *Adorno: A Biography*.

sua contribuição aos estudos do cinema, mas um homem de muitos talentos), atuaram nas margens da Escola de Frankfurt.

Depois que Hitler ascendeu ao poder, o instituto migrou para a Suíça em 1933 e para os Estados Unidos em 1934. Foi nesse país que Adorno e vários colaboradores começaram a trabalhar em um grande estudo interdisciplinar, *A personalidade autoritária* (1949), examinando a formação desse tipo de personalidade sob diferentes pontos de vista: sociológico, político e psicológico. O instituto retornou a Frankfurt depois de 1945. Em sua segunda geração, foi dirigido por Jürgen Habermas, outro polímata que pode ser muito bem descrito como filósofo ou sociólogo e que também contribuiu para as disciplinas do direito e da história.[37]

Os projetos coletivos foram especialmente importantes nos Estados Unidos, onde fundações filantrópicas, universidades e, por fim, o governo incentivaram abordagens interdisciplinares às ciências naturais e sociais. Por exemplo, Beardsley Ruml, ex-psicólogo que dirigiu o programa da Fundação Rockefeller para as ciências sociais de 1922 a 1929, descreveu as divisões disciplinares entre "história, economia, sociologia, psicologia e assim por diante" como "estéreis", verdadeiros obstáculos ao "desenvolvimento da ciência social como um todo".[38] Warren Weaver, que foi diretor da Divisão de Ciências Naturais da Fundação Rockefeller de 1932 a 1955, incentivou a pesquisa nas fronteiras da biologia com a química. Na Fundação Ford, ao longo da década de 1950, Bernard Berelson amparou "áreas problemáticas" comuns a diferentes ciências sociais, por exemplo, "Valores e Crenças" ou "Mudança Social e Cultural".

Algumas das principais universidades americanas tentaram unir as ciências sociais em superdepartamentos. Em Yale, por exemplo, James Angell, psicólogo que assumiu a presidência da universidade em 1921 (e, antes dessa data, supervisionara a tese de Ruml na

---

[37] Muller-Doohm, *Habermas: A Biography*.
[38] Ruml, op. cit., p.99-111, esp. p.104.

Universidade de Chicago), fundou o Instituto de Relações Sociais em 1929. Esse instituto reuniu em um mesmo edifício indivíduos que trabalhavam nos campos da psicologia, medicina, neurologia, economia, direito, sociologia e ciência política, a fim de lançar um "ataque científico cooperativo" aos "problemas urgentes dos arranjos pessoais e sociais". Os seminários do instituto, nas noites de segunda-feira, tinham por objetivo produzir a integração.[39]

Na Universidade de Chicago, foi a chegada de Robert Hutchins, o novo e dinâmico presidente, com apenas 30 anos de idade no momento da nomeação, que levou à formação de um grupo de pesquisa interdisciplinar em ciências sociais. O grupo foi instalado no Edifício de Pesquisa em Ciência Social, inaugurado em 1929 com uma conferência interdisciplinar que recebeu representantes da medicina e neurologia, além de direito, economia, sociologia e antropologia. Em seu "Discurso de consagração", Hutchins deu ênfase ao que chamou de "pesquisa cooperativa" (a palavra "interdisciplinar" ainda não havia entrado em uso corrente).[40] Hutchins nomeou Ruml decano das ciências sociais em 1931, para ajudar no trabalho de integração.[41]

Vários comitês multidisciplinares se estabeleceram com o mesmo objetivo. A Comissão de Desenvolvimento Humano (1940) se dedicou a vincular as ciências naturais às sociais. O Comitê de Pensamento Social (1942) incentivou a integração também das ciências humanas. O Comitê de Ciências Comportamentais (1949) foi uma criação do físico Enrico Fermi e do psicólogo James G. Miller.

Depois de ajudar a projetar a bomba atômica durante a Segunda Guerra Mundial, Fermi se preocupou em compreender "por que os

---

[39] Spiro; Norton, Dean Milton C. Winternitz at Yale, *Perspectives in Biology and Medicine*, v.46, p.403-12, 2003; Dzuback, *Robert M. Hutchins: Portrait of an Educator*, p.43-66.
[40] Os trabalhos da conferência foram publicados em White (org.), *The New Social Science*.
[41] Dzuback, op. cit., p.111.

homens guerreiam e matam". Ele sugeriu a Miller que trabalhasse com colegas de outras disciplinas para integrar as ciências biológicas às sociais. Miller concordou e se tornou o diretor de um grupo que planejava a institucionalização do que ele diz ter sido o primeiro a chamar de "ciência do comportamento" (que, diferentemente da "ciência social", incluía a psicologia). O grupo recebeu o apoio do presidente Hutchins e se encaixou na tradição de Chicago, mas, depois de seis anos de discussão, entre 1949 e 1955, não conseguiu estabelecer um Instituto de Ciências Comportamentais.

Em Harvard, um Departamento de Relações Sociais foi criado em 1946, por iniciativa de um grupo de psicólogos e outros pesquisadores que queriam alcançar as outras disciplinas. O novo departamento foi dominado pelo sociólogo Talcott Parsons (um ex-membro do Círculo Pareto), que estabeleceu uma divisão de trabalho entre economistas, psicólogos, sociólogos e antropólogos (os quais ficaram a cargo da "cultura", deixando a "sociedade" para seus colegas da sociologia). O departamento, onde trabalhavam os polímatas Henry Murray e Barrington Moore, fez uma importante contribuição à teoria da modernização, dominante nas décadas de 1950 e 1960.[42]

Algumas dessas tentativas de cooperação entre disciplinas não duraram. O Grande Crash de 1929 reduziu os fundos para novos desenvolvimentos. Também houve oposição a esses projetos. No caso da "ciência comportamental" de Miller, a resistência de colegas que defendiam seus territórios ou se opunham aos métodos um tanto despóticos empregados pelo presidente Hutchins impossibilitou o passeio "na corda bamba" entre as ciências biológicas e as sociais.[43]

---

[42] Gilman, *Mandarins of the Future: Modernization Theory in Cold War America*, p.72-112; Isaac, *Working Knowledge: Making the Human Sciences from Parsons to Kuhn*, p.174-9.

[43] Dzuback, op. cit., p.214-5; Hammond, op. cit., p.143-96; Fontaine, Walking the Tightrope: The Committee on the Behavioral Sciences and Academic Cultures at the University of Chicago, 1949-1955, *Journal of the History of the Behavioral Sciences*, v.52, p.349-70, 2016.

Educação geral

Alguns diretores de universidades americanas vinham reclamando dos currículos superespecializados desde a década de 1890. Uma resposta a essa queixa foi o movimento pela "educação geral", o equivalente ao *Bildung* na Alemanha do século XIX.[44] Na Universidade Columbia, por exemplo, o presidente Nicholas Butler apoiou a ideia de uma educação para a cidadania e, em 1919, foi criado um curso sobre Civilização Contemporânea, obra conjunta de professores dos departamentos de história, economia, filosofia e governo.[45]

Na Grã-Bretanha, estabeleceu-se um curso de filosofia, política e economia (PPE, na sigla em inglês) em Oxford no ano de 1920. Além de ter atraído futuros polímatas como Kenneth Boulding, o PPE desempenhou um papel importante na formação da elite política britânica.[46] Na Escócia dessa época também houve uma reação contra a superespecialização, sob a forma de um incentivo para que estudantes de diferentes disciplinas estudassem filosofia. Até a década de 1960, "uma quantidade substancial de estudantes era exposta anualmente à filosofia".[47]

A tentativa mais conhecida de lidar com a necessidade de uma educação geral ocorreu na Universidade de Chicago, quando Robert Hutchins foi presidente, de 1929 a 1945. Hutchins fora professor de direito, mas tinha interesses mais amplos, que tempos depois

---

[44] Pascal, *Bildung* and the Division of Labour, *German Studies Presented to W. H. Bruford*, p.14-28.
[45] Allardyce, The Rise and Fall of the Western Civilization Course, *American Historical Review*, v.87, p.695-725, esp. p.703, 707, 1982.
[46] Beckett, PPE: The Oxford Degree that Runs Britain, *Guardian*, 23 fev. 2017, disponível em: <https://www.theguardian.com/.../2017/.../ppe-oxford-university-degree-that-rules-brita>, acesso em: 4 abr. 2018.
[47] Davie, *The Crisis of the Democratic Intellect: The Problem of Generalism and Specialisation in Twentieth-Century Scotland*, p.11-26, 46-7, 158.

o levaram à diretoria do conselho de editores da *Encyclopaedia Britannica*. Embora fosse o presidente de uma grande universidade de pesquisa e, como vimos, tentasse estabelecer uma ciência social unificada, Hutchins acreditava que se dava muita atenção à pesquisa e pouca ao ensino.

Segundo Hutchins, era necessária uma educação geral que desse ênfase àquilo que ele chamava de "estoque comum de ideais fundamentais", adquirido a partir do estudo dos clássicos da literatura e do pensamento, desde os gregos antigos, em um curso comum baseado nos "Grandes Livros". Hutchins ficou impressionado, quando não inspirado, pela denúncia do excesso de especialização feita pelo polímata Ortega y Gasset. Ele analisou o ensaio de Ortega sobre a missão da universidade e manifestou sua concordância com a crítica à especialização elaborada pelo autor.[48]

O curso dos Grandes Livros não durou muitos anos, mas a ideia de uma educação geral sobreviveu. Até hoje, os estudantes de graduação da Universidade de Chicago seguem um Currículo Fundamental comum, que ocupa cerca de um terço de seu tempo e abrange tópicos nas áreas de humanidades, ciências naturais e ciências sociais.[49] Dois polímatas que estudaram na Universidade de Chicago, Herbert Simon e George Steiner, testemunharam a importância dessa ampla experiência de aprendizado. Entre outros polímatas que estudaram na instituição se encontram Susan Sontag, Ralph Gerard, Anatol Rapoport e Thomas Sebeok.

Um esforço alternativo de promover a integração, pelo menos nas humanidades, foi a criação de um curso sobre a história da civilização ocidental, historicização de um curso anterior sobre a civili-

---

[48] Hutchins, *The Higher Learning in America*, p.60, 78, 81; análise sobre Ortega, id., *Annals of the American Academy of Political and Social Science*, v.239, p.217-20, 1945. Cf. Dzuback, op. cit., p.88-108, 101-24; Donoso, op. cit., p.12.
[49] Disponível em: <https://college.uchicago.edu/academics/college-core-curriculum>.

zação contemporânea em Columbia. Durante algum tempo, cursos sobre "Western Civ" floresceram nas principais universidades americanas, pondo ênfase no desenvolvimento da democracia ocidental e contribuindo para o que pode ser descrito como uma Guerra Fria das ideias.

O papel do governo

Desde a Segunda Guerra Mundial, o governo dos Estados Unidos apoiou a pesquisa interdisciplinar, especialmente nas ciências naturais. Durante a guerra, isto foi feito pelo Escritório de Pesquisa e Desenvolvimento Científico (1941), dirigido pelo engenheiro polímata Vannevar Bush. O projeto mais famoso foi a construção de uma bomba atômica em Los Alamos, envolvendo um processo de colaboração entre físicos, químicos e engenheiros. Seu sucesso ilustrou as vantagens de uma abordagem orientada a problemas, em vez de uma abordagem orientada pela disciplina.

Depois de 1945, graças à Guerra Fria, foram criadas novas instituições de pesquisa com dinheiro do governo dos Estados Unidos. Entre elas a National Aeronautics and Space Administration [Administração Nacional da Aeronáutica e do Espaço], a Nasa, fundada em 1958 como resposta ao lançamento soviético do Sputnik no ano anterior, e a Advanced Research Project Agency [Agência de Projetos de Pesquisa Avançada], a Arpa, vinculada ao Departamento de Defesa. Seu sistema de comunicação privada, a Arpanet, inspirou a internet pública, um exemplo impressionante da importância de consequências não intencionais na história da tecnologia.[50]

---

[50] Leslie, *The Cold War and American Science*; Moore, Transdisciplinary Efforts at Public Science Agencies, em Frodeman (org.), *The Oxford Handbook of Interdisciplinarity*, p.337-8.

Nas ciências sociais, o Center for International Studies [Centro de Estudos Internacionais] foi criado no MIT em 1952, com recursos da CIA. O centro abrigava economistas, cientistas políticos e sociólogos comprometidos com a teoria da modernização e também guerreiros intelectuais contra o comunismo.[51]

Estudos de área

Outro empreendimento conjunto de fundações e governo foi o programa interdisciplinar para os "Estudos de Área", lançado nos Estados Unidos logo depois da Segunda Guerra Mundial.

As guerras muitas vezes incentivaram seus participantes a se interessar por outras partes do mundo. Em Londres, a School of Slavonic Studies [Escola de Estudos Eslavônicos] foi fundada em 1915 e, um ano depois, a School of Oriental Studies [Escola de Estudos Orientais] (mais tarde a School of Oriental and African Studies [Escola de Estudos Orientais e Africanos], SOAS). Nos Estados Unidos, a ascensão dos estudos japoneses foi "alimentada pelo confronto com um inimigo de guerra". A antropóloga Ruth Benedict escreveu seu famoso livro *O crisântemo e a espada* (1946) sob encomenda da Divisão de Análise do Moral Estrangeiro do Gabinete de Informações sobre Guerra.[52]

Durante a Guerra Fria, William Langer, diretor-assistente da CIA, argumentou que o governo deveria apoiar os estudos de área, enquanto McGeorge Bundy, conselheiro de segurança nacional de

---

[51] Gilman, op. cit., p.155-202.
[52] Lambert, Blurring the Disciplinary Boundaries: Area Studies in the United States, em Easton; Schelling (orgs.), *Divided Knowledge*, p.171-94; Tansman, Japanese Studies: The Intangible Act of Translation, em Szanton (org.), *The Politics of Knowledge: Area Studies and the Disciplines*, p.184-216, esp. p.186.

dois presidentes e ele próprio presidente da Fundação Ford, expressou a esperança de que houvesse "um alto índice de interpenetração entre universidades com programas de área e as agências de coleta de informações do governo dos Estados Unidos".[53] Seguindo o princípio do "conheça seu inimigo", as fundações e o governo dos Estados Unidos investiram dinheiro em estudos russos. O mais conhecido dos frutos dessa política provavelmente é o Russian Research Center [Centro de Pesquisa Russa] (RRC) de Harvard, criado em 1948, financiado pela Carnegie Corporation e com "laços próximos, mas informais, com a CIA".[54] Seu primeiro diretor, o antropólogo Clyde Kluckhohn, descreveu a pesquisa como "de caráter interdisciplinar", dando ênfase à "antropologia, psicologia e sociologia", apesar de estudiosos de economia, história econômica e política também terem trabalhado nos projetos do centro.[55]

A partir do modelo do RRC, foram fundados Middle East Institutes [Institutos do Oriente Médio] em Washington no ano de 1946 e em Columbia e Harvard em 1954 – um professor de Harvard recebeu cem mil dólares para conduzir pesquisas secretas sobre a Arábia Saudita.[56] Estabeleceram-se centros de estudos sobre o Sudeste Asiático em Yale, Cornell e outros lugares durante a Guerra do Vietnã.[57] Depois que Fidel Castro assumiu o poder em Cuba, surgiu mais dinheiro para o estudo da América Latina. Como Eric Hobsbawm certa vez observou: "Devemos isto a Castro". O Institute for

---

[53] Winks, *Cloak and Gown: Scholars in America's Secret War*, p.81; Bundy citado por Diamond, *Compromised Campus: The Collaboration of Universities with the Intelligence Community*, 1945-1955, p.10.

[54] Engerman, *Know your Enemy: The Rise and Fall of America's Soviet Experts*, p.48.

[55] Kluckhohn, Russian Research at Harvard, *World Politics*, v.1, p.266-71, 1949.

[56] Mitchell, The Middle East in the Past and Future of Social Science, em Szanton, *The Politics of Knowledge: Area Studies and the Disciplines*, p.74-118.

[57] Anderson, *The Spectre of Comparisons: Nationalism, Southeast Asia and the World*, p.8-12.

Latin American Studies [Instituto de Estudos Latino-Americanos] da Columbia, por exemplo, foi fundado em 1962.

Parte das verbas das fundações americanas também se destinou a instituições acadêmicas de outros lugares, como o St. Antony's College de Oxford, o Osteuropa Institut (Instituto de Estudos da Europa Oriental) de Berlim e à École des Hautes Études de Paris, onde os estudos de área foram enxertados na tradição local das *aires culturelles*. As expectativas dos financiadores podem ser ilustradas a partir da relação entre os dirigentes da Fundação Rockefeller e o historiador Fernand Braudel, diretor do centro de pesquisa histórica da École. A fundação se prontificou a doar dinheiro para apoiar o estudo da história chinesa, mas se opôs à escolha de dois estudiosos escolhidos por Braudel: um porque era membro do Partido Comunista Francês e o outro porque trabalhava com século XII (concluiu-se que a pesquisa era remota demais para ser útil). Braudel se recusou a ceder e os dois estudiosos foram nomeados.[58]

No caso das humanidades e das ciências sociais, diferentemente das ciências naturais, os resultados dessas iniciativas foram decepcionantes, pelo menos no que diz respeito à interdisciplinaridade. Os centros de estudos de área forneceram informações e monografias publicadas, mas foram mais fracos em termos de síntese. O RRC de Harvard, por exemplo, logo "se dissolveu em várias disciplinas". De maneira mais geral, Herbert Simon criticou os programas de estudos de área porque "pareciam ter o objetivo de formar uma especialização disciplinar dentro da especialização de área: especialistas em economia russa, em governo chinês, em parentescos indonésios".[59] Ao que parece, o interesse mais geral por uma região ou "área" específica não desloca identidades disciplinares tão efetivamente quanto o foco em um problema prático.

---

[58] Mazon, *Aux Origines de l'EHESS: Le rôle du mécénat américain (1920-1960)*.
[59] Engerman, op. cit., p.70, 75, 255, 259; Simon, op. cit., p.173.

Novas universidades

As controvérsias em torno dos "Grandes Livros" e dos cursos de civilização ocidental, bem como a oposição às tentativas de unir as ciências sociais em Chicago, Harvard e Yale, sugerem, entre outras coisas, que muitas vezes é mais fácil fundar uma nova instituição que reformar uma antiga.[60] Pelo lado positivo, duas novas universidades do início do século XX incentivaram a cooperação interdisciplinar: Estrasburgo (discutida mais adiante neste capítulo) e Hamburgo.

Nos seus primórdios, a Universidade de Hamburgo, fundada em 1919, já abrigava o Institut für Auswärtige Politik [Instituto de Política Externa] e o Institut für Umweltsforschung [Instituto de Estudos do Meio Ambiente], de caráter interdisciplinar. A universidade também colaborou com a Kulturwissenschaftlicher Bibliothek [Biblioteca de Estudos Culturais], fundada pelo polímata Aby Warburg. Polímata ativo na universidade na década de 1920, o biólogo Jakob von Uexküll inspirou o trabalho de outro, o filósofo Ernst Cassirer, que trabalhou próximo a Warburg e sua biblioteca.[61]

Na segunda metade do século XX, a disseminação de abordagens interdisciplinares deveu muito à fundação de novas universidades.

Novas universidades, 1950-1975

1950 Universidade de North Staffordshire (Keele)
1961 Universidade de Sussex
1962 Universidade de Bochum
1966 Universidade de Constança

---

[60] Burke, *A Social History of Knowledge*, v.2: *From the Encyclopédie to Wikipedia*, p.239-43.
[61] Van Heusden, Jakob von Uexkull and Ernst Cassirer, *Semiotica*, v.134, p.275-92, 2001; Stjernfelt, Simple Animals and Complex Biology: The Double von Uexküll Inspiration in Cassirer's Philosophy, *Synthese*, v.179, p.169-86, 2009.

1967 Universidade La Trobe
1969 Universidade de Bielefeld
1970 Universidade de Linköping
1971 Universidade Griffith
1972 Universidade de Roskilde
1974 Universidade Deakin
1975 Universidade Murdoch

Como mostra a lista, a década de 1960 e o início da década de 1970 testemunharam a fundação de várias novas universidades na Grã-Bretanha, Alemanha, Escandinávia e Austrália, proporcionando alguma forma de educação geral juntamente com a formação em disciplinas específicas. Uma pioneira desse aspecto foi a Universidade de North Staffordshire, agora conhecida como Universidade Keele, fundada em 1950, onde o curso de graduação durava quatro anos (em vez dos três que são comuns na Inglaterra), começando com um "Ano de Fundamentos Gerais", que tentou preencher a lacuna entre as "duas culturas" nove anos antes de C.P. Snow formular o conceito. No segundo ano, os estudantes de artes eram obrigados a fazer um trabalho "subsidiário" nas ciências naturais e vice-versa.[62]

A Universidade de Sussex foi fundada em 1961 para "redesenhar o mapa do saber", como disse o historiador Asa Briggs, que ajudou a planejá-la.[63] Originalmente, não havia departamentos, apenas grandes "escolas de estudos". Os "Estudos Ingleses e Americanos" faziam referência aos cursos interdisciplinares em "Estudos Americanos" de universidades dos Estados Unidos. Os "Estudos Europeus" e os "Estudos Africanos e Asiáticos" seguiam o modelo dos estudos de área – sem a militância da Guerra Fria nem o dinheiro americano.

Em Sussex, os estudantes de graduação escolhiam uma disciplina "central" na qual se especializar, mas passavam boa parte do

---

[62] Gallie, *A New University: A. D. Lindsay and the Keele Experiment*.
[63] Daiches (org.), *The Idea of a New University: An Experiment at Sussex*, p.67.

tempo (metade em artes, um terço nas ciências) estudando outras matérias, conhecidas como "contextuais", que variavam de acordo com a escola. Nos Estudos Sociais, todos os estudantes faziam um trabalho contextual sobre a "Grã-Bretanha contemporânea", por exemplo, enquanto nos Estudos Europeus eles estudavam a "Mente moderna da Europa", tema abordado por meio de uma lista de leitura que trazia Marx, Dostoiévski, Nietzsche e Freud. No lado das Artes, os cursos introdutórios de filosofia e história eram obrigatórios, e nos primeiros anos eram comuns os seminários ministrados por dois professores (um de história e outro de literatura, por exemplo), com foco em tópicos interdisciplinares, como "Ciência, poesia e religião na Inglaterra do século XVII" ou "Literatura e sociedade na era de Luís XIV".[64] Posso testemunhar o valor desses seminários, até mesmo como uma maneira de formar os professores.[65]

A educação interdisciplinar se tornou uma tendência internacional nas décadas de 1960 e 1970 e continua muito viva em alguns lugares. A Universidade de Constança anuncia projetos de pesquisa interdisciplinares. A Universidade de Bielefeld declara sua missão interdisciplinar em seu *site*.[66] A Universidade de Roskilde afirma: "empregamos uma abordagem interdisciplinar porque nenhum problema importante será resolvido a partir de uma única disciplina acadêmica".[67] Três universidades australianas, Griffith, Deakin e Murdoch, ainda anunciam programas interdisciplinares. "Estudos Integrativos" ou "Estudos Integrados" são outros nomes para alguns centros, cursos e graduações nos Estados Unidos e em outros países.

---

[64] Para um vívido relato sobre esses seminários por um de seus principais integrantes, veja Lerner, *Wandering Professor*, p.146-57.

[65] Daiches, op. cit.; conhecimento pessoal (lecionei na Escola de Estudos Europeus de 1962 a 1978).

[66] Disponível em: <https://www.uni-bielefeld.de/(en)/Universitaet/Serviceangebot/.../leitbild.html>.

[67] Disponível em: <https://ruc.dk/en>.

A história desses empreendimentos apresenta tanto fracassos quanto sucessos e, ocasionalmente, a desilusão de antigos defensores da abordagem interdisciplinar. Na Universidade La Trobe, na Austrália, fundada na década de 1960, as escolas interdisciplinares foram substituídas por departamentos antes do final da década. Em 2003, depois de mais de quarenta anos de interdisciplinaridade, a Universidade de Sussex abandonou essa forma de organização e pelo menos alguns dos objetivos a ela associados. Na Alemanha, o filósofo Hans Blumenberg e o historiador Reinhart Koselleck começaram apoiando a interdisciplinaridade, mas Blumenberg se arrependeu de ter acreditado nela, e Koselleck ficou desiludido com a prática tal como a experimentara na Universidade de Bielefeld.[68]

Por outro lado, um número crescente de cursos interdisciplinares se estabeleceu nas universidades mais tradicionais. A partir da década de 1960, os cursos de civilização ocidental foram cada vez mais criticados por sua ênfase nos brancos europeus e, aos poucos, acabaram abandonados.[69] Esses cursos deram lugar a programas para o estudo de grupos que até então haviam sido negligenciados pelo mundo acadêmico: negros, mulheres e latinos.

Estabeleceram-se programas em Estudos Afro-Americanos nas principais universidades dos Estados Unidos, algumas vezes, como no caso de Cornell, em consequência da ação direta dos estudantes.[70] Os Estudos das Mulheres se desenvolveram com o movimento feminista da década de 1970, logo seguido pelos Estudos de Gêne-

---

[68] Vowinckel, "Ich fürchte mich vor den Organisationslustigen": Ein Dialog zwischen Hans Blumenberg und Reinhart Koselleck, *Merkur*, v.68, n.6, p.546-50, 2014.
[69] Cheyette, Beyond Western Civilization, *The History Teacher*, v.10, p.533-8, 1977; Allardyce, op. cit., p.720-4.
[70] Gordon; Gordon (orgs.), *A Companion to African-American Studies*.

ro. A ascensão dos Chicano Studies, mais tarde rebatizados como Latino ou Latin/o Studies, foi mais gradual, às vezes a partir ou em conjunto com os Latin American Studies. Como no caso dos estudos de área, a política impulsionou a interdisciplinaridade, mas, dessa vez, era uma política que vinha de baixo.

Outros programas interdisciplinares punham o foco em determinado período, como Estudos Medievais, Renascentistas e Vitorianos (os Estudos Clássicos, antes conhecidos na Alemanha como *Altertumswissenschaft*, remontam ao início do século XIX). O cardápio se expandiu para abranger Estudos em Administração, Estudos Cognitivos, Estudos Culturais, Estudos do Desenvolvimento, Estudos de Mídia, Estudos da Memória, Estudos Pós-Coloniais, Estudos Religiosos, Estudos Científicos, Estudos Urbanos e Estudos Visuais.

Muitos desses programas se concentram em tópicos que não se encaixam facilmente em uma única disciplina. Alguns ilustram a passagem para uma visão mais ampla sobre determinada disciplina, como a transição da teologia para os Estudos Religiosos ou da história da "arte" para o Estudo da Cultura Visual. Outros representam combinações: os Estudos Cognitivos unem a psicologia à linguística e à ciência da computação, por exemplo, enquanto os Estudos Renascentista agregam arte, história e literatura. Os Estudos da Memória constroem uma ponte entre as duas culturas, reunindo psicólogos experimentais, cientistas cognitivos e historiadores.

Os Estudos Culturais, pelo menos na Grã-Bretanha, combinaram literatura e sociologia com história (especialmente a história britânica a partir do século XIX), notadamente no Centro de Estudos Culturais Contemporâneos da Universidade de Birmingham (1964), dirigido de 1972 a 1979 pelo teórico cultural Stuart Hall.[71] Como no caso dos Estudos Americanos nos Estados Unidos, o mo-

---

[71] O centro se tornou o núcleo de um Departamento de Estudos Culturais, fechado abruptamente em 2002.

vimento dos Estudos Culturais surgiu de uma certa insatisfação com a maneira como a literatura era ensinada, dando ênfase aos "Grandes Livros", muitas vezes descritos como "o cânone", mas deixando de prestar atenção ao contexto social da literatura, à cultura popular, às escritoras ou a autores de minorias.[72]

São os Estudos Urbanos que provavelmente detêm o recorde da quantidade de disciplinas envolvidas em seus programas nas diferentes universidades – antropologia, arqueologia, arquitetura, economia, geografia, história, literatura, política e sociologia –, unidas pela preocupação com os grandes problemas urbanos, como a pobreza e a violência. Este é um campo que há muito tempo atrai polímatas, de Georg Simmel e seu aluno Robert Park a Patrick Geddes, seu discípulo Lewis Mumford e Richard Sennett, um polímata cujos livros podem ser igualmente classificados como contribuições para o estudo da arquitetura, da sociologia, da história ou da filosofia.

Periódicos e institutos

Como vimos, o surgimento de disciplinas acadêmicas específicas nos séculos XIX e XX foi impulsionado pela criação de periódicos especializados. De maneira semelhante ocorreu o movimento pela interdisciplinaridade. Dois exemplos bem conhecidos de tais periódicos foram fundados em meados do século XX: *Diogenes* (em 1953, pelo polímata francês Roger Caillois) e *Daedalus* (1955). Entre outros periódicos de alcance similar se encontram dois que começaram a ser publicados em 1974: *Internationales Jahrbuch für interdisziplinäre Forschung* [Anuário Internacional para Pesquisa Interdisciplinar] e

---

[72] Miller (org.), *A Companion to Cultural Studies*. Abordagens um tanto diferentes são empregadas na *Kulturwissenschaft* alemã. Veja Appelsmeyer; Billmann-Mahecha (orgs.), *Kulturwissenschaft*.

Critical Inquiry. Um exemplo mais recente é o *Common Knowledge* (1992).

As várias formas de "estudos" geraram seus próprios periódicos em paralelo com os disciplinares, entre eles *Urban Studies* (1964), *Signs: Journal of Women in Culture and Society* (1975), *Cultural Studies* (1984), e *Memory Studies* (2008). Diferentemente dos periódicos do século XIX, como a *Edinburgh Review*, que, como vimos no Capítulo 5, atraía o leitor letrado em geral, os periódicos que acabamos de mencionar têm como alvo a comunidade acadêmica.

A conversa ou colaboração entre diferentes disciplinas foi e ainda é uma marca registrada dos institutos de pesquisa que geralmente empregam em seu nome a expressão "Estudos Avançados", seguindo o modelo do Institute of Advanced Studies de Princeton (1931). Entre os primeiros membros do instituto estavam Albert Einstein, o polímata John von Neumann e o historiador de arte Erwin Panofsky. Outro modelo para os institutos posteriores foi o Center for Advanced Studies in the Behavioral Sciences [Centro de Estudos Avançados em Ciências do Comportamento] de Palo Alto, na Califórnia, fundado em 1954 e financiado pela Fundação Ford. A conselho do polímata Herbert Simon, planejou-se o centro como um local distante das hierarquias acadêmicas e focado em pesquisa e escrita. Como vimos, o centro reuniu um grupo diversificado de indivíduos talentosos que descobriram seu interesse comum pela teoria geral dos sistemas.

A exemplo das novas universidades, esses institutos de pesquisa proliferaram a partir da década de 1960.

Alguns institutos de Estudos Avançados, 1923-2008

1923 Institut für Sozialforschung [Instituto de Pesquisa Social], Frankfurt
1931 Institute for Advanced Studies [Instituto de Estudos Avançados], Princeton

A era da interdisciplinaridade

1954 Centre for Advanced Study in the Behavioral Sciences [Centro de Estudos Avançados em Ciências do Comportamento], Palo Alto

1962 Maison des Sciences de l'Homme [Casa das Ciências do Homem], Paris

1963 Institut für Höhere Studien [Instituto de Altos Estudos], Viena

1968 Zentrum für interdisziplinäre Forschung [Centro de Pesquisa Interdisciplinar], Bielefeld

1969 Institute for Advanced Studies in the Humanities [Instituto de Estudos Avançados em Humanidades], Edimburgo

1970 Netherlands Institute for Advanced Studies [Instituto de Estudos Avançados dos Países Baixos], Wassenaar

1970-1981 Max Planck Institut [Instituto Max Planck], Starnberg

1972 Humanities Research Centre [Centro de Estudos de Humanidades], Camberra

1980 Wissenschaftskolleg [Instituto de Ciências], Berlim

1985 Swedish Collegium for Advanced Studies [Colégio Sueco de Estudos Avançados], Uppsala

1986 Instituto de Estudos Avançados, São Paulo

1987 Rice University Humanities Research Centre [Centro de Pesquisas em Humanidades da Universidade Rice], Houston

1992–2011 Collegium Budapest

1992 Senter for Grunnforskning [Centro de Estudos Avançados], Oslo

1994 School of Advanced Study [Escola de Estudos Avançados], Londres

1998 Max-Weber-Kolleg [Instituto Max-Weber], Erfurt

2006 Institute for Advanced Studies [Instituto de Estudos Avançados], Durham

2007 Institute for Advanced Studies [Instituto de Estudos Avançados], Constança

2007 Institut d'études avancées [Instituto de Estudos Avançados], Paris
2008 Institute for Advanced Studies [Instituto de Estudos Avançados], Freiburg

Alguns desses institutos, como o de Viena, fundado já em 1963, estão confinados às ciências sociais, segundo o modelo de Palo Alto. Outros se limitam às humanidades, como em Edimburgo ou Camberra, enquanto outros ainda estão abertos a estudiosos que trabalham em qualquer disciplina. Alguns dão ênfase particular à interdisciplinaridade, como a Casa das Ciências do Homem em Paris ou o Centro de Pesquisa Interdisciplinar de Bielefeld (o ZiF).[73]

Alguns desses institutos, como Princeton, acolhem acadêmicos que vêm com seus próprios projetos. Outros incentivam projetos coletivos, às vezes concentrados em uma gama específica de problemas. O ZiF, por exemplo, põe o foco em um tema diferente a cada ano. O Instituto Max Planck de Starnberg, na Baviera, dirigido pelos polímatas Carl von Weizsäcker e Jürgen Habermas, estuda as "condições de vida no mundo técnico e científico", ao passo que outro Instituto Max Planck, em Göttingen, concentra-se em sociedades multiculturais.

Independentemente de terem ou não se comprometido explicitamente com a interdisciplinaridade, esses institutos facilitaram diálogos entre acadêmicos de diferentes disciplinas, às vezes de maneira formal, em seminários nos quais se apresentam trabalhos para a discussão geral ou, com mais frequência, de maneira informal, entre uma e outra xícara de café nos intervalos das sessões de leitura ou escrita.

---

[73] Kocka, Realität und Ideologie der Interdisziplinarität: Erfahrung am ZiF Bielefeld, em *Einheit der Wissenschaften*, p.127-44; Lepenies, Interdisciplinaritat und Institutes for Advanced Study, em ibid., p.145-61.

História interdisciplinar

Para apresentar um estudo de caso das tentativas de estudiosos de determinada disciplina aprenderem com seus vizinhos, esta seção se concentra na história. Um primeiro exemplo é o de Karl Lamprecht, mencionado anteriormente, cuja história cultural se inspirou na psicologia coletiva de seu amigo Wilhelm Wundt. A obra de Lamprecht foi bastante lida pelo público em geral, mas rejeitada pela maioria de seus colegas, com importantes exceções, como o historiador holandês Johan Huizinga.

Huizinga certamente se qualifica como polímata. Iniciou a carreira acadêmica como filólogo, escrevendo uma dissertação sobre as maneiras pelas quais as percepções da luz e do som eram expressas nas línguas indo-germânicas. Já na tese de doutorado, ele se voltou para a literatura e estudou a figura do bobo da corte no antigo drama sânscrito. Quando enfim se tornou historiador, Huizinga "nunca se especializou em determinado campo, período, país ou assunto".[74] Sua obra-prima, *O outono da Idade Média* (1919), deve bastante à sua vasta leitura, da antropologia social ao estudo do budismo. Huizinga também trabalhou como crítico literário, crítico cultural e teórico, famoso por sua análise do elemento lúdico na cultura, *Homo Ludens* (1938).

Nos anos 1930, os historiadores da economia já podiam recorrer à teoria econômica sem perder a respeitabilidade profissional. Entre eles estavam Earl Hamilton, que estudou a "revolução dos preços" na Espanha do século XVI, e Eli Heckscher, que investigou a teoria e a prática do mercantilismo. A nova disciplina da sociologia também atraiu alguns historiadores da época, entre eles Marc Bloch, que aprendeu com o trabalho de Durkheim, Otto Hintze, que se

---

[74] Huizinga, My Path to History (1943), em *Dutch Civilization in the 17th Century and other Essays*, p.244-75, esp. p.273-4.

inspirou nas teorias de Max Weber, e Lewis Namier, que se valeu das ideias de Vilfredo Pareto.

Namier também se interessou por Freud. Mas foi só na segunda metade do século XX que os grandes historiadores profissionais começaram a fazer uso explícito das ideias da psicanálise, como no caso de *Freud para historiadores*, de Peter Gay (1985). O longo envolvimento de Gay com a obra de Freud passou por uma formação profissional no Instituto de Psicanálise Western New England.

A partir da década de 1960, vários historiadores da sociedade e da cultura ficaram fascinados pela antropologia social e cultural, entre eles Jacques Le Goff, na França, Keith Thomas, na Grã-Bretanha, e Carlo Ginzburg, na Itália. A exemplo de Huizinga, pode-se definir Ginzburg como um polímata. Ele ganhou reputação nos anos 1970 por seus estudos sobre a religião e a cultura popular do século XVI, mas desde então publica livros sobre história da arte e literatura, além de coletâneas de ensaios sobre questões variadas.

As instituições algumas vezes apoiaram o envolvimento com outras disciplinas. O *Journal of Interdisciplinary History* foi fundado em 1970 por dois historiadores americanos interessados no que os historiadores poderiam aprender com toda uma gama de outras disciplinas. Na Grã-Bretanha, Asa Briggs, cujos livros se baseavam em economia e sociologia, foi um dos fundadores da Universidade de Sussex.

Na França, a chamada Escola dos Annales foi e continua sendo um grupo de historiadores comprometidos a aprender com seus vizinhos. A escola, ou melhor, o movimento, começou quando Lucien Febvre conheceu Marc Bloch na Universidade de Estrasburgo depois da Primeira Guerra Mundial. Estrasburgo era efetivamente uma universidade nova, uma vez que a cidade se tornara parte da França em 1919. Nos primeiros anos, um seminário aos sábados atraiu vários professores de humanidades e ciências sociais.

O próprio Febvre pode ser descrito como um polímata: editou uma enciclopédia, escreveu sobre geografia e linguística e se inspirou em psicólogos e antropólogos para conduzir sua investigação sobre as mentalidades do século XVI. O lançamento editorial da revista *Annales* (1929) significou uma declaração de guerra à divisão entre história e ciências sociais, sob a afirmativa de que "os muros são tão altos que muitas vezes impedem a visão". O comitê editorial contava com um geógrafo, um economista, um sociólogo e um cientista político.[75]

A segunda geração do grupo foi liderada por Fernand Braudel, que se sentia em casa na geografia, na economia e na sociologia e, às vezes, recorria também a outras disciplinas, em busca daquilo que chamava de "história total", que abarcava todo tipo de atividade humana. Como ele escreveu certa vez: "tentar casar a história com a geografia ou a história com a economia [...] é uma perda de tempo. É necessário fazer tudo de uma vez. É necessário recriar problemas totalizantes [*recréer des problématiques totalisantes*]".[76]

Na segunda década do século XXI estão surgindo novos parceiros para os historiadores. A história ambiental, por exemplo, uma nova subdisciplina que atrai cada vez mais interesse em uma era de crise climática, requer algum conhecimento de geologia, botânica, climatologia e outras disciplinas das ciências naturais. Os historiadores da "coevolução" de humanos com outros animais estudam biologia, e alguns historiadores das emoções descobriram a neurociência.[77]

Poucos historiadores são capazes de emular Braudel e "fazer tudo de uma vez". O principal resultado de todos esses esforços descritos foi o estabelecimento de disciplinas que são efetivamente híbridas, como a antropologia histórica, a sociologia histórica ou a biohistória.

---

[75] Schottler, Die frühen *Annales* als interdisziplinäre Projekt, em Middell (org.), *Frankreich und Deutschland im Vergleich*, p.112-86; Burke, *The French Historical Revolution: The Annales School*, 1929-2014.

[76] Citado por Daix, *Braudel*. Tradução minha.

[77] Russell, Coevolutionary History, *American Historical Review*, v.119, p.1, 514-28, 2014.

Ambição *versus* modéstia

No início deste capítulo, fiz uma distinção entre abordagens modestas e ambiciosas da interdisciplinaridade. As ambiciosas, do movimento pela ciência unificada às discussões mais recentes sobre a pós-disciplinaridade, não produziram resultados duradouros, e alguns de seus experimentos educacionais foram abandonados, como na Universidade de La Trobe e na Universidade de Sussex. As abordagens mais modestas, por outro lado, tiveram um certo grau de sucesso, como no caso do grupo dos Annales discutido na seção anterior, ou de equipes focadas em problemas ou tópicos específicos, como medo e confiança, e não na interdisciplinaridade de maneira geral.[78]

Nos dias de hoje, nos níveis institucional e individual, a situação é tão variada que pode parecer confusa. Poderíamos dizer que vivemos em uma era de coexistência entre disciplinas e interdisciplinaridade ou, mais precisamente, naquilo que os espanhóis chamam de *convivencia*, pondo ênfase na interação e não na simples existência. Os departamentos acadêmicos – mais bem descritos como compartimentos – não murcharam, mas ao seu lado se plantaram muitos centros interdisciplinares em câmpus dos Estados Unidos e de outros países.[79]

No nível individual, já não surgem desconfianças quando os historiadores se valem, por exemplo, de Weber, Freud ou Foucault para escrever sobre o mundo antigo ou a Europa medieval ou no início da Europa moderna. Áreas como a bio-história, a biopolítica e a biossociologia trazem perspectivas de mais trocas entre as notórias "duas culturas". O empreendimento interdisciplinar continua. E, de fato, é mais necessário que nunca em nossa era digital, momento de uma terceira crise, discutida na coda a seguir.

---

[78] Plamper; Lazier (orgs.), *Fear across the Disciplines*; Gambetta (org.), *Trust: Making and Breaking Cooperative Relations*.
[79] Para um guia sobre a situação atual, veja Frodeman, op. cit., e Graff, op. cit.

Coda
Rumo a uma terceira crise

Chegamos finalmente à era digital, cujo começo geralmente se estabelece em 1990, com a World Wide Web. Alguns escritores falam de uma "revolução digital". Outros, de uma "sociedade dos mecanismos de pesquisa" (o Internet Explorer foi lançado em 1995; Firefox e Yahoo, em 2004; Google Chrome em 2008; e Bing em 2009).[1] A história das enciclopédias nos diz algo sobre as mudanças recentes na história do conhecimento. Os 1.507 indivíduos que contribuíram com artigos para a edição de 1911 da *Encyclopaedia Britannica* ou mesmo os 4 mil que contribuíram para a 15ª edição se tornaram muito poucos diante do número de contribuidores da Wikipedia (quase 34 milhões em 2018).[2] A tradição da "ciência cidadã", baseada nas contribuições de amadores, expandiu-se para o que talvez se possa chamar de "conhecimento cidadão".

Muito conhecimento agora está mais acessível, mas nem todas as mudanças recentes foram para melhor. Talvez estejamos atravessando uma terceira crise de conhecimento. Sem dúvida, vivemos um período de rápidas transformações, turbulência e ansiedade. Para

---

[1] Halavais, *Search Engine Society*.
[2] Disponível em: <https://en.wikipedia.org/wiki/Wikipedia:Wikipedians>.

uma geração mais velha, pelo menos, um motivo de ansiedade é o declínio gradual e, por vezes, a acelerada destruição dos livros impressos, substituídos por *e-books*. Na Holanda, por exemplo, várias bibliotecas universitárias vêm devolvendo seus livros ou jogando-os fora. "A ideia é que uma única cópia em papel de cada livro seja suficiente para todo o país." O debate sobre essa política faz parte, é claro, de uma discussão mais ampla sobre o futuro do livro.[3]

Subjacente à competição entre dois tipos de livro está a disputa entre dois estilos de leitura, discutidos com bastante perspicácia em dois estudos relativamente recentes. *Proust and the Squid* [Proust e a lula], de Maryanne Wolf (2007), utiliza a neurociência para contar "a história do cérebro que lê". A autora nos convida a admirar a plasticidade do cérebro, a maneira como ele reciclou os circuitos de neurônios para fazer uso dos diferentes sistemas de escrita inventados nos últimos milhares de anos. Wolf também faz soar um alarme por causa do surgimento de uma nova forma de reciclagem de neurônios, a qual incentiva a varredura rápida de informações em detrimento de uma leitura mais lenta. Ela alerta seus leitores – enquanto ainda existem leitores – quanto ao perigo de nos tornarmos "uma sociedade de decodificadores de informações", sem tempo para os pensamentos necessários para transformar informação em conhecimento.[4]

A geração superficial: o que a internet está fazendo com os nossos cérebros (2011), de Nicholas Carr, também se baseia na neurociência, com foco nas mudanças na "maneira como pensamos, lemos e lembramos" na era da internet. O livro é ainda mais persuasivo, porque o autor não é inimigo da internet, mas um entusiasta – ou, pelo menos, um ex-entusiasta que descreve sua "desconfortável sensação de que alguém, ou alguma coisa, está mexendo no meu cérebro", impedindo que ele se concentre em uma narrativa ou no argumento de

---

[3] Dekker, *The Road to Ruin: Dutch Universities, Past, Present and Future*, p.144; Phillips, Does the Book Have a Future?, em Eliot; Rose (orgs.), *A Companion to the History of the Book*, p.547-59.

[4] Wolf, *Proust and the Squid: The Story and Science of the Reading Brain*, p.226.

um livro ou mesmo um artigo mais longo.[5] A plasticidade do cérebro que possibilitou a leitura agora está, cada vez mais, dificultando-a.

Em suma, esses dois autores veem a internet como um problema. É um dos muitos exemplos na história da maneira pela qual, mais cedo ou mais tarde, a solução para um problema gera seus próprios problemas. Nesse caso, o problema que a internet parecia resolver era o da sobrecarga ou "inundação", uma crise que ficou bastante séria pela terceira vez, tanto no nível individual quanto no da sociedade em geral. Para os indivíduos, as novas mídias de comunicação produziram uma abundância excessiva de mensagens. Para a sociedade, o volume das novas informações e a velocidade com que chegam não permitem seu "cozimento", ou seja, sua transformação em conhecimento.

Não é de se admirar, portanto, que a expressão "ansiedade da informação" seja ouvida com tanta frequência.[6] Há um excesso de livros até mesmo sobre o excesso de informações, também conhecido como "inundação", "dilúvio" ou "tsunami".[7]

Como tantas vezes acontece, a revolução foi precedida por uma mudança mais gradual, uma corrida para o salto em altura. Uma vez mais, o surgimento de novas palavras oferece pistas sobre as percepções dessa mudança. A expressão "explosão de informação" foi usada pela primeira vez em língua inglesa no ano de 1964, de acordo com o *Oxford English Dictionary*. Já em 1970, o jornalista americano Alvin Toffler cunhou a agora onipresente expressão "sobrecarga de informação".[8]

---

[5] Carr, *The Shallows: How the Internet Is Changing the Way We Think, Read and Remember*.
[6] Wurman, *Information Anxiety*.
[7] Wright, *Glut: Mastering Information Through the Ages*. Cf. Shenk, *Data Smog: Surviving the Information Glut*.
[8] Toffler, *Future Shock*, p.11-2, 317-23. Cf. Van Winkle, Information Overload, disponível em: <www.gdrc.org/icts/i-overload/infoload.html>, acesso em: 19 jul. 2012.

Algumas estatísticas confirmam esse sentimento de mudança. Ocorreu um forte aumento no número de livros publicados na segunda metade do século XX: de 332 mil títulos em 1960 para 842 mil em 1990.[9] O século XXI testemunhou uma escalada ainda mais rápida dos dados digitais. Estima-se que 150 exabytes de dados digitais foram produzidos em 2005. Em 2010 já se imaginava que fossem gerados cerca de 1.200 exabytes.[10] Desde então, esse valor parece pequeno e os cálculos agora são expressos em zettabytes (1.000 exabytes = 1 zettabyte). "A quantidade total de dados no mundo foi de 4,4 zettabytes em 2013. A previsão é de que suba vertiginosamente para 44 zettabytes até 2020".[11]

Obviamente, houve avanços no manuseio do "Big Data". No dia a dia, encontrar informações sobre vários tópicos ficou mais fácil e rápido que nunca, graças a uma variedade de mecanismos de pesquisa. Empresas, governos e estudiosos, todos se beneficiaram dessa revolução digital.[12] Mas há também uma desvantagem. Por exemplo, o motivo pelo qual o ataque do 11 de Setembro não foi detectado com antecedência, apesar dos alertas dos serviços de segurança, foi que os avisos se perderam no "dilúvio" de dados. Como Condoleeza Rice disse, havia "muito ruído no sistema".[13]

O problema do viés nos mecanismos de busca, seja para aumentar as vendas de determinados produtos ou apoiar agendas políticas (inclusive racistas), tem sido objeto de muita discussão. Há muito tempo estamos familiarizados com o "Estado de vigilância", mas

---

[9] Relatório de estatísticas anuais da Unesco, citado em Gibbons et al., *The New Production of Knowledge*, p.94.
[10] Data Deluge, *The Economist*, 25 fev. 2010. Um exabyte equivale a um bilhão de gigabytes ou um quintilhão de bytes.
[11] Khoso, How Much Data Is Produced Every Day?, *Northeastern University*, 13 maio 2016, disponível em: <https://www.northeastern.edu/graduate/blog/how-much-data-produced-every-day/>.
[12] Guldi; Armitage, *The History Manifesto*.
[13] Citado por Jones, *The FBI*: A History, p.232.

agora precisamos nos acostumar com o "capitalismo de vigilância", a ideia de que, quando pesquisamos no Google, é o Google que está nos pesquisando.[14] Entre os desafios apresentados pelo que se conhece por "Big Data" estão o armazenamento, a análise, a verificação e as invasões de privacidade.[15]

A turbulência que estamos enfrentando dificulta o discernimento das consequências a longo prazo da transição dos livros e jornais impressos para as informações *on-line*. Wolf e Carr não são os únicos a temer que a leitura lenta, atenta, contínua e linear [*close reading*] seja perdida, substituída pela verificação rápida. Houve um tempo em que se ofereciam cursos de leitura rápida a alunos que estavam acostumados a ler um texto do começo ao fim. Hoje estão se fazendo necessários cursos de leitura lenta. Os otimistas se confortam com o fato de que folhear livros é uma habilidade que há muito tempo coexiste com a capacidade de lê-los com cuidado.

A turbulência também obscurece nossa visão das mudanças na estrutura do conhecimento. Já se sugeriu que estamos entrando na era "pós-disciplinar".[16] Como seria essa era? As divisões entre as formas de conhecimento certamente persistiriam, porque é impossível aprender tudo de uma vez e porque métodos diferentes são necessários para atacar problemas diferentes. De qualquer maneira, a especialização segue sua marcha incansável. Os diferentes ramos da árvore do conhecimento estão sempre produzindo novos galhos.

O que hoje está muito visível é a ameaça aos nichos tradicionais dos polímatas. Como vimos, houve um tempo em que estudiosos

---

[14] How Google's Search Algorithm Spreads False Information with a Rightwing Bias, *Guardian*, 12 dez. 2016, disponível em: <https://www.theguardian.com>, acesso em: 18 jul. 2017. Sobre o viés na web de maneira geral, veja Halavais, op. cit., p.55-60, 64-5. Cf. Zubov, *The Age of Surveillance Capitalism*.

[15] Wikipedia, Big Data, acesso em: 18 jul. 2017.

[16] "Tourism in a Post-Disciplinary Era" foi o tema de uma conferência na Universidade de Neuchâtel em 2013.

de grande porte, como Leibniz, eram bibliotecários. Mas hoje se espera que os bibliotecários sejam gestores. Os museus seguiram na mesma direção que as bibliotecas: da era do erudito para a era do gerente. As universidades agora também estão menos receptivas aos polímatas. As cargas horárias de aula mais pesadas e a proliferação das reuniões vêm reduzindo o tempo disponível para pensar e pesquisar. Às vezes fico me perguntando como um vice-reitor responderia hoje a um professor de química que anunciasse (como Michael Polanyi o fez na Universidade de Manchester em 1948) que gostaria de lecionar filosofia.

De maneira similar, os periódicos culturais, que passaram a oferecer oportunidades aos membros da espécie a partir do final do século XVII, hoje estão enfrentando vendas cada vez menores. Talvez sobrevivam nas versões *on-line*, mas essa saída é menos satisfatória para esses periódicos do que para os jornais, porque seus artigos são mais extensos. Não é surpresa descobrir que, há algumas décadas, vários jornalistas *freelancers* ilustres vêm procurando abrigo nas universidades. O polímata Perry Anderson, editor da *New Left Review*, tornou-se professor da New School for Social Research na década de 1980. Timothy Garton Ash, ex-editor do *The Spectator*, ingressou no St Antony's College de Oxford em 1989. O ex-escritor *freelancer* Ian Buruma entrou para o Bard College em 2003.

Apesar desses problemas, alguns estudiosos multifacetados sobrevivem. Entre os polímatas vivos se encontram três indivíduos controversos, mencionados anteriormente: George Steiner, Peter Sloterdijk e Slavoj Žižek. Um pouco menos controverso, o francês Bruno Latour foi descrito como "um escritor prolífico em uma incrível variedade de tópicos", sem respeito pelas fronteiras disciplinares. Ele poderia ser igualmente definido como filósofo, sociólogo, antropólogo ou pesquisador do campo interdisciplinar dos "estudos sociais da ciência". Seu alcance, na verdade, é ainda maior. Quando Latour recebeu o Prêmio Holberg em 2013, o comitê descreveu sua obra como uma contribuição "à história e à história da arte e da ciência, bem como à filosofia, antropologia, geografia, teologia, literatura e direito".[17] Ele argumentou contra a ideia de modernidade, deu ênfase à importância dos "centros de cálculo" na história da ciência, realizou "trabalho de campo" em um laboratório e também em um tribunal (o Conseil d'État em Paris) e desenvolveu o que chama de "teoria ator-rede", que se assemelha à sociologia figurativa de Norbert Elias, mas acrescenta ideias e objetos materiais da rede juntamente com as pessoas.

Enquanto escrevo, em janeiro de 2019, alguns exemplos vivos da espécie "polímata" são Jürgen Habermas, que foi descrito como "provavelmente a versão de Aristóteles de nossa era"; o ensaísta Perry Anderson, cujos interesses abrangem história, filosofia, política, economia e sociologia; o jurista, economista e filósofo Richard Posner, cujas publicações foram caracterizadas como "quase absurdamente abrangentes"; o italiano Giorgio Agamben, que escreve sobre filosofia, literatura, direito e história; e o brasileiro Roberto Mangabeira Unger, que ajudou a fundar o movimento conhecido como Estudos Jurídicos Críticos, além de criticar a economia clássica e escrever sobre política, religião e, mais recentemente, cosmologia.[18] O número de polímatas mulheres vivas, como vimos, está maior que nunca, consistindo sobretudo em polímatas agrupadas que se concentram em filosofia, literatura, psicanálise, história e no campo interdisciplinar dos estudos de gênero (Aleida Assmann, Mieke Bal, Margaret Boden, Judith Butler, Hélène Cixous, Luce Iragiray, Julia Kristeva, Juliet Mitchell, Griselda Pollock e Gayatri Chakravorty Spivak).

---

[17] De Vries, *Bruno Latour*, p.3 *passim*.
[18] Muller-Doohm, *Habermas: A Biography*: a comparação com Aristóteles, feita por Martin Jay, aparece na contracapa. Sobre Anderson, veja Collini, *Absent Minds*, p.469; sobre Posner, veja Ryerson, The Outrageous Pragmatism of Judge Richard Posner, *Lingua Franca*, v.10, p.26-34, 2000; Unger; Smolin, *The Singular Universe and the Reality of Time*.

Do lado das ciências naturais, o cientista norte-americano Edward O. Wilson constitui um exemplo óbvio de polímata vivo. A exemplo de Geddes e Herbert Fleure, Wilson sofre de problemas oculares, o que, no seu caso, levou-o a desviar sua atenção dos mamíferos para estudar os insetos (especialmente formigas e "sociedades de formigas"). O interesse de Wilson pelo que ele chama de "sociologia biológica", observando os seres humanos e suas sociedades como produtos da evolução, é uma reminiscência da "biossociologia" de Geddes. Como vimos, sua teoria da "consiliência" põe foco na unidade do conhecimento.[19]

Outro exemplo é o australiano Robert May, que estudou engenharia, obteve seu Ph. D em física teórica, realizou pesquisas em biologia e ecologia, lecionou matemática e vem combinando seus interesses por meio do emprego de técnicas matemáticas para estudar populações de animais.

Alguns polímatas fazem a ponte entre as famosas "duas culturas". Na Grã-Bretanha, Nikolas Rose, formado em biologia, transitou pela sociologia, psicologia, filosofia e neurociência. Nos Estados Unidos, Jared Diamond, que iniciou a carreira como fisiologista, passou para a ornitologia e a ecologia e hoje talvez seja mais conhecido por seus ensaios sobre a história do mundo, notadamente *Armas, germes e aço* (1997) e *Colapso* (2005), para não falar de seu interesse de vida inteira pelos idiomas. Sua obra vem sendo criticada por especialistas, mas também é levada a sério. A Associação Antropológica Americana reagiu a *Colapso* organizando em 2006 um simpósio que resultou em um livro com contribuições não apenas de antropólogos, mas também de historiadores e arqueólogos.[20] Sobre Diamond talvez se possa dizer – como se pode dizer de outros polímatas seriais – que, concordemos ou não com suas respostas,

---

[19] Wilson, *Sociobiology: The New Synthesis*; id., *Consilience: The Unity of Knowledge*.
[20] McAnany; Yoffee (orgs.), *Questioning Collapse*.

precisamos reconhecer que as perguntas que esse *outsider* fez nas disciplinas para as quais migrou foram originais e frutíferas.

Os polímatas irão sobreviver? Ou a espécie está prestes a se extinguir? Os exemplos citados até agora e outros que me vêm à mente – à minha mente, pelo menos – são todos de estudiosos que já haviam alcançado a meia-idade antes da revolução digital. Noam Chomsky nasceu em 1928; Jürgen Habermas, George Steiner e Edward O. Wilson nasceram todos em 1929; Luce Iragiray em 1930; Margaret Boden e Robert May em 1936; Hélène Cixous e Jared Diamond em 1937; Perry Anderson em 1938; Charles Jencks e Richard Posner em 1939; Juliet Mitchell em 1940; Julia Kristeva em 1941; Gayatri Chakravorty Spivak e Giorgio Agamben em 1942; Richard Sennett e Vaclav Smil em 1943; Raymond Tallis em 1946; Aleida Assmann, Bruno Latour, Nikolas Rose, Peter Sloterdijk e Roberto Mangabeira Unger em 1947; Jacqueline Rose e Slavoj Žižek em 1949; Judith Butler em 1956; Daniel Levitin e Robert Sapolsky em 1957. A queda por volta de 1950 pode ser um sinal de alerta.

Novos desafios exigem novas respostas, então devemos depositar nossas esperanças – se formos otimistas – na geração digital.[21] De qualquer forma, uma elegia para a espécie ainda é prematura. Até mesmo porque, dentro da atual divisão do trabalho intelectual, ainda precisamos de generalistas, no sentido de indivíduos capazes de perceber aquilo que, no século XVII, Isaac Barrow chamou de "conexão das coisas e dependência das noções". Como Leibniz declarou certa vez, "precisamos é de homens universais. Pois aquele que consegue ligar todas as coisas pode fazer mais que dez pessoas".[22] Em uma era de hiperespecialização, mais do que nunca precisamos desses indivíduos.

---

[21] Palfrey; Gasser, *Born Digital: Understanding the First Generation of Digital Natives*.
[22] Citado por Antognazza, *Leibniz: An Intellectual Biography*, p.210. Modifiquei a tradução.

Apêndice
Quinhentos polímatas ocidentais

Esta lista de polímatas ocidentais que atuaram a partir do início do século XV não pretende formar um cânone. Tenho certeza de que deixei de fora algumas figuras importantes, especialmente quando elas pertencem a países cujas línguas não consigo ler. Escolheu-se um número redondo para tornar óbvia a natureza necessariamente arbitrária desse tipo de escolha, a qual depende do conhecimento de um único indivíduo. Não se presume que as contribuições de todos esses quinhentos indivíduos sejam igualmente importantes: Leibniz, por exemplo, contribuiu mais que Kircher para o conhecimento. Os polímatas vivos não aparecem nesta lista, embora alguns tenham sido mencionados de quando em quando no decorrer do livro.

Os quinhentos indivíduos aqui presentes foram escolhidos com base em diversos critérios. A maioria fez contribuições originais para várias (quando não "muitas") disciplinas, mas também entraram na lista polímatas passivos, como Aldous Huxley e Jorge Luis Borges, os quais se familiarizaram com diversas disciplinas sem contribuir com nenhuma; enciclopedistas, como Alsted, Diderot e Lucien Febvre; classificadores de conhecimento, como Bacon, Comte e Melvil Dewey; gestores de conhecimento como Warren Weaver; e estudiosos poliglotas, como Lorenzo Hervás.

1 Filippo Brunelleschi, 1377-1446, italiano. Arquiteto, engenheiro, matemático, inventor, artista.
2 Mariano da Jacopo "Taccola", 1382-c.1453, italiano. Notário, escultor, engenheiro, inventor.
3 Paolo Toscanelli, 1397-1482, italiano. Matemática, astronomia, geografia.
4 Nicolau de Cusa, 1401-1464, alemão. Bispo e cardeal. Filosofia, teologia, direito, astronomia, matemática.
5 Leon Battista Alberti, 1404-1472, italiano. Sacerdote, humanista, arquiteto, matemático.
6. Niccolò Leoniceno, 1428-1524, italiano. Filosofia, medicina, botânica.
7. Francesco di Giorgio Martini, 1439-1501, italiano. Arquiteto, engenheiro.
8. Rodolphus Agricola, 1443-1485, holandês. Humanista, filosofo, artista, músico.
9. Donato Bramante, 1444-1514, italiano. Arquiteto, pintor, poeta, músico.
10. Leonardo da Vinci, 1452-1519, italiano. Artista, engenheiro, inventor, estudioso de matemática, história natural etc.
11. Johannes Trithemius, 1462-1516, alemão. Abade beneditino. História, filosofia, criptografia.
12. Giovanni Pico della Mirandola, 1463-1494, italiano. Aristocrata. Tentou dominar todas as disciplinas.
13. Cassandra Fedele, c.1465-1558, italiana. Filosofia, matemática, astronomia, educação.
14. Erasmo de Roterdã, 1466-1536, holandês. Monge e, depois, clérigo secular. Filologia, filosofia, teologia.
15. Laura Cereta, 1469-1499, italiana. Retórica, filosofia, matemática, astronomia.
16. Nicolau Copérnico, 1473-1543, alemão/polonês. Cônego, médico. Astronomia, medicina, direito, ciências humanas.

Apêndice: Quinhentos polímatas ocidentais

17. Celio Calcagnini, 1479-1541, italiano. Teologia, direito, medicina, retórica, astronomia.
18. Gasparo Contarini, 1483-1542, italiano. Cardeal, bispo. Teologia, filosofia, astronomia.
19. Heinrich Cornelius Agrippa, 1486-1535, alemão. Filosofia, medicina, direito, alquimia, ciências ocultas.
20. Sebastian Münster, 1488-1552, Alemão. Franciscano que se tornou luterano. Cartografia, cosmografia, estudos bíblicos, línguas orientais, matemática.
21. Juan Luis Vives, 1493-1540, espanhol. Filosofia, medicina, educação.
22. Georgius Agricola (Bauer), 1494-1555, alemão. Médico. Medicina, história, geologia, mineralogia.
23. François Rabelais, c.1494-1553, francês. Franciscano e, depois, médico. Medicina, direito, teologia.
24. Filipe Melâncton, 1497-1560, alemão. Ministro luterano. Filosofia, teologia, astronomia, astrologia, anatomia, botânica, matemática.
25. Girolamo Cardano, 1501-1576, italiano. Médico. Medicina, matemática, astrologia, música, geologia.
26. Cosimo Bartoli, 1503-1572, italiano. Matemática, arte, arquitetura, literatura, história.
27. Fernão de Oliveira, 1507-1581, português. Dominicano. Gramática, história, navegação.
28. Guillaume Postel, 1510-1581, francês. Línguas, história, teologia, geografia, política, astrologia.
29. Miguel Servet, c.1511-1553, espanhol. Médico. Protestante. Medicina, anatomia, astrologia, astronomia, geografia, teologia.
30. Wolfgang Lazius, 1514-1565, austríaco. Médico. Filosofia, medicina, história, geografia.

31. Petrus Ramus, 1515-1572, francês. Calvinista. Filosofia, retórica, matemática.
32. Conrad Gessner, 1516-1565, suíço. Médico. Medicina, história natural, línguas, bibliografia.
33. Ulisse Aldrovandi, 1522-1605, italiano. Medicina, história natural, antiguidades.
34. Benito Arias Montano, 1527-1598, espanhol. Retórica, teologia, antiguidades, estudos orientais.
35. John Dee, 1527-1608, inglês. Matemática, geografia, astrologia, alquimia, geografia, antiguidades, magia.
36. Jean Bodin, 1530-1596, francês. Carmelita e, depois, leigo. Filosofia natural, história, política, economia política.
37. Hugo Blotius, 1533-1608, holandês. Bibliotecário. Retórica, direito, bibliografia.
38. Theodore Zwinger, o Velho, 1533-1588, suíço. Médico. Medicina, línguas orientais, filosofia.
39. Giambattista Della Porta, 1535-1615, italiano. Cavalheiro, fundador dos Otiosi. Criptografia, óptica, mnemônica, meteorologia, física, astrologia, fisiognomia, matemática etc.
40. Joseph Scaliger, 1540-1609, francês. Filologia, cronologia, estudos orientais, astronomia.
41. Johann Thomas Freigius, 1543-1583, suíço. Calvinista. Filosofia, direito, história, matemática, economia política.
42. Tycho Brahe, 1546-1601, dinamarquês. Aristocrata. Astronomia, astrologia, alquimia, medicina.
43. Justus Lipsius, 1547-1606, holandês. Católico e protestante em diferentes épocas. Filologia, filosofia, cronologia etc.
44. Giordano Bruno, 1548-1600, italiano. Dominicano. Filosofia, teologia, cosmologia, arte da memória, matemática.
45. Francisco Suárez, 1548-1617, espanhol. Jesuíta. Filosofia, teologia, direito.

Apêndice: Quinhentos polímatas ocidentais

46. Paolo Sarpi, 1552-1623, italiano. Frade servita. História, direito, filosofia, teologia, matemática, anatomia.
47. Walter Raleigh, 1554-1618, inglês. Cortesão. História, química.
48. Isaac Casaubon, 1559-1614, francês. Calvinista. Filologia, literatura, história, teologia, geografia.
49. James Crichton, 1560-c.1585, escocês. Cavalheiro. Tentou dominar todas as disciplinas.
50. Francis Bacon, 1561-1626, inglês. Direito, história, filosofia, filosofia natural.
51. Marie de Gournay, 1565-1645, francesa. Humanidades, alquimia e um tratado sobre a igualdade entre homens e mulheres.
52. Johannes Bureus, 1568-1652, sueco. Antiguidades, alquimia, estudos em ocultismo.
53. Tommaso Campanella, 1568-1639, italiano. Dominicano. Filosofia, teologia, astrologia, astronomia, fisiologia, política.
54. Bartholomäus Keckermann, c.1572-1608, alemão. Calvinista. Filosofia, teologia, política, direito, retórica, astronomia, geografia, física.
55. Christoph Besold, 1577-1638, alemão. Jurista. Convertido ao catolicismo. Direito, história, teologia, política.
56. Robert Burton, 1577-1640, inglês. Clérigo anglicano. Bibliotecário. Medicina, filosofia, teologia, astrologia.
57. Gerard Johannes Vossius, 1577-1649, holandês. Teologia, filologia, literatura, história.
58. Nicolas-Claude Peiresc, 1580-1637, francês. Nobre. Antiguidades, história natural, anatomia, astronomia etc.
59. Hugo Grotius, 1583-1645, holandês. Calvinista. Direito, história, teologia.
60. John Selden, 1584-1654, inglês. Direito, história, antiguidades, filologia, estudos orientais.

Apêndice: Quinhentos polímatas ocidentais

61. Peter Lauremberg, 1585-1639, alemão. Protestante. Anatomia, matemática, botânica, filologia.
62. Joseph Mede, 1586-1638, inglês. Clérigo anglicano. Teologia, filosofia, cronologia, matemática, história natural, anatomia, egiptologia.
63. Johann Heinrich Alsted, 1588-1638, alemão. Ministro calvinista. Enciclopedista.
64. Ole Worm, 1588-1654, dinamarquês. Médico. Medicina, antiguidades, história natural.
65. Claude Saumaise (Salmasius), 1588-1653, francês. Protestante. Clássicos, filologia, antiguidades, estudos orientais.
66. Franciscus Junius (de Jon), 1591-1677, holandês. Filologia, antiguidades, literatura.
67. Jan Amos Comenius (Komenský), 1592-1670, Tcheco. Clérigo. Filosofia, línguas, educação.
68. Pierre Gassendi, 1592-1655, francês. Sacerdote. Filosofia, astronomia, física.
69. Emmanuele Tesauro, 1592-1675, italiano. Jesuíta. Retórica, filosofia, história.
70. Johannes Marcus Marci, 1595-1667, tcheco. Católico. Medicina, óptica, mecânica, matemática, astronomia.
71. Juan Eusebio Nieremberg, 1595-1658, espanhol. Jesuíta. Teologia, filosofia, história natural, astronomia.
72. René Descartes, 1596-1650, francês. Filosofia, geometria, óptica, astronomia, música, medicina.
73. Lucas Holstenius, 1596-1661, alemão. Bibliotecário. Convertido ao catolicismo. História, antiguidades, teologia.
74. Constantijn Huygens, 1596-1687, holandês. Protestante. Filosofia natural, anatomia, medicina, línguas.
75. Giambattista Riccioli, 1598-1671, italiano. Jesuíta. Astronomia, geografia, cronologia, teologia, mecânica, prosódia.

Apêndice: Quinhentos polímatas ocidentais

76. Samuel Bochart, 1599-1667, francês. Ministro calvinista. Teologia, geografia, filologia, estudos orientais.
77. Samuel Hartlib, c.1600-1662, polonês. Disseminador de informações.
78. Bathsua Makin (nome de nascimento: Reynolds), c.1600-c.1681, inglesa. Educação, medicina, línguas.
79. Gabriel Naudé, 1600-1653, francês. Bibliotecário. História, política, bibliografia.
80. Athanasius Kircher, 1602-1680, alemão. Jesuíta. Egiptologia, sinologia, magnetismo, matemática, mineração, música. Inventor.
81. Kenelm Digby, 1603-1665, inglês. Cavalheiro católico. Tentou dominar todas as disciplinas.
82. John Jonston, 1603-1675, escocês. Médico. Medicina, história natural, teologia, antiguidades.
83. Johann Heinrich Bisterfeld, 1605-1655, alemão. Calvinista. Filosofia, teologia, matemática, física.
84. Thomas Browne, 1605-1682, inglês. Médico. Medicina, antiguidades, filosofia, história natural.
85. Hermann Conring, 1606-1681, alemão. Luterano. Médico. Medicina, direito, história, política.
86. Juan Caramuel y Lobkowitz, 1606-1682, espanhol. Cisterciense. Teologia, filosofia, matemática, história etc.
87. Anna Maria van Schurman, 1607-1678, holandesa. Línguas, filosofia, teologia, educação.
88. John Wilkins, 1614-1672, inglês. Bispo. Filosofia, teologia, astronomia, matemática, línguas, criptografia.
89. Thomas Bartholin, o Velho, 1616-1680, dinamarquês. Médico. Medicina, matemática, teologia, antiguidades.
90. Nicolás Antonio, 1617-1684, espanhol. Direito, bibliografia.
91. Elias Ashmole, 1617-1692, inglês. Direito, astrologia, alquimia, magia, heráldica, antiguidades.

92. Isabel, princesa Palatina, 1618-1680, inglesa. Abadessa protestante. Matemática, filosofia, astronomia, história.
93. Isaac Vossius, 1618-1689, holandês. Filologia, cronologia, geografia, física, antiguidades, matemática.
94. Henry Oldenburg, c.1619-1677, alemão. Teologia, filosofia natural, disseminador de informações.
95. François Bernier, 1620-1688, francês. Medicina, estudos orientais, filosofia.
96. John Evelyn, 1620-1706, inglês. Cavalheiro. Anatomia, química, história natural, matemática, mecânica.
97. Johann Heinrich Hottinger, 1620-1667, suíço. Estudos orientais, teologia, história.
98. Marcus Meibom, 1621-1710, dinamarquês. Antiguidades, filologia, matemática.
99. Blaise Pascal, 1623-1662, francês. Inventor. Matemática, física, filosofia, teologia.
100. William Petty, 1623-1687, inglês. Inventor. Medicina, anatomia, filosofia natural, matemática, economia política, demografia.
101. Margaret Cavendish (nome de nascimento: Lucas), c.1624-1674, inglesa. Filosofia natural, alquimia.
102. Hiob Ludolf, 1624-1704, alemão. Línguas.
103. János Apáczai Csere, 1625-1659, húngaro. Calvinista. Matemático e enciclopedista.
104. Erhard Weigel, 1625-1699, alemão. Matemática, astronomia, teologia. Também arquiteto e inventor.
105. Rainha Cristina da Suécia, 1626-1689.
106. Francesco Redi, 1626-1697, italiano. Medicina, filosofia natural, literatura.
107. Robert Boyle, 1627-1691, inglês. Aristocrata. Filosofia, teologia, física, fisiologia, medicina, química.
108. Peter Lambeck, 1628-1680, alemão. Protestante e, depois, católico. Bibliotecário e historiador da literatura.

Apêndice: Quinhentos polímatas ocidentais

109. Christiaan Huygens, 1629-1695, holandês. Cavalheiro. Matemática, astronomia, física, mecânica.
110. Pierre-Daniel Huet, 1630-1721, francês. Bispo. Matemática, astronomia, anatomia, história natural, química, estudos orientais, história, teologia, filosofia.
111. Isaac Barrow, 1630-1677, inglês. Clérigo anglicano. Matemática, óptica, teologia, antiguidades.
112. Olof Rudbeck, o Velho, 1630-1702, sueco. Anatomia, línguas, música, botânica, ornitologia, antiguidades.
113. Johann Georg Graevius, 1632-1703, alemão. Calvinista. Filologia, retórica, história, clássicos, antiguidades.
114. Samuel Pufendorf, 1632-1694, alemão. Direito, política, história, filosofia, teologia, economia política.
115. Christopher Wren, 1632-1723, inglês. Arquitetura, matemática, astronomia, óptica, mecânica, medicina, meteorologia.
116. Antonio Magliabechi, 1633-1714, italiano. Bibliotecário. Disseminador de informações.
117. Johann Joachim Becher, 1635-1682, alemão. Mineralogia, alquimia, história natural, educação, filosofia, política, política econômica.
118. Robert Hooke, 1635-1703, inglês. Inventor. Matemática, física, astronomia, química, medicina, biologia, geologia.
119. Lorenzo Magalotti, 1637-1712, italiano. Filosofia natural, geografia.
120. Nicolaus Steno, 1638-1686, dinamarquês. Convertido ao catolicismo. Bispo. Medicina, anatomia, história natural, filosofia.
121. Daniel Georg Morhof, 1639-1691, alemão. Bibliotecário. História, alquimia.
122. Olof Rudbeck, o Jovem, 1660-1740, sueco. Anatomia, botânica, ornitologia, filologia.
123. Nicolaes Witsen, 1641-1717, holandês. Político. Geografia, etnografia, antiguidades, história natural.

124. Konrad Samuel Schurzfleisch, 1641-1708, alemão. Protestante. Bibliotecário. Retórica, história, filosofia, direito, geografia.
125. Vincent Placcius, 1642-1699, alemão. Direito, filosofia, teologia, medicina, bibliografia, história.
126. Gilbert Burnet, 1643-1715, escocês. Bispo. História, teologia, filosofia.
127. Isaac Newton, 1643-1727, inglês. Matemática, física, alquimia, cronologia, teologia.
128. Otto Mencke, 1644-1707, alemão. Teologia, filosofia, disseminador de informações.
129. Eusebio Kino (Kühn), 1645-1711, italiano/austríaco. Jesuíta. Línguas, geografia, astronomia, filosofia.
130. Carlos de Sigüenza y Góngora, 1645-1700, mexicano. Matemática, astronomia, astrologia, geografia, antiguidades.
131. Elena Cornaro Piscopia, 1646-1684, italiana. Línguas, teologia, filosofia, matemática, música.
132. Gottfried Wilhelm Leibniz, 1646-1716, alemão. Filosofia, matemática, história, línguas, direito, física, química, história natural, medicina.
133. Pierre Bayle, 1647-1706, francês. Ministro protestante. História, filosofia, filosofia natural, teologia.
134. Sóror Juana Inés de la Cruz, 1651-1695, mexicana. Teologia, filosofia, filosofia natural, direito, teoria da música.
135. Henri Basnage, 1656-1710, francês. Protestante. História, lexicografia, teologia, mecânica.
136. Bernard de Fontenelle, 1657-1757 (*sic*), francês. Filosofia, história, ciências naturais.
137. Jean Leclerc, 1657-1736, suíço. Ministro protestante. Filosofia, filologia, teologia, história, literatura.
138. Luigi Marsigli, 1658-1730, italiano. Engenharia, geografia, hidrografia, astronomia, história natural, história.

139. Jacob von Melle, 1659-1743, alemão. História, antiguidades, paleontologia, lexicografia.
140. Hans Sloane, 1660-1745, irlandês. Medicina, anatomia, química, botânica, antiguidades.
141. Giuseppe Averani, 1662-1739, italiano. Direito, física, teologia, astronomia, matemática.
142. Pedro de Peralta y Barnuevo, 1664-1743, peruano. Matemática, astronomia, filosofia natural, metalurgia, direito, história etc.
143. John Woodward, c.1665-1728, inglês. História natural, antiguidades.
144. Herman Boerhaave, 1668-1738, holandês. Filosofia, medicina, botânica, química.
145. Johann Albert Fabricius, 1668-1736, alemão. Retórica, filosofia, teologia, bibliografia, *historia literaria*.
146. Johann Peter von Ludewig, 1668-1743, alemão. História, direito, antiguidades.
147. Giambattista Vico, 1668-1744, italiano. Direito, retórica, história, filosofia, filologia.
148. Burkhard Gotthelf Struve, 1671-1738, alemão. Filosofia, política, história, direito, alquimia.
149. Johann Jacob Scheuchzer, 1672-1733, suíço. Geologia, paleontologia, meteorologia, geografia, antiguidades.
150. Johannes Alexander Döderlein, 1675-1745, alemão. História, antiguidades, filologia, teologia, línguas orientais.
151. Scipione Maffei, 1675-1755, italiano. Política, história, antiguidades.
152. Benito Jerónimo Feijoo, 1676-1764, espanhol. Beneditino. Teologia, filosofia, filologia, história, medicina, história natural.
153. Ephraim Chambers, c.1680-1740, inglês. Enciclopedista e lexicógrafo.
154. René de Réaumur, 1683-1757, francês. Matemática, metalurgia, meteorologia, história natural.

155. Matthias Bél, 1684-1749, húngaro/eslovaco. História, geografia, gramática, retórica, línguas.
156. Daniel Gottlieb Messerschmidt, 1684-1735, alemão. História natural, antiguidades.
157. Nicholas Fréret, 1688-1749, francês. História, cronologia, geografia, religião.
158. Emanuel Swedenborg, 1688-1772, sueco. Teologia, filosofia, metalurgia, química, astronomia, anatomia, fisiologia.
159. Montesquieu (Charles-Louis de Secondat), 1689-1755, francês. Direito, história, geografia, geologia.
160. Carlo Lodoli, 1690-1761, italiano. Franciscano. Matemática, arquitetura, física, filosofia, teologia.
161. Voltaire (François-Marie Arouet), 1694-1778, francês. História, filosofia, história natural.
162. François Quesnay, 1694-1774, francês. Economia política, medicina, política, geometria.
163. Hermann Samuel Reimarus, 1694-1768, alemão. Teologia, filosofia, línguas orientais, matemática, história, economia política, história natural.
164. Johann Andreas Fabricius, 1696-1769, alemão. Retórica, filosofia, filologia, história.
165. Henry Home, lorde Kames, 1696-1782, escocês. Direito, filosofia, história, crítica literária, economia política.
166. Louis de Jaucourt, 1704-1779, francês. Anatomia, botânica, química, fisiologia, patologia, história.
167. Émilie du Châtelet, 1706-1749, francesa. Física, matemática, filosofia.
168. Benjamin Franklin, 1706-1790, inglês/norte-americano. Inventor. Física, meteorologia, política.
169. Conde de Buffon (Georges-Louis Leclerc), 1707-1788, francês. Matemática, geologia, biologia, paleontologia, fisiologia.

Apêndice: Quinhentos polímatas ocidentais

170. Leonhard Euler, 1707-1783, suíço. Matemática, óptica, balística, música.
171. Carlos Lineu, 1707-1778, sueco. História natural, medicina, economia política, etnografia.
172. Albrecht von Haller, 1708-1777, suíço. Anatomia, fisiologia, botânica, bibliografia, teologia.
173. Johann Georg Gmelin, 1709-1755, alemão. História natural, química, medicina.
174. Samuel Johnson, 1709-1784, inglês. Lexicografia, crítica literária, história.
175. Rudjer Bošković, 1711-1787, croata. Jesuíta. Matemática, astronomia, física, cartografia, filosofia, arqueologia.
176. David Hume, 1711-1776, escocês. Filosofia, história, economia política.
177. Mikhail Lomonosov, 1711-1765, russo. Química, matemática, física, metalurgia, história, filologia.
178. Denis Diderot, 1713-1784, francês. Editou a *Encyclopédie*.
179. James Burnett, lorde Monboddo, 1714-1799, escocês. Direito, línguas, filosofia.
180. Jean d'Alembert, 1717-1783, francês. Matemática, física, filosofia, teoria musical, história.
181. Johann David Michaelis, 1717-1791, alemão. Teologia, estudos orientais, geografia, direito.
182. Maria Gaetana Agnesi, 1718-1799, italiana. Matemática, filosofia, teologia.
183. Adam Ferguson, 1723-1816, escocês. Ministro protestante. Filosofia, história, política.
184. Adam Smith, 1723-1790, escocês. Economia política, filosofia, retórica, teologia, direito.
185. Anne Robert Turgot, 1727-1781, francesa. Economia política, filosofia, física, filologia.

186. Christian Gottlob Heyne, 1729-1812, alemão. Filologia, retórica, antiguidades.
187. Erasmus Darwin, 1731-1802, inglês. Medicina, fisiologia, história natural, filosofia.
188. Joseph Priestley, 1733-1804, inglês. Filologia, educação, retórica, história, teologia, física, química.
189. Lorenzo Hervás y Panduro, 1735-1809, espanhol. Idiomas, paleografia, arquivos, educação.
190. John Millar de Glasgow, 1735-1801, escocês. Direito, história, filosofia.
191. August von Schlözer, 1735-1809, alemão. História, línguas, *Volkerkunde*, *Statistik*.
192. José Antonio de Alzate, 1737-1799, mexicano. História natural, astronomia.
193. Nicolas Masson de Morvilliers, 1740-1789, francês. Geografia, enciclopedista.
194. Peter Simon Pallas, 1741-1811, alemão. História natural, geografia, línguas.
195. José Mariano da Conceição Veloso, 1742-1811, brasileiro. História natural, química, matemática, linguística, economia política.
196. Joseph Banks, 1743-1820, inglês. História natural, línguas, etnografia.
197. Thomas Jefferson, 1743-1826, norte-americano. Línguas, história natural. Inventor.
198. Antoine Lavoisier, 1743-1794, francês. Química, geologia, fisiologia, agricultura.
199. Marie Jean Antoine Nicolas de Caritat, Marquês de Condorcet, 1743-1794, francês. Filosofia, matemática, economia política, política, história.
200. Johann Gottfried Herder, 1744-1803, alemão. Ministro protestante. Filosofia, teologia, história, linguística, música, crítica literária e de arte.

Apêndice: Quinhentos polímatas ocidentais

201. Gaspar Melchor de Jovellanos, 1746-1811, espanhol. Medicina, línguas, economia política, educação, direito, geografia histórica, teologia, botânica, mineração.
202. William Jones, 1746-1794, galês. Direito, estudos orientais, botânica.
203. John Playfair, 1748-1819, escocês. Ministro protestante. Matemática, geologia, astronomia.
204. Johann Wolfgang von Goethe, 1749-1832, alemão. Anatomia, física, química, botânica, geologia.
205. Johann Gottfried Eichhorn, 1752-1827, alemão. Teologia, estudos orientais, história, numismática.
206. Stanisław Staszic, 1755-1826, polonês. Sacerdote. História, educação, geologia.
207. William Playfair, 1759-1823, escocês. Engenharia, economia política, estatística. Inventor.
208. Jan Potocki, 1761-1815, polonês. Engenharia, egiptologia, línguas, história.
209. Daniel Encontre, 1762-1818, francês. Ministro protestante. Literatura, matemática, teologia, filosofia.
210. Germaine de Staël, 1766-1817, suíça. Política, literatura, geografia.
211. William Wollaston, 1766-1828, inglês. Fisiologia, óptica, química, geologia.
212. Wilhelm von Humboldt, 1767-1835, alemão. Filosofia, línguas, história, política, literatura, medicina.
213. Georges Cuvier, 1769-1832, francês. Protestante. Paleontologia, história natural, anatomia comparada, história da ciência.
214. Alexander von Humboldt, 1769-1859, alemão. Geografia, história natural, anatomia, política, arqueologia, demografia.
215. Dorothea Schlözer, 1770-1825, alemã. Estudou matemática, botânica, zoologia, óptica, religião, mineralogia, história da arte.

216. Samuel Taylor Coleridge, 1772-1834, inglês. Crítico literário, filósofo. Interesse em astronomia, botânica, química, geologia, medicina, história, línguas.
217. Francis Jeffrey, 1773-1850, escocês. Crítica literária, história, filosofia, direito, ciência política, religião, geografia.
218. Thomas Young, 1773-1829, inglês. Medicina, fisiologia, física, línguas, egiptologia.
219. Henry Peter Brougham, 1778-1868, escocês. Jornalista. Direito, física, educação.
220. Mary Somerville, 1780-1872, escocesa. Matemática, astronomia, geografia.
221. Andrés Bello, 1781-1865, venezuelano. Direito, filosofia, filologia.
222. Thomas De Quincey, 1785-1859, inglês. Filosofia, economia política, história, fisiologia.
223. Carl Gustav Carus, 1789-1869, alemão. Medicina, fisiologia, zoologia, psicologia, filosofia, literatura.
224. Jules Dumont d'Urville, 1790-1842, francês. Cartografia, línguas, botânica, entomologia.
225. Charles Babbage, 1791-1871, inglês. Matemática, física, teologia. Inventor.
226. John Herschel, 1792-1871, inglês. Astronomia, matemática, física, química, botânica, geologia.
227. William Whewell, 1794-1866, inglês. Clérigo anglicano. Matemática, mecânica, mineralogia, astronomia, filosofia e história das ciências, teologia.
228. Thomas Carlyle, 1795-1881, escocês. Filosofia, literatura, história, matemática.
229. Auguste Comte, 1798-1857, francês. Filosofia, sociologia, história da ciência.
230. Thomas B. Macaulay, 1800-1859, escocês. História, ensaios.

231. William Henry Fox Talbot, 1800-1877, inglês. Matemática, física, botânica, astronomia, química, fotografia, assiriologia. Inventor.
232. Carlo Cattaneo, 1801-1869, italiano. Economia política, história, matemática.
233. Antoine Cournot, 1801-1877, francês. Mecânica, matemática, economia política.
234. Gustav Fechner, 1801-1887, alemão. Filosofia, física, psicologia experimental.
235. George P. Marsh, 1801-1882, norte-americano. Filologia, arqueologia, geografia, ecologia.
236. Gustav Klemm, 1802-1867, alemã. Arqueologia, etnologia, história.
237. Harriet Martineau, 1802-1876, inglesa. Teologia, economia política, educação, história.
238. Charles Sainte-Beuve, 1804-1869, francês. Crítica literária, filosofia, história.
239. Alexis de Tocqueville, 1805-1859, francês. Ciência política, história, sociologia, etnografia.
240. Frédéric Le Play, 1806-1882, francês. Engenharia, metalurgia, economia, sociologia.
241. John Stuart Mill, 1806-1873, inglês. Filosofia, economia, política, história.
242. Louis Agassiz, 1807-1873, suíço. Botânica, geologia, zoologia, anatomia.
243. Harriet Taylor (nome de nascimento: Hardy), 1807-1858, inglesa. Coautora com John Stuart Mill.
244. Charles Darwin, 1809-1882, inglês. Zoologia, botânica, geologia, paleontologia, filosofia.
245. Domingo Sarmiento, 1811-1888, argentino. Educação, filosofia, sociedade, direito, política.

246. Mark Pattison, 1813-1884, inglês. Clérigo anglicano. História, teologia, filosofia, literatura.
247. George Boole, 1815-1864, inglês. Matemática, lógica, educação, história, psicologia, etnografia.
248. Benjamin Jowett, 1817-1893, inglês. Clérigo anglicano. Clássicos, filosofia, teologia.
249. George Henry Lewes, 1817-1878, inglês. Crítica literária, história, filosofia, biologia, fisiologia, psicologia.
250. Alfred Maury, 1817-1892, francês. Medicina, psicologia, folclore, arqueologia, geografia, geologia.
251. Jacob Burckhardt, 1818-1897, suíço. História, filosofia da história, história da arte, crítica de arte.
252. Karl Marx, 1818-1883, alemão. Filosofia, história, economia, sociologia, política.
253. Mary Ann Evans (George Eliot), 1819-1880, inglesa. História, filosofia, geologia, biologia, física, astronomia, anatomia.
254. John Ruskin, 1819-1900, inglês. Crítica de arte, geologia, história, economia, filosofia.
255. Herbert Spencer, 1820-1903, inglês. Engenharia, filosofia, sociologia, frenologia, biologia, psicologia.
256. Hermann von Helmholtz, 1821-1894, alemão. Medicina, anatomia, física, percepção da arte, teoria da música.
257. Rudolf Virchow, 1821-1902, alemão. Medicina, anatomia, antropologia física, etnologia, pré-história, biologia.
258. Matthew Arnold, 1822-1888, inglês. Educação, crítica cultural.
259. Francis Galton, 1822-1911, inglês. Biologia, psicologia, matemática, estatística, antropologia física, meteorologia.
260. Joseph Leidy, 1823-1891, norte-americano. Anatomia, história natural, medicina forense, paleontologia.
261. Ernest Renan, 1823-1892, francês. Padre e, depois, leigo. Filosofia, filologia, línguas orientais, história da religião, arqueologia.

262. Paul Broca, 1824-1880, francês. Medicina, anatomia, antropologia física.
263. Thomas Henry Huxley, 1825-1895, inglês. Medicina, fisiologia, anatomia, zoologia, geologia, paleontologia.
264. Ferdinand Lassalle, 1825-1864, alemão. Filosofia, direito, economia.
265. Adolf Bastian, 1826-1905, alemão. Psicologia, etnografia, geografia, história.
266. Hippolyte Taine, 1828-1893, francês. Filosofia, literatura, história, psicologia.
267. Lothar Meyer, 1830-1895, alemão. Medicina, fisiologia, química, física.
268. Paolo Mantegazza, 1831-1910, italiano. Medicina, história natural, etnografia.
269. Wilhelm Wundt, 1832-1920, alemão. Fisiologia, psicologia, filosofia.
270. Ernst Haeckel, 1834-1919, alemão. Anatomia, zoologia, antropologia física, ecologia, filosofia da ciência.
271. John Lubbock, 1834-1913, inglês. Banqueiro. Arqueologia, antropologia, história natural, pré-história.
272. Léon Walras, 1834-1910, francês. Matemática, mecânica, economia.
273. Cesare Lombroso, 1835-1909, italiano. Medicina forense, psiquiatria, parapsicologia, criminologia, antropologia física.
274. James Bryce, 1838-1922, irlandês. Direito, história, política, botânica, "ciência mental e moral".
275. Ernst Mach, 1838-1916, austríaco. Física, psicologia, filosofia, história da ciência.
276. Friedrich Althoff, 1839-1908, alemão. Administrador de educação e ciência.
277. Charles Sanders Peirce, 1839-1914, norte-americano. Filosofia, matemática, química, linguística, semiótica, psicologia, economia.

278. John Theodore Merz, 1840-1922, inglês/alemão. Astronomia, engenharia, filosofia, história.
279. Gustave Le Bon, 1841-1931, francês. Medicina, antropologia, psicologia, geografia, sociologia.
280. Giuseppe Pitrè, 1841-1916, italiano. Medicina, psicologia, folclore.
281. Rudolf Sohm, 1841-1917, alemão. Direito, teologia, história, religião.
282. Lester Frank Ward, 1841-1913, norte-americano. Botânica, geologia, paleontologia, sociologia.
283. William James, 1842-1910, norte-americano. Filosofia, psicologia, religião, educação.
284. Manuel Sales y Ferré, 1843-1910, espanhol. Filosofia, direito, sociologia, história, geografia, arqueologia.
285. Gabriel Tarde, 1843-1904, francês. Direito, antropologia, psicologia, filosofia, sociologia.
286. Alfred Espinas, 1844-1922, francês. Filosofia, educação, zoologia, psicologia, sociologia.
287. Andrew Lang, 1844-1912, escocês. História, crítica literária, folclore, antropologia.
288. Friedrich Ratzel, 1844-1904, alemão. Geografia, antropologia, política.
289. William Robertson Smith, 1846-1894, escocês. Ministro protestante, depois expulso. Matemática, física, teologia, estudos orientais, antropologia, religião comparada.
290. Karl Bücher, 1847-1930, alemão. Economia, história, geografia, estudos de jornalismo.
291. Vilfredo Pareto, 1848-1923, italiano. Engenharia, economia, sociologia, ciência política.
292. Frederic William Maitland, 1850-1906, escocês. Direito, história, filosofia.

293. Tomáš Masaryk, 1850-1937, tcheco. Sociologia, filosofia, filologia, relações internacionais.
294. Melvil Dewey, 1851-1931, norte-americano. Bibliografia, classificação do conhecimento.
295. Wilhelm Ostwald, 1853-1932, alemão. Química, filosofia, história, "energética".
296. Patrick Geddes, 1854-1932, escocês. Botânica, biologia, sociologia, estudos urbanos.
297. James Frazer, 1854-1941, escocês. Clássicos, religião comparada, antropologia.
298. Henri Poincaré, 1854-1912, francês. Matemática, física, astronomia, filosofia da ciência.
299. Franklin H. Giddings, 1855-1931, norte-americano. Sociologia, economia, política, história cultural.
300. Alfred Haddon, 1855-1940, inglês. Zoologia, antropologia, sociologia.
301. Rafael Salillas, 1855-1923, espanhol. Medicina, direito, psicologia, antropologia, filologia, história.
302. Karl Lamprecht, 1856-1915, alemão. História, psicologia.
303. Benedetto Croce, 1856-1952, italiano. Filosofia, história, crítica literária e de arte.
304. Marcelino Menéndez Pelayo, 1856-1912, espanhol. Filologia, crítica literária, história.
305. Sigmund Freud, 1856-1939, austríaco. Medicina, fisiologia, psicologia.
306. Karl Pearson, 1857-1936, inglês. Matemática, história, filosofia, estatística, eugenia.
307. Thorstein Veblen, 1857-1929, norte-americano. Economia, filosofia, sociologia.
308. Franz Boas, 1858-1942, alemão/norte-americano. Física, geografia, antropologia.

309. Émile Durkheim, 1858-1917, francês. Filosofia, psicologia, economia política, sociologia, antropologia.
310. Salomon Reinach, 1858-1932, francês. Clássicos, história da arte, arqueologia, antropologia, estudos religiosos.
311. Georg Simmel, 1858-1918, alemão. Filosofia, psicologia, sociologia.
312. John Dewey, 1859-1952, norte-americano. Filosofia, psicologia, educação, estudos religiosos.
313. Ludwik Krzywicki, 1859-1941, polonês. Economia, sociologia, política, história, etnografia.
314. Théodore Reinach, 1860-1928, francês. Direito, clássicos, matemática, musicologia, história.
315. Henri Berr, 1863-1954, francês. Filosofia, história, psicologia.
316. Henri-Alexandre Junod, 1863-1934, suíço. Ministro protestante. Medicina, etnografia, botânica, entomologia.
317. Robert E. Park, 1864-1944, norte-americano. Filosofia, sociologia, estudos urbanos.
318. William H. Rivers, 1864-1922, inglês. Medicina, neurologia, psicologia, antropologia.
319. Max Weber, 1864-1920, alemão. História, filosofia, direito, economia, sociologia.
320. Jacob von Uexküll, 1864-1944, estoniano. Fisiologia, biologia, ecologia, biossemiótica.
321. Themistocles Zammit, 1864-1935, maltês. História, arqueologia, química, medicina.
322. Ernst Troeltsch, 1865-1923, alemão. Ministro protestante. Teologia, filosofia, história, sociologia, estudos religiosos.
323. Aby Warburg, 1866-1929, alemão. História das imagens, estudos culturais.
324. Herbert George Wells, 1866-1946, inglês. Biologia, história, futurologia.

Apêndice: Quinhentos polímatas ocidentais

325. Karl Camillo Schneider, 1867-1943, austríaco. Zoologia, anatomia, psicologia animal, parapsicologia, futurologia.
326. Vladimir Vernadsky, 1867-1945, russo. Mineralogia, geoquímica, radiogeologia, bioquímica, filosofia.
327. Paul Otlet, 1868-1944, belga. Classificou o mundo.
328. James R. Angell, 1869-1949, norte-americano. Filosofia, psicologia, educação.
329. Nicolae Iorga, 1871-1940, romeno. História, filosofia, crítica. Também político, poeta e dramaturgo.
330. Johan Huizinga, 1872-1945, holandês. Estudos orientais, história, crítica cultural.
331. Marcel Mauss, 1872-1950, francês. Sociologia, antropologia, filologia, estudos da religião.
332. Alexander Bogdanov, 1873-1928, russo. Medicina, psicologia, filosofia, economia. Também ficção científica.
333. Arthur Lovejoy, 1873-1962, norte-americano. Filosofia, filologia, história das ideias.
334. Abel Rey, 1873-1940, francês. Filosofia, história da ciência, sociologia.
335. Carl Gustav Jung, 1875-1961, suíço. Medicina, psiquiatria, psicanálise, estudos religiosos.
336. Herbert John Fleure, 1877-1969, da ilha de Guernsey. Zoologia, geologia, antropologia, pré-história, folclore, geografia.
337. Lawrence J. Henderson, 1878-1942, norte-americano. Fisiologia, química, biologia, filosofia, sociologia.
338. Lucien Febvre, 1878-1956, francês. História, geografia. Enciclopedista.
339. Othmar Spann, 1878-1950, austríaco. Filosofia, sociologia, economia.
340. Alfred Zimmern, 1879-1957, inglês. Clássicos, história, relações internacionais.

341. George Elton Mayo, 1880-1949, australiano. Psicologia, sociologia, teoria da administração.
342. Alfred Wegener, 1880-1930, alemão. Astronomia, meteorologia, geofísica.
343. Gilbert Chinard, 1881-1972, francês. Literatura, história.
344. Fernando Ortiz, 1881-1969, cubano. Direito, etnografia, folclore, história, filologia, geografia, economia, musicologia.
345. Pierre Teilhard de Chardin, 1881-1955, francês. Jesuíta. Geologia, paleontologia, filosofia, teologia.
346. Eugenio d'Ors, 1881-1954, espanhol. Ensaísta de arte, literatura etc.
347. Pavel Florensky, 1882-1937, russo. Sacerdote. Matemática, filosofia, teologia, história da arte, engenharia elétrica.
348. Otto Neurath, 1882-1945, austríaco. Economia, política, sociologia, história, literatura. Enciclopedista.
349. John Maynard Keynes, 1883-1946, inglês. Economia, história.
350. José Ortega y Gasset, 1883-1955, espanhol. Filósofo, sociólogo, historiador.
351. Philipp Frank, 1884-1966, austríaco. Física, matemática, filosofia.
352. Edward Sapir, 1884-1939, norte-americano. Linguística, antropologia, psicologia, filosofia.
353. György Lukács, 1885-1971, húngaro. Filosofia, crítica literária, história, sociologia.
354. Karl Polanyi, 1886-1964, húngaro. Economia, história, antropologia, sociologia, filosofia.
355. Julien Cain, 1887-1974, francês. História, história da arte. Enciclopedista.
356. Julian Huxley, 1887-1975, inglês. Zoologia, fisiologia.
357. Gregorio Marañón, 1887-1960, espanhol. Medicina, psicologia, história, filosofia.

Apêndice: Quinhentos polímatas ocidentais

358. Erwin Schrödinger, 1887-1961, austríaco. Física, psicologia experimental, biologia, filosofia.
359. Erich Rothacker, 1888-1965, alemão. Filosofia, sociologia, psicologia, história.
360. Robin George Collingwood, 1889-1943, inglês. Filosofia, arqueologia, história.
361. Gerald Heard, 1889-1971, inglês. Ciência, religião, parapsicologia.
362. Siegfried Kracauer, 1889-1966, alemão. História da arte, filosofia, sociologia, estudos de cinema.
363. Charles Ogden, 1889-1957, inglês. Psicologia, linguagem, educação.
364. Alfonso Reyes, 1889-1959, mexicano. Filosofia, literatura.
365. Arnold Toynbee, 1889-1975, inglês. Clássicos, história, relações internacionais.
366. Vannevar Bush, 1890-1974, norte-americano. Engenharia, ciência da computação. Inventor.
367. Victoria Ocampo, 1890-1979, argentina. Crítica, biografia.
368. Michael Polanyi, 1891-1976, húngaro. Química, economia, filosofia.
369. Walter Benjamin, 1892-1940, alemão. Filosofia, literatura, história.
370. John B. S. Haldane, 1892-1964, inglês. Genética, fisiologia, bioquímica, biometria.
371. Karl Mannheim, 1893-1947, húngaro. Sociologia, história, filosofia.
372. Henry A. Murray, 1893-1988, norte-americano. Fisiologia, bioquímica, psicologia, literatura.
373. Ivor Richards, 1893-1979, inglês. Filosofia, literatura, linguagem, psicologia, educação.
374. Aldous Huxley, 1894-1963, inglês. Ensaísta e polímata passivo.

375. Harold Innis, 1894-1952, canadense. História, economia, comunicações.
376. Friedrich Pollock, 1894-1970, alemão. Economia, sociologia.
377. Beardsley Ruml, 1894-1960, norte-americano. Estatística, economia, ciências sociais.
378. Warren Weaver, 1894-1978, norte-americano. Engenharia, matemática, agricultura, ciência da computação.
379. Norbert Wiener, 1894-1964, norte-americano. Matemática, engenharia, filosofia, cibernética.
380. Joseph Henry Woodger, 1894-1981, inglês. Zoologia, filosofia, matemática.
381. Mikhail Bakhtin, 1895-1975, russo. Filosofia, crítica literária, linguagem, teologia.
382. Richard Buckminster ("Bucky") Fuller, 1895-1983, norte-americano. Engenheiro, inventor, futurologista.
383. Max Horkheimer, 1895-1973, alemão. Filosofia, sociologia, história, psicologia.
384. Ernst Jünger, 1895-1998, alemão. Entomologia, filosofia.
385. Lewis Mumford, 1895-1990, norte-americano. Crítica, sociologia, história, interesse em geografia, geologia, economia, biologia, ecologia.
386. Edmund Wilson, 1895-1972, norte-americano. Crítica, história, sociologia.
387. Roman Jakobson, 1896-1982, russo. Filologia, literatura, psicologia, folclore.
388. Georges Bataille, 1897-1962, francês. Bibliotecário. Filosofia, economia, sociologia, antropologia.
389. Kenneth Burke, 1897-1993, norte-americano. Crítica, retórica, filosofia, sociologia.
390. Norbert Elias, 1897-1990, alemão. Filosofia, sociologia, psicologia, história.

Apêndice: Quinhentos polímatas ocidentais

391. Károly Kerényi, 1897-1973, húngaro. Clássicos, filosofia, psicologia.
392. Benjamin Lee Whorf, 1897-1941, norte-americano. Engenharia, linguística, antropologia.
393. Roger Bastide, 1898-1974, francês. Filosofia, sociologia, antropologia, psicanálise.
394. Georges Dumézil, 1898-1986, francês. Filologia, religião comparada.
395. Warren McCulloch, 1898-1969, norte-americano. Matemática, filosofia, psicologia, neurociência, cibernética.
396. Jean Piaget, 1896-1980, suíço. Psicologia, filosofia, botânica, biologia.
397. Leó Szilárd, 1898-1964, húngaro. Engenharia, física, biologia. Inventor.
398. Jorge Luis Borges, 1899-1986, argentino. Filosofia, línguas, matemática, história.
399. Friedrich (von) Hayek, 1899-1992, austríaco. Economia, ciência política, psicologia, filosofia da ciência.
400. Robert M. Hutchins, 1899-1977, norte-americano. Direito, educação.
401. Vladimir Nabokov, 1899-1977, russo. Literatura comparada, entomologia.
402. Nicolas Rashevsky, 1899-1972, russo. Física, biologia matemática.
403. Alfred Schütz, 1899-1959, austríaco. Filosofia, sociologia.
404. Gilberto Freyre, 1900-1987, brasileiro. História, sociologia, antropologia.
405. Erich Fromm, 1900-1980, alemão. Psicologia, história, filosofia, sociologia.
406. Ralph W. Gerard, 1900-1974, norte-americano. Medicina, biofísica, bioquímica, neurociência, teoria geral dos sistemas (GST).
407. Leo Löwenthal, 1900-1993, alemão. Sociologia, literatura, filosofia, história.

408. Joseph Needham, 1900-1995, inglês. Biologia (embriologia), sinologia, história da ciência.
409. Franz Leopold Neumann, 1900-1954, alemão. Direito, ciência política.
410. John D. Bernal, 1901-1971, irlandês. Cristalografia, biologia, física, história e sociologia da ciência.
411. Ludwig von Bertalanffy, 1901-1972, austríaco. Filosofia, biologia, psicologia, teoria geral dos sistemas (GST).
412. Paul Lazarsfeld, 1901-1976, austríaco. Matemática, psicologia, sociologia.
413. Charles W. Morris, 1901-1979, norte-americano. Engenharia, psicologia, filosofia, semiótica.
414. Linus Pauling, 1901-1994, norte-americano. Físico-química, física matemática, biologia, medicina.
415. Mortimer J. Adler, 1902-2001, norte-americano. Filosofia, direito, educação, psicologia, economia.
416. Fernand Braudel, 1902-1985, francês. História, geografia, economia, sociologia.
417. Harold Lasswell, 1902-1978, norte-americano. Ciência política, psicologia, direito, sociologia.
418. Oskar Morgenstern, 1902-1977, alemão. Economia, matemática.
419. Theodor W. Adorno, 1903-1969, alemão. Filosofia, sociologia, psicologia, musicologia.
420. William Ross Ashby, 1903-1972, inglês. Medicina, psiquiatria, neurologia, cibernética.
421. Peter A. Boodberg (Pyotr Alekseyevich Budberg), 1903-1972, russo. Linguista, sinólogo.
422. Henry Corbin, 1903-1978, francês. Filosofia, teologia, história, estudos islâmicos.
423. George Evelyn Hutchinson, 1903-1991, inglês. Zoologia, ecologia, história da arte, arqueologia, psicanálise.

424. Konrad Lorenz, 1903-1989, austríaco. Zoologia, psicologia, etologia, ecologia.
425. John von Neumann, 1903-1957, húngaro/norte-americano. Matemática, ciência da computação, biologia, história.
426. Gregory Bateson, 1904-1980, inglês. Antropologia, psicologia, biologia.
427. Raymond Aron, 1905-1983, francês. Filosofia, política, sociologia, história.
428. Jean-Paul Sartre, 1905-1980, francês. Filosofia, crítica, política.
429. Charles P. Snow, 1905-1980, inglês. Físico-quimica, educação.
430. Edward Haskell, 1906-1986, norte-americano. Sociologia, antropologia, filosofia, ciência unificada.
431. Samuel Hayakawa, 1906-1992, norte-americano. Linguística, psicologia, filosofia, musicologia.
432. Marie Jahoda, 1907-2001, austríaca. Psicologia, sociologia, estudos científicos.
433. Jacob Bronowski, 1908-1974, inglês. Matemática, biologia, história da ciência, ideias.
434. Ernesto de Martino, 1908-1965, italiano. Etnologia, filosofia, história, interesse em arqueologia, psicanálise.
435. Pedro Laín Entralgo, 1908-2001, espanhol. Medicina, história, filosofia.
436. Isaiah Berlin, 1909-1997, inglês. Filosofia, história, estudos russos.
437. Norberto Bobbio, 1909-2004, italiano. Filosofia, direito, ciência política.
438. Peter Drucker, 1909-2005, norte-americano/austríaco. Economia, sociologia, psicologia, teoria da administração.
439. Ernst Hans Gombrich, 1909-2001, inglês/austríaco. História, história da arte, aproximando-se da psicologia experimental e biologia.

440. David Riesman, 1909-2002, norte-americano. Sociologia, psicologia, educação, direito, política.
441. Joseph Jackson Schwab, 1909-1988, norte-americano. Biologia, educação.
442. Kenneth Boulding, 1910-1993, inglês. Economia, mas também escreveu sobre sociedade, conhecimento, conflito, paz, ecologia e história.
443. Marjorie Grene (nome de nascimento: Glickman), 1910-2009, americana. Filosofia, biologia, história e filosofia da ciência.
444. George C. Homans, 1910-1989, norte-americano. Sociologia, história, antropologia.
445. Paul Goodman, 1911-1972, norte-americano. Crítico literário, psicoterapeuta, filósofo, sociólogo.
446. Louis Henry, 1911-1991, francês. Demografia, história.
447. Marshall McLuhan, 1911-1980, canadense. Literatura, estudos de mídia.
448. Anatol Rapoport, 1911-2007, russo. Matemática, biologia, psicologia, teoria geral dos sistemas (GST).
449. Bernard Berelson, 1912-1979, norte-americano. Literatura, sociologia, gestão do conhecimento.
450. Karl Deutsch, 1912-1992, tcheco. Direito, relações internacionais, ciência política, cibernética.
451. Alan Turing, 1912-1954, inglês. Matemático, filósofo, criptoanalista, engenheiro, biólogo.
452. Carl Friedrich von Weizsäcker, 1912-2007, alemão. Astronomia, física, filosofia, sociologia.
453. Roger Caillois, 1913-1978, francês. Literatura, sociologia.
454. Barrington Moore, 1913-2005, norte-americano. Sociologia, política, história.
455. Paul Ricoeur, 1913-2005, francês. Filosofia, psicanálise, história, literatura.

Apêndice: Quinhentos polímatas ocidentais

456. Zevedei Barbu, 1914-1993, romeno. Filosofia, psicologia, sociologia, história.
457. Daniel Boorstin, 1914-2004, norte-americano. História, direito, sociologia.
458. Julio Caro Baroja, 1914-1995, espanhol. História, antropologia, linguística.
459. Constantínos Doxiádis, 1914-1975, grego. História, geografia, antropologia, "equística".
460. Roland Barthes, 1915-1980, francês. Crítica, linguística, sociologia, semiótica.
461. Albert Hirschman, 1915-2012, alemão/norte-americano. Economia, política, história, antropologia.
462. Donald T. Campbell, 1916-1996, norte-americano. Psicologia, sociologia, antropologia, biologia e filosofia.
463. James G. Miller, 1916-2002, norte-americano. Psicologia, farmacologia, biologia, teoria geral dos sistemas (GST).
464. Claude Shannon, 1916-2001, norte-americano. Inventor. Matemática, engenharia, genética, ciência da computação.
465. Herbert Simon, 1916-2001, norte-americano. Ciência política, economia, psicologia, inteligência artificial.
466. Edward N. Lorenz, 1917-2008, norte-americano. Matemática, meteorologia.
467. Ray Birdwhistell, 1918-1994, norte-americano. Antropologia, linguística, comunicação, "cinésica".
468. Richard Feynman, 1918-1988, norte-americano. Física, biologia, astronomia.
469. Jack Goody, 1919-2015, inglês. Antropologia, história, sociologia.
470. Hans Blumenberg, 1920-1996, alemão. Filosofia, história intelectual, teologia, literatura ("metaforologia").
471. John Maynard Smith, 1920-2004, inglês. Engenharia, biologia, matemática.

472. George A. Miller, 1920-2012, norte-americano. Linguística, psicologia, ciência cognitiva.
473. Thomas Sebeok, 1920-2001, húngaro-americano. Linguística, antropologia, folclore, semiótica, "zoosemiótica".
474. Edmund S. Carpenter, 1922-2011, norte-americano. Antropologia, arqueologia, estudos da comunicação.
475. Yuri Lotman, 1922-1993, russo. Filologia, literatura, história, semiótica.
476. Darcy Ribeiro, 1922-1997, brasileiro. Antropologia, sociologia, história, educação.
477. René Girard, 1923-2015, francês. História, filosofia, literatura, teoria da violência.
478. David Lowenthal, 1923-2018, norte-americano. Geografia, história, estudos patrimoniais.
479. Walter Pitts, 1923-1969, norte-americano. Matemática, filosofia, biologia, neurociência.
480. Jacob Taubes, 1923-1987, austríaco. Teologia, filosofia, sociologia.
481. Benoît Mandelbrot, 1924-2010, francês. Matemático. Geometria, física, geologia, economia.
482. Michel de Certeau, 1925-1986, francês. Jesuíta. Filosofia, teologia, psicanálise, história, sociologia e antropologia.
483. Gilles Deleuze, 1925-1995, francês. Filósofo, crítico de literatura, arte e cinema.
484. Ernest Gellner, 1925-1995, tcheco/inglês. Filosofia, antropologia, história, sociologia.
485. Michel Foucault, 1926-1984, francês. Filosofia, história, geografia, sociologia, política.
486. Niklas Luhmann, 1927-1998, alemão. Sociologia, direito, economia, política, arte, religião, ecologia, psicologia.
487. Marvin Minsky, 1927-2016, norte-americano. Matemática, psicologia, engenharia, ciência da computação.

488. Allen Newell, 1927-1992, norte-americano. Matemática, psicologia, ciência da computação.
489. Giorgio Prodi, 1928-1987, italiano. Medicina, biologia, filosofia, biossemiótica.
490. André Gunder Frank, 1929-2005, alemão/norte-americano. Economia, sociologia, história, antropologia.
491. Pierre Bourdieu, 1930-2002, francês. Filosofia, antropologia, sociologia.
492. Jacques Derrida, 1930-2004, francês argelino. Filosofia, linguística, crítica literária.
493. Pierre-Félix Guattari, 1930-1992, francês. Psicanálise, filosofia, semiologia, "ecosofia".
494. Ronald Dworkin, 1931-2013, norte-americano. Direito, filosofia, política.
495. Umberto Eco, 1932-2016, italiano. Filosofia, literatura, semiótica.
496. Oliver Sacks, 1933-2015, Inglês. neurologia, psiquiatria, botânica, biologia, história da ciência.
497. Susan Sontag (nome de nascimento: Rosenblatt), 1933-2004, norte-americana. Filosofia, crítica, fotografia etc.
498. Edward Said, 1935-2003, norte-americano. Crítica, filosofia, história, teoria pós-colonial, música.
499. Tzvetan Todorov, 1939-2017, búlgaro. Filosofia, crítica literária, história, sociologia, política.
500. Stephen J. Gould, 1941-2002, norte-americano. Geologia, paleontologia, biologia.

Referências bibliográficas

Lista de abreviações

ANB – *American National Biography*. 24v. Nova York: Oxford University Press, 1999.

DBI – *Dizionario Biografico degli Italiani*. Alberto Maria Ghisalberti (org.). Roma: Istituto della Enciclopedia Italiana, 1960-.

DSB – *Dictionary of Scientific Biography*. Charles C. Gillispie (org.). 16v. Nova York: Scribner, 1970-1980.

GDLI – *Grande Dizionario della Lingua Italiana*. Salvatore Battaglia (org.). 21v. Turim: Unione Tipografico-Editrice Torinese, 1961-2002.

IESBS – *International Encyclopedia of Social and Behavioral Sciences*. James Wright (org.). 2.ed. 26v. Amsterdã: Elsevier, 2015.

JHI – *Journal of the History of Ideas*. Filadélfia: University of Pennsylvania Press, 1940-.

ODNB – *Oxford Dictionary of National Biography*. Henry Matthew; Brian Harrison (orgs.) 60v. Oxford: Oxford University Press, 2004.

Referências

ABAJO, Antonio Astorgano. *Lorenzo Hervás y Panduro*: 1735-1809. Toledo, Espanha: Almud, 2010.
ACKERMAN, Robert. Frazer, *Sir* James George. *ODNB*, v.20, p.892-3.
_____. *J. G. Frazer*: His Life and Work. Cambridge: Cambridge University Press, 1987.
ADAMSON, Peter. *Al-Kindī*. Oxford: Oxford University Press, 2007.
AHMED, Waqas Akbar. *The Polymath*: Unlocking the Power of Human Versatility. Chichester, Inglaterra: Wiley, 2019.
AKERMAN, Susanna. *Queen Christina of Sweden and her Circle*. Leiden, Holanda: E. J. Brill, 1991.
AL-AZMEH, Aziz. *Ibn Khaldun in Modern Scholarship*: A Study in Orientalism. Londres: Third World Centre for Research and Publishing, 1981.
ALAZRAKI, Jaime. *Borges and the Kabbalah*. Cambridge: Cambridge University Press, 1988.
ALBANESE, M. Magliabechi, Antonio. *DBI*, v.67, p.422-7.
ALDRIDGE, Alfred O. *Benjamin Franklin*: Philosopher and Man. Filadélfia: J. B. Lippincott, 1965.
ALMAGIA, Roberto. Leonardo da Vinci geografo e cartografo. In: *Atti del Convegno di Studi Vinciani*. Florença: L. S. Olschki, 1953.
ALMANSI, Guido. The Triumph of the Hedgehog. In: SCOTT JR.; Nathan A.; SHARP, Ronald A. (orgs.). *Reading George Steiner*. Baltimore, Maryland: Johns Hopkins University Press, 1994.
ALMEIDA, Ivan. Borges and Peirce, on Abduction and Maps. *Semiotica*, v.140, p.113-31, 2002.
ALSTED, Johann Heinrich. Prefácio. *Encyclopaedia septem tomis distincta*. 7v. Herborn, Alemanha: G. Corvini, 1630.
ALLARDYCE, Gilbert. The Rise and Fall of the Western Civilization Course. *American Historical Review*, v.87, p.695-725, 1982.
AMACHER, Peter. Freud, Sigmund. *DSB*, v.5, p.171-83.
AMRINE, F. et al. *Goethe and the Sciences*. Dordrecht, Holanda: Reidel, 1987.

ANAWATI, Georges C.; ISKANDAR, Albert Z. Ibn Sina. *DSB*, v.15, supl.1, p.495-501.

ANDERSON, Benedict. *The Spectre of Comparisons*: Nationalism, Southeast Asia and the World. Londres: Verso, 1998.

_____. *Imagined Communities*: Reflections on the Origin and Spread of Nationalism. ed. rev. Londres: Verso, 1991. [1.ed.: 1983.] [ed. bras.: Comunidades imaginadas. São Paulo: Companhia das Letras, 2011.]

ANGELL, James R. Yale's Institute of Human Relations. *Religious Education*, v.24, p.583-8, 1929.

ANTOGNAZZA, Maria Rosa. *Leibniz*: A Very Short Introduction. Oxford: Oxford University Press, 2016.

_____. *Leibniz*: An Intellectual Biography. Cambridge: Cambridge University Press, 2009.

APPELSMEYER, Heide; BILLMANN-MAHECHA, Elfriede (orgs.). *Kulturwissenschaft*: Felder einer prozeßorientierten wissenschaftlichen Praxis. Weilerswist, Germânia: Velbrück Wiss., 2001.

ARDREY, Robert. *The Territorial Imperative*: A Personal Enquiry into the Animal Origins of Property and Nations. Nova York: Atheneum, 1966.

ARMOCIDA, Giuseppe. Lombroso, Cesare. *DBI*, v.65, p.548-53.

_____; RIGO, Gaetana S. Mantegazza, Paolo. *DBI*, v.69, p.172-5.

ARMSTRONG, Daniel; VAN SCHOONEVELD, C. H. (orgs.). *Roman Jakobson*: Echoes of his Scholarship. Lisse, Holanda: Peter de Ridder Press, 1977.

ARNOLD, H. J. P. *William Henry Fox Talbot*: Pioneer of Photography and Man of Science. Londres: Hutchinson Benham, 1977.

ARON, Raymond. *Main Currents in Sociological Thought*. 2v. Harmondsworth, Londres: Doubleday Anchor, 1968-1970. [ed. bras.: As etapas do pensamento sociológico. 7.ed. São Paulo: Martins Fontes, 2008.]

ARTEAGA, Almudena de. *Beatriz Galindo, La Latina*: Maestra de reinas. Madri: Edaf, 2007.

ASHBY, Charlotte Tag Gronberg; SHAW-MILLER, Simon (orgs.). *The Viennese Café and Fin-de-Siècle Culture*. Nova York: Berghahn Books, 2013.

ASHTON, Rosemary. Evans, Marian. *ODNB*, v.18, p.730-43.

_____. *G. H. Lewes*: A Life. Oxford: Clarendon Press, 1991.

ASPRAY, William. *John von Neumann and the Origins of Modern Computing*. Cambridge, Massachusetts: MIT Press, 1990.

ATIYEH, George N. *Al-Kindi*: The Philosopher of the Arabs. Rawalpindi, Paquistão: Islamic Research Institute, 1966.

AUBREY, John. *Aubrey's Brief Lives*. Org. Oliver L. Dick. Londres: Secker and Warburg, 1960.

AUFRÈRE, Sydney. *La Momie et la tempête*. Avignon, França: A. Barthélemy, 1990.

AXTELL, James. *Wisdom's Workshop*: The Rise of the Modern University. Princeton, Nova Jersey: Princeton University Press, 2016.

BABBAGE, Charles. *On the Economy of Machinery and Manufactures*. 2.ed. Londres: Cambridge University Press, 2009. [1.ed.: 1832.]

BAILLET, Adrien. Prefácio. *Jugements des Savants sur les principaux ouvrages des auteurs*. 4v. Paris: A. Dezallier, 1685-1686.

BAKER, Keith M. *Condorcet*: From Natural Philosophy to Social Mathematics. Chicago: University of Chicago Press, 1975.

BÁN, Imre. *Apáczai Csere János*. Budapeste: Akadémiai Kiadó, 1958.

BARBIER, Frédéric (org.). *Les Trois révolutions du livre*. Genebra: Droz, 2001.

BAREGGI, Claudia. *Il mestiere di scrivere*. Roma: Bulzoni, 1988.

BARNER, Wilfried. Lessing zwischen Burgerlichkeit und Gelehrtheit. In: VIERHAUS, Rudolf (org.). *Bürger und Bürgerlichkeit im Zeitalter der Aufklärung*. Heidelberg: Lambert Schneider, 1981.

BARROW, Isaac. *The Sermons and Expository Treatises of Isaac Barrow*. Edimburgo: Thomas Nelson, 1839.

BARTHES, Roland. *L'Empire des signes*. Genebra; Paris: Skira; Flammarion, 1970.

_____. *Système de la mode*. Paris: Seuil, 1967.

BATTISTI, Eugenio. *Filippo Brunelleschi*. Milão: Electa, 1976.

BAXTER, Richard. *Holy Commonwealth, or, Political Aphorisms, Opening the True Principles of Government*. Londres: Thomas Underhill; Francis Taylor, 1659.

BAYLE, Pierre. *Œuvres diverses*. 4v. Paris: Compagnie des Librairies, 1737.

BAYLY, Chris A. *Empire and Information*: Intelligence Gathering and Social Communication in India, 1780-1870. Cambridge: Cambridge University Press, 1996.

BECKETT, Andy. PPE: The Oxford Degree that Runs Britain. *Guardian*, 23 fev. 2017. Disponível em: <https://www.theguardian.com/education/2017/feb/23/ppe-oxford-university-degree-that-rules-britain>. Acesso em: 4 abr. 2018.

BECKWITH, Guy V. The Generalist and the Disciplines: The Case of Lewis Mumford. *Issues in Integrative Studies*, v.14, p.7-28, 1996.

BECHER, Tony; TROWLER, Paul R. *Academic Tribes and Territories*: Intellectual Inquiry and the Cultures of Disciplines. 2.ed. Buckingham, Inglaterra: Open University Press, SRHE, 2001. [1.ed.: 1989.]

BEER, Gillian. *Darwin's Plots*: Evolutionary Narrative in Darwin, George Eliot, and Nineteenth-Century Fiction. Londres; Boston; Melbourne; Henley: Routledge and Kegan Paul, 1983.

BEHRINGER, Wolfgang. Communications Revolutions. *German History*, v.24, p.333-74, 2006.

BEIDELMAN, Thomas O. *W. Robertson Smith and the Sociological Study of Religion*. Chicago: University of Chicago Press, 1974.

BELL, Alan. Stephen, Leslie. *ODNB*, v.52, p.447-5.

BELLITTO, Christopher; IZBICKI, Thomas M.; CHRISTIANSON, Gerald (orgs.). *Introducing Nicholas of Cusa*: A Guide to a Renaissance Man. Nova York: Paulist Press, 2004.

BELLUCCI, Dino. Melanchthon et la défense de l'astrologie. *Bibliothèque d'Humanisme et Renaissance*, v.50, p.587-622, 1988.

BENOÎT, Jean-Louis. *Tocqueville*: Un Destin paradoxal. Paris: Bayard, 2005.

BENZ, Ernst. *Emanuel Swedenborg*: Visionary Savant in the Age of Reason. West Chester, Pensilvânia: Swedenborg Foundation, 2002. [1.ed.: 1948.]

BERKOWITZ, David S. *John Selden's Formative Years*: Politics and Society in Early Seventeenth-Century England. Washington, DC: Folger Books, 1988.

BERLIN, Isaiah. Herder and the Enlightenment. In: *Vico and Herder*: Two Studies in the History of Ideas. Londres: Hogarth, 1976.

_____. *The Hedgehog and the Fox*: An Essay on Tolstoy's View of History. Londres: Weidenfeld and Nicolson, 1953.

_____. *Karl Marx*: His Life and Environment. Londres: Thornton Butterworth, 1939. [ed. port.: *Karl Marx*: a vida e a época. Portugal: Edições 70, 2014.]

BERNAYS, Jakob. *Joseph Justus Scaliger*. Berlim: W. Hertz, 1855.

BESTERMAN, Theodore. *Voltaire*. Londres: Harcourt, Brace and World, 1969.

BEVAN, Michael; MACCLANCY, Jeremy. Rivers, William Halse. *ODNB*, v.47, p.48-9.

BIAGI, Maria Luisa Altieri. *Lingua e cultura di Francesco Redi, medico*. Florença: L. S. Olschki, 1968.

BIARD, Agnès Dominique Bourel; BRIAN, Eric (orgs.). *Henri Berr et la culture du XXe siècle*. Paris: Albin Michel, 1997.

BIERMANN, Kurt-R. Alexander von Humboldt als Initiator und Organisator internationaler Zusammenarbeit auf geophysikalischen Gebiet. In: FORBES, Eric G. (org.). *Human Implications of Scientific Advance*. Edimburgo: Edinburgh University Press, 1978.

_____. Humboldt, F. W. H. A. von. *DSB*, v.6, p.551.

_____; SCHWARZ, Ingo. Der polyglotte Alexander von Humboldt. *Mitteilungen der Alexander von Humboldt-Stiftung*, v.69, p.39-44, 1997.

BIRCH, Una. *Anna van Schurman*: Artist, Scholar, Saint. Londres: London, Longmans, Green and Co., 1909.

BISHOP, Paul (org.). *Companion to Goethe's Faust*. Woodbridge, Nova Jersey: Camden House, 2006.

BLACK, Max. *Models and Metaphors*: Studies in Language and Philosophy. Ithaca, NovaYork: Cornell University Press, 1962.

BLACKHAWK, Ned; WILNER, Isaiah L. (orgs.). *Indigenous Visions*: Rediscovering the World of Franz Boas. New Haven, Connecticut; Londres: Yale University Press, 2018.

BLAIR, Ann M. Humanism and Printing in the Work of Conrad Gessner. *Renaissance Quarterly*, v.70, p.1-43, 2017.

_____. Revisiting Renaissance Encyclopaedism. In: KÖNIG, Jason; WOOLF, Greg (orgs.). *Encyclopaedism from Antiquity to the Renaissance*. Cambridge: Cambridge University Press, 2013.

_____. *Too Much to Know*: Managing Scholarly Information before the Modern Age. New Haven, Connecticut: Yale University Press, 2010.

_____. *The Theater of Nature*: Jean Bodin and Renaissance Science. Princeton, Nova Jersey: Princeton University Press, 1997.

BLEKASTAD, Milada. *Comenius*: Versuch eines Umrisses von Leben, Werk und Schicksal des Jan Amos Komensky. Oslo, Praga: Universitetsforlaget, 1969.

BLUMENBERG, Hans. *Die Legitimität der Neuzeit*. Frankfurt: Suhrkamp, 1966. [ed. ing.: *The Legitimacy of the Modern Age*. Cambridge, Massachusetts: MIT Press, 1983.]

BOARDMAN, Philip. *The Worlds of Patrick Geddes*: Biologist, Town Planner, Re-Educator, Peace-Warrior. Londres: Routledge and Kegan Paul, 1978.

BODENHEIMER, F. S. Leonard de Vinci, biologiste. In: *Leonard de Vinci et l'expérience scientifique au XVIe siècle*. Paris: Presses Universitaires de France, 1953.

BOERHAAVE, Herman. *Methodus studii medici emaculata & accessionibus locupletata*. Amsterdã: Jacobus von Wetstein, 1751.

BOLDY, Steven. *Companion to Jorge Luis Borges*. Woodbridge, Nova Jersey: Tamesis, 2009.

BOLSCHE, Wilhelm. *Haeckel*: His Life and Work. Londres: T. Fisher Unwin, 1906.

BONDANELLA, Peter. *Umberto Eco and the Open Text, Semiotics, Fiction, Popular Culture*. Cambridge: Cambridge University Press, 1997.

BONNER, Anthony. *The Art and Logic of Ramon Llull*: A User's Guide. Leiden, Holanda; Boston: Brill, 2007.

BOOTH, Charlotte. *Hypatia*: Mathematician, Philosopher, Myth. Londres: Fonthill Media, 2017.

BORGES, Jorge Luis. An Autobiographical Essay. In: *The Aleph and other Stories*: 1933-1969. Londres: Jonathan Cape, 1971.

BORSCHE, Tilman. *Wilhelm von Humboldt*. Munique: Beck, 1990.

BOSQUET, Alain. *Roger Caillois*. Paris: Pierre Seghers, 1971.

BOST, Hubert. *Pierre Bayle*. Paris: Fayard, 2006.

BOSWELL, James. *The Life of Samuel Johnson*. Ed. Alexander Napier. 4v. Londres: George Bell and Sons, 1884. [1.ed.: 1791.]

BOURDIER, Franck. Geoffroy Saint-Hilaire, Étienne. *DSB*, v.5, p.355-8.

_____. Cuvier, Georges. *DSB*, v.3, p.521-8.

BOURDIEU, Pierre. *Homo academicus*. Cambridge: Polity Press, 1988. [1.ed.: 1984.] [ed. bras.: *Homo academicus*. Florianópolis: Editora da UFSC, 2011.]

_____. *Distinction*: A Social Critique of the Judgement of Taste. Londres: Routledge and Kegan Paul, 1984. [1.ed.: 1979.] [ed. bras.: *A distinção*: crítica social do julgamento. São Paulo; Porto Alegre: Edusp; Zouk, 2007.]

BOUWSMA, William J. *Concordia Mundi*: The Career and Thought of Guillaume Postel. Cambridge, Massachusetts: Harvard University Press, 1957.

BOWDEN, Delia K. *Leibniz as Librarian, and Eighteenth-Century in Germany*. Londres: London University College, 1969.

BOXHORN, Marcus. *De polymathia*. Leiden, 1632.

BOYERS, Robert. Steiner as Cultural Critic: Confronting America. In: SCOTT JR., Nathan A.; SHARP, Ronald A. (eds.). *Reading George Steiner*. Baltimore, Maryland: Johns Hopkins University Press, 1994.

BOYLE, Nicholas. *Goethe*: The Poet and the Age. 2v. Oxford: Oxford University Press, 1991-2000.

BRABANT, Margaret (org.). *Politics, Gender, and Genre*: The Political Thought of Christine de Pizan. Boulder, Colorado: Westview, 1992.

BRADFORD, Richard. *Roman Jakobson*: Life, Language, Art. Londres; Nova York: Routledge, 1994.

BRADING, David. *The First America*: The Spanish Monarchy, Creole Patriots and the Liberal State, 1492-1866. Cambridge: Cambridge University Press, 1991.

BRENIER, Joel et al. Shen Gua (1031-1095) et les sciences. *Revue d'Histoire des Sciences*, v.42, n.4, p.333-51, 1989.

BRENT, Peter. *Charles Darwin*: A "Man of Enlarged Curiosity". Nova York, Londres: W. W. Norton, 1983. [1.ed.: 1981.]

BREWER, Anthony. Turgot: Founder of Classical Economics. *Economica*, v.54, p.417-28, 1987.

BRIGGS, J. Morton. Alembert, Jean Le Rondd. *DSB*, v.1, p.110-7.

BRINK, Jean R. Bathsua Makin: Educator and Linguist. In: BRINK, Jean R. (org.). *Female Scholars*: A Tradition of Learned Women before 1800. Montreal: Eden Press Women's Publications, 1980.

BROCK, Michael G; CURTHOYS, M. C. (orgs.). *The History of the University of Oxford*. v.7: *Nineteenth-Century Oxford*. Parte 2. Oxford: Clarendon Press, 2000.

BROOK, Timothy. *Mr. Selden's Map of China*: The Spice Trade, a Lost Chart and the South China Sea. Londres: Profile, 2015.

BROWN, Harcourt. Peiresc, *DSB*, v.X, p.488-92.

BROWNE, Janet. *Charles Darwin*. 2v. Londres: Princeton University Press, 1995-2002. [ed.bras.: *Charles Darwin*. 2v. São Paulo: Editora Unesp, 2011.]

BRUFORD, Walter H. *Culture and Society in Classical Weimar*: 1775-1806. 1.ed. Cambridge: Cambridge University Press, 1962.

BRUMFITT, John Henry. *Voltaire Historian*. Oxford: Oxford University Press, 1958.

BUCCHI, Gabriele; MANGANI, Lorella. Redi, Francesco. *DBI*, v.86, p.708-12.

BUCKLER, William E. "On the Study of Celtic Literature": A Critical Reconsideration. *Victorian Poetry*, v.27, p.61-76, 1989.

BUCHWALD, Jed. Z.; FEINGOLD, Mordechai. *Newton and the Origin of Civilization*. Princeton; Oxford: Princeton University Press, 2013.

BULLEN, J. B. *The Myth of the Renaissance in Nineteenth-Century Writing*. Oxford: Clarendon, 1994.

BULMER, Martin; BALES, Kevin; SKLAR, Kathryn K. (orgs.). *The Social Survey in Historical Perspective*: 1880-1940. Cambridge: Cambridge University Press, 1991.

BULMER, Martin; BULMER, Joan. Philanthropy and Social Science in the 1920s. *Minerva*, v.19, p.347-407, 1981.

BULMER, Michael. *Francis Galton*: Pioneer of Heredity and Biometry. Baltimore, Maryland; Londres: Johns Hopkins University Press, 2003.

BULLEN, J. B. *The Myth of the Renaissance in Nineteenth-Century Writing*. Oxford: Clarendon, 1994.

BURCKHARDT, Jacob. *The Civilisation of the Period of the Renaissance in Italy*. 2v. Londres: Kegan Paul & Co., 1878. [1.ed.: 1860.] [ed. bras.: *A cultura do Renascimento na Itália*: Um ensaio. São Paulo: Companhia das Letras, 2009.]

BURKE, Peter. *Exiles and Expatriates in the History of Knowledge, 1500-2000*. 1.ed. Waltham, Massachusetts: Brandeis University Press, 2017. [ed. bras.: *Perdas e ganhos*: exilados e expatriados na história do conhecimento na Europa e nas Américas, 1500-2000. São Paulo: Editora Unesp, 2017.]

_____. *What Is History of Knowledge?* Cambridge: Polity, 2015. [ed. bras.: *O que é história do conhecimento?* São Paulo: Editora Unesp, 2016.]

_____. *The French Historical Revolution*: The Annales School, 1929-2014. 2.ed. Cambridge: Wiley, 2015.

_____. *A Social History of Knowledge*. v.1: *From Gutemberg to Diderot*. Cambridge: Wiley, 2000. [ed. bras.: *Uma história social do conhecimento*. v.1: *De Gutenberg a Diderot*. Rio de Janeiro: Zahar, 2003.]

BURKE, Peter. *A Social History of Knowledge*. v.2: *From the Encyclopedie to Wikipedia*. Cambridge: Polity, 2012. [ed. bras.: *Uma história social do conhecimento*. v.2: *Da enciclopédia a Wikipédia*. 1.ed. Rio de Janeiro, Zahar, 2012.]

_____. The Polymath: A Cultural and Social History of an Intellectual Species. In: SMITH, D. F.; PHILSOOPH, H. (orgs.). *Explorations in Cultural History*: Essays for Peter McCaffery. Aberdeen, Escócia: University of Aberdeen Centre for Cultural History, 2010.

_____. Turn or Return? The Cultural History of Cultural Studies, 1500-2000. In: IRIMIA, Mihaela; IVANA, Drago (orgs.). *Literary into Cultural History*: De l'histoire à l'histoire culturelle. Bucareste, Romênia: Román IC, 2009.

_____. The Art of Re-Interpretation: Michel de Certeau. *Theoria*, v.100, p.27-37, 2002.

_____. Gutenberg Bewaltigen. Die Informationsexplosion im fruhneuzeitlichen Europa. *Jahrbuch fur Europaische Geschichte*, v.2, p.237-48, 2001.

_____. *Vico*. Oxford: Oxford University Press, 1985. [ed. bras.: *Vico*. São Paulo: Editora Unesp, 2001.]

_____; MCDERMOTT, Joseph. The Proliferation of Reference Books, 1450-1850. In: _____; _____ (orgs.). *The Book Worlds of East Asia and Europe, 1450-1850*: Connections and Comparisons. Hong Kong: Hong Kong University Press, 2015.

_____; PALLARES-BURKE, Maria Lúcia G. *Gilberto Freyre*: Social Theory in the Tropics. 2.ed. Oxford: Peter Lang Oxford, 2008. [ed. bras.: *Gilberto Freyre*: um vitoriano dos trópicos. São Paulo: Editora Unesp, 2005.]

BURNETT, Charles; DRONKE, Peter (orgs.). *Hildegard of Bingen*: The Context of her Thought and Art. Londres: University of London Press, 1998.

BURNS, James H. Crichton, James. *ODNB*, v.14, p.183-6.

BURSILL-HALL, Piers (org.). *R. J. Boscovich*: vita e attività scientifica. Roma: Istituto della Enciclopedia Italiana, 1993.

BURTON, Robert. *Anatomy of Melancholy*. Lv.1. Oxford: John Lichfield and James Short, 1621. [ed. bras.: *A anatomia da melancolia*. v.1. Curitiba: Editora da UFPR, 2011.]

BUTLER, Eliza Marian. *The Fortunes of Faust*. Pensilvânia: Pennsylvania State University Press, 1952.

BUTTERFIELD, D. J. (org.). *Varro Varius*: The Polymath of the Roman World. Cambridge: Cambridge Philological Society, 2015.

BUTTMANN, Gunter. *The Shadow of the Telescope*: A Biography of John Herschel. Nova York: Scribner, 1970. [1.ed.: 1965.]

BUTTS, Robert E. Whewell, William. *DSB*, v.14, p.292-5.

CAESAR, Michael. *Umberto Eco*: Philosophy, Semiotics and the Work of Fiction. Cambridge: Polity Press, 1999.

CALVET, Louis-Jean. *Roland Barthes*: A Biography. Bloomington, Indiana: Indiana University Press, 1994. [1.ed.: 1990.] [ed. bras.: *Roland Barthes*: Uma biografia. São Paulo: Siciliano, 1993.]

CAMPBELL, Donald T. Ethnocentrism of Disciplines and the Fish-Scale Model of Omniscience. In: SHERIF, Muzafer; SHERIF, Carolyn W. (orgs.). *Interdisciplinary Relationships in the Social Sciences*. Chicago: Aldine, 1969.

CAPALDI, Nicholas. *John Stuart Mill*: A Biography. Cambridge: Cambridge University Press, 2004.

CARELS, Peter E.; FLORY, Dan. J. H. Zedler's Universal Lexicon. In: KAFKER, Frank A. (org.). *Notable Encyclopaedias of the Seventeenth and Eighteenth Centuries*. Oxford: The Voltaire Foundation, 1981.

CARR, Edward. The Last Days of the Polymath. *Intelligent Life*, outono 2009.

CARR, Nicholas. *The Shallows*: How the Internet Is Changing the Way We Think, Read and Remember. Nova York: Atlantic Books, 2011. [ed. bras.: *A geração superficial*: o que a internet está fazendo com os nossos cérebros. Rio de Janeiro: Agir, 2019.]

CASAUBON, Méric. *Generall Learning*: A Seventeenth-Century Treatise on the Formation of the General Scholar. Org. Richard Serjeantson. Cambridge: RTM Publications, 1999.

CASSEDY, Steven. P. A. Florensky and the Celebration of Matter. In: KORNBLATT, Judith D.; GUSTAFSON, Richard F. (orgs.). *Russian Religious Thought*. Madison, Wisconsin: University of Wisconsin Press, 1996.

CASSIODORO. *Variarum Libri XII*. Ed. A. J. Fridh e J. W. Halporn. Turnhout, Bélgica: Turnhout Brepols, 1973.

CASTIGLIONE, Baldassare. *Il libro del Cortegiano*. Ed. Bruno Maier. Turim: Unione Tipografico-Editrice Torinese, 1964. [1.ed.: 1528.] [ed. bras.: *O cortesão*. 2.ed. São Paulo WMF Martins Fontes, 2019.]

CAT, Jordi. The Unity of Science. In: ZALTA, Edward N. (org.). *The Stanford Encyclopedia of Philosophy*. primavera 2017. Disponível em: <https://plato.stanford.edu/archives/spr2017/entries/scientific-unity>.

_____; CARTWRIGHT, Nancy; CHANG, Hasok. Otto Neurath: Politics and the Unity of Science. In: GALISON, Peter; STUMP, David J. (orgs.). *The Disunity of Science*: Boundaries, Contexts and Power. Stanford, Califórnia: Stanford University Press, 1996.

CAVAZZANA, C. Cassandra Fedele erudita veneziana del Rinascimento. *Ateneo veneto*, ano XXIX, v.II, ago. 1906.

CERTEAU, Michel de. *La Prise de parole*: Pour une nouvelle culture. Paris: Desclée de Brouwer, 1968.

_____; REVEL, Jacques; JULIA, Dominique. *Une Politique de la langue*: La Révolution Française et les patois. Paris: Gallimard, 1975.

Cícero. *De Oratore*, 3.xxxiii.

CLARK, Andrew. *The Life and Times of Anthony Wood*. 3v. Oxford: Oxford Historical Society, 1891-1894.

CLARK, Josh. How Curiosity Works. *HowStuffWorks*. Disponível em: <https://science.howstuffworks.com/life/evolution/curiosity1.htm>.

CLARK, Kenneth. *Leonardo da Vinci*. Harmondsworth, Londres: Penguin Books, 1958. [1.ed.: 1936.] [ed. bras.: *Leonardo da Vinci*: biografia ilustrada. Rio de Janeiro: Ediouro, 2004.]

CLARK, William. The Research Seminar. In: *Academic Charisma and the Origins of the Research University*. Chicago: University Chicago Press, 2006.

CLAYTON, Martin; PHILO, Ron. *Leonardo Anatomist*. Londres: Royal Collection Trust, 2012.

CLIVE, John. *Macaulay*: The Shaping of the Historian. Londres: Knopf, 1973.

CLUCAS, Stephen (org.). *John Dee*: Interdisciplinary Studies in English Renaissance Thought. Dordrecht: Springer, 2006.

CLULEE, Nicholas H. *John Dee's Natural Philosophy*. Londres: Routledge, 1988.

COCKBURN, John. *A Specimen of some Free and Impartial Remarks on Public Affairs and Particular Persons, Especially Relating to Scotland; Occasion'd by Dr. Burnet's History of his own Times*. Londres: J. Oldmixon, 1724.

COHEN, I. Bernard. Franklin, Benjamin. *DSB*, v.5, p.129-39.

COHN, Bernard S. *Colonialism and its Forms of Knowledge*. Princeton, Nova Jersey: Princeton University Press, 1996.

COLE, Douglas. *Franz Boas*: The Early Years, 1858-1906. Seattle, Washington: University of Washington Press, 1999.

COLLINI, Stefan. *Absent Minds*: Intellectuals in Britain. Oxford: Oxford University Press, 2006.

_____. Arnold, Matthew. *ODNB*, v.2, p.487-94.

_____. *Matthew Arnold*: A Critical Portrait. 2.ed. rev. Oxford: Clarendon Press, 1994. [1.ed.: 1988.]

COLLINS, Kenneth. Joseph Schorstein: R. D. Laing's "rabbi". *History of Psychiatry*, v.19, p.185-201, 2008.

COMENIUS, Jan Amos. De rerum humanarum emendatio consultatio catholica. *Works*, Praga, v.19, n.1, p.58-9, 2014.

_____. Pansophiae Praeludium (1637). *Works*, Praga, v.15, n.2, p.13-53, 1989.

_____. Conatum Pansophicorum Dilucidatio (1638). *Works*, Praga, v.15, n.2, p.59-79, 1989.

COMENIUS, Jan Amos. *Prodromus Pansophiae*. Org. e trad. Herbert Hornstein. Dusseldorf: Schwann, 1963.

_____. *Via Lucis, Vestigata & Vestiganda*. Amsterdã: Christophorum Cunradum, 1668.

_____. *Pansophiae Diatyposis* (1643). Londres: T. H. and Jo. Collins, 1651.

_____. *A Reformation of Schools*. Trad. Samuel Hartlib. Londres: Michael Sparke, 1642.

COMTE, Auguste. Préface personnelle. *Cours de Philosophie Positive*. 6v. Paris: Schleicher, 1907-1908. [1.ed.: 1830-1842.]

CONGDON, Lee. *Exile and Social Thought*: Hungarian Intellectuals in Germany and Austria, 1919-1933. Princeton, Nova Jersey: Princeton University Press, 1991.

COWAN, Ruth S. Galton, Francis. *ODNB*, v.21, p.346-9.

CRAMPTON, Jeremy W.; ELDEN, Stuart (orgs.). *Space, Knowledge and Power*: Foucault and Geography. Aldershot, Inglaterra: Ashgate, 2007.

CRAVEN, William G. *Giovanni Pico della Mirandola, Symbol of his Age*. Genebra: Droz, 1981.

CREATH, Richard. The Unity of Science: Carnap, Neurath and Beyond. In: GALISON, Peter; STUMP, David J. (orgs.). *The Disunity of Science*: Boundaries, Contexts and Power. Stanford, Califórnia: Stanford University Press, 1996.

CREESE, Mary R. S. Somerville, Mary. *ODNB*, v.51, p.617-9.

CROCE, Paul J. Peirce, Charles Sanders. *ANB*, v.17, p.252-4.

CROMBIE, Alistair C. *Robert Grosseteste and the Origins of Experimental Science*: 1100-1700. Oxford: Oxford University Press, 1953.

_____; NORTH, John. Bacon, Roger. *DSB*, v.1, p.377-85.

CROSSLEY, John N. *Raymond Llull's Contributions to Computer Science*. Austrália: Clayton School of Information Technology, 2005. Disponível em: <https://pdfs.semanticscholar.org/f65b/4947b808818f57a2faa992b07c223dfda31b. pdf?_ga=2.14880246.1543983518.1595849795-864910727.1595849795>.

CROWE, Michael J. Herschel, John Frederick William. *ODNB*, v.26, p.825-31.

CROWTHER-HEYCK, Hunter. *Herbert A. Simon*: The Bounds of Reason in Modern America. Baltimore, Maryland: Johns Hopkins University Press, 2005.

CUMBERLAND, Richard. *Memoirs of Richard Cumberland*. 2v. Londres: Lackington, Allen and Co., 1807.

CUMMINGS, Brian. Encyclopaedic Erasmus. *Renaissance Studies*, v.28, p.183-204, 2014.

CHADWICK, Henry. *Boethius*: The Consolation of Music, Logic, Theologie, and Philosophy. Oxford: Oxford University Press, 1981.

CHAFFEE, John. *The Thorny Gates of Learning in Sung China*: A Social History of Examinations. Cambridge: Cambridge University Press, 1985.

CHALINE, Jean-Pierre. *Sociabilité et érudition*: Les Sociétés savantes en France XIXe-XXe siècles. Paris: Comité des Travaux Historiques et Scientifiques, 1995.

CHAMBERLAIN, Michael. *Knowledge and Social Practice in Medieval Damascus*: 1190-1350. Cambridge: Cambridge University Press, 1994.

CHANG, Ha-Joon. *23 Things They don't Tell You about Capitalism*. Londres: Penguin, 2011. [ed. bras.: *23 coisas que não nos contaram sobre o capitalismo*. São Paulo: Cultrix, 2013.]

CHATELAIN, Jean-Marc. Philologie, Pansophie, Polymathie, Encyclopedie. In: WAQUET, Françoise. *Mapping the World of Learning*: The Polyhistor of Daniel George Morhof. Wiesbaden, Alemanha: Harrassowitz, 2000.

CHEYETTE, Frederic. Beyond Western Civilization. *The History Teacher*, v.10, p.533-8, 1977.

CHICKERING, Roger. *Karl Lamprecht*: A German Academic Life (1856-1915). Atlantic Highlands, Nova Jersey: Humanities Press, 1993.

CHRISTIANSON, Paul. Selden, John. *ODNB*, v.49, p.694-705.

DABNEY, Lewis M. *Edmund Wilson*: A Life in Literature. Nova York: Farrar, Straus and Giroux, 2005.

DAICHES, David (org.). *The Idea of a New University*: An Experiment at Sussex. Londres: Andre Deutsch, 1964.

DAIX, Pierre. *Braudel*. Paris: Flammarion, 1995. [ed. bras.: *Fernand Braudel*: uma biografia. Rio de Janeiro: Record, 1999.]

DALE, Gareth. *Karl Polanyi*: A Life on the Left. Nova York: Columbia University Press, 2016.

_____. *Karl Polanyi*: The Limits of the Market. Cambridge: Polity, 2010.

DANIEL, Glyn. Worm, Ole. *DSB*, v.14, p.505.

DANZI, Massimo. Resenha. *Conrad Gessner (1516-1565)*: Universalgelehrter und Naturforscher der Renaissance. *Bibliotheque d'Humanisme et Renaissance*, v.78, p.696-700, 2016. Disponível em: <https://www.academia.edu/31094460/rec._U._B._Leu_Conrad_Gessner_1516-1565_._Universalgelehrter_und_Naturforscher_der_Renaissance_Z%C3%BCrich_Verlag_Neue_Z%C3%BCrcher_Zeitung_2016_pp._463_dans_Biblioth%C3%A8que_dHumanisme_et_Renaissance_LXXVIII_2016_pp._696-700>.

DARWIN, Charles. Caderno de anotações, jul. 1838. In: *Cambridge University Library*. Disponível em: <https://www.darwinproject.ac.uk/tags/about-darwin/family-life/darwin-marriage>.

DARWIN, Francis (org.). The *Life and Letters of Charles Darwin, including an autobiographical chapter*. 2v. Londres: John Murray, 1887.

DASTON, Lorraine. The Academies and the Unity of Knowledge: The Disciplining of the Disciplines. *Differences*, v.10, p.67-86, 1998.

DAUM, Andreas W. *Wissenschaftspopularisierung in 19 Jht*: bürgerliche Kultur, naturwissenschaftliche Bildung und die deutsche Öffentlichkeit, 1848-1914. Munique: R. Oldenbourg, 1998.

DAVENPORT-HINES, Richard. *Universal Man*: The Seven Lives of John Maynard Keynes. Londres: HarperCollins, 2015.

DAVIDS, Karel. Amsterdam as a Centre of Learning in the Dutch Golden Age. In: O'BRIEN, Patrick et al. (orgs.). *Urban Achieve-*

ment in Early Modern Europe. Cambridge: Cambridge University Press, 2001.

DAVIDSON, Mark. *Uncommon Sense*: The Life and Thought of Ludwig Von Bertalanffy (1901-1972). Los Angeles, Califórnia: Tarcherperigree, 1983.

DAVIE, George E. *The Democratic Intellect*: Scotland and her Universities in the Nineteenth Century. 3.ed. Edimburgo: Edinburgh University Press, 2013. [1.ed.: 1961.]

_____. *The Crisis of the Democratic Intellect*: The Problem of Generalism and Specialization in Twentieth-Century Scotland. Nova York: Barnes and Noble, 1987. [1.ed. Edimburgo: Polygon, 1986.]

DAVILLÉ, Louis. *Leibniz historien*. Paris: Félix Alcan, 1909.

DAVIS, Allen. Lewis Mumford: Man of Letters and Urban Historian. *Journal of Urban History*, v.19, p.123-31, 1993.

DAVIS, Melanie. Sandra Risa Leiblum, Ph.D: Sexology's Renaissance Woman. *American Journal of Sexuality Education*, v.5, p.97-101, 2010.

DE BAAR, Mirjam et al. (orgs.). *Choosing the Better Part*: Anna Maria van Schurman (1607-1678). Dordrecht, Holanda: Kluwer, 1996.

DE BEER, Gavin. Darwin, Charles Robert. *DSB*, v.3, p.565-77.

DE COCQ, A. *Andrew Lang*: A Nineteenth Century Anthropology. Tilburgo, Holanda: Zwijsen, 1968.

DE FERRARI, Augusto; OECHSLIN, Werner. Caramuel Lobkowicz, Juan. *DBI*, v.19, p.621-6.

DE QUINCEY, Thomas. *Suspiria de profundis*. Edimburgo: Adam and Charles Black, 1881.

DE VRIES, Gerard. *Bruno Latour*. Cambridge: Polity, 2016.

DEI, Fabio. Pitrè, Giuseppe. *DBI*, v.84, p.293-7.

DEICHSTETTER, Georg (org.). *Caritas Pirckheimer, Ordensfrau und Humanistin*. Colônia, Alemanha: Wienand, 1982.

DEITZ, Luc. Johannes Wower of Hamburg, Philologist and Polymath. *Journal of the Warburg and Courtauld Institutes*, v.58, p.132-51, 1995.

DEKKER, Rudolf. *The Road to Ruin*: Dutch Universities, Past, Present and Future. Amsterdã: Panchaud, 2015.

DELBOURGO, James. *Collecting the World*: The Life and Curiosity of Hans Sloane. Londres: Allen Lane, 2017.

DELMOTTE, Florence. *Norbert Elias, la civilisation et l'Etat*: Enjeux épistémologiques et politiques d'une sociologie historique. Bruxelas: Université de Bruxelles, 2007.

DEMARIA JR., Robert. *The Life of Samuel Johnson*: A Critical Biography. Oxford: Blackwell, 1993.

_____. *Johnson's Dictionary and the Language of Learning*. Oxford: University of North Carolina Press, 1986.

DEROSAS, R. Corner, Elena Lucrezia. *DBI*, v.29, p.174-9.

DESMOND, Adrian. Huxley, Thomas Henry. *ODNB*, v.29, p.99-111.

_____. *Huxley*: Evolution's High Priest. Londres: Michael Joseph, 1997.

_____. *Huxley*: The Devill's Disciple. Londres: Michael Joseph, 1994.

_____; BROWNE, Janet; MOORE, James. Darwin, Charles Robert. *ODNB*, v.15, p.177-202.

DESROSIERES, Alain. *The Politics of Large Numbers*: A History of Statistical Reasoning. Cambridge, Massachusetts: Harvard University Press, 1998. [1.ed.: 1993.]

DIAMOND, Sigmund. *Compromised Campus*: The Collaboration of Universities with the Intelligence Community, 1945-1955. Nova York: Oxford University Press, 1992.

DIAMOND, Solomon. Wundt, Wilhelm. *DSB*, v.14, p.526-9.

DIJKSTERHUIS, Eduard J. *The Mechanization of the World Picture*. Oxford: Clarendon, 1961.

_____. *De Mechanisering van het wereldbeeld*. Amsterdã: J. M. Meulenhoff, 1950.

DOBBS, Betty J. T. *The Foundations of Newton's Alchemy*. Cambridge: Cambridge University Press, 1975.

DODD, Valerie A. *George Eliot*: An Intellectual Life. Londres: Palgrave Macmillan, 1990.

DODDS, Muriel. *Les Récits de voyages*: Sources de *L'Esprit des lois* de Montesquieu. Paris: Champion, 1929.

DONALDSON. William Lang, Andrew. *ODNB*, v.32, p.453-6.

DONNE, John. *An Anatomy of the World*. Londres: Samuel Macham, 1611.

DONNELLY, Kevin. *Adolphe Quételet, Social Physics and the Average Men of Science*: 1796-1874. Pittsburgh, Pensilvânia: University of Pittsburgh Press, 2015.

DONOSO, Anton. The University Graduate as Learned Ignoramus according to Ortega. In: *Ortega y Gasset Centennial*. Madri: Porrúa Turanzas, 1985.

DONOVAN, Arthur. *Antoine Lavoisier*: Science, Administration and Revolution. Cambridge: Cambridge University Press, 1993.

DORING, Detlef. Biographisches zu Samuel von Pufendorf. In: GEYER, Bodo; GOERLICH, Helmut (orgs.). *Samuel Pufendorf und seine Wirkungen bis auf die heutige Zeit*. Baden-Baden, Alemanha: Nomos Verlag, 1996.

DOSSE, Francois. *Michel de Certeau*: Le Marcheur blessé. Paris: La Découverte, 2002.

DOWNES, Kerry. Wren, Christopher. *ODNB*, v.60, p.406-19.

DROIXHE, Daniel. Leibniz et le débuts du comparativisme finno-ougrien. In: DE MAURO, Tullio; FORMIGARI, Lia (orgs.). *Leibniz, Humboldt and the Origins of Comparativism*. Amsterdã; Filadélfia: John Benjamins, 1990.

DRUCKER, Peter F. *Adventures of a Bystander*. Nova York: Harper & Row, 1978.

DUPRONT, Alphonse. *Pierre-Daniel Huet et l'exégèse comparatiste au XVIIe siècle*. Paris: Ernest Leroux, 1930.

DURIE, Alastair J.; HANDLEY, Stuart. Home, Henry, Lord Kames. *ODNB*, v.27, p.879-81.

DURKHEIM, Émile. *De la Division du travail social*. Paris: PUF, 1893. [ed. bras.: *Da divisão do trabalho social*. São Paulo: Martins Fontes, 1999.]

DVOŘAK, Petr; SCHMUTZ, Jacob (orgs.). *Juan Caramuel Lobkowitz, the Last Scholastic Polymath*. Praga: Filosofia, 2008.

DYKER, Edward. *Dumont d'Urville*: Explorer and Polymath. Dunedin, Nova Zelândia: University of Otago Press, 2014.

DYSON, George. *Turing's Cathedral*: The Origins of the Digital Universe. Londres: Pantheon, 2012.

DZUBACK, Mary Ann. *Robert M. Hutchins*: Portrait of an Educator. Chicago, Illinois: University of Chicago Press1991.

ECO, Umberto. *The Search for the Perfect Language*. Oxford: Wiley, 1995. [ed. bras.: *A busca da língua perfeita na cultura europeia*. São Paulo: Editora Unesp, 2018.]

_____. In Memory of Giorgio Prodi. In: JAWORKSI, Leda G. (org.). *Lo studio Bolognese*: campi de studio, di insegnamento, di ricerca, di divulgazione. Stony Brook, Nova York: Suny, 1994.

EHMAN, Esther. *Madame du Châtelet*. Leamington Spa, Inglaterra: Berg, 1986.

EISENHART, Churchill. Pearson, Karl. *DSB*, v.10, p.447-73.

EISERMANN, G. *Vilfredo Pareto*: Ein Klassiker der Soziologie. Tübingen, Alemanha: Mohr Siebeck, 1987.

ELDELIN, Emma. *"De tva kulturerna" flyttar hemifran*: C. P. Snows begrepp i svensk idedebatt, 1959-2005. Estocolmo: Carlsson Bokförlag, 2006.

ELDEN, Stuart. *Foucault's Last Decade*. Cambridge: Polity, 2016.

_____ (org.). *Sloterdijk Now*. 2.ed. Cambridge: Polity, 2012. [1.ed. Cambridge: University of New York Press, 2011.]

ELIAS, Norbert. Scientific Establishments (1982). In: *Collected Works of Norbert Elias*. v.14. Dublin: University College Dublin Press, 2009.

_____. *Collected Works of Norbert Elias*. 18v. Dublin: University College Dublin Press, 2006-2014.

_____. *Über Sich Selbst*. Frankfurt: Suhrkamp, 1990.

_____. Scientific Establishments. In: _____; MARTINS, Herminio; WHITELY, Richard (orgs.). *Scientific Establishments and Hierarchies*. Dordrecht: Holanda, Reidel, 1982.

ELIOT, George. *Romola*. 3v. Londres: Smith, Elder and Co., 1863.

ELIOT, George. *Middlemarch*: A Study of Provincial Life. 8v. Edimburgo; Londres: William Blackwood and Sons, 1871-1872. [ed. bras.: *Middlemarch*. Rio de Janeiro: Record, 1998.]

ELIOT, Simon. From Few and Expensive to Many and Cheap: The British Book Market, 1800-1890. In: _____; ROSE, Jonathan (orgs.). *A Companion to the History of the Book*. Oxford: Wiley; Blackwell, 2007.

ELMAN, Benjamin A. *On their own Terms*. Cambridge, Massachusetts: Harvard University Press, 2005.

_____. *A Cultural History of Civil Examinations in Late Imperial China*. Berkeley, Califórnia: University of California Press, 2000.

ELSEN, Sydney. Herbert Spencer and the Spectre of Comte. *Journal of British Studies*, v.7, p.48-67, 1967.

ELSNER, Jaś; CARDINAL, Roger (orgs.). *The Cultures of Collecting* (Critical Views). Londres: Reaktion Books, 1994.

ELVIN, Mark. "Introduction" to a symposium on the work of Joseph Needham. *Past and Present*, v.87, p.17-20, 1980.

ELYOT, Thomas. *The Book Named the Governor*. ed. *facsimile*. Menston, Inglaterra: Scolar Press, 1970. [1.ed.: 1531.]

EMERSON, Ralph W. *The Complete Works of Ralph Waldo Emerson*. 12v. Boston: Houghton Mifflin, 1903-1904.

ENGERMAN, David C. *Know your Enemy*: The Rise and Fall of America's Soviet Experts. Oxford: Oxford University Press, 2009.

ERIBON, Didier. *Michel Foucault*. Cambridge, Massachusetts: Cambridge University Press, 1991. [1.ed.: 1989.] [ed. bras.: *Michel Foucault*: uma biografia. São Paulo: Companhia das Letras, 1990.]

ERIKSSON, Gunnar. *The Atlantic Vision*: Olaus Rudbeck and Baroque Science. Massachusetts: Science History Publications, 1994.

ESPINOSA, Marisa González Montero de. *Lorenzo Hervás y Panduro, el gran olvidado de la Ilustración española*. Madri: Iberediciones, 1994.

ETTE, Otmar. *Alexander von Humboldt und die Globalisierung*: Das Mobile des Wissens. Frankfurt: Insel, 2009.

EVANS, David S. Herschel, John. *DSB*, v.6, p.323-8.

EVELYN, John. *Diary of John Evelyn*. Org. E. S. de Beer. 6v. Oxford: Oxford University Press, 1955.

FABRI, Johannis. *Decas decadum, sive plagiariorum et pseudonymorum centúria*. Leipzig, Alemanha: Haeredes F. Lanckischii, 1689.

FAIRWEATHER, Maria. *Madame de Staël*. Londres: Carroll and Graf, 2005.

FARMER, Steve A. *Syncretism in the West*: Pico's 900 Theses. Tempe, Arizona: Medieval Renaissance Texts Studies, 1998.

FARRELL, Michael P. *Collaborative Circles*: Friendship Dynamics and Creative Work. Chicago, Illinois: University of Chicago Press, 2001.

FASOLT, Constantin. Hermann Conring and the Republic of Letters. In: JAUMANN, Herbert (org.). *Die Europaische Gelehrtenrepublik im Zeitalter des Konfessionalismus*. Wiesbaden, Alemanha: Harrassowitz, 2001.

FEBVRE, L. et al. *Léonard de Vinci & l'expérience scientifique au seizième siècle*. Paris: Presses Universitaires de France, 1953.

FEINGOLD, Mordechai. Barrow, Isaac. *ODNB*, v.4, p.98-102.

_____. The Humanities. In: TYACKE, Nicholas (org.). *History of the University of Oxford*. v.4. Oxford: Clarendon, 1997.

_____ (org.). *Before Newton*: The Life and Times of Isaac Barrow. Cambridge: Cambridge University Press, 1990.

FELLMAN, Jack. The First Historical Linguist. *Linguistics*, v.41, p.31-4, 1974.

FERRONE, Vincenzo. The Man of Science. In: VOVELLE, Michel (org.). *Enlightenment Portraits*. Chicago, Illinois: University of Chicago Press, 1997. [1.ed.: 1995.]

FEUERHAHN, Wolf (org.). *La Fabrique international de la science*: Les Congrès Scientifiques de 1865 à 1945. Paris: CNRS, 2010.

FIGALA, Karin. Newton's Alchemy. In: COHEN, I. Bernard; SMITH, George E. (orgs.). *Cambridge Companion to Newton*. Cambridge, Massachusetts: Harvard University Press, 2002.

FINDLEN, Paula (org.). *Athanasius Kircher*: The Last Man Who Knew Everything. Londres: Routledge, 2003.

FIORANI, Francesca; NOVA, Alessandro (orgs.). *Leonardo da Vinci and Optics*: Theory and Pictorial Practice. Veneza: Marsilio, 2013.

FLANAGAN, Sabina. *Hildegard of Bingen, 1098-1179*: A Visionary Life. Londres: Routledge, 1989.

FLEMING, Julia. *Defending Probabilism*: The Moral Theology of Juan Caramuel. Washington, DC: Georgetown University Press, 2006.

FLETCHER, John (org.). *Athanasius Kircher und seine Beziehungen zum gelehrten Europa seiner Zeit*. Wiesbaden, Alemanha: Harrassowitz, 1988.

FLEURE, Herbert J. Haddon, Alfred. *ODNB*, v.24, p.411-2.

FLYNN, Gerard. Sor Juana Ines de la Cruz. In: BRINK, Jean R. Bathsua Makin: Educator and Linguist. In: BRINK, Jean R. (org.). *Female Scholars*: A Tradition of Learned Women before 1800. Montreal: Eden, 1980.

FOGEL, Michele. *Marie de Gournay*: Itinéraires d'une femme savante. Paris: Fayard, 2004.

FONTAINE, Philippe. Walking the Tightrope: The Committee on the Behavioral Sciences and Academic Cultures at the University of Chicago, 1949-1955. *Journal of the History of the Behavioral Sciences*, v.52, p.349-70, 2016.

FORD, Paul. *The Many-Sided Franklin*. Nova York: The Century, 1899.

FORHAN, Kate. *The Political Theory of Christine de Pizan*. Aldershot, Inglaterra: Routledge, 2002.

FOURNIER, Marcel. *Émile Durkheim*: A Biography. Cambridge: Polity, 2013. [1.ed.: 2007.]

_____. *Marcel Mauss*: A Biography. Princeton, Nova Jersey: Princeton University Press, 2006. [1.ed.: 1994.]

FOXCROFT, Helen C. (org.). *Supplement to Burnet's History of his own Time*. Oxford: Clarendon, 1902.

FRANK, Roberta. Interdisciplinary: The First Half-Century. In: STANLEY, E. G.; HOAD, T. F. (orgs.). *Words for Robert Burchfield's Sixty-Fifth Birthday*. Woodbridge, Inglaterra: D. S. Brewer, 1988.

FRANKLIN, Benjamin. *Autobiography*. Org. J. A. Leo Lemay e P. M. Zall. Nova York; Londres: Norton, 1986. [ed. bras.: *Autobiografia*. São Paulo: Martin Claret, 2005.]

FRANKLIN, Julian H. (org.). *Jean Bodin*. Aldershot, Inglaterra: Ashgate Publishing Limited, 2006.

_____. *Jean Bodin and the Sixteenth-Century Revolution in the Methodology of Law and History*. Nova York: Columbia University Press, 1963.

FRANKLIN, Michael J. *Orientalist Jones*: Sir William Jones, Poet, Lawyer and Linguist, 1746-1794. Oxford: Oxford University Press, 2011.

FRASCA-SPADA, Marina; JARDINE, Nick (orgs.). *Books and the Sciences in History*. Nova York: Cambridge University Press, 2000.

FRENCH, Peter J. *John Dee*: The World of an Elizabethan Magus. Londres, Inglaterra: Routledge and Kegan Paul, 1972.

FRIEDRICH, Carl J. Philosophical Reflections of Leibniz on Law, Politics and the State. *Natural Law Forum*, v.11, p.79-91, 1966.

FRISBY, David. *Georg Simmel*. 2.ed. rev. Londres, Nova York: Routledge, 2002. [1.ed.: 1984.]

FRODEMAN, Robert (org.). *The Oxford Handbook of Interdisciplinarity*. Oxford: Oxford University Press, 2010.

FU, Daiwie. A Contextual and Taxonomic Study of the "Divine Marvels" and "Strange Occurrences" in the *Mengxi bitan*. *Chinese Science*, v.11, p.3-35, 1993-1994.

FUBINI, Riccardo; GALLORINI, Anna Nenci. L'Autobiografia di Leon Battista Alberti. *Rinascimento*, v.12, p.21-78, 1972.

FUCHS, Eckhardt. The Politics of the Republic of Learning: International Scientific Congresses in Europe, the Pacific Rim and Latin America. In: _____; STUCHTEY, Benedikt (orgs.). *Across Cultural Borders*: Historiography in Global Perspective. Lanham, Maryland; Oxford, Inglaterra: Rowman & Littlefield, 2002.

FULLER, Thomas. *The Holy State*. Londres, 1642, livro 2, cap.7

FUMAROLI, Marc. Nicolas Claude Fabri de Peiresc, prince de la République des Lettres (1996). In: *La République des Lettres*. Paris: Gallimard, 2015. [Coleção Bibliothèque des Histoires.]

FURET, François; MELONIO, Françoise. Introdução. *Œuvres complètes d'Alexis de Tocqueville*. v.1. Paris: Gallimard, 2004.

FURNER, Mary O.; SUPPLE, Barry (orgs.). *The State and Economic Knowledge*: The American and British Experiences. Cambridge: Cambridge University Press, 1990.

FUSSEL, Marian. "The Charlatanry of the Learned": On the Moral Economy of the Republic of Letters in Eighteenth-Century Germany. *Cultural and Social History*, v.3, p.287-300, 2006.

FYFE, Aileen. *Steam-Powered Knowledge*: William Chambers and the Business of Publishing, 1820-1860. Chicago, Illinois: University of Chicago Press, 2012.

GALLIE, W. B. *A New University*: A. D. Lindsay and the Keele Experiment. Londres: Chatto and Windus, 1960.

GAMBETTA, Diego (org.). *Trust*: Making and Breaking Cooperative Relations. Oxford: Blackwell, 1988.

GARAVELLI, Bianca (org.). *Caramuel*: vescovo eclettico. Bergamo: Moretti & Vitali, 2016.

GARDINER, Linda. Women in Science. In: SPENCER, Samia I. (org.). *French Women and the Age of Enlightenment*. Bloomington, Indiana: Indiana University Press, 1984.

GARIN, Eugenio. *Giovanni Pico della Mirandola*: vita e dottrina. Florença: F. Le Monnier, 1937.

GATES, Warren E. The Spread of Ibn Khaldun's Ideas on Climate and Culture. *Journal of the History of Ideas*, v.28, p.415-22, 1967.

GAUKROGER, Stephen. *Descartes*: An Intellectual Biography. Oxford: Clarendon Press, 1995. [ed. bras.: *Descartes*: uma biografia intelectual. Rio de Janeiro: Contraponto, 2002.]

GAY, Peter. *Freud*: A Life for our Time. Londres: J. M. Dent and Sons, 1988. [ed. bras.: *Freud*: uma vida para o nosso tempo. São Paulo: Companhia das Letras, 2012.]

GEGOU, Fabienne (org.). Introdução. *Traité de Pierre-Daniel Huet sur l'origine des romans*: edition du Tricentenaire 1669-1969. Paris: A. G. Nizet, 1971.

GELZ, Andreas. *Tertulia*: Literatur und Soziabilität im Spanien des 18. Und 19. Jahrhunderts. Frankfurt: Vervuert, 2006.

GEUS, Klaus. *Eratosthenes von Kyrene*: Studien zur hellenistischen Kultur- und Wissenschaftsgeschichte. Oberhaid, Alemanha: Utopica, 2011.

GHOSH, Peter. *Max Weber and "The Protestant Ethic"*: Twin Histories. Oxford: Oxford University Press, 2014.

GIACOMELLI, Raffaele. Leonardo da Vinci aerodinamico. In: *Atti del Convegno di Studi Vinciani*. Florença: L. S. Olschki, 1953.

GIBBONS, Michael et al. *The New Production of Knowledge*: The Dynamics of Science and Research in Contemporary Societies. Londres: Sage, 1994.

GIBBS, Graham. The Role of the Dutch Republic as the Intellectual Entrepot of Europe in the 17th and 18th Centuries. *Bijdragen en Mededelingen betreffende de geschiedenis der Nederlanden*, v.86, p.323-49, 1971.

GIBSON, Mary. *Born to Crime*: Cesare Lombroso and the Origins of Biological. Westport, Connecticut: ABC-Clio, 2002.

GILMAN, Nils. *Mandarins of the Future*: Modernization Theory in Cold War America. Baltimore, Maryland: Johns Hopkins University Press, 2003.

GILLE, Bertrand. Brunelleschi, Filippo. *DSB*, v.2, p.534-5.

_____. *The Renaissance Engineers*. Cambridge, Massachusetts: Lund Humphries, 1966. [1.ed.: 1964.]

GILLESPIE, Charles C. Diderot, Denis. *DSB*, v.4, p.84-90.

GILLHAM, Nicholas W. *A Life of Sir Francis Galton*: From African Exploration to the Birth of Eugenics. Oxford: Oxford University Press, 2001.

GLADWELL, Malcolm. *The Tipping Point*: How Little things Can Make a Big Difference. Londres: Little Brown and Company, 2000. [ed. bras.: *O ponto da virada*. Rio de Janeiro: Sextante, 2009.]

GLEDHILL, David. *The Names of Plants*. 4.ed. Cambridge: Cambridge University Press, 2008.

GLIOZZI, M.; ORLANDELLI, G. F. Agnesi, Maria Gaetana. *DBI*, v.1, p.441-3.

GLUCK, Mary. The Sunday Circle: An Overview. In: *Georg Lukacs and his Generation, 1900-1918*. Cambridge, Massachusetts: Harvard University Press, 1985.

GLUCKSMANN, Alfred. Norbert Elias on his Eightieth Birthday. In: GLEICHMANN, Peter; GOUDSBLOM, Johan; KORTE, Hermann (orgs.). Prefácio. *Human Figurations*: Essays for/Aufsätze für Norbert Elias. Amsterdã: Amsterdams Sociologisch Tijdschrift, 1977.

GODIN, Andre. Erasme: *Pia/Impia curiositas*. In: CEARD, Jean (org.), *La Curiosité a la Renaissance*. Paris: Sedes, 1986.

GODWIN, Joscelyn. *Athanasius Kircher*: A Renaissance Man and the Quest for Lost Knowledge. Londres: Thames and Hudson, 1979.

GOLDER, Ben; FITZPATRICK, Peter (orgs.). *Foucault and Law*. Farnham, Inglaterra: Ashgate, 2010.

GOLDSMITH, Maurice. *Joseph Needham*: Twentieth-Century Renaissance Man. Paris: Unesco, 1995.

GOMBRICH, Ernst. *Aby Warburg*: An Intellectual Biography. Oxford: Phaidon, 1986.

GOODMAN, Dena. Enlightenment Salons: The Convergence of Female and Philosophic Ambitions. *Eighteenth-Century Studies*, v.22, p.329-50, 1989.

GOODMAN, Howard L. Chinese Polymaths 100-300 AD. *Asia Major*, v.18, p.101-74, 2005.

GOODMAN, Lenn E. *Avicenna*. ed. rev. Ithaca, Nova York: Cornell University Press, 2006.

GORDON, George. *Andrew Lang Lectures*. Oxford: Oxford University Press; H. Milford, 1928.

_____. Lang, Andrew. *DNB*, p.319-23, 1912-1921.

GORDON, Lewis R.; GORDON, Jane A. (orgs.). *A Companion to African-American Studies*. Oxford: Wiley-Blackwell, 2006.

GORMAN, Michael John. The Angel and the Compass: Athanasius Kircher's Magnetic Geography. In: FINDLEN, Paula (org.). *Atha-

nasius Kircher: The Last Man Who Knew Everything. Londres: Routledge, 2003.

GOUGH, J. B. Réaumur, René-Antoine Ferchault de. *DSB*, v.11, p.327-35.

GOULD, Stephen J. *The Hedgehog, the Fox and the Magister's Pox*: Mending the Gap between Science and the Humanities. Londres: Harmony, 2003.

GRAEVIUS, Johann Georg. Prefácio a Junius. *De pictura veterum*. Roterdã: Regneri Leers, 1694

GRAFF, Harvey J. *Undisciplining Knowledge*: Interdisciplinarity in the Twentieth Century. Baltimore, Maryland: Johns Hopkins University Press, 2015.

GRAFTON, Anthony. *Leon Battista Alberti*: Master Builder of the Italian Renaissance. Londres: Allen Lane, 2001.

_____. The World of the Polyhistors. *Central European History*, v.18, p.31-47, 1985. [reimp. In: *Bring out your Dead*: The Past as Revelation. Cambridge, Massachusetts: Harvard University Press, 2001.]

_____. *Joseph Scaliger*: A Study in the History of Classical Scholarship. 2v. Oxford; Nova York: Oxford University Press, Clarendon, 1983-1993.

GRAHAM, Angus G. *Disputers of the Tao*: Philosophical Argument in Ancient China. Chicago: Open Court, 1989.

GRANGER, Gilles. Condorcet, Marie-Jean-Antoine-Nicolas Caritat, Marquis de. *DSB*, v.3, p.383-8.

_____. Cournot, Antoine-Augustin. *DSB*, v.3, p.450-4, 1970.

GRAY, Beryl. George Eliot and the "Westminster Review". *Victorian Periodicals Review*, v.33, p.212-24, 2000.

GRAY, Jeremy. *Henri Poincaré*: A Scientific Biography. Princeton, Nova Jersey: Princeton University Press, 2013.

GREENBLATT, Stephen. *Sir Walter Raleigh*: The Renaissance Man and his Roles. New Haven, Connecticut: Yale University Press, 1973.

GRIDGEMAN, Norman T. Galton, Francis. *DSB*, v.5, p.265-7.

GRIMM, Gunter E. *Literatur und Gelehrtentum in Deutschland*. Tübingen, Alemanha: De Gruyter, 1983.

GRUNDY, Isobel. Montagu, Lady Mary Wortley. *ODNB*, v.38, p.754-9.

GUELLOUZ, Suzanne (org.). *Pierre-Daniel Huet (1630-1721)*: Actes du Colloque de Caen. Biblio 17. Paris; Seattle; Tübingen, Alemanha: Papers on French Seventeenth-Century Literature, 1994.

GUERLAC, Henry. Lavoisier, Antoine-Laurent. *DSB*, v.8, p.66-91.

GULDI, Jo; ARMITAGE, David. *The History Manifesto*. Cambridge: Cambridge University Press, 2014.

GULLINO, Giuseppe; PRETI, Cesare. Marsili, Luigi Fernando. *DBI*, v.70, p.771-81.

GUNDLACH, Horst. William James and the Heidelberg Fiasco. *Journal of Psychology and Cognition*, v.2, n.1, p.44-60, 2017. Disponível em: <https://www.alliedacademies.org/articles/william-james-and-the-heidelberg-fiasco.pdf>.

GUNTERT, Georges. *Um poeta scienziato del Seicento*. Florença: Leo S. Olschki, 1966.

GUTHRIE, W. K. C. *The Sophists*. Cambridge: Cambridge University Press, 1971. [ed. bras.: *Os sofistas*. 2.ed. São Paulo: Paulus, 2007.]

HACKING, Ian. *The Taming of Chance*. Cambridge: Cambridge University Press, 1990.

HAGER, Thomas. *Force of Nature*: A Life of Linus Pauling. Nova York: Simon and Schuster, 1995.

HAIGHT, Gordon S. *George Eliot*: A Biography. Oxford: Oxford University Press, 1968.

HAKANSSON, Hakan. Alchemy of the Ancient Goths: Johannes Bureus's Search for the Lost Wisdom of Scandinavia. *Early Science and Medicine*, v.17, p.500-22, 2012.

HALAVAIS, Alexander. *Search Engine Society*. Cambridge: Polity Press, 2009.

HALFMANN, Jost; ROHBECK, Johannes (orgs.). *Zwei Kulturen. Der Wissenschaft, Revisited*. Gottingen, Alemanha: Velbrueck, 2007.

HALL, Marie Boas. *Henry Oldenburg*: Shaping the Royal Society. Oxford: Oxford University Press, 2002.

_____. *All Scientists Now*: The Royal Society in the Nineteenth Century. Cambridge: Cambridge University Press, 1984.

HAMMETT, Iain Maxwell. Burnett, James, Lord Monboddo. *ODNB*, v.8, p.941-3.

HAMMOND, Deborah. *The Science of Synthesis*: Exploring the Social Implications of General Systems Theory. Boulder, Colorado: University Press of Colorado, 2003.

HANKINS, Thomas. *Jean d'Alembert*: Scientist and Philosopher. Ithaca, Nova York: Cornell University, 1964.

HANSEN-LOVE, Ole. *La Révolution copernicienne du langage dans l'œuvre de Wilhelm von Humboldt*. Paris: J. Vrin, 1972.

HARDY, J. P. *Samuel Johnson*: A Critical Study. Londres: Routledge and Kegan Paul, 1979.

HARRIES-JONES, Peter. *A Recursive Vision*: Ecological Understanding and Gregory Bateson. Toronto: University of Toronto Press, 1995.

HARRIS, James A. *Hume*: An Intellectual Biography. Cambridge: Cambridge University Press, 2015.

HARRIS, Jose. Mill, John Stuart. *ODNB*, v.38, p.155-75.

_____. Spencer, Herbert. *ODNB*, v.51, p.851-61.

HART, James. *German Universities*: A Narrative of Personal Experience, Together with Recent Statistical Information, Pratical Suggestions, and a Comparison of the German, English and American Systems of Higher Education. Nova York: G. P. Putnam's Sons, 1874.

HAWKINS, John. *The Life of Samuel Johnson*. 2.ed. Londres: Buckland, 1787.

HAWKINS, Shane. "Selig wer auch Zeichen gibt": Leibniz as Historical Linguist. *The European Legacy*, v.23, p.510-21, 2018.

HAZARD, Paul. *The Crisis of the European Mind, 1680-1715*. Nova York: New York Review Books Classics, 2013. [1.ed.: 1935.] [ed. bras.: *A crise da consciência europeia*: 1680-1715. Rio de Janeiro: Editora da Universidade Federal do Rio de Janeiro, 2015.]

HAZELTINE, Harold D. Selden as Legal Historian: A Comment in Criticism and Appreciation. In: *Festschrift Heinrich Brunner zum Siebzigsten Geburtstag dargebracht von Schünlern und Verehrern*. Weimar: Hermann Böhlaus Nachfolger, 1910.

HAZLITT, William. Samuel Taylor Coleridge. In: *The Spirit of the Age*: Or Contemporary Portraits. Londres: Henry Colburn, 1825.

HEER, Jeet. George Steiner's Phony Learning. *sans everything*, 16 maio 2009. Disponível em: <https://sanseverything.wordpress.com/2009/05/16/george-steiners-phony-learning/>. Acesso em: 3 ago. 2017.

HEILBRON, Johan. Auguste Comte and Modern Epistemology. *Sociological Theory*, v.8, p.153-62, 1990.

HEIMS, Steve J. *The Cybernetic Group*. Cambridge, Massachusetts: MIT Press, 1991.

HELLER, Agnes. *Renaissance Man*. Londres: Routledge and Kegan Paul, 1984. [1.ed.: 1982.] [ed. port.: *O homem do Renascimento*. Lisboa: Presença, 1982.]

HENDERSON, John. *The Medieval World of Isidore of Seville*: Truth from Words. Cambridge: Cambridge University Press, 2007.

HERDER, Johann Gottfried. Vom Erkennen und Empfinden der menschlichen Seele. In: *Werke in zehn Bänden*. Org. Jürgen Brummack e Martin Bollacher. 10v. Frankfurt: Deutscher Klassiker Verlag, 1985-2000.

HERSCHEL, John. Obituary Notices of Fellows Deceased. *Proceedings of the Royal Society*, v.16, p.liii, 1867-1868.

HESSE, Mary B. *Models and Analogies in Science*. 1.ed. Londres: Sheed and Ward, 1963.

HEWISON, Robert. Ruskin, John. *ODNB*, v.48, p.173-92, 2004.

HEY'L, Bettina. *Das Ganze der Natur und die Differenzierung des Wissens*: Alexander von Humboldt als Schriftsteller. Berlim: De Gruyter, 2007.

HEYL, Barbara. The Harvard "Pareto Circle". *Journal of the History of the Behavioral Sciences*, v.4, p.316-34, 1968.

HIBBITT, Richard. *Dilettantism and its Values*: From Weimar Classicism to the Fin de Siècle. Londres: Taylor and Francis Group, 2006.

HIGGS, Edward. *The Information State in England*. Basingstoke, Inglaterra: Palgrave MacMillan, 2004.

HIGHAM, John. The Matrix of Specialization. In: OLESON, Alexandra; VOSS, John. *The Organization of Knowledge in Modern America*: 1860-1920. Baltimore, Maryland: Johns Hopkins University Press, 1979.

HILL, Elizabeth. Roger Boscovich. In: WHYTE, Lancelot L. (org.). *Roger Joseph Boscovich*. Londres: Allen and Urwin, 1961.

HILTON, Timothy. *John Ruskin*: The Early Years. 2v. New Haven, Connecticut: Yale University Press, 1985-2000.

HOBHOUSE, L. T. *Manchester Guardian*, 1º jan. 1901.

HOBSBAWM, Eric. Marx, Karl. *ODNB*, v.37, p.57-66.

HODGES, Andrew. *Alan Turing*: The Enigma. nova ed. Londres: Princeton University Press, 2014. [1.ed.: 1983.]

HOLENSTEIN, Elmar. Jakobson's Philosophical Background. In: POMORSKA, Krystina et al. (orgs.). *Language, Poetry and Politics*. Amsterdã: De Gruyter, 1987.

HOLMES, Richard. Margaret Cavendish. In: *This Long Pursuit*: Reflections of a Romantic Biographer. Londres: HarperCollins, 2016.

_____. *This Long Pursuit*: Reflections of a Romantic Biographer. Londres: HarperCollins, 2016.

_____. *The Age of Wonder*: How the Romantic Generation Discovered the Beauty and Terror of Science. Londres: HarperCollins, 2009. [1.ed.: 2008.]

_____. *Coleridge*: Early Visions. Londres: Harper-Collins, 1998. [1.ed.: 1989.]

HOLL, Frank (org.). *Alexander von Humboldt*: Netzwerke des Wissens. Ostfildern, Alemanha: Hatje Cantz, 2009.

HOMANS, George C. *Coming to my Senses*: The Autobiography of a Sociologist. New Brunswick, Alemanha: Transaction, 1984.

HONT, István. Samuel Pufendorf and the Theoretical Foundations of the Four-Stage Theory (1986). In: *Jealousy of Trade*: International Competition and the Nation-State in Historical Perspective. Cambridge, Massachusetts: Harvard University Press, 2005.

HOOKWAY, Christopher. Peirce, Charles Sanders. In: CRAIG, Edward (org.), *Routledge Encyclopedia of Philosophy*. Londres: Routledge, 1998.

HOOYKAAS, Reijer. Science and Reformation. *Cahiers d'Histoire Moderne*, v.3, p.109-38, 1956.

HORKHEIMER, Max. The Present State of Social Philosophy and the Tasks of an Institute for Social Research (1931). In: *Between Philosophy and Social Science*. Cambridge, Massachusetts: MIT Press, 1993.

HORNER, Frank. *The French Reconnaissance*: Baudin in Australia, 1801-1803. Melbourne, Austrália: Melbourne University Press, 1987.

HOROWITZ, Daniel. David Riesman: From Law to Social Criticism. *Buffalo Law Review*, v.58, p.1005-29, 2010.

HOTSON, Howard. Outsiders, Dissenters, and Competing Visions of Reform. In: RUBLACK, Ulinka (org.). *Oxford Handbook of the Protestant Reformations*. Oxford: Oxford University Press, 2017.

_____. The Ramist Roots of Comenian Pansophia. In: *Ramus, Pedagogy and the Liberal Arts*: Ramism in Britain and the Wider World. Org. Steven John Reid e Emma Annette Wilson. Farnham, Inglaterra: Ashgate, 2011.

_____. *Johann Henrich Alsted, 1588-1638*: Between Renaissance, Reformation and Universal Reform. Oxford: Clarendon, 2000.

HOUGHTON, Walter E. The English Virtuoso in the Seventeenth Century. *Journal of the History of Ideas*, v.3, p.51-73, 1942.

HUET, Pierre-Daniel. *Huetiana*. Paris: Jacques Estienne, 1722.

_____. *Commentarius*. Haia: Du Sauzet, 1718.

HUGHES, Thomas P.; HUGHES, Agatha (orgs.). *Lewis Mumford*: Public Intellectual. Nova York: Oxford University Press, 1990.

HUIZINGA, Johan. My Path to History (1943). In: *Dutch Civilization in the 17th Century and other Essays*. Nova York: F. Ungar, 1968.

HUMBOLDT, Alexander von. Prefácio. *Cosmos*: A Sketch of a Physical Description of the Universe. Nova York: Harper & Brothers, 1858.

HUNTER, Michael. Hooke the Natural Philosopher. In: BENNET, Jim et al. *London's Leonardo*: The Life and Work. Oxford: Oxford Unversity Press, 2003.

HUSBANDS, Philip; HOLLAND, Owen. The Ratio Club. In: _____; _____; WHEELER, Michael (orgs.). *The Mechanical Mind in History*. Cambridge, Massachusetts: MIT Press, 2008.

HUTCHINS, Robert M. Reviewed Work: *Mission of the University* by José Ortega y Gasset, Howard Lee Nostrand. *Annals of the American Academy of Political and Social Science*, v.239, p.217-20, 1945.

_____. *The Higher Learning in America*. New Haven, Connecticut: Yale University Press, 1936.

HYMAN, R. A. *Charles Babbage*: Pioneer of the Computer. Londres: Oxford University Press, 1982.

ILIFFE, Rob. *Priest of Nature*: The Religious Worlds of Isaac Newton. Oxford: Oxford University Press, 2017.

ILSLEY, Marjorie H. *A Daughter of the Renaissance*: Marie Le Jars de Gournay. Haia: Mouton, 1963.

IMPEY, Oliver; MacGregor, Arthur (orgs.). *The Origins of Museums*: The Cabinet of Curiosities in 16th and 17th-Century Europe. Oxford: Clarendon, 1985.

INWOOD, Stephen. *The Man Who Knew Too Much*: The Strange and Inventive Life of Robert Hooke. Londres: Macmillan, 2002.

IRWIN, Joyce L. Anna Maria van Schurman and her Intellectual Circle. In: VAN SCHURMAN, Anna Maria. *Whether a Christian Woman Should Be Educated and other Writings from her Intellectual Circle*. Chicago: University of Chicago Press, 1998.

IRWIN, Robert. *Ibn Khaldun*: An Intellectual Biography. Princeton, Nova Jersey: Princeton University Press, 2018.

ISAAC, Joel. *Working Knowledge*: Making the Human Sciences from Parsons to Kuhn. Cambridge, Massachusetts: Harvard University Press, 2012.

ISAACSON, Walter. *Leonardo da Vinci*. Nova York: Simon & Schuster, 2017.

ISRAEL, Giorgio; GASCA, Ana Millan. *The World as a Mathematical Game*: John von Neumann and 20th-Century Science. Basileia, Suíça: Birkhäuser, 2000.

IVERSEN, Erik. *The Myth of Egypt and its Hieroglyphs in European Tradition*. 2.ed. Princeton, Nova Jersey: Princeton University Press, 1993. [1.ed.: 1961.]

JACOB, Christian (org.). *Lieux de Savoir*. 2v. Paris: Albin Michel, 2007-2011.

_____. Un Athlète du savoir. In: _____; POLIGNAC, F. de (orgs.). *Alexandrie*. Paris: Autrement, 1992.

JACOBS, Jerry A. *In Defense of Disciplines*: Interdisciplinarity and Specialization in the Research University. Chicago, Illinois: University of Chicago Press, 2013.

JAHODA, Marie. PFL: Hedgehog or Fox? In: MERTON, Robert; COLEMAN, James; ROSSI, Peter (orgs.). *Qualitative and Quantitative Social Research*: Papers in Honor of Paul L. Lazarsfeld. Nova York: Free Press, 1979.

JAKOBSON, Roman. Two Aspects of Language and Two Aspects of Aphasic Disturbances (1956). In: *Selected Writings*. v.2. Haia: Mouton, 1971.

_____. Prefácio. In: *Selected Writings*. v.4. Haia: Mouton, 1966.

_____; BOGATYREV, Petr. Folklore as a Special Form of Creation (1929). In: JAKOBSON, Roman. *Selected Writings*. v.4. Haia: Mouton, 1966.

JAMES, T. Rudolf Virchow and Heinrich Schliemann. *South African Medical Journal*, v.56, p.111-4, 1979.

JARDINE, Lisa. *The Curious Life of Robert Hooke*: The Man Who Measured London. Londres: HarperCollins, 2003.

JARDINE, Lisa. *On a Grander Scale*: The Outstanding Career of Sir Christopher Wren. Londres: HarperCollins, 2002.

_____. The Myth of the Learned Lady. *Historical Journal*, v.28, p.799-819, 1985.

_____. Isotta Nogarola. *History of Education*, v.12, p.231-44, 1983.

JARDINE, Nicholas. *The Birth of History and Philosophy of Science*: Kepler's "A Defence of Tycho" against Ursus. Cambridge: Cambridge University Press, 1984.

JAY, Martin. *The Dialectical Imagination*: A History of the Frankfurt School and the Institute for Social Research 1923-1950. Boston: Little, Brown, 1973

JEFFRIES, Stuart. *Grand Hotel Abyss*: The Lives of the Frankfurt School. Londres: Verso Books, 2016. [ed. bras.: Grande Hotel Abismo. São Paulo: Companhia das Letras, 2018.]

JOCHER, Christian. Gottlieb. In: *Allgemeines Gelehrten-Lexicon*. Leipzig: Johann Friedrich Gleditschens Buchhandlung, 1751.

JOHANNESSON, Kurt. *The Renaissance of the Goths in Sixteenth-Century Sweden*. Berkeley, Califórnia: University of California Press, 1991.

JOHANSSON, Egil. Literacy Studies in Sweden. In: _____ (org.). *Literacy and Society in a Historical Perspective*: A Conference Report. In: *Educational Reports*, Umea, 1973.

JOHNSON, Jeffrey A. *The Kaiser's Chemists*: Science and Modernization in Imperial Germany. Chapel Hill, Carolina do Norte: University of North Carolina Press, 1990.

JOHNSON, Samuel. *The Rambler*. Org. W. J. Bate e Albrecht B. Strauss. New Haven, Connecticut: Yale University Press, 1969. [1.ed.: 1750-1752.]

_____. Prefácio. *Dictionary of the English Language*. Londres: W. G. Jones, 1755.

JOLY, Marc. *Devenir Norbert Elias*. Paris: Fayard, 2012.

JOLLEY, Nicholas (org.). *The Cambridge Companion to Leibniz*. Cambridge: Cambridge University Press, 1995.

JONES, Ernest. *Sigmund Freud*: Life and Work. v.1. Londres: Vintage, 1954. [ed. bras.: *Vida e obra de Sigmund Freud*. Rio de Janeiro: Imago, 1989.]

JONES, Gareth Stedman. *Karl Marx*: Greatness and Illusion. Londres: Allen Lane, 2016. [ed. bras.: *Karl Marx*: grandeza e ilusão. São Paulo: Companhia das Letras, 2017.]

JONES, Greta; PEEL, Robert. *Herbert Spencer*: The Intellectual Legacy. Londres: Galton Institute, 2004.

JONES, H. S. *Intellect and Character in Victorian England*: Mark Pattison and the Invention of the Don. Cambridge: Cambridge University Press, 2007.

JONES, Jeffreys. *The FBI*: A History. New Haven, Connecticut: Yale University Press, 2007.

JORI, Alberto. *Hermann Conring (1606-1681)*: Der Begründer der deutschen Rechtsgeschichte. Tübingen, Alemanha: Köhler, 2006.

JORINK, Eric; VAN MIERT, Dirk (orgs.). *Isaac Vossius*. Leiden, Holanda: University of Amsterdam, 2012.

KAEGI, Werner. *Jacob Burckhardt*: eine Biographie. 6v. Basileia, Suíça: B. Schwabe, 1947-1977.

KAFKER, Frank A. *The Encyclopaedists as Individuals*. Oxford: Voltaire Foundation, 1988.

KANT, Immanuel. *Groundwork for the Metaphysics of Morals*. Org. Alan Wood. New Haven, Connecticut: Yale University Press, 2002. [1.ed.: 1785.]

_____. *Gesammelte Schriften*. v.7. Berlim: G. Reimer, 1907.

KARADI, Eva; VEZER, Erzsebet (orgs.). *Georg Lukács, Karl Mannheim und der Sonntagskreis*. Frankfurt: Sendler, 1985.

KATZ, Elihu. Rediscovering Gabriel Tarde. *Political Communication*, v.23, p.263-70, 2006.

KEDROV, B. M. Lomonosov, Mikhail Vasilievich. *DSB*, v.8, p.467-72.

KELLEY, Donald R. The Development and Context of Bodin's Method (1973). In: FRANKLIN, Julian H. (org.). *Jean Bodin*. Aldershot, Inglaterra: Ashgate, 2006.

KELLNER, L. Alexander von Humboldt and the Organization of International Collaboration in Geophysical Research. *Contemporary Physics*, v.1, p.35-48, 1959.

KEMP, Martin. *Leonardo*. ed. rev. Oxford: Oxford University Press, 2011.

_____. *Leonardo da Vinci*: The Marvellous Works of Nature and Man. Londres: Harvard University Press, 1981.

KENNY, Neil. *Uses of Curiosity in Early Modern France and Germany*. Oxford: Oxford University Press, 2004.

KENT, Beverley. *Charles S. Peirce*: Logic and the Classification of the Sciences. Montreal: McGill-Queen's University Press, 1987.

KERMAN, Cynthia. *Creative Tension*: The Life and Thought of Kenneth Boulding. Ann Arbor, Michigan: University of Michigan Press, 1974.

KERN, Barbel; KERN, Horst. *Madame Doctorin Schlözer*: ein Frauenleben in den Widersprüchen der Aufklärung. Munique: Beck, 1988.

KHADER, Jamil; ROTHENBERG, Molly Anne (orgs.). *Žižek Now*: Current Perspectives in Žižek Studies. Cambridge: Polity, 2013.

KHALIDI, Tarif. *Images of Muhammad*: Narratives of the Problem in Islam Across the Centuries. Nova York: Crown, 2009.

KHOSO, Mikal. How Much Data Is Produced Every Day? *Northeastern University*, 13 maio 2016. Disponível em: <https://www.northeastern.edu/graduate/blog/how-much-data-produced-every-day/>.

KING, Margaret L. Isotta Nogarola. In: NICCOLI, Ottavia (org.). *Rinascimento al femminile*. Roma; Bari: Laterza, 1991.

_____. Book-Lined Cells: Women and Humanism in the Early Italian Renaissance. In: LABALME, Patricia H. (org.). *Beyond their Sex*: Learned Women of the European Past. Nova York; Londres: New York University Press, 1980.

KINNA, Ruth. William Morris: Art, Work and Leisure. *JHI*, v.61, p.493-512, 2000.

KITCHEN, Paddy. *A Most Unsettling Person*: An Introduction to the Ideas and Life of Patrick Geddes. Londres: Victor Gollancz, 1975.

KLINDT-JENSEN, Ole. *A History of Scandinavian Archaeology*. Londres: Thames and Hudson, 1975.

KLUCKHOHN, Clyde. Russian Research at Harvard. *World Politics*, v.1, p.266-71, 1949.

KOCKA, Jurgen. Realität und Ideologie der Interdisciplinarität: Erfahrung am ZiF Bielefeld. In: *Einheit der Wissenschaften*: internationales Kolloquium der Akademie der Wissenschaften zu Berlin. Berlim; Nova York: De Gruyter, 1991.

KOENIGSBERGER, Dorothy. *Renaissance Man and Creative Thinking*: A History of Concepts of Harmony, 1400-1700. Atlantic Highlands, Nova Jersey: Humanities Press, 1979.

KOERNER, Lisbet. *Linnaeus*: Nature and Nation. Cambridge, Massachusetts: Harvard University Press, 1999.

KOGAN, Herman. *The Great* EB: The Story of the *Encyclopaedia Britannica*. Chicago, Illinois: University of Chicago Press, 1958.

KOHLER, Robert E. *Partners in Science*: Foundations and Natural Scientists, 1900-1945. Chicago, Illinois: University of Chicago Press, 1991.

KRADER, Lawrence (org.). *The Ethnological Notebooks of Karl Marx*. Assen, Holanda: Van Gorcum & Co., 1972.

KRAMER, Edna E. Agnesi, Maria Gaetana. *DSB*, v.1, p.75-7.

_____. Hypatia. *DSB*, v.6, p.615-6.

KREUZER, Helmut (org.). *Die zwei Kulturen*. Munique: Deutscher Taschenbuch, 1987.

KRISTELLER, Paul O. Learned Women of Early Modern Italy. In: LABALME, Patricia H. (org.). *Beyond their Sex*: Learned Women of the European Past. Nova York; Londres: New York University Press, 1980.

KRUGER, Lorenz (org.). *Universalgenie Helmholtz*. Berlim: Akademie, 1994.

KRUPNICK, Mark. George Steiner's Literary Journalism. *New England Review*, v.15, p.157-67, 1993.

KUHLMANN, Wilhelm. *Gelehrtenrepublik und Furstenstaat*: Entwicklung und Kritik des Deutschen Spathumanismus. Tübingen, Alemanha: Walter De Gruyter, 1982.

KUNTZ, Marion. *Guillaume Postel*: Prophet of the Restitution of all Things. Haia: Nijhoff, 1981.

_____. Harmony and the *Heptaplomeres* of Jean Bodin. *Journal of the History of Philosophy*, v.12, p.31-41, 1974.

KUSUKAWA, Sachiko. *The Transformation of Natural Philosophy*: The Case of Philip Melanchthon. Cambridge: Cambridge University Press, 1995.

LABROUSSE, Elisabeth. *Bayle*. Oxford: Oxford University Press, 1983.

_____. *Pierre Bayle*. 2v. Haia: Martinus Nijhoff, 1963-1964.

_____ et al. (orgs.). *Correspondance de Pierre Bayle*. 14v. Oxford: Voltaire Foundations, 1999-2017.

LAMBERT, Richard D. Blurring the Disciplinary Boundaries: Area Studies in the United States. In: EASTON, David; SCHELLING, Corinne S. (orgs.). *Divided Knowledge*: Across disciplines, across Cultures. Thousand Oaks, Califórnia: Sage, 1991.

LANDINO, Cristoforo. Apologia di Dante. In: GADOL, Joan. *Leon Battista Alberti*: Universal Man of the Early Renaissance. 1.ed. Chicago: University of Chicago Press, 1969.

LARROQUE, Philippe Tamizey de (org.). *Lettres de Peiresc aux Frères Dupuy*. 7v. Paris: Paris Impr. Nationale, 1888-1898.

LATOUR, Bruno. Centres of Calculation. In: *Science in Action*: How to Follow Scientists and Engineers Through Society. Cambridge, Massachusetts: Harvard University Press, 1987. [ed. bras.: *Ciência em ação*: como seguir cientistas e engenheiros sociedade afora. 2.ed. São Paulo: Editora Unesp, 2011.]

LAURENS, Henry (org.). *Ernest Renan*: La science, la religion, la Républic. Paris: Odile Jacob, 2013.

LAZARSFELD, Paul. Notes on the History of Quantification in Sociology. *Isis*, v.52, n.2, p.277-333, 1961.

LEACH, Edmund. Roman Jakobson and Social Anthropology. In: *A Tribute to Roman Jakobson*. Berlim: Walter de Gruyter, 1983. p.10-16.

LEAVITT, David. *The Man Who Knew Too Much*: Alan Turing and the Invention of the Computer. Londres: Weidenfeld & Nicolson, 2006.

LEE, Sarah. *Memoirs of Baron Cuvier*. Londres: Longman, 1833.

LEHMANN, A. G. *Sainte-Beuve*. Oxford: Clarendon, 1962.

LEHMANN, Karl. *Thomas Jefferson*: American Humanist. Charlottesville, VA: Charlottesville University Press of Virgina, 1985. [1.ed.: 1947.]

LEHRICH, Christoph I. *The Language of Demons and Angels*: Cornelius Agrippa's Occult Philosophy. Leiden, Holanda: Brill, 2003.

LEIBNIZ, Gottfried Wilhelm. *Philosophische Schriften*. 7v. Berlim: Weidman, 1875-1890.

LEINKAUF, Thomas. *Mundus Combinatus*: Studien zur Struktur der barocken Universalwissenschaft am Beispiel Athanasius Kirchers SJ (1602-1680). Berlim: Akademie, 1993.

LEONARD, Irving A. Pedro de Peralta: Peruvian Polygraph. *Revista Hispanica Moderna*, v.34, p.690-9, 1968.

LEPENIES, Wolf. Interdisciplinaritat und Institutes for Advanced Study. In: KOCKA, Jurgen. *Einheit der Wissenschaften*. Berlim: De Gruyter, 1991. p.145-61.

LEPENIES, Wolf. *Sainte-Beuve*: Auf der Schwelle zur Moderne. Munique: Schwabe, 1997.

LERNER, Laurence. *Wandering Professor*. Londres: Caliban, 1999.

LESLIE, Stuart W. *The Cold War and American Science*. Nova York: Columbia University Press, 1993.

LEU, Urs B.; RUOSS, Mylene (orgs.). *Facetten eines Universums*: Conrad Gessner, 1516-2016. Zurique: Verlag Neue Zürcher Zeitung, 2016.

LEVERE, Trevor H. Coleridge and the Sciences. In: CUNNINGHAM, Andrew; JARDINE, Nicholas (orgs.). *Romanticism and the Sciences*. Cambridge: Cambridge University Press, 1990. p.295-306.

LEVIE, Françoise. *L'Homme qui voulait classer le monde*: Paul Otlet et le mundaneum. Bruxelas: Impressions Nouvelles, 2006.

LEWIS, Miranda. At the Centre of the Networked Early Modern World: Pierre Bayle. Disponível em: www.culturesofknowledge.org/?p=7326. Acesso em: 6 out.2016.

LIGHTMAN, Bernard. *Victorian Popularizers of Science*: Designing Nature for New Audiences. Chicago, Illinois: University of Chicago Press, 2007.

LIGOTA, Christopher. Der apologetischen Rahmen der Mythendeutung im Frankreich des 17. Jahrhunderts (P. D. Huet). In: KILLY, Walter (org.). *Mythographie der fruhen Neuzeit*. Wiesbaden, Alemanha: Harassowitz, 1984. p.149-62.

LILTI, Antoine. *Le Monde des salons*: sociabilité et mondanité à Paris au XVIIIe siècle. Paris: Fayard, 2005.

LILLA, Mark. *G. B. Vico*: The Making of an Anti-Modern. Cambridge, Massachusetts: Harvard University Press, 1993.

LINDBERG, Sten G. Christina and the Scholars. In: *Christina, Queen of Sweden*. Estocolmo: Nationalmuseum, 1966). p.44-53.

LINDOF, Grevel. Quincey, Thomas Penson de. *ODNB*, v.45, p.700-6.

LINDROTH, Sten. *Les chemins du savoir en Suède*. Dordrecht, Holanda: Martinus Nijhoff, 1988.

LINDROTH, Sten. Rudbeck, Olaus. *DSB*, v.XI, p.586-8.

LINDROTH, Sten. *Svensk lardomshistoria*. v.1. Estocolmo: Norstedt, 1975.

LINDROTH, Sten 1975 *Svensk Lardomshistoria*, vol. 4, *Stormaktstiden*. Estocolmo: Norstedt, 1975.

LIPSET, David. *Gregory Bateson*: Legacy of a Scientist. Boston, Massachusetts: Prentice-Hall, 1980.

LITTLETON, C. Scott. The Comparative Indo-European Mythology of Georges Dumézil. Journal of the Folklore Institute, 1964.

LITTRE, Émile. *Dictionnaire de la langue française*. ed. rev. 7v. Paris: J. J. Pauvert, 1956-1958). [1.ed.: 1863.]

LOEWENBERG, Peter. The Creation of a Scientific Community. In: *Fantasy and Reality in History*. Nova York: Oxford University Press, 1995. p.46-89.

LOWENTHAL, David. *George Perkins Marsh*: Prophet of Conservation. Seattle, Washington: University of Washington Press, 2000.

LOWENTHAL, David. *Quest for the Unity of Knowledge*. Londres: Routledge, 2019.

LURIE, Edward. *Louis Agassiz*: A Life in Science. Chicago, Illinois: University of Chicago Press, 1960.

LUSIGNAN, Serge; PAULMIER-FOUCART, Monique (orgs.). *Lector et compilator*: Vincent de Beauvais. Grane: Créaphis, 1997.

LLOYD, Geoffrey. *Aristotle*: The Growth and Structure of his Thought. Cambridge: Cambridge University Press, 1968.

LLOYD, Geoffrey. *The Ambitions of Curiosity*: Understanding the World in Ancient Greece and China. Cambridge: Cambridge University Press, 2002.

LLOYD, Geoffrey. *Disciplines in the Making*. Oxford: Oxford University Press, 2009.

LLOYD, Moya; TUCKER, Andrew (orgs.). *The Impact of Michel Foucault on the Social Sciences and Humanities*. Basingstoke, Inglaterra: Macmillan, 1997.

MACDONAGH, Oliver. The Nineteenth-Century Revolution in Government: A Reappraisal. *Historical Journal*, v.1, p.52-67, 1958.

MACGREGOR, Arthur. *Curiosity and Enlightenment*: Collectors and Collections from the Sixteenth to the Nineteenth Century. New Haven, Connecticut: Yale University Press, 2007.

MACKENZIE, Norman; MACKENZIE, Jean. *The Life of H. G. Wells*: The Time Traveller. 2.ed. Londres: Hogarth, 1987.

MACKENZIE, Norman; MACKENZIE, Jean. *The Time Traveller*: The Life of H.G. Wells. Londres: Weidenfeld and Nicolson, 1973.

MACRAE, Norman. *John von Neumann*: The Scientific Genius who Pioneered the Modern Computer, Game Theory, Nuclear Deterrence and Much More. Nova York: Pantheon, 1992.

MAIER, Bernhard. *William Robertson Smith*. Tübingen, Alemanha: Mohr Siebeck, 2009.

MAITLAND, Frederick W. *Life and Letters of Leslie Stephen*. Londres: Duckworth, 1906.

MAKDISI, George. *The Rise of Humanism in Classical Islam and the Christian West*. Edimburgo: Edinburgh University Press, 1990.

MALCOLM, Noel. Private and Public Knowledge: Kircher, Esotericism and the Republic of Letters. In: FINDLEN, Paula (org.). *Athanasius Kircher*: The Last Man Who Knew Everything. Londres: Routledge, 2003.

MALCOLM, Noel. Jean Bodin and the Authorship of the *Colloquium Heptaplomeres*. *Journal of the Warburg and Courtauld Institutes*, v.69, p.95-150, 2006.

MALI, Joseph. *The Rehabilitation of Myth*: Vico's New Science. Cambridge: Cambridge University Press, 1992.

MALMESBURY, Guilherme de. *Gesta Regum Anglorum*. Org. trad. R. A. B. Mynors. Oxford: Clarendon, 1998.

MANQUAT, Maurice. *Aristote naturaliste*. Paris: Vrin, 1932.

MANUEL, Frank. *The Religion of Isaac Newton*. Oxford: Oxford University Press, 1974.

MANUEL, Frank E. *Isaac Newton, Historian*. Cambridge: Belknap Press of Harvard University Press, 1963.

MANUEL, Frank E.; MANUEL, Fritzie P. Pansophia: A Dream of Science. *Utopian Thought in the Western World*. Oxford: Blackwell, 1979. p.205-21.

MANUTIO, Aldo. *Relatione de Iacomo di Crettone*. Veneza: Appresso Aldo, 1581.

MARAÑÓN, Gregorio. *Las ideas biológicas del Padre Feijoo*. 2.ed. Madri: Espasa Calpe, 1941. [1.ed.: 1933.]

MARCOS-ORTEGA, José. Roman Jakobson precursor de la neuropsicologia cognitiva. In: MANSOUR, Monica; HAIDAR, Julieta (orgs.). *La imaginación y la inteligencia en el lenguaje*: Homenaje a

Roman Jakobson. Cidade do México: Instituto Nacional de Antropología e Historia, 1996. p.161-76.

MARETT, Robert R. *The Raw Material of Religion*. Oxford: Oxford University Press, 1929.

MARPEAU, Benoît. *Gustave Le Bon*: parcours d'un intellectuel, 1841-1931. Paris: Éditions du CNRS, 2000.

MARTIN, J. *Francis Bacon, the State, and the Reform of Natural Philosophy*. Cambridge: Cambridge University Press, 1992.

MARTINEZ, Guillermo. *Borges and Mathematics*. West Lafayette, Indiana: Purdue University Press, 2012.

MATT, L. Magalotti, Lorenzo. *DBI*, v.67, p.300-5.

MAXIMILIAN. *Weisskunig*. Ed. H. T. Musper. Stuttgart: Kohlhammer, 1956.

MAZON, Brigitte. *Aux origines de l'EHESS. Le rôle du mécénat américain (1920-60)*. Paris: Cerf, 1988.

McANANY, Patricia A.; YOFFEE, Norman (orgs.). *Questioning Collapse*. Cambridge: Cambridge University Press, 2010.

McCARTHY, Fiona. *William Morris*. Londres: Faber & Faber, 1994.

McCLELLAND, Charles E. *State, Society and University in Germany: 1700-1914*. Cambridge: Cambridge University Press, 1980.

McCLELLAND, Ivy L. *Benito Jerónimo Feijoo*. Nova York: Twayne, 1969.

McCORDUCK, Pamela. *Machines Who Think*: A Personal Inquiry into the History and Prospects of Artificial Intelligence. Natick, Massachusetts: A. K. Peters, 2004. [1.ed.: 1979.]

McDONAGH, Josephine. *De Quincey's Disciplines*. Oxford : Oxford University Press, 1994.

McLEISH, Tom. In Conversation with a Medieval Natural Philosopher. *Emmanuel College Magazine*, v.100, p.147-62, 2018.

McNEELY, Ian F. *"Medicine on a Grand Scale"*: Rudolf Virchow, Liberalism and the Public Health. Londres: Wellcome Trust Centre for the History of Medicine at University College London, 2002.

McNEELY, Ian F.; WOLVERTON, Lisa. *Reinventing Knowledge from Alexandria to the Internet*. Nova York: W. W. Norton, 2008.

MEAD, Rebecca. The Marx Brother: How a Philosopher from Slovenia Became an International Star. *New Yorker*, 5 maio 2005.

MEGILL, Alan. The Reception of Foucault by Historians. *Journal of the History of Ideas*, v.48, p.117-41, 1987.

MELLER, Helen. *Patrick Geddes*: Social Evolutionist and City Planner. Londres: Routledge, 1990.

MELLER, Helen. Geddes, Patrick. *ODNB*, v.21, p.701-6.

MENCKE, Johann Burckhardt. *The Charlatanry of the Learned (De Charlataneria Eruditorum, 1715)*. Nova York: Alfred A. Knopf, 1937.

MENNELL, Stephen. *Norbert Elias*. Oxford: Blackwell, 1989.

MERSENNE, Marin. *Correspondence*. Paris: Éditions du CNRS, 1972).

MERTON, Robert K. The Matthew Effect in Science. *Science*, v.159, n.3810, p.56-63, 1968.

MERTON, Robert K. Science, Technology and Society in Seventeenth-Century England. *Osiris*, v.4, p.360-620, 1938.

MESKILL, John (org.). *Wang An-shih*: Practical Reformer? Boston, Massachusetts: Heath, 1963).

MEULDEN, Michel. *Helmholtz*: From Enlightenment to Neuroscience. Cambridge, Massachusetts: MIT Press, 2010. [1.ed.: 2001.]

MEYER, Gerbert; ZIMMERMANN, Albert (orgs.). *Albertus Magnus, Doctor Universalis 1280/1980*. Mainz: Gruenewald, 1980.

MIJNHARDT, W. W.; Theunissen, B. (orgs.). *De Twee Culture*. Amsterdã: Rodopi, 1988.

MILLER, Dale E. Harriet Taylor Mill. In: ZALTA, Edward N. (org.). *The Stanford Encyclopaedia of Philosophy*. Palo Alto, Califórnia: Stanford University Press, 2015.

MILLER, Donald L. *Lewis Mumford*: A Life. Nova York: Widenfeld & Nicolson, 1989.

MILLER, Peter N. *Peiresc's Europe*: Learning and Virtue in the Seventeenth Century. New Haven, Connecticut: Yale University Press, 2000.

_____. Copts and Scholars. In: FINDLEN, Paula (org.). *Athanasius Kircher*: The Last Man Who Knew Everything. Londres: Routledge, 2003.

MILLER, Peter N. Peiresc in Africa. In: FUMAROLI, Marc (org.). *Les premiers siècles de la république européenne des lettres*. Paris: Alain Baudry, 2005. p.493-525.

_____. *Peiresc's History of Provence*: Antiquarianism and the Discovery of a Medieval Mediterranean. Filadélfia: American Philosophical Society, 2011.

_____. *Peiresc's Orient*. Farnham, Inglaterra: Ashgate, 2012.

_____. *Peiresc's Mediterranean World*. Cambridge, Massachusetts: Harvard University Press, 2015.

MILLER, Toby (org.). *A Companion to Cultural Studies*. Oxford: Blackwell, 2006.

MINIO-PALUELLO, Lorenzo. Boethius. *DSB*, v.2, p.228-36.

MITCHELL, Timothy. The Middle East in the Past and Future of Social Science. In: SZANTON, David L. (ed.). *The Politics of Knowledge*: Area Studies and the Disciplines. Berkeley, Califórnia: University of California Press, 2002. p.74-118.

MOLLANT, G. Bacon, Roger. *ODNB*, v.3, p.176-81.

MOMIGLIANO, Arnaldo. *The Classical Foundations of Modern Historiography*. Berkeley: University of California Press, 1990. [ed. bras.: *As raízes clássicas da historiografia moderna*. São Paulo: Editora Unesp, 2019.]

Mommsen, Katharina. *Goethe and the Poets of Arabia*. Rochester, Nova York: Camden House, 2014. [1.ed.: 1988.]

MONATI, Fiorenzo. Pareto, Vilfredo. *DBI*, v.81, p.341-7.

MONKMAN, Eric; SEAGULL, Bobby. *Polymathic Adventure*. BBC Radio 4, 21 ago. 2017.

MONTAGNINI, Leone. *Le armonie del disordine*: Norbert Wiener matematico-filosofo del Novecento. Veneza: Istituto Veneto di Scienze, Lettere ed Arti, 2005.

MONTALTO, Sandro (org.). *Umberto Eco*: l'uomo che sapeva troppo. Pisa: ETS, 2007.

MOORE, Erin C. Transdisciplinary Efforts at Public Science Agencies. In: FRODEMAN, Robert (org.). *The Oxford Handbook of Interdisciplinarity*. Oxford: Oxford University Press, 2010. p.337-8.

MORAN, Michael. *The Metaphysical Imagination*. Peterborough: Upfront, 2018.

MORAWSKI, J. G. Organizing Knowledge and Behavior at Yale's Institute of Human Relations. *Isis*, v.77, p.219-42, 1986.

MORHOF, Daniel Georg. *Polyhistor*. ed. aum. Lubeck: Lubecae Boeckmann, 1747. [1.ed.: 1688.]

MORRISON, Blake. Too Clever by Half: George Steiner. *Independent*, 15 out. 1994.

MORSE, Edgar W. Young, Thomas. *DSB*, v.14, p.562-72.

MOSSNER, Ernest C. *The Life of David Hume*. 2.ed. Oxford: Clarendon, 1980.

MUCCHIELLI, Laurent. *La Découverte du social*: naissance de la sociologie en France, 1870-1914. Paris: La Découverte, 1998.

MULSOW, Martin; STAMM, Marcelo (orgs.). *Konstellationsforschung*. Frankfurt: Suhrkamp, 2005.

MULLER, Jan-Dirk. *Gedachtnus*: Literatur und Hofgesellschaft um Maximilian I. Munique: Fink, 1982.

MULLER-DOOHM, Stefan. *Adorno*: A Biography. Cambridge: Polity, 2005.

MULLER-DOOHM, Stefan. *Habermas*: A Biography. Cambridge: Polity, 2016. [1.ed.: 2014.]

MULLER-VOLLMER, K. Wilhelm von Humboldt. *Stanford Encyclopaedia of Philosophy*. Disponível em: https://plato.stanford.edu/entries/wilhelm-humboldt.

MUMFORD, Lewis. *The Condition of Man*. London: Secker & Warburg, 1944. [ed. bras.: *A condição de homem*. Porto Alegre: Globo, 1955.]

MUMFORD, Lewis. The Disciple's Rebellion. *Encounter*, set. 1966, p.11-20.

MUMFORD, Lewis. *The Myth of the Machine*. London: Secker & Warburg, 1966.

MUMFORD, Lewis. *Sketches from Life*: The Autobiography of Lewis Mumford. Nova York: Dial Press, 1982.

MUMFORD, Lewis. Entrevista. Disponível em: <www.patrickged destrust.co.uk/LM%20on%20PG%20BBC%201969.htm>.Acesso em: 6 fev. 2017.

MURPHY, Daniel. *Comenius*: A Critical Introduction to his Life and Work. Dublin: Irish Academic Press, 1995.

MURPHY, Trevor. *Pliny the Elder's Natural History*: The Empire in the Encyclopaedia. Oxford: Oxford University Press, 2004.

MURRAY, Alexander (org.). *Sir William Jones: 1746-94*: A Commemoration. Oxford: Oxford University Press, 1998.

MURRAY, Nicholas. *Aldous Huxley*: A Biography. Londres: Thomas Dunne, 2003.

MYERS, Gerald E. *William James*: His Life and Thought. New Haven, Connecticut: Yale University Press, 1986.

MYERS, Sylvia H. *The Bluestocking Circle*. Oxford: Clarendon, 1990.

NAARDEN, Brun. Witsen's Studies of Inner Eurasia. In: HUIGEN, Siegfried; JONG, Jan L. de; KOTFIN, Elmer (orgs.). *The Dutch Trading Companies as Knowledge Networks*. Leiden, Holanda: Brill, 2010. p.211-39.

NAGARAJAN, S. Arnold and the *Bhagavad Gita*. *Comparative Literature*, v.12, n.4, p.335-47, 1960.

NASSAR, Dalia. Understanding as Explanation: The Significance of Herder's and Goethe's Science of Describing. In: WALDOW, Anik; DeSOUZA, Nigel (orgs.). *Herder*: Philosophy and Anthropology (Oxford: Oxford University Press, 2017. p.106-25.

NAUERT Jr., Charles G. *Agrippa and the Crisis of Renaissance Thought*. Urbana, Illinois: University of Illinois Press, 1965.

NAVARRO, MARIA ELISA. The Narrative of the Architectural Orders. In: DVOŘAK, Petr; SCHMUTZ, Jacob (orgs.). *Juan Caramuel Lobkowitz, the Last Scholastic Polymath*. Praga: Filosofia, 2008. p.257-72.

NAZE, Yael. Astronomie et chronologie chez Newton". *Archives Internationales d'Histoire des Sciences*, v.62, n.169, p.717-65, 2012.

ZEDELMAIER, Helmut. *Bibliotheca universalis und Bibliotheca selecta: das Problem der Ordnung des gelehrten Wissens in der fruhen Neuzeit*. Colônia: Böhlau, 1992.

NEEDHAM, Joseph (Henry Holorenshaw). The Making of an Honorary Taoist. In: TEICH, Mikuláš; YOUNG, Robert (orgs.). *Changing Perspectives in the History of Science*: Essays in Honor of Joseph Needham. Londres: Heinemann, 1973. p.1-20.

NEEDHAM, Joseph; LING, Wang. 7v. *Science and Civilization in China*. Cambridge: Cambridge University Press, 1954-.

NEELEY, Kathryn A. *Mary Somerville*: Science, Illumination and the Female Mind. Cambridge: Cambridge University Press, 2001.

NEURATH, Marie; COHEN, Robert S. (orgs.), *Otto Neurath*: Empiricism and Sociology. Dordrecht, Holanda: Kluwer, 1973.

NEURATH, Otto. Unified Science as Encyclopaedic Integration. In: NEURATH, Otto; CARNAP, Rudolf; MORRIS, Charles (orgs.). *International Encyclopaedia of Unified Science*. v.1. Chicago, Illinois: University of Chicago Press, 1955.

NEURATH, Otto. Zur Theorie der Sozialwissenschaften. In: *Schriften*. Viena: Hölder-Pichler-Tempsky, 1981.

NICHOLLS, Mark; WILLIAMS, Penry. Raleigh, Walter. *ODNB*, v.45, 842-59.

NICHOLLS, Mark; Williams, Penry. *Sir Walter Raleigh in Life and Legend*. Londres: Continuum, 2011.

NICOLSON, Marjorie H. *The Breaking of the Circle*: Studies in the Effect of the "New Science" upon Seventeenth-Century Poetry. Evanston, Illinois: Northwestern University Press, 1950.

NIDERST, Alain. Comparatisme et syncrétisme religieux de Huet. In: GUELLOUZ, Suzanne (org.). *Pierre-Daniel Huet (1630-1721)*: Actes du Colloque de Caen. Biblio 17. Paris; Seattle; Tübingen, Alemanha: Papers on French Seventeenth-Century Literature, 1994. p.75-82.

NIETZSCHE, Friedrich. *Der Antichrist* (1895), Capítulo 10. [ed. bras.: *O anticristo e Ditirambos de Dionísio*. São Paulo: Companhia de Bolso, 2016.]

NISBET, Hugh A. *Goethe and the Scientific Tradition*. Londres: Institute of Germanic Studies, 1972.

NOINVILLE, Jacques-Bernard Durey de. *Table alphabétique des dictionnaires*. Paris: Herissant, 1758.

NOVAK Jr., Frank G. (org.). *Lewis Mumford and Patrick Geddes*: The Correspondence. Londres: Routledge, 1995.

NUTTALL, Anthony D. *Dead from the Waist Down*: Scholars and Scholarship in Literature and the Popular Imagination. New Haven, Connecticut: Yale University Press, 2003.

NYE, Mary Jo. *Michael Polanyi and his Generation*. Chicago, Illinois: University of Chicago Press, 2011.

NYE, Robert A. *The Origins of Crowd Psychology*: Gustave Le Bon and the Crisis of Mass Democracy in the Third Republic. Beverly Hills, Califórnia: Sage, 1975.

O'BRIEN, Denis P. Bodin's Analysis of Inflation. In: FRANKLIN, Julian H. [org.]. *Jean Bodin*, Aldershot: Ashgate, 2006, p.209-92. [1.ed.: 2000.]

O'GRADY, Patricia. Hippias. In: O'GRADY, Patricia (org.). *The Sophists*. Londres: Bloomsbury, 2008.

O'NEILL, Eileen. *Margaret Cavendish, Duchess of Newcastle, Observations upon Experimental Philosophy*. Cambridge: Cambridge University Press, 2001.

OLBY, Robert. Huxley, Julian S. *ODNB*, v.29, p.92-5.

OLCESE, Giorgio (org.). *Cultura scientifica e cultura umanistica*: contrasto o integrazione? Gênova: San Marco dei Giustiniani, 2004.

ORTEGA Y GASSET, José. *Mision de la universidad*. In: *Obras*, v.4. 4.ed. Madri, 1957. p.313-53.

ORTIZ, Fernando *La africanía de la música folklórica de Cuba*. Havana: Ediciones Cardenas, 1950.

OSTWALD, Wilhelm. *The Autobiography*. Berlim: Springer, 2017. [1.ed.: 1926.]

OWENS, G. E. L.; Balme, D. M.; Wilson, Leonard G. Aristotle. *DSB*, v.1, p.250-81.

OXFORD ENGLISH DICTIONARY. Ed. revisada on-line. Oxford: Oxford University Press, 2000. [1.ed.: 1888.]

OZ-SALZBERGER, Fania. Ferguson, Adam. *ODNB*, v.19, p.341-7.
PAGE, Scott. *The Difference*. Princeton, Nova Jersey: Princeton University Press, 2007.
PAL, Carol. Bathsua Makin. In: *Republic of Women*. Cambridge: Cambridge University Press, 2012. p.177-205.
PALFREY, John; GASSER, Urs. *Born Digital*: Understanding the First Generation of Digital Natives. Nova York: Basic Books, 2008.
PALMA, M. Cereta, Laura. *DBI*, v.23, p.729-30.
PALMIERI, Matteo. *Vita Civile*. Ed. Gino Belloni. Florença: Sansoni, 1982.
PALTI, Elias. The "Metaphor of Life": Herder's Philosophy of History and Uneven Developments in Late Eighteenth-Century Natural Sciences. *History and Theory*, v.38, n.3, p.322-47, 1999.
PALUMBO, Margherita. *Leibniz e la res bibliothecaria*. Roma: Bulzoni, 1993.
PALLARES-BURKE, Maria Lucia G. *The New History*: Confessions and Comparisons. Cambridge: Polity, 2002.
PANOFSKY, Erwin. *Galileo as a Critic of the Arts*. Haia: M. Nijhoff, 1954.
PANOFSKY, Erwin. Artist, Scientist, Genius. In: FERGUSON, Wallace K. (org.). *The Renaissance*: Six Essays. Nova York: Harper & Row, 1962. p.121-82.
PAOLUCCI, Claudio. *Umberto Eco*. Milão: Feltrinelli, 2016.
PARASCANDOLA, John. Henderson, Lawrence Joseph. *DSB*, v.6, p.260-2.
PASCAL, Roy. *Bildung* and the Division of Labour. *German Studies presented to W. H. Bruford*. Londres: Harrap, 1962. p.14-28.
PASTINE, Dino. *Juan Caramuel*: probabilismo ed enciclopedia. Florença: La Nuova Italia, 1975.
PATTERSON, Elizabeth C. Somerville, Mary. *DSB*, v.12, p.521-5.
PATTERSON, Elizabeth C. *Mary Patterson and the Cultivation of Science, 1815-1840*. Haia: Nijhoff & Hingham, 1984.
PAVLOVA, Galina; FYODOROV, Alexander. *Mikhail Lomonosov*: Life and Work. Moscou: Novosti, 1984.

PAZ, Octavio. *Sor Juana*: Her Life and her World. Londres: Faber and Faber, 1988. [1.ed.: 1982.]
PEACOCK, George. *Life of Thomas Young*. Londres: John Murray, 1855.
PEARCE, N. J. Janet Beat: A Renaissance Woman. *Contemporary Music Review*, v.11, p.27, 1994.
PEARSON, Egon S. *Karl Pearson*: An Appreciation of Some Aspects of his Life and Work. Cambridge: The University Press, 1938.
PEEL, John D. Y. *Herbert Spencer*: The Evolution of a Sociologist. Londres: Heinemann, 1971.
PERKINS, Franklin. *Leibniz and China*. Cambridge: Cambridge University Press, 2004.
PERNOT, Denis. Brunetiere. In: KALIFA, Dominique et al. (orgs.). *La civilisation du journal*: histoire culturelle et littéraire de la presse française au XIXe siècle. Paris: Nouveau Monde, 2011. p.1261-5.
PERROT, Michelle. Mille manières de braconner. *Le Débat*, n.49, p.117-21, 1988.
PETERS, Marion. *De wijze koopman. Het wereldwijde onderzoek van Nicolaes Witsen (1641-1717), burgemeester en VOC-bewindhebber van Amsterdam*. Amsterdã: Bert Bakker, 2010.
PETERSON, Steven A. Lasswell, Harold Dwight. In: UTTER, Glenn H.; LOCKHART, Charles (orgs.). *American Political Scientists*: A Dictionary. 2.ed. Westport, Connecticut: ABC-Clio, 2002. p.228-30.
PETTEGREE, Andrew. The Renaissance Library and the Challenge of Print. In: CRAWFORD, Alice (org.). *The Meaning of the Library*: A Cultural History. Princeton, Nova Jersey: Princeton University Press, 2015. p.72-90.
PFANDL, Ludwig. *Die Zehnte Muse von Mexico*. s.l.: H. Rinn, 1946.
PHILIPPSON, Nicholas. *Adam Smith*: An Enlightened Life. Londres: Penguin, 2010.
PHILLIPS, Angus. Does the Book Have a Future? In: ELIOT, Simon; ROSE, Jonathan (orgs.). *A Companion to the History of the Book*. Oxford: Blackwell, 2007. p.547-59.
PHILLIPS, Mark S. *Society and Sentiment*: Genres of Historical Writing in Britain, 1740-1820. Princeton, Nova Jersey: Princeton University Press, 2000.

PICKERING, Mary. *Auguste Comte*: An Intellectual Biography. 3v. Cambridge: Cambridge University Press, 1993-2009.
PIGNATTI, Franco. Fedele, Cassandra. *DBI*, v.45, p.566-8.
PISSAVINO, Paolo (org.). *Le meraviglie del probabile: Juan Caramuel*. Vigevano: Comune de Vigevano, 1990.
PIZZORUSSO, Ann. Leonardo's Geology. *Leonardo*, v.29, n.3, p.197-200, 1996.
PLAMPER, Jan; LAZIER, Benjamin (orgs.). *Fear Across the Disciplines*. Pittsburgh, PA, 2012.
POLLOCK, Sheldon. Introdução. In: POLLOCK, Sheldon et al. (orgs.). *World Philology*. Cambridge, Massachusetts: Harvard University Press, 2015. p.1-24.
POMEAU, Rene. *Diderot*. Paris: Presses Universitaires de France, 1967.
POMIAN, Krysztof. *Collectors and Curiosities*. Cambridge: Polity 1990. [1.ed.: 1987.]
POMIAN, Krzysztof. Medailles/coquilles=erudition/philosophie. *Transactions of the IVth International Congress on the Enlightenment*, 4, p.1677-1705, 1976.
PONTVILLE, M. de. Pierre-Daniel Huet, homme des sciences. In: GUELLOUZ, Suzanne (ed.). *Pierre-Daniel Huet*. Tübingen, Alemanha: Gunter Narr, 1994. p.29-42.
POPKIN, Richard H. *The History of Scepticism from Erasmus to Spinoza*. ed. rev., Berkeley, Califórnia: University of California Press, 1979. [1.ed.: 1960.]
POSTLETHWAITE, Diana. George Eliot and Science. In: LEVINE, George (org.). *The Cambridge Companion to George Eliot*. Cambridge: Cambridge University Press, 2001., p.98-118.
POZZI, Regina. *Hippolyte Taine*: scienze umane e politica nell'Ottocento. Veneza: Marsilio, 1993.
PRAGER, Frank D.; SCAGLIA, Gustina. *Brunelleschi*: Studies of his Technology and Inventions. Mineola, Nova York: Dover, 2004.
PRIDEAUX, Sue. *Strindberg*: A Life. New Haven, Connecticut: Yale University Press, 2012.

PYMAN, Avril. *Pavel Florensky, a Quiet Genius*: The Tragic and Extraordinary Life of Russia's Unknown Da Vinci. Londres: Continuum, 2010.

QUINET, Edgar. *Révolutions d'Italie*. Paris, 1849. In: BULLEN, J. B. *The Myth of the Renaissance in Nineteenth-Century Writing*. Oxford: Clarendon, 1994. p.175

QUINTILIANO. *Institutio Oratoria*, 12.xi.

RAABE, Paul. Lessing und die Gelehrsamkeit. In: HARRIS, Edward P.; SCHADE, Richard E. (orgs.). *Lessing in heutiger Sicht*. Bremen, Alemanha: Jacobi, 1977.

RABELAIS, François. *Gargantua*, 1534, cap.23-4.

RABELAIS, François. *Pantagruel*, 1532, cap.8.

RABIL Jr., Albert. *Laura Cereta*: Quattrocento Humanist. Binghamton, Nova York: Center for Medieval & Early Renaissance Studies, 1981.

RADKAU, Joachim. *Max Weber*. Cambridge: Polity, 2009. [1.ed.: 2005.]

RAPETTI, Elena. *Pierre-Daniel Huet*: erudizione, filosofia, apologetica. Milão: Vita e pensiero, 1999.

RAPPOPORT, Rhoda. Turgot, Anne-Robert-Jacques. *DSB*, v.13, p.494-7.

REES, David Ben. *The Polymath*: Reverend William Rees. Liverpool: Modern Welsh Publications for Merseyside Welsh Heritage Society, 2002.

REICH, Leonard S. *The Making of American Industrial Research*. Cambridge: Cambridge University Press, 1985.

REILL, Peter H. Science and the Construction of the Cultural Sciences in Late Enlightenment Germany: The Case of Wilhelm von Humboldt. *History and Theory*, v.33, n.3, p.345-66, 1994.

REILL, Peter H. Herder's Historical Practice and the Discourse of Late Enlightenment Science. In: KOEPKE, Wulf (org.). *Johann Gottfried Herder, Academic Disciplines and the Pursuit of Knowledge*. Columbia, Carolina do Sul: Camden House, 1996. p.13-21.

REINGOLD, Nathan. Weaver, Warren. *ANB*, v.22, p.838-41.

REISCH, Georg A. Planning Science: Otto Neurath and the "International Encyclopedia of Unified Science". *British Journal for the History of Science*, v.27, p.153-75, 1994.

RESNICK, Irven M. (org.). *A Companion to Albert the Great*. Leiden, Holanda: Brill, 2013.

RETI, Ladislao. Martini, Francesco di Giorgio. *DSB*, v.9, p.146-7.

REYNOLDS, Beatrice (org. e trad.). *Method for the Easy Comprehension of History*. Nova York: Columbia University Press, 1945.

RICHARD, Nathalie. *Hippolyte Taine*: histoire, psychologie, littérature. Paris: Garnier, 2013.

RICHÉ, Pierre. *Gerbert d'Aurillac, le pape de l'an mil*. Paris: Fayard, 1987.

RICHTER, Melvin. Tocqueville on Algeria. *The Review of Politics*, v.25, p.362-98, 1963.

RIEBER, Robert W. (org.). *The Individual, Communication and Society*: Essays in Memory of Gregory Bateson. Cambridge: Cambridge University Press, 1989.

RIEBER, Robert W. In Search of the Impertinent Question: An Overview of Bateson's Theory of Communication. In: RIEBER, Robert W. (org.). *The Individual, Communication and Society*: Essays in Memory of Gregory Bateson. Cambridge: Cambridge University Press, 1989.

RILEY, Patrick (org.). *The Political Writings of Leibniz*. Cambridge: Cambridge University Press, 1972.

RINGER, Fritz. *Fields of Knowledge*: French Academic Culture in Comparative Perspective, 1890-1920. Cambridge: Cambridge University Press, 1992.

RISSE, Guenther B. Virchow, Rudolf. *DSB*, v.14, p.39-45.

ROBBINS, R. H. Browne, Thomas. *ODNB*, v.8, p.215.

ROBERTS, J.; WATSON, A. *John Dee's Library Catalogue*. Londres: Bibliographical Society, 1990.

ROBERTS, R. Julian. Dee, John. *ODNB*, v.15, p.667-75.

ROBINSON, Andrew. *The Last Man Who Knew Everything*: Thomas Young, the anonymous polymath who proved Newton wrong, explained how we see, cured the sick and deciphered the Rosetta Stone, among other feats of genius. Londres: Pi, 2006.

ROBSON, Ann P. Mill, Harriet. *ODNB*, v.38, p.143-6.

ROEST, Bert. *Reading the Book of History*: Intellectual Contexts and Educational Functions of Franciscan Historiography, 1226-c.1350. Groningen, Holanda: B. Roest, 1996.

ROGER, Jacques. *Buffon*: A Life in Natural History. Ithaca, Nova York: Cornell University Press, 1997. [1.ed.: 1989.]

ROSE, Paul L. Taccola. *DSB*, v.13, p.233-4.

ROSEN, George. *The Specialization of Medicine with Particular Reference to Ophthalmology*. Nova York: Froben, 1944.

ROSS, Catherine E. "Trying all things": Romantic Polymaths, Social Factors and the Legacies of a Rhetorical Education. *Texas Studies in Literature and Language*, v.53, n.4, p.401-30, 2011.

Ross, Ian S. *The Life of Adam Smith*. 2.ed. Oxford: Oxford University Press, 2010.

ROSS, James B.; MCLAUGHLIN, Mary M. (orgs.). *The Portable Renaissance Reader*. Harmondsworth, Inglaterra: Penguin, 1978.

ROSS, Sydney. "Scientist": The Story of a Word. *Annals of Science*, v.18, n.2, p.65-85, 1962.

ROSSI, Paolo. *Clavis Universalis*: arti mnemoniche e logica combinatorial da Lullo a Leibniz. Milão e Nápoles: Il Mulino, 1960.

ROSSI, Paolo. *Francis Bacon, from Magic to Science*. Londres: Routledge, 1968. [1.ed.: 1957.]

ROSTEN, Leo. Harold Lasswell: A Memoir. In: Rogow, Arnold A. (org.). *Politics, Personality and Social Science in the 20th Century*. Chicago: University of Chicago Press, 1969. p.1-13.

ROTH, Guenther; Schluchter, Wolfgang. *Max Weber's Vision of History*. Berkeley, Califórnia: University of California Press, 1984.

RUDBECK, Olof. *Rudbecksstudier*. Uppsala: Almqvist e Wiksell, 1930.

RUML, Beardley. Recent Trends in Social Science. In: WHITE, Leonard D. (org.). *The New Social Science*. Chicago, Illinois: University of Chicago Press, 1930.

RUSSELL, Bertrand. *Autobiography*. 3v. Londres: George Allen & Unwinn, 1967-1969.

RUSSELL, Edmund. Coevolutionary History. *American Historical Review*, v.119, n.5, 514-28, 2014.

RYERSON, James. The Outrageous Pragmatism of Judge Richard Posner. *Lingua Franca*, v.10, n.4, p.26-34, 2000.

SACK, Robert David. *Human Territoriality*: Its Theory and History. Cambridge: Cambridge University Press, 1986.

SACKS, Oliver. Darwin and the Meaning of Flowers. In: *The River of Consciousness*. Londres: Vintage Books, 2017, p.3-26.

SACKS, Oliver. The Other Road: Freud as Neurologist. In: *The River of Consciousness*. Londres: Vintage Books, 2017. p.79-100.

SAID, Edward. *Out of Place*: A Memoir. Londres: Vintage Books, 1999.

SAINTE-BEUVE, Charles. *Causeries de Lundi*. 15v. Paris: Garnier, 1851-1862.

SALIER, Jacques. *Cacocephalus, sive de plagiis*. 1693.

SANTI, Enrico Mario. *Fernando Ortiz*: contrapunteo y transculturación. Madri: Colibri, 2002.

SANTILLANA, Giorgio di. Leonard et ceux qu'il n'a pas lus. In: FEBVRE, L. et al. *Léonard de Vinci et l'expérience scientifique au seizième siècle*. Paris: Presses Universitaires de France, 1953. p. 43-59.

SANTO AGOSTINHO. *Confessiones*, livro 12, cap.14. [ed. bras.: *Confissões*. São Paulo: Penguin, 2017.]

SANTO AGOSTINHO. *De vera religione*, seção 49.

SARTORI, Eva. Marie de Gournay. *Allegorica*, v.9, p.135-42, 1987.

SCOTT JR., Nathan A.; SHARP, Ronald A. (eds.). *Reading George Steiner*. Baltimore, Maryland: Johns Hopkins University Press, 1994.

SCOTT, Clifford H. *Lester Frank Ward*. Boston, Massachusetts: Twayne, 1976.

SCOTT, J. W. Ogden, Charles Kay. *ODNB*, v.41, p.558-9.

SCOTT, William T.; MOLESKI, Martin X. *Michael Polanyi*: Scientist and Philosopher. Oxford: Oxford University Press, 2005.

SCHAFF, Larry J. Talbot, William Henry Fox. *ODNB*, v.53, p.730-3.

SCHEPELERN, H. D. *Museum Wormianum*. Copenhague: Wormianum, 1971.
SCHEPELERN, H. D. Worm, Ole. *Dansk Biografisk Leksikon*, v.16, p.45-51, 1984.
SCHIEBINGER, Londa. Women of Natural Knowledge. In: DASTON; PARK. *The Cambridge History of Science*. v.3: *Early Modern Science*. Cambridge: Cambridge University Press, 2006. p.192-205.
SCHIPPERGES, Heinrich. *The World of Hildegard of Bingen*: Her Life, Times, and Visions. Collegeville, MN: Liturgical Press, 1999.
SCHMITZ, Rudolf. Agrippa, Heinrich Cornelius. *DSB*, v.1, p.79-81.
SCHOFIELD, Robert E. *The Enlightenment of Joseph Priestley*: A Study of His Life and Work from 1733 to 1773. University Park: Pennsylvania State University Press, 1997.
SCHOFIELD, Robert E. *The Enlightened of Joseph Priestley*: A Study of His Life and Work from 1773 to 1804. University Park: Pennsylvania State University Press, 2004.
SCHOFIELD, Robert E. Priestley, Joseph. *ODNB*, v.45, p.351-9.
SCHON, Donald A. *Displacement of Concepts*. Londres: Tavistock, 1963.
SCHOTTLER, Peter. Die frühen *Annales* als interdisziplinäre Projekt. In: MIDDELL, Matthias (org.). *Frankreich und Deutschland im Vergleich*. Leipzig, 1992. p.112-86.
SCHREIBER, Daniel. *Susan Sontag*: A Biography. Evanston, Illinois: Northwestern University Press, 2014. [1.ed.: 2007.]
VON DER SCHULENBERG, Sigrid. *Leibniz als Sprachforscher*. Frankfurt: Vittorio Klostermann, 1973.
SCHULKE, Claudia. Die letzte Universalgelehrte der Menschheit: Wissenschaft, 4 de maio de 2009. Disponível em: <https://www.welt.de/wissenschaft/article3672722/Der-letzte-Universalgelehrte-der-Menschheit.html>.
SCHULTE-ALBERT, Hans G. Gottfried Wilhelm Leibniz and Library Classification. *Journal of Library History*, v.6, n.2, p.133-52, 1971.
SCHULZE, Ludmilla. The Russification of the St Petersburg Academy of Sciences. *British Journal for the History of Science*, v.18, n.3, p.305-35, 1985.

SCHWARTZ, David. *The Last Man Who Knew Everything*: The Life and Times of Enrico Fermi. Nova York: Basic Books, 2017.

SECORD, James A. "General Introduction". In: SOMERVILLE, Mary. *The Collected Works of Mary Somerville*. Ed. J. A. Secord. 9v. Bristol, Inglaterra: Thoemmes Continuum, 2004.

SECORD, James A. The Conduct of Everyday Life: John Herschel's *Preliminary Discourse on the Study of Natural Philosophy*. In: *Visions of Science*. Oxford: Oxford University Press, 2014. p.80-106.

SECORD, James A. The Economy of Intelligence: Charles Babbage's Reflections on the Decline of Science in England. In: *Visions of Science*. Oxford: Oxford University Press, 2014. p.52-79.

SECORD, James A. Mathematics for the Million? Mary Somerville's *On the Connexion of the Physical Sciences*. In: *Visions of Science*, Oxford: Oxford University Press, 2014. p.107-37.

SECORD, James A. *Visions of Science*. Oxford: Oxford University Press, 2014.

SEFTON, Henry R. Smith, William Robertson. *ODNB*, v.51, p.385-6.

SELDEN, John. *Titles of Honour*. Londres, 1614, dedicatória.

SERRAI, Alfredo. *Conrad Gesner*. Roma: Bulzoni, 1990.

SERRAI, Alfredo. *Phoenix Europae*: Juan Caramuel y Lobkowicz in prospettiva bibliografica. Milão: Sylvestre Bonnard, 2005.

SEVILHA, Isidoro de. *Etymologies*. Cambridge: Cambridge University Press, 2006.

SGARD, Jean (org.). *Dictionnaire des Journaux, 1600-1789*. 2v. Paris: Universitas, 1991.

SHACKLETON, Robert. *Montesquieu*: An Intellectual and Critical Biography. Oxford: Oxford University Press, 1961.

SHACKLETON, Robert. *Montesquieu*: A Critical Biography. Oxford: Oxford University Press, 1961.

SHAPIN, Steven. The Man of Science. In: DASTON, Lorraine; PARK, Katharine (orgs.). *Cambridge History of Science*. v.3: Early Modern Science. Cambridge: Cambridge University Press, 2006. p.179-91.

SHAPIN, Steven. *The Scientific Life*: A Moral History of a Late Modern Vocation. Chicago, Illinois: University of Chicago Press, 2008.

SHAPIN, Steven; Schaffer, Simon. *Leviathan and the Air-Pump*: Hobbes, Boyle and the Experimental Life. Princeton, Nova Jersey: Princeton University Press, 1985.

SHAPIRO, Barbara J. *John Wilkins 1614-1672*: An Intellectual Biography. Berkeley, Califórnia: University of California Press, 1969.

SHELFORD, April G. *Transforming the Republic of Letters*: Pierre-Daniel Huet and European Intellectual Life, 1650-1720. Rochester, Nova York: University of Rochester Press, 2007.

SHENK, David W. *Data Smog*: Surviving the Information Glut. Londres: Harper Edge, 1997.

SHERMAN, William H. *John Dee*: The Politics of Reading and Writing in the English Renaissance. Amherst, Massachusetts: University of Massachusetts Press, 1995.

SHKLAR, Judith N. *Montesquieu*. Oxford : Oxford University Press, 1987.

SHPAYER-MAKOV, Haia. *The Ascent of the Detective*. Oxford: Oxford University Press, 2011.

SHUTTLEWORTH, Sally. *George Eliot and 19th-Century Science*. Cambridge: Cambridge University Press, 1984.

SIBEUD, Emmanuelle. *Une science impériale pour l'Afrique? La construction des savoirs africanistes en France, 1878-1930*. Paris: EHSS, 2002.

SIMON, Herbert. *Models of My Life*. 2.ed. Cambridge, Massachusetts: The MIT Press, 1996. [1.ed.: 1991.]

Sivin, Nathan. Why the Scientific Revolution Did Not Take Place in China – or Didn't It? *Chinese Science*, n.5, p.45-66, 1982.

SIVIN, Nathan. Shen Gua. In: *Science in Ancient China*: Researches and Reflections. (Aldershot, Grã-Bretanha; Brookfield, Estados Unidos: Variorum, 1995. p.1-53.

SLACK, Nancy G. *G. Evelyn Hutchinson and the Invention of Modern Ecology*. New Haven, Connecticut: Yale University Press, Connecticut, 2010.

SMITH, Adam. *Lectures on Jurisprudence*, 1763.

SMITH, Adam. *Wealth of Nations*, 1776. [ed. bras.: *A riqueza das nações*. São Paulo: Nova Cultural, 1996. (Coleção Os economistas)]

SMITH, Bruce L. The Mystifying Intellectual History of Harold D. Lasswell. In: ROGOW, Arnold A. (org.). *Politics, Personality and Social Science in the 20th Century*. Chicago: The University of Chicago Press, 1969.

SMITH, Crosbie; AGAR, William (orgs.). *Making Space for Science*. Basingstoke, Inglaterra: Macmillan, 1998.

SMITH, Dennis. *Norbert Elias and Modern Social Theory*. Londres: Sage, 2001.

SMITH, Pamela H. *The Business of Alchemy*: Science and Culture in the Holy Roman Empire. Princeton, Nova Jersey: Princeton University Press, 1994.

SMITH, Woodruff D. The Leipzig Circle. In: *Politics and the Sciences of Culture in Germany, 1840-1920*. Oxford: Oxford University Press, 1991.

SMITH, Woodruff D. Wilhelm Wundt: *Völkerpsychologie* and Experimental Psychology. In: *Politics and the Sciences of Culture 1840-1920*. Oxford: Oxford University Press, 1991. p.120-8.

SMITH, Woodruff D. *Politics and the Sciences of Culture in Germany, 1840-1920*. Oxford: Oxford University Press, 1991.

SNOW, C. P. *The Two Cultures*. Ed. Stefan Collini. Cambridge: Cambridge University Press, 2001. [ed. bras.: *As duas culturas e uma segunda leitura*. São Paulo: Edusp, 1995.]

SNYDER, Laura J. *The Philosophical Breakfast Club*: Four Remarkable Friends who Transformed Knowledge and Changed the World. Nova York: Broadway Books, 2011.

SOMERVILLE, Mary. *Personal Recollections*. Londres: J. Murray, 1873.

SONAR, Thomas. *Die Geschichte des Prioritatsstreits zwischen Leibniz und Newton*. Berlim: Springer, 2016.

SONI, Jimmy; GOODMAN, Rob. *A Mind at Play*: How Claude Shannon Invented the Information Age. Nova York: Simon & Schuster, 2017.

SONTAG, Susan. *Against Interpretation*. Nova York: Farrar, Strauss & Giroux, 1966. [ed. bras.: *Contra a interpretação e outros ensaios*. São Paulo: Companhia das Letras, 2020.]

SONTAG, Susan. Estados Unidos, vistos em fotos, sob um ângulo sombrio. In: *Sobre fotografia*. São Paulo: Companhia das Letras, 2004.

SOUTHERN, Richard W. *The Making of the Middle Ages*. Londres: Hutchinson, 1953.

SOUTHERN, Richard W. *Robert Grosseteste*. Oxford: Oxford University Press, 1986.

SOUTHERN, Richard W. Grosseteste, Robert. *ODNB*, v.24, p.79-86.

Spary, Emma C. L'Invention de "l'expédition scientifique". In: BOURGUET, Marie-Noelle et al. (orgs.). *L'Invention scientifique de la Méditerranée*. Paris: Éd. De l'EHESS, 1998. p.119-38.

SPENCER, Herbert. Progress: Its Law and Cause (1857). In: *Essays*. Disponível em: <media.bloomsbury. com/.../primary-source-131-herbert-spencer-progress-its-law-and-cause.pdf>.

SPIRO; Howard; NORTON, Priscilla W. Dean Milton C. Winternitz at Yale. *Perspectives in Biology and Medicine*, 46, p.403-12, 2003.

STANSKY, Peter. *William Morris*. Oxford: Oxford University Press, 1983.

STEINER, George. *Errata*: An Examined Life. New Haven, Connecticut: Yale University Press, 1997.

STEINER, George. *Lessons of the Masters*. Cambridge: Harvard University Press, 2003. [ed. bras.: *Lição dos mestres*. Rio de Janeiro: Record, 2018.]

STEINMETZLER, Johannes. *Die Anthropogeographie Friedrich Ratzels und lhre Ideengeschichtlich Wurzeln*. Bonn: Selbstverlag des Geographischen Instituts der Universität Bonn, 1956.

STEVENSON, Gordon; KRAMER-GREENE, Judith (orgs.). *Melvil Dewey*: The Man and the Classification. Albany, Nova York: Forest Press, 1983.

STICHWEH, Rudolf. Differenzierung der Wissenschaft. In: *Wissenschaft, Universität, Professionen*. Frankfurt: Suhrkamp, 1994.

STIMSON, Dorothy. The History of Ideas Club. In: BOAS, George et al. *Studies in Intellectual History*. Baltimore, Maryland: Johns Hopkins Press, 1953. p.174-96.

STJERNFELT, Frederik. Simple Animals and Complex Biology: The Double von Uexküll Inspiration in Cassirer's Philosophy. *Synthese*, v.179, n.1, p.169-86, 2009.

STOLPE, Sten. *Queen Christina*. Trad. inglesa abreviada. Londres: Macmillan, 1966. [1.ed.: 1960-1961. 2v.]

STOLZENBERG, Daniel. *Egyptian Oedipus*: Athanasius Kircher and the Secrets of Antiquity. Chicago: University of Chicago Press, 2013.

STOLLEIS, Michael. *Die Einheit der Wissenschaften – zum 300. Todestag von Hermann Conring*. Helmstedt, Alemanha: Günther Druckerei, 1982.

STOLLEIS, Michael. Die Einheit der Wissenschaften: Hermann Conring. In: STOLLEIS, Michael (org.). *Conring*. Berlim: Duncker & Humblot, 1983. p.11-34.

STONE, H. S. *Vico's Cultural History*. Leiden, Holanda: Brill, 1997.

STORER, Richard. Richards, Ivor Armstrong. *ODNB*, v.46, p.778-81.

STOYE, John. *Marsigli's Europe*. New Haven, Connecticut: Yale University Press, 1994.

STRAUBE, Werner. Die Agricola-Biographie des Johannes von Plieningen. In: KUHLMANN, Wilhelm. *Rudolf Agricola 1444-1485*. Berna: Peter Lang, 1994. p.11-48.

SULLOWAY, Frank J. *Freud, Biologist of the Mind*. 2.ed. Cambridge, Massachusetts: Harvard University Press, 1992. [1.ed.: 1979.]

SUPPLE, James J. *Arms versus Letters:* The Military and Literary Ideals in the *Essais* of Montaigne. Oxford: Clarendon, 1984.

SURYA, Michel *Georges Bataille*: An Intellectual Biography. Londres: Verso, 2002. [1.ed.: 1992.]

SWADE, Doron. *The Cogwheel Brain*: Charles Babbage and the Quest to Build the First Computer. Londres: Little, Brown, 2000.

SWADE, Doron. Babbage, Charles. *ODNB*, v.3, p.68-74.

SWEDBERG, Richard. *Tocqueville's Political Economy*. Princeton, Nova Jersey: Princeton University Press, 2009.

SWEET, Paul R. *Wilhelm von Humboldt*: A Biography. 2v. Columbus, Ohio: Ohio State University Press, 1978-1980.

SYMONS, John; POMBO, Olga; TORRES, Juan Manuel (orgs.). *Otto Neurath and the Unity of Science*. Dordrecht, Holanda: Springer, 2004.

SZANTON, David L. (org.). *The Politics of Knowledge*: Area Studies and the Disciplines Berkeley, Califórnia: University of California Press, 2002.

TADDEI, Mario; ZANON, Edoardo (orgs.). *Leonardo, l'acqua e il Rinascimento*. Milão: Federico Motta, 2004.

TADDEI, Mario; ZANON, Edoardo. *Le macchine di Leonardo*. Milão: Giunti, 2005.

TADISI, Jacopo Antonio. *Memorie della Vita di Monsignore Giovanni Caramuel di Lobkowitz*. Veneza: Giovanni Tevernin, 1760.

TAINE, Hippolyte. *Correspondance*. 4v. Paris: Hachette, 1902-1906.

TANNER, Laurel N. Ward, Lester Frank. *ANB*, v.22, p.641-3.

TANSMAN, Alan. Japanese Studies: The Intangible Act of Translation. In: SZANTON, David L. (org.). *The Politics of Knowledge*: Area Studies and the Disciplines. Berkeley, Califórnia: University of California Press, 2002. p.184-216.

TAYLOR, F. Sherwood. Leonard de Vinci et la chimie de son temps. In: *Leonard de Vinci et l'expérience scientifique*. Paris: Presses Universitaires de France, 1953. p.151-62.

TEAGUE, Frances. *Bathsua Makin, Woman of Learning*. Lewisburg, Pensilvânia: Bucknell University Press, 1998.

TEICH, Mikuláš. Interdisciplinarity in J.J. Becher's Thought. In: FRÜHSORGE, Gotthardt; STRASSER, Gerhard F. (orgs.). *Johann Joachim Becher*. Wiesbaden, Alemanha: Harrassowitz, 1993. p.23-40.

TERTULIANO. *De praescriptione haereticorum*, livro 7, cap.14.

THIESS, Johann Otto. *Versuch einer Gelehrtengeschichte von Hamburg*. Hamburgo, 1783.

THOMASIUS, Jacob. *De plagio literário*, 1673.

THOMPSON, E. P. *William Morris*: Romantic to Revolutionary. Londres: Lawrence & Wishart, 1955.

THURNER, Mark. *History's Peru*: The Poetics of Colonial and Post--Colonial Historiography. Gainesville, Flórida: University Press of Florida, 2011.

TINNISWOOD, Adrian. *His Invention So Fertile*: A Life of Christopher Wren. Londres: Oxford University Press, 2001.

TODES, Daniel P. *Pavlov's Physiological Factory*. Baltimore, Maryland: Johns Hopkins University Press, 2002.

TOFFLER, Alvin. *Future Shock*. Londres: Vintage, 1971. [1.ed.: 1970.] [ed. bras.: *Choque do futuro*. Rio de Janeiro: Record, 1970.]

TOLMER, Leon. *Pierre-Daniel Huet*: humaniste, physicien. Bayeux: Colas, 1949.

TOOMER, Gerald J. *John Selden*: A Life in Scholarship. 2v. Oxford: Oxford University Press, 2009.

TORLAIS, Jean. *Un esprit encyclopédique en dehors de l'Encyclopédie*: Réaumur. Paris: Albert Blanchard, 1961.

TORO, Alfonso de (org.). *Jorge Luis Borges*: ciencia y filosofía. Hildesheim, Alemanha: Georg Olms, 2007.

TORRINI, Annalisa Perissa. Leonardo e la botanica. In: TORRINI, Annalisa Perissa (org.). *Leonardo da Vinci uomo universale*. Florença: Giunti, 2013. p.99-107.

TRABANT, Jurgen. Herder and Language. In: ADLER, Hans; KOEPKE, Wolf (orgs.). *Companion to the Works of Johann Gottfried Herder*. Rochester, Nova York: Camden House, 2009. p.117-39.

TREIBER, Hubert. Der Eranos: Das Glanzstück im Heidelberger Mythenkranz. In: SCHLUCHTER, W.; GRAF, F. W. (orgs.). *Asketischer Protestantismus und der "Geist" des modernen Kapitalismus*. Tübingen, Alemanha: Mohr Siebeck, 2005. p.75-153.

TREVELYAN, George O. *Life and Letters of Lord Macaulay*. Oxford: Oxford University Press, 1978. v.1e 2. [1.ed.: 1876.]

TREVOR-ROPER, Hugh R. The General Crisis of the Seventeenth Century. *Past & Present*, n.16, p.31-64, 1959.

_____. *The European Witch-Craze of the 16th and 17th centuries*. Harmondsworth: Penguin, 1978. [1.ed.: 1969.]

_____. Jacob Burckhardt. *Proceedings of the British Academy*, 70, p.359-78, 1984.

TURI, Gabriele. *Il mecenate, il filosofo e il gesuita*: l'Enciclopedia Italiana, specchio della nazione. Bolonha: Il Mulino, 2002.

TURNER, R. Steven. Helmholtz, Hermann von. *DSB*, v.6, p.241-53.
TURSINI, Luigi. La navigazione subacquea in Leonardo. In: *Atti del Convegno di Studi Vinciani*. Florença: L. S. Olschki, 1953. p. 344-52.
UGLOW, Jenny. *The Lunar Men*. Londres: Farrar, Strauss & Giroux, 2003.
UNGER, Roberto M.; SMOLIN, Lee. *The Singular Universe and the Reality of Time*. Cambridge: Cambridge University Press, 2014.
URVOY, Dominique. *Penser l'Islam*: Les présupposes Islamiques de l'"art" de Lull. Paris: Vrin, 1980.
_____. *Ibn Rushd (Averroes.)* Londres: Routledge, 1991.
URZAINQUI, Inmaculada; Valdes, Rodrigo Olay (orgs.). *Con la razón y la experiencia*: Feijoo 250 años después. Oviedo: Instituto Feijoo de Estudios del Siglo XVIII; Ediciones Trea, 2016.
USCHMANN, Georg. Haeckel, E. H. P. *DSB*, v.6, p.6-11.
VALADE, Bernard. *Pareto*: la naissance d'une autre sociologie. Paris: Presses Universitaires de France, 1990.
VAN ALMELOVEEN, Theodor Jansson. Plagiorum syllabus. In *Opuscula*. Amsterdã: Apud Jannsonio-Waesbergios, 1686.
VAN BEEK, Pieta. *The First Female University Student*: A. M. van Schurman. Utrecht, Holanda: Igitur, 2010.
VAN BUNGE, Wiep. Pierre Bayle et l'animal-machine. In: BOTS, Hans (org.). *Critique, savoir et érudition au siècle des lumières*. Amsterdã-Maarssen: APA-Holland University Press, 1998. p.375-88.
VAN DETH, Jean-Pierre. *Renan*. Paris: Fayard, 2012.
VAN DOREN, Carl. *Benjamin Franklin*. Nova York: The Viking Press, 1938.
VAN GELDER, Geert Jan. Compleat Men, Women and Books. In: BINKLEY, Peter (org.). *Pre-Modern Encyclopaedic Texts*. Leiden, Holanda: Brill, 1997. p.241-59.
VAN HEUSDEN, Barend. Jakob von Uexküll and Ernst Cassirer. *Semiotica*, n.134, p.275-92, 2001.
VAN LIESHOUT, Helena H. M. The Library of Pierre Bayle. In: CANONE, Eugenio (org.). *Bibliothecae Selectae da Cusano a Leopardi*. Florença: Leo S. Olschki Editore, 1993. p.281-97.

VAN LIESHOUT, Helena H. M. *The Making of Pierre Bayle's Dictionnaire historique et critique*. Amsterdã-Utrecht: APA-Holland University Press, 2001.

VAN WINKLE, William. Information Overload. Disponível em: <www.gdrc.org/icts/i-overload/infoload.html>. Acesso em: 19 jul. 2012.

VARELA, Javier. *Jovellanos*. Madri: Alianza, 1988.

VASOLI, Cesare. Introduzione. In: PISSAVINO, Paolo (org.). *Le meraviglie del probabile*: Juan Caramuel, Vigevano: Comune de Vigevano, 1990. p.13-17.

VEBLEN, Thorstein. The Intellectual Pre-Eminence of Jews in Modern Europe. *Political Science Quarterly*, v.34, n.1, p.33-42, 1919.

VEIT-BRAUSE, Irmeline. The Interdisciplinarity of History of Concepts: A Bridge Between Disciplines. *History of Concepts Newsletter*, v.6, p.8-13, 2003.

VELTEN, Hans Rudoolf. Die Autodidakten. In: HELD, Jutta (org.). *Intellektuelle in der Frühe Neuzeit*. Munique: Wilhelm Fink, 2002.

VICO, Giambattista. Carta ao jesuíta francês Edouard de Vitry. In: *Opere*. Org. Roberto Parenti. 2v. Nápoles: F. Rossi, 1972. v.1

VICO, Giambattista. *Opere*. Org. Roberto Parenti. Nápoles: F. Rossi, 1972.

VITRÚVIO. *De Architectura*.

VOM BROCKE, Bernhard. Friedrich Althoff: A Great Figure in Higher Education Policy in Germany. *Minerva*, v.29, n.3, p.269-93, 1991.

VON NEUMANN, Klara. Prefácio. In: VON NEUMANN, John. *The Computer and the Brain*. New Haven, Connecticut: Yale University Press, 1958.

VOSSOUGHIAN, Nader. The Language of the World Museum: Otto Neurath, Paul Otlet, Le Corbusier. *Associations Transnationales*, 2003.

VOWINCKEL, Annette. "Ich fürchte mich vor den Organisationslustigen": Ein Dialog zwischen Hans Blumenberg und Reinhart Koselleck. *Merkur*, v.68, n.6, p.546-50, 2014.

Vv.Aa., *Jovellanos*: el hombre que soñó España. Madri: Encuentro, 2012.

WAINGROW, Marshall (org.). *The Correspondence and other Papers of James Boswell*. 2.ed. Edimburgo: Edinburgh University Press; New Haven, Connecticut: Yale University Press, 2001. [1.ed.: 1969.]

WALTERS, Lisa. *Margaret Cavendish*: Gender, Science and Politics. Cambridge: Cambridge University Press, 2014.

WALLERSTEIN, Immanuel et al. *Open the Social Sciences*. Palo Alto, Califórnia: Stanford University Press, 1996.

WANKLYN, Harriet. *Friedrich Ratzel*: A Biographical Memoir and Bibliography. Cambridge: Cambridge University Press, 1961.

WAQUET, Françoise. *Mapping the World of Learning*: The Polyhistor of Daniel George Morhof. Wiesbaden, Alemanha: Harrassowitz, 2000.

_____. *Les enfants de Socrate*: filiation intellectuelle et transmission du savoir, XVIIe-XXIe siècle. Paris: Albin Michel, 2008.

WARDMAN, H. W. *Ernest Renan*: A Critical Biography. Londres: Athlone, 1964.

WARNICKE, Retha M. Women and Humanism in the English Renaissance. In: RABIL Jr., Albert (org.). *Renaissance Humanism*. Filadélfia: University of Pennsylvania Press, 1988. v.2, p.39-54.

WARNKE, Martin. *The Court Artist*. Cambridge: Cambridge University Press, 1993. [1.ed.: 1985.]

WARREN, Leonard. *Joseph Leidy*: The Last Man Who Knew Everything. New Haven, Connecticut: Yale University Press, 1998.

WATERMAN, John T. (org. e trad.). *Leibniz and Ludolf on Things Linguistic.* Berkeley, Califórnia: University of California Press, 1977.

CHUANG TZU. *Zhuangxi*, capítulo 33. In: *Complete Works of Chuang Tzu*. Nova York: Columbia University Press, 1968.

WEBB, Robert K. Martineau, Harriet. *ODNB*, v. 37, p.13-19.

WEBER, Max. *The Protestant Ethic and the Spirit of Capitalism*. Londres: Allen and Unwin, 1930. [1.ed.: 1904.] [ed. bras.: *A ética protestante e o espírito do capitalismo*. São Paulo: Companhia das Letras, 2004.]

WEBER, Max. Science as a Vocation. In: GERTH, Hans H.; MILLS, C. Wright (orgs.). *From Max Weber*. Nova York: Oxford University Press, 1946. p.129-56. [1.ed.: 1946.] [ed. bras.: *Ensaios de sociologia*. 5.ed. Rio de Janeiro: LTC, 1999.]

WEINSTEIN, Leo. *Hippolyte Taine*. Nova York: Twayne, 1972.

WEISHEIPL, James A. (org.). *Albertus Magnus and the Sciences*. Toronto: Pontifical Institute of Mediaeval Studies, 1980.

WEISZ, George. *The Emergence of Modern Universities in France: 1863-1914*. Princeton, Nova Jersey: Princeton University Press, 1983.

WELLEK, René. *A History of Modern Criticism 1750-1950*. Cambridge: Cambridge University Press, 1955-1965. v.3, p.34-72.

WELLMON, Chad. *Organizing Enlightenment*: Information Overload and the Invention of the Modern Research University. Baltimore, Maryland: Johns Hopkins University Press, 2015.

WELLS, George A. *Goethe and the Development of Science*. Alphen: Sijthoff & Noordhoff, 1978.

WESTERHOFF, Jan. C. A World of Signs: Baroque Pansemioticism, the Polyhistor and the Early Modern *Wunderkammer*. *Journal of the History of Ideas*, v.62, n.4, p.633-50, 2001.

WESTFALL, Richard S. *Never at Rest*: A Biography of Isaac Newton. Cambridge: Cambridge University Press, 1980.

WHITE, Leonard D. (org.). *The New Social Science*. Chicago, Illinois: University of Chicago Press, 1930.

WHITEBOOK, Joel. *Freud*: An Intellectual Biography. Cambridge: Cambridge University Press, 2017.

WHITEHEAD, Alfred N. *Science and the Modern World*. Cambridge: Cambridge University Press, 1926.

WHITESIDE, Derek T. Wren the Mathematician. *Notes and Records of the Royal Society of London*, v.15, n.1, p.107-11, 1960.

WIEDEMANN, Conrad. Polyhistors Gluck und Ende: Von D. G. Morhof zum jungen Lessing. In: *Festschrift Gottfried Weber*. Bad Homburg, Alemanha: Gehlen, 1967. p.215-35.

WIEGAND, Wayne. *Irrepressible Reformer*: A Biography of Melvil Dewey. Chicago: American Library Association, 1996.

WIENER, Norbert. *Ex-Prodigy*. Cambridge, Massachusetts: MIT Press, 1964. [1.ed.: 1953.]

WIENER, Norbert. *I Am a Mathematician*. Cambridge, Massachusetts: MIT Press, 1964. [1.ed.: 1956.]

WILHELM, Hellmut. The Po-Hsueh Hung-ju Examination of 1679. *Journal of the American Oriental Society*, v.71, n.1, p.60-6, 1951.

WILSDORF, Helmut M. Agricola, Georgius. *DSB*, v.1, p.77-9.

WILSON, Daniel J. *Arthur O. Lovejoy and the Quest for Intelligibility*. Chapel Hill, Carolina do Norte: University of North Carolina Press, 1980.

WILSON, Edward O. *Sociobiology*: The New Synthesis. Cambridge, Massachusetts: Harvard University Press, 1975.

WILSON, Edward O. *Consilience*: The Unity of Knowledge. Nova York: Vintage, 1998. [ed. bras.: *A unidade do conhecimento*: Consiliência. Rio de Janeiro: Elsevier, 1998.]

WILLIAMS, Wesley. C. Huxley, Thomas Henry. *DSB*, v.6, p.589-97.

WINCHESTER, Simon. *Bomb, Book and Compass*: Joseph Needham and the Great Secrets of China. Londres: Penguin, 2008.

WINKS, Robin W. *Cloak and Gown*: Scholars in America's Secret War. Londres: Vintage, 1987.

WINOCK, Michel. *Madame de Staël*. Paris: Fayard, 2010.

WINTERNITZ, Emmanuel. *Leonardo da Vinci as a Musician*. New Haven: Yale University Press, 1982.

WIRSZUBSKI, Chaim. *Pico della Mirandola's Encounter with Jewish Mysticism*. Cambridge, Massachusetts: Harvard University Press, 1989.

WISNOVSKY, Robert. Avicenna and the Avicennian Tradition. In: ADAMSON, Peter; TAYLOR, Richard C. (orgs.). *The Cambridge Companion to Arabic Philosophy*. Cambridge: Cambridge University Press, 2006. p.92-136.

WLADIMIROFF, Igor. *De kaart van een verzwegen vriendschap. Nicolaes Witsen en Andrej Winius en de Nederlandse cartografie van Rusland*. Groningen: s.n., 2008.

WOIAK, Joanne. Pearson, Karl. *ODNB*, v. 43, p.331-5.

WOLF, Maryanne. *Proust and the Squid*: The Story and Science of the Reading Brain. Londres: Harper Perennial, 2008.

WOOD, Alexander. *Thomas Young*: Natural Philosopher Cambridge: Cambridge University Press, 1954.

WOODWARD, William H. *Vittorino da Feltre and Other Humanist Educators*. Cambridge: Cambridge University Press,1897.

WOWER, Johannes. *De polymathia*. 1603: Leipzig, 1665 edn.

WREN, Christopher. *Parentalia, or memoirs of the family of the Wrens*: viz. Mathew, Bishop of Ely, Christopher, Dean of Windsor &c. but most chiefly of Sir Christopher Wren, late Surveyor-General of the Royal Buildings... Londres: T. Osborn, 1750. Disponível em: <https://books.google.co.uk/books?id=Tm1MAAAAcAAJ>. Acesso em: 17 jul. 2020.

WRIGHT, Alex. *Glut*: Mastering Information through the Ages. Washington DC: Joseph Henry Press, 2007.

WRIGHT, Alex. *Cataloguing the World*: Paul Otlet and the Birth of the Information Age. Oxford: Oxford University Press, 2014.

WRIGHT, J. M. F. *Alma Mater*. Londres: Black, Young, and Young, 1827.

WULF, Andrea. *The Invention of Nature*: The Adventures of Alexander von Humboldt, the Lost Hero of Science. Londres: John Murray, 2016. [ed. bras.: *A invenção da natureza*. São Paulo: Planeta, 2016.]

WURMAN, Richard S. *Information Anxiety*. 2.ed. Nova York: Que, 2000. [1.ed.: 1989.]

YANGMING, Wang *Instructions for Practical Living*. Nova York: Columbia University Press, 1963.

YATES, Frances. Cornelius Agrippa's Survey of Renaissance Magic. In: *Giordano Bruno and the Hermetic Tradition*. Londres: Routledge and Kegan Paul, 1964. [ed. bras.:*Giordano Bruno e a tradição hermética*. São Paulo: Cultrix, 1987.]

YATES, Frances. Pico della Mirandola and Cabalist Magic. In: *Giordano Bruno and the Hermetic Tradition*. Londres: Routledge and Kegan Paul, 1964. [ed. bras.: *Giordano Bruno e a tradição hermética*. São Paulo: Cultrix, 1987.]

YATES, Frances. *The Rosicrucian Enlightenment*. Londres: Routledge and Kegan Paul, 1972. [ed. bras.: *O Iluminismo Rosa-Cruz*. São Paulo: Cultrix, 1983.]

YATES, JoAnne. Business Use of Information and Technology during the Industrial Age. In: CHANDLER Jr., Alfred D.; CORTADA,

James W. (orgs.). *A Nation Transformed by Information*. Nova York: Oxford University Press, 2003.

YEO, Richard 1993 *Defining Science: William Whewell, Natural Knowledge, and Public Debate in Early Victorian Britain*. Cambridge: Cambridge University Press, 1993.

YEO, Richard. *Encyclopaedic Visions: Scientific Dictionaries and Enlightenment Culture*. Cambridge: Cambridge University Press, 2001.

YEO, Richard. Whewell, William. *ODNB*, v. 58, p.xi, 2004.

YOUNG, Robert F. *Comenius in England*. Oxford: Oxford University Press, 1932.

ZANGWILL, Israel. Introdução. In: DEFRIES, Amelia. *The Interpreter: Geddes, the Man and his Gospel*. Londres: Routledge & Sons, 1927.

ZEDELMAIER, Helmut. *Bibliotheca universalis und Bibliotheca selecta: das Problem der Ordnung des gelehrten Wissens in der fruhen Neuzeit*. Colônia: Bohlau, 1992.

ZEDELMAIER, Helmut. "Polyhistor" und "Polyhistorie". In: *Werkstatten des Wissens zwischen Renaissance und Aufklarung*. Tübingen, Alemanha: Mohr Siebeck, 2015. [1.ed.: 2002.]

ZIMMERMAN, Fritz W. Al-Kindi. In: YOUNG, M. J. L.; LATHAM, J. D.; SERJEANT, R. B. (orgs.). *Religion, Learning and Science in the Abbasid Period*. Cambridge: Cambridge University Press, 2014.

ZINSSER, Judith P. *Émilie du Châtelet*: Daring Genius of the Enlightenment. Nova York: Penguin Paperbacks, 2007.

ZINSSER, Judith P.; HAYES, Julie C. (orgs.). *Émilie du Châtelet*: Rewriting Enlightenment Philosophy and Science. Oxford: Voltaire Foundation, 2006.

ZUBOV, Shoshana. *The Age of Surveillance Capitalism*. Londres: Public Affairs, 2019.

ZUBOV, Vasilii. *Leonardo da Vinci*. Cambridge, Massachusetts: Harvard University Press, 1968. [1.ed.: 1961.]

Leituras complementares

São raros os estudos gerais sobre polímatas. Um estudo recente é *The Polymath*, de Waqas Ahmed (Chichester: Wiley, 2018), baseado sobretudo em entrevistas com membros vivos da espécie. Sobre a tendência de aumento da especialização à qual os polímatas resistem, veja Peter Burke, "Dividing Knowledges", em *A Social History of Knowledge*, v.2 (Cambridge: Polity, 2012), p.160-83. Sobre a interdisciplinaridade, Robert Frodeman, Julie T. Klein e Carl Mitcham (orgs.), *The Oxford Handbook of Interdisciplinarity* (Oxford: Oxford University Press, 2010).

Alguns polímatas escreveram autobiografias, entre eles:

DARWIN, Charles. *The Autobiography of Charles Darwin 1809-1882*. Londres: Collins, 1958. [ed. bras.: *Autobiografia 1809-1882*. Rio de Janeiro: Contraponto, 2007.]
FRANKLIN, Benjamin. *Autobiography*. Org. J. A. Leo Lemay e P. M. Zall. Nova York; Londres: Norton, 1986. [ed. bras.: *Autobiografia*. São Paulo: Martin Claret, 2005.]
OSTWALD, Wilhelm. *The Autobiography*. Berlim: Springer, 2017.
RUSSELL, Bertrand. *Autobiography*. 3v. Londres: George Allen & Unwinn, 1967-1969.

VICO, Giambattista. *Autobiografia*. Milão e Nápoles: Il Mulino, 1992.
WIENER, Norbert. *Ex-Prodigy*. Cambridge, Massachusetts: MIT Press, 1964.

Abaixo estão listadas algumas biografias de polímatas, por ordem de biografado, não de biógrafo:

LIPSET, David. *Gregory Bateson*: Legacy of a Scientist. Boston, Massachusetts: Beacon, 1982.
EILAND, Howard; JENNINGS, Michael W. *Walter Benjamin*: A Critical Life. Cambridge, Massachusetts: The Belknap Harvard University Press, 2014.
ROGER, Jacques. *Buffon*: A Life in Natural History. Ithaca, Nova York: Cornell University Press, 1997. [1.ed.: 1989.]
WALTERS, Lisa. *Margaret Cavendish*: Gender, Science and Politics. Cambridge: Cambridge University Press, 2014.
DOSSE, Francois. *Michel de Certeau*: Le marcheur blessé. Paris: La Découverte, 2002.
ZINSSER, Judith P. *Émilie du Châtelet*: Daring Genius of the Enlightenment. Nova York: Penguin Paperbacks, 2007.
AKERMAN, Susanna. *Queen Christina of Sweden and her Circle*. Leiden, Holanda: E. J. Brill, 1991
HOLMES, Richard, *Coleridge*. 2v. Londres, Harper-Collins, 1998-2000.
DESMOND, Adrian; MOORE, James. *Darwin*. Nova York: Warner Books, 1991.
PAOLUCCI, Claudio. *Umberto Eco tra ordine e aventura*. Milão: Feltrinelli, 2016.
ASHTON, Rosemary, *George Eliot*. Oxford: Oxford University Press, 1983.
PYMAN, Avril. *Pavel Florensky, a Quiet Genius*: The Tragic and Extraordinary Life of Russia's Unknown Da Vinci. Londres: Continuum, 2010.

ERIBON, Didier. *Michel Foucault*. Cambridge, Massachusetts: Cambridge University Press, 1991. [1.ed.: 1989.] [ed. bras.: *Michel Foucault*: uma biografia. São Paulo: Companhia das Letras, 1990.]

KITCHEN, Paddy. *A Most Unsettling Person*: An Introduction to the Ideas and Life of Patrick Geddes. Londres: Victor Gollancz, 1975.

BOYLE, Nicholas. *Goethe*: The Poet and the Age. 2v. Oxford: Oxford University Press, 1991-2000.

WULF, Andrea. *The Invention of Nature*: The Adventures of Alexander von Humboldt, the Lost Hero of Science. Londres: John Murray, 2016. [ed. bras.: *A invenção da natureza*. São Paulo: Planeta, 2016.]

HARRIS, James A. *Hume*: An Intellectual Biography. Cambridge: Cambridge University Press, 2015.

MURRAY, Nicholas. *Aldous Huxley*: A Biography. Londres: Thomas Dunne, 2003.

PAZ, Octavio. *Sor Juana*: Her Life and her World. Londres: Faber and Faber, 1988. [1.ed.: 1982.]

FRANKLIN, Michael J. *Orientalist Jones*: Sir William Jones, Poet, Lawyer and Linguist, 1746-1794. Oxford: Oxford University Press, 2011.

FINDLEN, Paula (org.). *Athanasius Kircher*: The Last Man Who Knew Everything. Londres: Routledge, 2003.

ANTOGNAZZA, Maria Rosa. *Leibniz*: A Very Short Introduction. Oxford: Oxford University Press, 2016.

ANTOGNAZZA, Maria Rosa. *Leibniz*: An Intellectual Biography. Cambridge: Cambridge University Press, 2009.

WARREN, Leonard. *Joseph Leidy*: The Last Man Who Knew Everything. New Haven, Connecticut: Yale University Press, 1998.

KEMP, Martin. *Leonardo*. ed. rev. Oxford: Oxford University Press, 2011.

_____. *Leonardo da Vinci*: The Marvellous Works of Nature and Man. Londres: Harvard University Press, 1981.

KEMP, Martin. *Leonardo*. ed. rev. Oxford: Oxford University Press, 2006. [1.ed.: 1981.]

SHACKLETON, Robert. *Montesquieu*: An Intellectual and Critical Biography. Oxford: Oxford University Press, 1961.

McCARTHY, Fiona. *William Morris*. Londres: Faber & Faber, 1994.

MILLER, Donald L. *Lewis Mumford*: A Life. Nova York: Widenfeld & Nicolson, 1989.

GOLDSMITH, Maurice. *Joseph Needham*: Twentieth-Century Renaissance Man. Paris: Unesco, 1995.

MACRAE, Norman. *John von Neumann*: The Scientific Genius who Pioneered the Modern Computer, Game Theory, Nuclear Deterrence and Much More. Nova York: Pantheon, 1992.

WRIGHT, Alex. *Cataloguing the World*: Paul Otlet and the Birth of the Information Age. Oxford: Oxford University Press, 2014.

MILLER, Peter N. *Peiresc's Mediterranean World*. Cambridge, Massachusetts: Harvard University Press, 2015.

DALE, Gareth. *Karl Polanyi*: A Life on the Left. Nova York: Columbia University Press, 2016.

NYE, Mary Jo. *Michael Polanyi and his Generation*. Chicago, Illinois: University of Chicago Press, 2011.

ERIKSSON, Gunnar. *The Atlantic Vision*: Olaus Rudbeck and Baroque Science. Massachusetts: Science History Publications, 1994.

CROWTHER-HEYCK, Hunter. *Herbert A. Simon*: The Bounds of Reason in Modern America. Baltimore, Maryland: Johns Hopkins University Press, 2005.

ROSS, Ian S. *The Life of Adam Smith*. 2.ed. Oxford: Oxford University Press, 2010.

NEELEY, Kathryn A. *Mary Somerville*: Science, Illumination and the Female Mind. (Cambridge: Cambridge University Press, 2001.

SCHREIBER, Daniel. *Susan Sontag*: A Biography. Evanston, Illinois: Northwestern University Press, 2014. [1.ed.: 2007.]

WINOCK, Michel. *Madame de Staël*. Paris: Fayard, 2010.

ROBINSON, Andrew. *The Last Man Who Knew Everything*: Thomas Young, the anonymous polymath who proved Newton wrong, explained how we see, cured the sick and deciphered the Rosetta Stone, among other feats of genius. Londres: Pi, 2006.

Índice remissivo

A
abdução, 227, 248, 251
academia, 92, 110, 113-4, 148, 169, 197
Adab, 47
Addison, Joseph, 143
Adorno, Theodor, 310, 336-7
Agamben, Giorgio, 365, 367
Agassiz, Louis, 268, 273, 295, 298
Agnesi, Maria Gaetana, 146, 160, 187, 301
Agostinho, Santo, 24-5, 43, 59, 86, 93, 288
Agricola, Georgius, 73
Agricola, Rudolf, 61, 63, 191
Agrippa, Heinrich Cornelius, 65-8, 311, 313
Alberti, Leon Battista, 56, 58-61, 72-3, 76, 191, 279
Alberto da Saxônia, 53
Alberto, o Grande, 51, 53, 64-5, 68
Alexandre de Mileto, 37
Alexandre VII, papa, 313
Al-Farabi, 48*n*, 64
Al-Kindi, 48-9, 77
Alsted, Johann Heinrich, 27, 96-8, 104, 114, 131, 297, 318-9, 369
amador, 34, 58, 94, 103, 124, 190, 200, 210, 258, 258, 359
analogias, 79, 108, 110, 112, 139, 157, 170, 246, 250-1, 270-1, 287; *ver também* metáforas
Anderson, Benedict, 214
Anderson, Perry, 364-5, 367
Angell, James R., 325, 337
anotações, 41, 69, 77-8, 130,52, 187, 203, 270
ansiedade da informação, 130, 361
Antal, Frederick, 331
Apáczai Csere, János, 97
Arias Montano, Benito, 23, 317
Aristóteles, 35, 45, 47-9, 52-3, 63, 69-70, 83, 98, 112, 172, 270, 284, 365
Arnold, Matthew, 181, 183-4, 193, 272
Arpa (Advanced Research Project Agency/Agência de Projetos de Pesquisa Avançada), 342
Arquíloco, poeta, 27
ascetismo, 22, 280
Ash, Timothy Garton, 364
Ashby, W. Ross, 333
assistentes, 41, 102, 145, 158, 181, 229, 239, 320; *ver também* colaboração; informantes
Assmann, Aleida, 304, 365-7

Athenaeum (Amsterdã), 295
atletas, 36, 62, 191
Aubrey, John, 266, 306
Averróis (Ibn Rushd) 48-50, 179
Avicena (Ibn Sina), 48

B

Babbage, Charles, 167-8, 188, 196, 306, 309
Bacon, Francis, 26, 62-3, 86, 118, 130, 159-60, 221-2, 262, 311
Bacon, Roger, 51-3, 65, 68, 77, 126
Bagehot, Walter, 303
Baillet, Adrien, 129
Bal, Mieke, 304, 365
Balzac, Honoré de, 271
Banks, Joseph, 197
Barbu, Zevedei, 333
Barrow, Isaac, 115, 132, 265-6, 367
Barthes, Roland, 247, 250
Bartholin, Thomas, o Velho, 105, 122
Bartoli, Daniele, 144
Basnage, Henri, 110-1
Basnage, Jacques, 273
Bastian, Adolf, 276, 318
Bataille, Georges, 272n, 310
Bateson, Gregory, 251, 254-5, 275-6, 285, 311
Baudin, Nicolas, 215
Bauhin, Caspar, 124, 130
Baxter, Richard, 132
Bayle, Pierre, 23, 99, 110-2, 125, 128, 143, 178, 262, 273, 297-8, 305, 311, 317, 319
Becher, Johann Joachim, 27-8, 135, 275
Bello, Andrés, 294
Benedict, Ruth, 343
Benjamin, Walter, 306, 336
Bentham, Jeremy, 181
Berelson, Bernard, 337
Bergman, Ingmar, 230
Berio, Luciano, 251

Berlin, Isaiah, 27, 34, 258, 286
Bernardo de Chartres, 50
Berners-Lee, Tim, 222
Berr, Henri, 273, 319
Bertalanffy, Ludwig von, 246-7, 301, 311, 335-6
bibliotecas, bibliotecários, 36, 43, 49, 68, 71, 76-7, 88, 92-3, 101, 111, 113-6, 118, 126, 129, 140, 143, 147, 152, 187, 204, 227-9, 238, 265, 282, 295, 302-3, 312, 317-8, 346, 360, 364
Bildung, 170-1, 183-4, 340
Birdwhistell, Ray, 235
Bloch, Marc, 355-6
Blotius, Hugo, 317
bluestockings, 145
Blumenberg, Hans, 235, 281, 349
Boas, Franz, 169, 241-2, 317-8
Boas, George, 332
Bochart, Samuel, 91, 116-7, 271, 297
Boden, Margaret, 304, 365-7
Bodin, Jean, 23, 65-67, 71, 121, 305
Boécio, 44-5
Boerhaave, Herman, 24, 85, 99, 228, 314
Bogatyrev, Petr, 248
Bogdanov, Alexander, 272
Boineburg, barão von, 114
Bonpland, Aimé, 172
Borges, Jorge Luis, 21, 226-8, 256, 301-3, 311, 317-8, 369
Borgia, Cesare, 76
Bošković, Rudjer, 163, 294
Boswell, James, 155
Boulding, Kenneth, 231-2, 247, 258, 269, 277, 279, 284, 301, 340
Bourdieu, Pierre, 179, 219, 270, 315
bowu, 39
Boxhorn, Marcus, 95-6
boxue, 39
Brahe, Tycho, 86, 122, 306
Brandes, Georg, 181
Braudel, Fernand, 15, 268, 345, 357

Índice remissivo

Briggs, Asa, 5, 347, 356
Brin, Sergei, 21
Broca, Paul, 241, 316
Bronowski, Jacob, 286, 309
Brooks, Van Wyck, 224
Brougham, Henry, 154
Browne, Thomas, 267, 280
Browning, Robert, 5
Brunelleschi, Filippo, 73-6, 122, 305
Bruno, Giordano, 23-4, 305
Brunswick, duque de, 114
Buffon, conde de, 142, 145, 149-50, 270, 273-4, 306
Buissière, Paul, 111
Bundy, McGeorge, 343
Burckhardt, Jacob, 56, 59-61, 81, 295, 298
Bureus, Johannes, 106, 311-2
Burke, Edmund, 145
Burke, Kenneth, 303, 319
Burnet, Gilbert, 30, 134, 267-8, 273, 297, 301
Burney, Charles, 329
Burton, Robert, 94, 129, 131, 275
Buruma, Ian, 364
Bush, Vannevar, 316, 342
Butler, Judith, 304, 365-7
Butler, Nicholas, 340

C

Cabala, 62-5, 227
cafés, 119, 143, 167, 258, 278, 327-31, 354
Caillois, Roger, 310, 351
Calvino, João, 86, 97
  calvinismo, 67, 97, 280, 297
Campanella, Tommaso, 272, 305-7
Campbell, Donald T., 230, 326
Capela, Marciano, 22
Caramuel y Lobkowitz, Juan, 99, 103-5, 121, 125, 301, 305, 311
Cardano, Girolamo, 72, 284
Carlos III da Espanha, 160
Carlos IX da Suécia, 312
Carlos XI da Suécia, 312
Carlos XII da Suécia, 148, 162, 313
Carlyle, Thomas, 154
Carnap, Rudolf, 331, 335
Carr, Nicholas, 360, 363
Casaubon, Edward, 187
Casaubon, Isaac, 133, 280
Casaubon, Méric, 95, 133-4
Cassirer, Ernst, 346
Castiglione, Baldassare, 57-9, 75, 81
Catão, Marco Pórcio, 38
Catarina II da Rússia, a Grande, 162, 312
Cavendish, Margaret, 89-90, 272
Caxton, William, 58
Cellini, Benvenuto, 76
Centros, 344;
  Centro de Estudos Avançados em Ciências do Comportamento (Advanced Studies in the Behavioral Sciences, Palo Alto), 352-3;
  Centro de Estudos Culturais Contemporâneos (Contemporary Cultural Studies, Birmingham), 350;
  Centro de Pesquisa Interdisciplinar (Interdisciplinary Research/ Zentrum für interdisziplinäre Forschung, Bielefeld), 354;
  Centro de Estudos Internacionais (International Studies, MIT), 343;
  Centro de Pesquisa Russa (Russian Research Center, Harvard), 344
Cereta, Laura, 82
Certeau, Michel de, 251, 256-7, 264, 270, 287-8, 291, 321
Champollion, Jean-François, 166, 283, 290
charlatães, 30, 141-2, 257-60
Châtelet, Émilie, Marquesa du, 146-8, 273, 277
Chatwin, Bruce, 276
Chinard, Gilbert, 275, 285, 332
Chomsky, Noam, 258-9, 277, 367
CIA, 343-4

Cícero, 37-8, 45, 93
Círculos, 223, 328-32, 335, 339;
 ver também clubes
Cixous, Hélène, 304, 365, 367
Clarendon, Lorde de (Edward Hyde), 43, 118
Clubes, 167, 197, 328-9, 331-3;
 ver também Sociedades
colaboração, 16, 69, 101-2, 114, 149, 186, 189, 216, 223, 233, 235, 253, 268, 278, 284, 319, 320-1, 337, 342, 352;
 ver também assistentes
coleções, colecionadores, 21, 40, 42, 78, 91, 94, 99-103, 119-20, 134, 191, 222, 241, 253, 283, 289, 302;
 ver também museus
Coleridge, Samuel T., 165, 182, 199-200, 272, 311
Collège de France, 175, 180, 208, 237, 321
Collingwood, Robin G., 315
Comenius, Jan Amos (Johannes), 89, 96, 97-9, 110, 114, 121, 126, 131, 133, 222-3, 277, 297, 311, 334
comitês:
 Comissão de Desenvolvimento Humano, 338;
 Comitê de Pensamento Social, 338;
 Comitê de Ciências Comportamentais, 338
competição, 39, 73, 148, 169, 209, 219, 239, 282-3, 360
Comte, Auguste, 26, 175-6, 181, 186-7, 198, 205, 234-5, 237, 248, 297, 311, 329, 334
Comunidade:
 do Saber (*Republica litterarum*), 125, 144;
 Científica, 215
concentração, 264-6
concórdia, ideia de, 70-2, 121
Condorcet, marquês de, 142, 146, 149-51, 267

conexões, 25-67, 131-5, 158, 174, 188, 234, 247, 270, 287-9, 295, 335-6, 367
congressos, 212
Conring, Hermann, 91, 285, 314
construtores de sistemas, 26-7, 130, 152-3, 170, 173-7, 246-50, 332-3, 335-6
Cooke, Anne e Elizabeth, 83
Copérnico, Nicolau, 173, 305
Corner, Elena, 89, 92
cortes, 312-3
Courchod, Suzanne, 184
Cournot, Antoine, 189
Crane, Walter, 182
Crichton, James, 62, 172, 191
crises de conhecimento, 30, 127-8, 195-8, 203, 359
Cristina da Suécia, 23, 89, 91-2, 116, 312
Cristina de Pisano, 80
crítica, críticos, 21, 28, 40-1, 110-2, 119, 143, 145-6, 154-5, 159, 168-9, 177-84, 225, 228-30, 250-1, 309-10, 319, 330-1, 351-2, 355, 365
Croce, Benedetto, 29, 56, 279, 319
Cujas, Jacques, 67-8
curiosidade, 24-6, 33, 39, 43, 59, 70, 77, 79, 86, 95-7, 99-100, 102, 109, 113-4, 118-20, 124, 261, 262-4, 266-7, 275, 293, 304, 335
Cuvier, Georges, 189, 267, 271, 318

D

D'Alembert, Jean, 145-6, 148-950, 167, 215-6, 311, 319
Da Vinci, Leonardo, 29, 49, 56, 75-80, 135, 225, 241, 252, 262, 270, 287, 289-91, 305
Darwin, Charles, 192-4, 207, 240, 269-72, 279-81, 305-7, 311
Darwin, Erasmus, 156
De Quincey, Thomas, 165, 201, 303, 311, 324
Dee, John, 65, 68, 122, 306

Índice remissivo

Def, Marie-Anne, Marquesa du, 145, 152, 184
Deleuze, Gilles, 310
Departamento de Relações Sociais, Harvard, 339
Derrida, Jacques, 258-9, 283, 294
Descartes, René, 87, 90-1, 104-5, 117, 141, 148, 161
descompartimentalização, 72
devaneio, sonhar acordado, 269
Dewey, Melvil, 204, 282, 298, 311, 317
diagramas, 41, 220
Diamond, Jared, 315, 366-7
Diderot, Denis, 145-6, 148-9, 195, 206, 215-6, 230, 303, 312, 319
dilettante, 200
Dioscórides, médico, 124
disciplinas, 15-6, 21-3, 25-6, 33, 35-8, 40, 45-7, 50-1, 55, 57, 59, 63-5, 68-9, 78, 95-7, 115-6, 131-3, 158-9, 161, 165, 169, 174-7, 182, 184, 191-2, 204-12, 218-20, 230-1, 234-51, 315-7
divisão do trabalho
ver especialização
Donne, John, 103, 119, 131-2
Doxiádis, Constantínos, 234, 294
Drayton, Michael, 119
duas culturas, 189, 213-5, 230, 309, 347, 350, 358, 366
Du Bois-Reymond, Emil, 114, 200
Duby, Georges, 251
Dumézil, Georges, 271
Dupin, Louise, Madame, 145
Durkheim, Émile, 205, 208, 216, 231, 237-8, 241, 258, 315, 317, 355-6
Dury, John, 126

E

Eco, Umberto, 21, 28, 54, 228, 247, 250-1, 259, 272, 275, 284, 297, 319
écoles:
 École Libre des Sciences Politiques, 208;
École des Hautes Études, 345
Edinburgh Review, 154, 177, 203, 212, 319, 352
Einstein, Albert, 352
Elias, Norbert, 238-9, 283, 326, 365
Eliot, George (Mary Ann Evans), 21, 56, 146, 185-7, 189, 272, 304, 319
Elyot, Sir Thomas, 58
Emerson, Ralph Waldo, 172
Empédocles, 34-5
enciclopédias, 35, 38, 42, 44-5, 49, 51-2, 66, 71-2, 96-7, 104, 111, 115, 131, 136, 139, 142, 158, 215-6, 222-3, 226-9, 313, 318-9, 324, 335, 356, 359;
 Encyclopaedia Britannica, 142, 166-8, 216, 226, 243, 319, 341, 359;
 L'Encyclopédie, 140, 142, 145, 148-9, 215, 223;
 Wikipedia, 240
Encontre, Daniel, 297-8energia, 272-4
Engels, Friedrich, 290
engenheiros, 72-6, 162, 176, 225, 235-7, 244-6, 250, 270, 308, 316-7, 325, 333, 342, 366
ensaios, 21, 42, 56, 62, 66, 83-4, 89, 117, 133, 143, 148-54, 159, 165, 169, 171-2, 174, 178, 178-80, 182-4, 186-9, 193, 226-30, 234, 238, 241, 250, 254, 257, 284, 286, 299, 311, 319, 341, 356, 366
Erasmo, 63-4, 83, 103, 305
Eratóstenes de Cirene, 36, 317
Ercilla, Alonso de, 61
Ernesto Augusto, Hanôver, 313
escolas, 313-5
especialização, 19, 22, 24-5, 40, 51, 60, 155, 195-8, 204-6, 211, 215-23, 229, 234, 239, 253, 258, 260, 263, 296, 316, 324-7, 329, 334, 336, 341, 345, 363, 367
espirituosidade, 283-4|
Estado da informação, 202

Estudos de área, 343-5
Estudos, 349-51
ética protestante, 296-8, 330
Euler, Leonhard, 294-5
Evans, Arthur, 211
Evelyn, John, 87-91, 136
exílios, 15, 25, 90, 110-1, 177, 239, 300, 331
explosão
   de informação, 129, 201, 204, 218, 361
   do conhecimento, 129, 201, 204, 218, 324

F

Fabricius, Johann Albert, 298
Farge, Arlette, 321
Fausto (Dr. Faustus), 57, 59, 65, 68, 170, 260
Favret, Jeanne, 321
Febvre, Lucien, 15, 216, 356
Fechner, Gustav, 246, 276
Fedele, Cassandra, 82-3, 187
Feijoo, Benito Jerónimo, 103, 157, 159, 305, 311
Feltre, Vittorino da, 57
Ferguson, Adam, 151, 154, 294, 298, 317
Fermi, Enrico, 28, 338
Fernando II, imperador, 90
Fernando III, imperador, 104, 313
Feuerbach, Ludwig, 186
índices do bibliotecário, 204
Filipe IV da Espanha, 104
Fischer, Emil, 216
Fleure, Herbert John, 276, 294, 315, 366
Florensky, Pavel, 29, 251-2, 285
Fontenelle, Bernard de, 113
Foucault, Michel, 233-4, 258, 264, 279, 315, 319-21, 358
Foucquet, Jean-François, 147
fragmentação, 22, 30-1, 51, 68, 80, 129, 130-3, 197, 201, 208, 209-11, 214, 334

Francisco I de França, 76, 312
Franklin, Benjamin, 164, 263, 281, 297-8
Frazer, James, 211, 242-3, 253, 271, 309-10
Frederico Guilherme III da Prússia, 313
Frederico Guilherme IV da Prússia, 313
Frederico II da Prússia (o Grande), 312
Freud, Sigmund, 229, 240-1, 263, 290, 316, 348, 356, 358
Freyre, Gilberto, 283, 296
Fuller, Buckminster, 258, 316
Fuller, Thomas, 132
fundações, 313, 343-4;
   Carnegie, 344;
   European Science, 217;
   Ford, 337, 344, 352;
   Macy, 244;
   Peace, 277;
   Rockefeller, 235, 337, 345

G

Galileu, 87, 111, 122, 161
Galindo, Beatriz, 83
Gallini, Clara, 304
Galton, Francis, 193-4, 235, 306, 308, 310
Garrick, David, 145
Gassendi, Pierre, 87, 91, 102, 104, 125, 135
Gay, Peter, 356
Geddes, Patrick, 220-2, 224-5, 231, 237, 264, 274, 276-7, 290, 303, 310-1, 351, 366
generalistas, 25, 40, 42, 87, 127, 132, 154, 207, 220, 224-5, 231, 260, 325, 367
Geoffrin, Marie Thérèse, Madame, 145, 152, 184
Gerard, Ralph, 247, 301, 341
Gerbert d'Aurillac, 44-6, 53, 65
Gessner, Conrad, 65-70, 72, 93, 271, 294
Ghiberti, Lorenzo, 73
Ginzburg, Carlo, 258, 283, 286, 356
Glucksmann, Alfred, 238

Goethe, Johann Wolfgang von, 21, 169-73, 184-67, 190-1, 201, 238, 272, 309
Gombrich, Ernst, 320
Goody, Jack, 243
Google, 21, 359, 363
Gournay, Marie de, 83-4, 89-90
Gower, John, 28
Gregory, Richard, 320
Grosseteste, Robert, 51-2
Grotius, Hugo, 86, 118, 125, 160, 280, 282
Guarino de Verona, 82
Guattari, Félix, 235, 310
Guilherme de Malmesbury, 46
Guizot, François, 175
Gustavo Adolfo da Suécia, 91, 106, 312

H

Habermas, Jürgen, 298, 337, 354, 365, 367
habitus, hábitos, 176, 249, 245, 252, 256, 270
Haddon, Alfred, 242, 317
Haeckel, Ernst, 189, 191, 310-1
Hall, Stuart, 350
Haller, Albrecht von, 168, 295, 301
Hamilton, Earl, 355
harmonia, 57, 71, 98, 121, 158
Hartlib, Samuel, 89, 98, 126
Harvey, Gabriel, 94
Harvey, William, 102
Hazlitt, William, 199
Heckscher, Eli, 355
Heidegger, Martin, 228, 251
Heinlein, Robert, 5, 325
Helmholtz, Hermann von, 189-91, 204, 315
Henderson, Lawrence, 246, 310, 332
Henslow, John, 207
Heráclito, 34-5
Herder, Johann Gottfried, 169-72, 270, 297, 309
Herschel, John, 166-7, 188, 194, 281, 309
Herschel, William James, 194

Hervás, Lorenzo, 157-8, 272
Herz, Henriette, 145
Heyerdahl, Thor, 107
Hildegarda de Bingen, abadessa, 80, 84
Hinde, Robert, 320
Hintze, Otto, 355
Hipátia de Alexandria, 80
Hípias de Élis, 35-7
Hitchcock, Alfred, 28
Hobhouse, Leonard T., 325
Hobsbawm, Eric, 344
Holberg, Ludvig, 140
Holstenius, Lucas, 23, 289
Homans, George, 282, 302
Hooke, Robert, 28-9, 88, 122-4, 134-6, 289, 303
Horkheimer, Max, 310, 336
Huang, Arcadius, 147
Huber, Ulrich, 140
Huet, Pierre-Daniel, 91, 116-8, 121, 137, 160, 263, 271, 277
Hugo de São Vítor, 51
Hui Shi, 40
Huizinga, Johan, 228, 284, 355-6
Humboldt, Alexander von, 145, 169, 171-4, 188, 191-2, 199, 263, 273, 275, 277, 283, 287-8, 290, 301, 305-6, 308-9, 311-3, 320, 334
Humboldt, Wilhelm von, 145, 169, 171-2, 184, 271, 281, 283, 301, 308-9
Hume, David, 151-2, 294, 302-3, 317, 333
Hutchins, Robert, 255, 298, 338-41
Hutchinson, George Evelyn, 269
Huxley, Aldous, 21, 167, 226-7, 257, 272, 276, 283, 308, 311
Huxley, Julian, 275, 283, 308, 311, 320
Huxley, Thomas Henry, 193, 279, 290, 303, 311
Huygens, Christiaan, 112, 123, 301-2, 306, 309
Huygens, Constantijn, 141n, 272n, 309

I

Ibn Khaldun, 47-8, 50, 293
Ibn Rushd (Averróis), 48-50, 64, 179
Ibn Sina (Avicena), 48-9, 52, 64, 77
imaginação, 269-72
informantes, 103, 111, 320
Innis, Harold, 298
inovação, 51, 75, 152, 237, 245, 271; *ver também* inventores; originalidade
inquietação, 274-7
institutos, 344;
    Instituto de Pesquisa Social (Institut für Sozialforschung), Frankfurt, 336-7, 352;
    Instituto de Relações Sociais (Institute for Social Relations), Yale, 338;
    Instituto de Ciências Comportamentais, 339;
    Instituto de Estudos do Meio Ambiente (Institute for the Study of the Environment/Institut für Umweltsforschung), Hamburg, 346;
    Instituto de Estudos Avançados (Institute for Advanced Studies), Princeton, 244, 352, 354;
    Biblioteca de Estudos Culturais (Kulturwissenschaftlicher Bibliothek), Warburg, 346
intelectual público, 147, 179, 225, 260
interdisciplinaridade, 323-58 *ss*
inventores, 55-6, 73-6, 107-8, 113, 177-8, 122, 128, 163-4, 168, 185, 194, 201-3, 223, 245, 257, 284, 310, 316, 360
Iragiray, Luce, 304, 365, 367
irmãos Prodi, 308
Isabel de Castela, 83
Isabel, princesa Palatina, 89-90, 305
Isidoro de Sevilha, 44-5

J

Jahoda, Marie, 286
Jakobson, Roman, 247-9, 271, 331
James, Henry, 275
James, William, 194, 240
Jardine, Lisa, 309
Jaucourt, Louis de, 149
Jefferson, Thomas, 164, 278, 309
Jeffrey, Francis, 154, 203, 319
Jencks, Charles, 367
Johanneum, escola (Hamburgo), 295
Johnson, Samuel, 142, 145, 154-6, 263-5, 267, 282, 302, 319, 328-9
Jones, Ernest, 290
Jones, Sir William, 156-7, 160, 166, 294
Jonson, Ben, 119
Jovellanos, Gaspar Melchor de, 157-8, 305, 307, 311
Juana Inés de la Cruz (sóror Juana), 89, 92-3, 163, 262, 300, 305
judeus, 101, 281, 297, 299-300
Julia, Dominique, 321
Jung, Carl Gustav, 294, 298
Junius, Franciscus, 277, 305
Justel, Henri, 111

K

Kames, Henry, Lorde, 151-3, 294
Kant, Immanuel, 67, 139-40, 168-70, 196, 205, 265-6, 284
Kepler, Johannes, 71, 86, 90, 108, 122
Keynes, John Maynard, 21, 278, 280, 298
Kircher, Athanasius, 28, 93, 99, 103, 107-11, 121, 125-6, 135, 138-9, 141, 158, 199, 272, 305, 311-3
Kirkland, John, 172
Kluckhohn, Clyde, 344
Koselleck, Reinhart, 349
Kracauer, Siegfried, 275, 310, 319, 336-7
Kristeva, Julia, 304, 365, 367

L

La Pérouse, conde de, 215
Lacan, Jacques, 249, 257-9
Laing, Ronald D., 333
Lambeck, Peter, 23

Índice remissivo

Lamprecht, Karl, 279, 328-30, 355
Landino, Cristoforo, 60
Lang, Andrew, 242-3, 260, 319
Lang, Júlia, 331
Langer, William, 343
Laplace, Jean-Pierre, 188
Larroque, Daniel de, 111
Lasswell, Harold, 25, 29, 232, 253, 273, 298
Latour, Bruno, 364-5, 367
Lauremberg, Peter, 98
Lavoisier, Antoine, 151
Lazarsfeld, Paul, 237, 286, 320
Le Bon, Gustave, 240, 316, 319
Le Goff, Jacques, 356
Le Play, Frédéric, 221, 237, 316-7
Leeuwenhoek, Antonie van, 112, 124
Leibniz, Gottfried Wilhelm, 19, 41, 54, 88, 99, 105, 112-5, 120-2, 125, 129, 134-5, 138-41, 148, 190, 263, 270-1, 275, 277, 289, 305, 311-3, 317, 364, 367
Leidy, Joseph, 28, 278
Lenfant, Jacques, 111
Leopoldo I, imperador, 27
Lespinasse, Julie, Mademoiselle, 145, 150, 152
Lessing, Gotthold Efraim, 140, 143, 168, 317
Levin, Rahel, 145
Lévi-Strauss, Claude, 249
Levitin, Daniel, 367
Lewes, George Henry, 186-7
Lineu, Carlos, 106, 162, 170, 298
Lipsius, Justus, 23
Lombroso, Cesare, 236
Lomonosov, Mikhail, 162-3
Lotman, Yuri, 247, 249-50, 321
Lovejoy, Arthur O., 314, 332
Lovelace, Ada, condessa de, 168
Lowenthal, David, 191
Löwenthal, Leo, 336
Lubbock, John, 211, 306, 318
Ludolf, Hiob, 91, 109, 120, 271
Luhmann, Niklas, 279
Luísa de Saboia, 313
Lukács, György, 230, 331
Lúlio, Raimundo, 51, 53-4, 64-5, 68, 97, 104-5, 108, 110, 114, 159, 311
Lunar Society de Birmingham, 156
Lyell, Charles, 192, 271, 307

M

Macaulay, Thomas, 154, 267-8, 272, 301, 305, 319
MacDiarmid, Hugh, 221
Maffei, Scipione, 306
Magalotti, Lorenzo, 144, 312
Magliabecchi, Antonio, 126, 317
Magni, Valeriano, 104
Maison des Sciences de l'Homme (Casa das Ciências do Homem), Paris, 353
Makin, Bathsua, 89
Malinowski, Bronisław, 243
Malthus, Thomas, 193, 271
Mandeville, Bernard, 148
Manílio, Marco, 68
Mannheim, Karl, 239, 282, 331
Mantegazza, Paolo, 236, 237, 272, 316
Marci, Jan Marcus, 104
Marciano Capela, 22
Margarida de Áustria, 313
Marlowe, Christopher, 65, 68
Marsh, George P., 191
Marsigli, Luigi, 116, 119
Martineau, Harriet, 146, 185-6, 304
Martini, Francesco di Giorgio, 74
Marx, Karl, 175-7, 205-6, 235, 259, 290, 299, 332, 348;
 marxista, marxismo, 233, 257, 336
Maupertuis, Pierre, 148
Mauss, Marcel, 241-2
Maximiliano I, imperador, 57-8, 313
May, Robert, 316, 366-7
Mayo, Elton, 276, 294, 303

489

McCulloch, Warren, 258, 284, 298
McLuhan, Marshall, 258
Mead, Margaret, 254
Meibom, Marcus, 91, 109
Melâncton, Filipe, 23, 63, 297
Mencke, Johann Burckhardt, 141
Mendel, Gregor, 254
Menéndez Pelayo, Marcelino, 301, 209
Mercator, Gerardo, 68
Mersenne, Marin, 109
Merz, John Theodore, 278
metáforas, 129, 159, 197, 228, 249, 259, 270, 325-6;
   ver também analogias
método ou estudo comparativo, 24, 36, 40, 49, 64-6, 69, 96, 103, 109, 116-8, 158, 179, 189, 213, 271, 309;
   ver também analogia
Meyer, Lothar, 220
Mill, James, 181, 280
Mill, John Stuart, 181, 280, 298, 301, 318
Miller, James G., 298, 332, 338-9
Minsky, Marvin, 244, 269
Mitchell, Juliet, 304, 365, 367
Momigliano, Arnaldo, 101
Mommsen, Theodor, 191, 231
Monboddo, James, Lorde, 151-4, 294
monstros da erudição, 20, 24, 69, 85-136, 172, 174, 199
Montagu, Elizabeth, 145
Montaigne, Michel de, 83-4, 159
Montesquieu, Charles-Louis, barão de, 145-7, 150, 161, 265, 271, 281, 306
Moore, Barrington, 339
More, Thomas, 62, 83
Moréri, Louis, 111
Morgan, Lewis, 177
Morgenstern, Oskar, 321
Morhof, Daniel, 94-5, 115, 131-3, 302, 317*n*
Morris, Charles, 247, 250
Morris, William, 181-3, 206, 272-5

Mousnier, Roland, 257
movimento de paz, 186, 222, 277
mulheres, 16, 23, 81-4, 89-93, 144-6, 152, 182, 184-6, 188, 300-1, 304, 331, 349, 365
multitarefa, 274
Mumford, Lewis, 224-5, 258, 264, 274, 303, 310, 319, 325, 351
Münster, Sebastian, 23, 305
Murray, Henry, 276, 306, 310, 339
museus, 100, 177, 187, 210-2, 220, 223, 242, 317-8, 364
Musk, Elon, 20

N
Nabokov, Vladimir, 21, 272
Namier, Lewis, 356
National Aeronautics and Space Administrations (Administração Nacional da Aeronáutica e do Espaço – Nasa), 342
Naudé, Gabriel, 91, 317
Needham, Dorothy, 268
Needham, Joseph, 26, 29, 56, 251-4, 268-9, 274, 278, 283, 285-6, 303, 315, 320
Neumann, John von, 85*n*, 244, 246, 255, 264-5, 267, 277-8, 284, 301, 303, 311, 321, 352
Neumann, Klara von (Klari), 264, 278
Neurath, Otto, 105, 220-4, 231, 257-8, 274, 291, 303, 311, 326, 331, 335
Newell, Allen, 244, 256, 284
Newton, Isaac, 21, 24, 68, 88, 111, 115, 122, 134, 148, 161, 170, 263, 265-6, 270, 280-2
nichos, 25, 219, 262, 275, 293, 295, 312, 314, 317, 319, 363;
   ver também cortes; periódicos; bibliotecas; museus; escolas; universidades
Nicolau de Cusa, 71
Nicolson, Marjorie, 139

Nietzsche, Friedrich, 298, 348
Nogarola, Isotta, 82
nômades intelectuais, 98, 103, 234, 254, 275-6, 313;
ver também polímatas seriais

O

Ogden, Charles, 305, 309-10, 319, 321
Oldenburg, Henry, 126
Oliveira, Fernão de, 294, 305
Orcibal, Jean, 256
originalidade, contribuições originais, 121-3, 159, 165, 170, 174
Ortega y Gasset, José, 228, 324-6, 341
Ortiz, Fernando, 263, 294, 296
Ostwald, Wilhelm, 277, 279, 329-30
Otlet, Paul, 220-4, 277, 317
Otto, Rudolf, 231
ouriços, 27, 34, 70, 97, 135, 174, 220, 224, 285-9

P

Pallas, Peter Simon, 162, 312
Palmieri, Matteo, 57
Panofsky, Erwin, 352
pansophia, 94, 96, 98, 110, 132-3, 222-4
Pareto, Vilfredo, 236, 246, 270, 306, 316, 332, 356
Park, Robert E., 276, 317, 351
Parsons, Talcott, 339
Pascal, Blaise, 29, 87, 267, 301
Pattison, Mark, 280, 301
Pauling, Linus, 235, 269, 274, 277-8, 291
Pavlov, Ivan, 216
Peacock, Thomas, 200
Pearson, Karl, 235, 278, 301, 310
pedantismo, 137, 139-43, 181, 226
Pedro I, o Grande, da Rússia, 148, 162
Peirce, Charles, 227-8, 234, 247-8, 251, 306
Peiresc, Nicolas-Claude Fabri de, 99-103, 111-3, 125, 135, 138, 262, 289, 305, 311

Peralta, Pedro de, 163, 294
Périer, Marguerite, 267
periódicos, 110-1, 114, 126, 143, 165, 176-7, 180, 186, 188, 200, 211-4, 223, 226, 312, 318-9, 327, 351-4, 364
Peter, Jean-Pierre, 321
Petrarca, Francesco, 56
Pezron, Paul-Yves, 138
Piaget, Jean, 294, 301
Pico della Mirandola, Giovanni, 56, 64, 68, 92, 110, 306, 311
Pirckheimer, Caritas, 83
Pirro de Élis, pirronismo, 128
Pitágoras, 30, 34-5, 42, 45
Pitrè, Giuseppe, 236
Pitt-Rivers, Augustus, 211
Pitts, Walter, 269, 284, 301
Placcius, Vincent, 130, 135
plágio, 39, 121-3
Platão, 5, 35-7, 42, 45, 70, 106, 114, 141
Playfair, John, 294, 297, 308, 316
Playfair, William, 294, 308
Plínio, o Velho, 38-9, 43, 46, 65, 69, 77, 93
Poincaré, Henri, 265-6, 279
Polanyi, Cecile, 308
Polanyi, Karl, 232, 264, 266, 283, 301, 308, 320
Polanyi, Laura, 308
Polanyi, Michael, 251-3, 258, 275, 283, 285, 291, 301, 308, 315, 331, 364
polímatas, tipos
  agrupados, 26-7, 226, 230-4;
  centrípetos e centrífugos, 26-7, 79, 287-9;
  circunscritos, 26-7;
  mulheres, 16, 23, 81-2, 89-93, 144-6, 184-5, 300-1, 304, 331, 365;
  passivos, 26-7, 126, 226-8;
  seriais, 26-7, 225-6, 234, 236-7, 239, 245, 249, 251-7, 275-6, 315, 366
Pollock, Griselda, 304, 365

polyhistor, 37, 69, 93-4, 139-42, 248, 312
polymatheia, polymathia, polymathiē, 34, 95, 131
pontes, 72, 75, 224-5, 230-1, 250-1, 255, 286, 325, 335, 350, 366
popularização, 148, 156, 159, 165, 185, 193, 201
Posidônio de Rodes, 36
Posner, Richard, 365, 367
Postel, Guillaume, 71
Priestley, Joseph, 154-6, 164, 303, 309
Prodi, Giorgio, 247, 250, 275, 308
prosopografia, 23, 299
Ptolomeu de Alexandria, 45-6, 77
Pufendorf, Samuel, 86, 115, 121, 160, 307, 312

Q
Quételet, Adolphe, 237
Quinet, Edgar, 56
Quintiliano, Marco Fábio, 37-8, 47

R
Rabelais, François, 58-9, 305
Radolf de Liège, 44
Raginbold de Colônia, 44
Raleigh, Walter, 61-2, 306-7
Ramus, Petrus, 96-7
Rapoport, Anatol, 246-7, 269, 335, 341
raposas, 27, 34, 70, 79, 97, 101, 116, 135, 174, 285-9
Ratzel, Friedrich, 20, 276, 311, 314, 329-30
Ray, John, 130
Raynal, Guillaume-Thomas, 149
Réaumur, René de, 151, 305
Récamier, Juliette, Madame, 178
reconciliação, 71, 88, 96, 121
redes, 102-3, 112, 120, 125-6, 211, 222, 305-6, 309-12, 320, 365
Redi, Francesco, 144, 312
Reinach, Joseph, 308
Reinach, Salomon, 279, 308
Reinach, Théodore, 308
Renan, Ernest, 178-80, 183, 319
renegados, 299, 316
República das Letras (*Respublica litterarum*), 67, 111-2, 125, 142-4, 215
Revel, Jacques, 321
Revue des Deux Mondes, 177, 180, 212, 319
Reynolds, Joshua, 145, 156, 328
Rice, Condoleeza, 362
Richards, Ivor, 309-10, 321
Rieff, David, 274
Rieff, Philip, 229Riesman, David, 264, 284
Rivers, William, 242, 317
Rivet, Paul, 316
Robertson, William, 151, 153
Robertson Smith, William, 243, 268, 271, 279, 297, 301, 305, 309-10, 317, 319, 329
Roper, Margaret, 83
Rose, Jacqueline, 304, 367
Rose, Nikolas, 366-7
Rousseau, Jean-Jacques, 178
Roussel, Raymond, 233
Royce, Josiah, 246
Rudbeck, Olof, o Jovem, 106, 308
Rudbeck, Olof, o Velho, 99, 105-7, 122, 138, 199, 298, 314
Ruesch, Jurgen, 254-5
Ruge, Arnold, 177, 290
Ruml, Beardsley, 325, 337-8
Ruskin, John, 181-3, 225
Russell, Bertrand, 226, 263, 277-8, 280, 298, 301, 306-7

S
Sacks, Oliver, 319
Said, Edward, 276
Sainte-Beuve, Charles, 116, 178, 180-1, 183, 267, 305
Saint-Hilaire, Étienne Geoffroy, 189

salons, 143, 149, 150-2, 178, 180, 266
Sapolsky, Robert, 367
Sarpi, Paolo, 305
Saumaise, Claude, 91
Scaliger, Joseph, 65, 67-8, 88, 118, 282, 305
Schiller, Friedrich, 167, 171, 199
Schlick, Moritz, 331
Schliemann, Heinrich, 190
Schlözer, August von, 162-3, 185, 309, 312
Schlözer, Dorothea, 146, 185, 301, 304, 309
Schneider, Karl Camillo, 272
Schumpeter, Joseph, 158
Schurman, Anna Maria van, 89-92, 300
Sebeok, Thomas, 247, 250, 341
Sedgwick, Adam, 207
Selden, John, 67, 116, 118-9, 125, 132, 160, 265, 271, 282, 307
Sennett, Richard, 351, 367
Servet, Miguel, 316
Sforza, Ludovico, 75, 312
Shannon, Claude, 235-6, 244-5, 284, 311, 321
Shen Gua, 41-2, 270
Sidis, William, 301
Sidney, Philip, 61
Sigüenza y Góngora, Carlos de, 136, 163
Simmel, Georg, 238, 275, 306, 351
Simon, Herbert, 29, 56, 244, 251, 255-6, 269, 273, 276, 278, 282, 284, 286, 302, 320, 324, 326, 341, 345, 352
Síndrome de Leonardo, 30, 79, 135-6, 289-91
sistema postal, 126-7
Skalić, Paul, 72
Sloane, Hans, 100, 134, 222, 316
Sloterdijk, Peter, 259, 364, 367
Smil, Vaclav, 367
Smith, Adam, 151-3, 195-6, 205, 265-6, 294
Smith, John Maynard, 316
Smith, Sidney, 199

Snow, Charles P., 213-4, 230, 252, 347
sobrecarga, 128-30, 201-4, 220, 279, 361
Sociedades, 111-2, 126, 148, 151-3, 156, 161, 168, 188, 197-8, 200, 211, 232, 241, 247, 253, 335-6;
 ver também Clubes
Sócrates, 35-6, 42, 63
sofistas, 34-5, 42, 131, 141
Somerville, Mary, 146, 187-9, 265, 300, 304
Sontag, Susan, 228-30, 250, 259, 274, 304, 319, 341
Spencer, Herbert, 175-6, 186, 193, 196, 218, 279, 303, 305-6, 311, 316, 334
Spinoza, Baruch, 183, 186, 235
Spivak, Gayatri Chakravorty, 304, 365, 367
Staël, Germaine de, Madame, 146, 184-5, 295, 298, 304
Steiner, George, 29, 228-30, 259, 286, 319, 325, 341, 364, 367
Steno, Nicolaus, 23, 120
Stephen, Leslie, 279-80
Strauss, Leo, 228
Strindberg, August, 21, 275, 294, 303
Su Song, 41-2, 49
Swedenborg, Emanuel, 162, 227, 294, 298, 313

T

Taccola, Mariano, 74, 76, 122
tafannun fi al-'ulum, 47
Taine, Hippolyte, 178, 180-3, 240, 263, 319
Talbot, William Henry Fox, 194-5, 306
Tallis, Raymond, 367
Tarde, Gabriel, 237-8, 258, 272
Taylor, Harriet, 181, 304
tempo, noção de, 280-2
território intelectual, 199-200, 209-10, 225
Tertuliano, 43
Thode, Henry, 330
Thomas, Keith, 356
Thomasius, Christian, 140

Thompson, Edward, 258
Tocqueville, Alexis de, 178-9, 185, 263
Todorov, Tzvetan, 294
Toffler, Alvin, 361
Tolstói, Liev, 27, 286
Tomás de Aquino, 104, 251
Torre, Marcantonio della, 77
trabalho em equipe, 215-7, 306
trabalho, 277-80
Treitschke, Heinrich von, 191
Trevor-Roper, Hugh, 66
Trithemius, Johannes, 305
Troeltsch, Ernst, 330
Turgot, Anne Robert Jacques, 150-2
Turing, Alan, 28, 244-6, 258, 271, 284, 302, 305, 333
Tylor, Edward, 211
Tytler, James, 142

U

Uexküll, Jacob von, 247, 250, 294, 346
Unger, Roberto Mangabeira, 365, 367
unidade do conhecimento, ciência, 27, 70-2, 105, 110, 131, 191, 222-4, 250, 326, 335, 366
universidades, 25, 51, 206-7, 217-8, 295, 313-5, 343-51, 364;
    Aberdeen, 243;
    Aberystwyth, 315;
    Berlim, 177, 191, 218, 345;
    Bielefeld, 347-9;
    Birmingham, 350;
    Bochum, 346;
    Bolonha, 51, 119, 148, 251;
    Bombaim, 221;
    Breslávia, 238;
    Brown, 238;
    Califórnia, 254, 315;
    Cambridge, 115, 149, 156, 167, 192, 207, 213-4, 218, 242-3, 253-4, 266, 303, 305, 309, 315;
    Carnegie-Melon, 256;
    Chicago, 228-9, 232, 255, 338-41, 346;
    Columbia, 242, 318, 340-1;
    Cornell, 344, 349;
    Constança, 346, 348;
    Cracóvia, 243;
    Deakin, 347-8;
    Dundee, 221;
    Edimburgo, 153-4, 192, 354;
    Estrasburgo, 346, 356;
    Florença, 251;
    Franeker, 295;
    Frankfurt, 239, 259, 310, 336-7;
    Genebra, 149, 208;
    Graz, 315;
    Griffith, 347-8;
    Hamburgo, 313-4, 346;
    Harderwijk, 295;
    Harvard, 172, 219, 229, 240, 246, 254, 301, 331-2, 339, 344-6;
    Heidelberg, 94, 191, 238;
    Helmstedt, 314;
    Johns Hopkins, 208, 314, 331-2;
    Keele, 346-7;
    Kiel, 115;
    La Trobe, 347, 349, 358;
    Lausanne, 69, 236;
    Leicester, 239;
    Leiden, 53–4, 71, 91, 295, 207;
    Leipzig, 94-5, 105, 149, 295, 314;
    Linköping, 347;
    Londres, 235, 238, 343;
    Manchester, 252, 315, 364;
    Michigan, 232, 244;
    MIT, 244, 343;
    Murdoch, 347-8;
    Oxford, 15, 52, 87, 154-5, 165, 208, 253, 303, 340;
    Paris, 51, 208, 229;
    ver também Collège de France, Écoles;
    Palermo, 236;
    Pavia, 77, 236;
    Roskilde, 347-8;

Sussex, 16, 333, 346-9, 356, 358;
Uppsala, 105-6, 314;
Utrecht, 89, 295;
Viena, 240, 263;
Yale, 208, 325, 337, 346
uomo universale, 30, 56, 61
Uspensky, Boris, 321
Ussher, James, 141

V

vagabundos, 253, 275;
 ver também exílios
Varrão, Marco Terêncio, 38, 44, 67
Vasari, Giorgio, 74, 78
Veblen, Thorstein, 299-300
Vega, Garcilaso de la, 61
Verelius, Olaus, 106
Verrocchio, Andrea del, 75
Vicente de Beauvais, 51
Vico, Giambattista, 29, 137, 160-1, 264, 271, 293, 301-2
Virchow, Rudolf, 189-91, 311
virtuoso, 94, 99, 136
Vitrúvio, Marcos, 37, 47, 72, 77
Vives, Juan Luis, 63, 72
Voltaire, 143, 145-50, 210, 312
Vossius, Gerard, 95, 309
Vossius, Isaac, 91, 120, 138, 309
Waitz, Georg, 200
Walpole, Horace, 145
Walras, Léon, 316
Wang Anshi, 39
Wang Yangming, 40
Warburg, Aby, 306, 346
Ward, Lester, 238, 278, 317
Weaver, Warren, 235-6, 245, 316, 321, 337

Weber, Max, 206, 231, 260, 270, 273, 280-1, 296-9, 317, 330, 356, 358
Wegener, Alfred, 315
Weizsäcker, Carl von, 354
Wells, Herbert G., 222, 226, 272, 281-2, 302-3, 320
Whewell, William, 167, 188-9, 196-7, 199, 226, 309, 326, 336
Whitehead, Alfred N., 210
Whorf, Benjamin, 316
Wiener, Norbert, 234, 244-5, 255, 265-7, 300-1, 303, 311, 319, 321
Wilkins, John, 121, 227, 272-3
Wilson, Edmund, 227-8, 264
Wilson, Edward O., 336, 366-7
Windelband, Wilhelm, 330
Witsen, Nicolaes, 116, 120, 301
Wolf, Maryanne, 360, 363
Wood, Anthony, 265
Worm, Ole, 100, 316
Wortley Montagu, Mary, Lady, 145, 300
Wower, Johannes, 95, 131
Wren, Christopher, 87-8, 136, 141, 301
Wundt, Wilhelm, 239-40, 329-30, 355

Y

Young, Thomas, 28, 165-8, 188, 200, 270, 281-3, 290, 301-2, 306, 319

Z

Zammit, Themistocles, 294
Zedler, Johann Heinrich, 139
Zesen, Philipp von, 108
Žižek, Slavoj, 259, 283, 364, 367
Zusammenhang, 174
Zwinger, Theodore, 72, 93, 294

SOBRE O LIVRO

Formato: 14 x 21 cm
Mancha: 24,5 x 38,7 paicas
Tipologia: Iowan Old Style 10/14
Papel: Off-white 80g/m² (miolo)
Couché fosco 115 g/m² (caderno de imagens)
Cartão Supremo 250 g/m² (capa)
1ª *edição Editora Unesp*: 2020

EQUIPE DE REALIZAÇÃO

Capa
Marcelo Girard

Edição de texto
Tulio Kawata (Copidesque)
Marcelo Porto (Revisão)

Editoração eletrônica
Eduardo Seiji Seki (Diagramação)

Assistência editorial
Alberto Bononi

www.mundialgrafica.com.br